中国优秀博士论文
DOCTOR
法 学

商标混淆可能性研究

姚鹤徽 著

知识产权出版社
全国百佳图书出版单位

图书在版编目（CIP）数据

商标混淆可能性研究／姚鹤徽著．—北京：知识产权出版社，2015.4
（中国优秀博士论文）
ISBN 978-7-5130-3410-4

Ⅰ.①商… Ⅱ.①姚… Ⅲ.①商标法－研究－中国 Ⅳ.①D923.434

中国版本图书馆 CIP 数据核字（2015）第 064072 号

责任编辑：刘 睿 刘 江　　　　责任校对：韩秀天
文字编辑：李 红　　　　　　　　责任出版：刘译文

商标混淆可能性研究
姚鹤徽 著

出版发行：知识产权出版社 有限责任公司	网　　址：http://www.ipph.cn
社　　址：北京市海淀区马甸南村 1 号	邮　　编：100088
责编电话：010-82000860 转 8113	责编邮箱：liurui@cnipr.com
发行电话：010-82000860 转 8101/8102	发行传真：010-82000893/82005070/82000270
印　　刷：保定市中画美凯印刷有限公司	经　　销：各大网上书店、新华书店及相关专业书店
开　　本：880mm×1230mm 1/32	印　　张：16.5
版　　次：2015 年 4 月第一版	印　　次：2015 年 4 月第一次印刷
字　　数：407 千字	定　　价：48.00 元
ISBN 978-7-5130-3410-4	

出版权专有　侵权必究
如有印装质量问题，本社负责调换。

谨以此书献给我的父亲母亲

本书受湖南省重点学科建设项目资助，系湖南师范大学博士启动项目（2014BQ16）和湖南师范大学青年基金项目（14XQN11）阶段性成果

总　序

改革开放以来，我国经济社会发展的水平日益提高，科学技术和文化创作日益进步，知识经济的特征日益凸显，知识产权制度对科技和经济发展的支撑作用日益加强。

经过多年发展，我国知识产权事业取得了巨大成就，符合社会主义市场经济发展要求的知识产权制度基本建立。以2008年《国家知识产权战略纲要》的颁布为标志，我国知识产权制度从"调整性适用"阶段进入"主动性安排"阶段，知识产权制度的发展进入了一个新的历史时期，知识产权事业正在揭开一个新的篇章。

中国知识产权制度的建构、知识产权事业的发展与进步，离不开知识产权人才的培养、知识产权教育水平的提高和知识产权学术研究的进步。中国知识产权事业的发展需要全社会的共同努力。为提高我国知识产权学术研究水平，培育优秀青年知识产权研究人才，中国法学会知识产权法研究会与知识产权出版社自2008年始，联合组织开展知识产权类优秀博士学位论文评选以及资助出版工作。该项工作具有丰富的内涵：

第一，以高层次、高质量的人才培养为目标。通过设立优秀博士论文奖项，鼓励更多优秀人才参与知识产权学术研究，不断增强我国知识产权制度的理论储备。

第二，以提高知识产权学术水平为导向。评选优秀博士论文，促使更多青年学人创作高质量学术著作，不断提高我国知识产权学术研究水平。

第三，以我国知识产权事业的发展为宗旨。通过优秀博士论文的评选以及资助出版工作，鼓励青年学人关注现实，关注新兴发展需要，以优秀思想成果推动我国知识产权事业向着更快更好的方向发展。

第四，以科学公正、注重创新、严格筛选、宁缺毋滥为原则。在知识产权优秀博士论文的评选过程中，知识产权法研究会组织评审专家，本着公开、公平、公正的原则，严格按照评审标准，对申报人员的博士论文进行遴选。

第五，以选题新颖、研究创新、逻辑严密、表达规范为标准。优秀博士论文的选题应当具有理论意义和现实意义，在研究内容上应当有所创新，材料应当翔实，推理应当严密，表达应当准确。

中国法学会知识产权法研究会与知识产权出版社开展的这一活动，在总结和传播知识产权教育与学术成果、鼓励青年学人学习和研究的进步、推动知识产权事业发展等方面具有重要意义。在双方的共同组织与安排之下，论文评选甫经两届，新著即将面世。该项工作还将继续进行下去，每年评选出一批优秀博士论文，并且由知识产权出版社资助出版，以期作为知识产权思想传播的媒介、学术交流的窗口、对话互动的平台。新书迭见，英才辈出，学术之树长青。

是为序。

2010 年 5 月

摘　　要

目前，世界上一些国家实行的商标侵权判定标准是混淆可能性（likelihood of confusion）。一旦在后商标的使用极有可能导致消费者对相关商品或服务的来源发生混淆，使消费者存在混淆可能性，就构成商标混淆侵权，商标权人就有权予以禁止。在我国，2013年商标法已明确将混淆可能性规定为商标侵权判定的要件。因此，混淆可能性是商标审查的重要尺度，是商标侵权的关键问题，是保护商标权和制止不正当竞争的重要法律基础。尽管如此，混淆可能性还存在着模糊性与不确定性，主要表现为：商标法需要以混淆可能性作为商标侵权判定标准的正当性和理论基础不明确、混淆可能性本身的范畴较为模糊、混淆可能性与商标的相似性、商品的类似性之间的关系定位不准、混淆可能性的具体判定较为混乱。

从历史上看，中世纪之后到19世纪中叶之前，英、美两国的普通法和衡平法对商标一般是通过欺诈之诉来保护，混淆可能性在商标侵权判定中的地位还未确立。随着商标财产权观念的确立和消费者地位的提高，19世纪中期之后，主观欺诈的要件不再重要，法院开始将商标视为财产，侵权判定的标准不再围绕被告主观上是否具有欺诈的意图，而是关注于被告的行为所造成的影响，亦即，被告的行为是否极有可能造成消费者混淆。混淆可能性成为商标侵权判定的标准，主观欺诈的意图在历经漫长的历史演化之后退出了历史舞台。

商标侵权判定之混淆可能性标准的设立，有其正当性和理论依据。商标的形成、结构、本质和功能是混淆可能性的设立基础和理论依据之一。商标的形成、结构和本质表明商标是由人类感觉器官能够感知的外在刺激形式，即商标标识和可被激活的消费者大脑记忆中存储的该商标标识代表的相关信息组成。商标的基本功能在于标示来源，使消费者能够正常地识别商标，依据商标所代表的信息进行购物决策。在消费者混淆的状态下，商标标示来源的功能就会丧失。这是将混淆可能性作为商标侵权判定标准的重要基础。商标混淆的机制和危害是混淆可能性的设立原因和理论依据之二。商标混淆的本质特征在于，由他人的侵权行为所导致的，消费者无法正常地识别商标和依据商标所代表的相关信息进行购物决策的状态。在混淆的状态下，商标权人和消费者的利益都会受到损害。这是将混淆可能性作为商标侵权判定标准的主要原因。商标法的价值和规范意旨是混淆可能性的设立原则和理论依据之三。商标法的价值是公平之下的竞争自由。商标法的规范意旨是通过设立混淆可能性标准，规制市场中极有可能造成消费者混淆的行为，激励商标权人投资于商标、降低消费者购物的搜寻成本。同时，将混淆可能性界定在一定的范围之内，防止商标权损害自由竞争。这是设立混淆可能性标准的基本原则。根据上述理论，商标法之所以要设立混淆可能性标准，就是为了确保商标标示来源功能的正常发挥，确保消费者能够正常地识别商标和依据商标所代表的信息进行购物决策。商标混淆可能性标准所指的混淆，也正是这种由于侵权人的行为所造成的相关消费者无法正常地识别商标和依据商标所代表的相关信息进行购物决策的状态。只有他人的行为造成了相关消费者发生这种状态的混淆，才属于混淆可能性所针对的混淆，他人的行为才构成商标侵权。

根据混淆可能性的理论依据，混淆可能性这一范畴是指，他人未经许可，将与商标权人商标相同或近似的标识使用在商品或服务之上，致使相关消费者中的相当一部分，虽然施加了合理谨慎的注意力，仍然极有可能将不同的商品或服务误认为来自于同一来源，或误认为两种商品的来源之间存在着赞助、许可、附属等关联关系，并可能基于该错误的认识作出错误的购物决策的状态。由此定义可见，商标混淆可能性的范畴具有指向上的特定性，仅仅针对那些损害商标标示来源功能的发挥，危害消费者和商标权人利益，危及商标法价值和规范意旨实现的混淆形态。只有他人的行为极有可能造成消费者发生这种形态的混淆，才构成商标侵权。

根据混淆可能性的理论依据，混淆可能性在关联关系混淆、初始兴趣混淆、售后混淆方面的扩张并不合理。关联关系混淆中所谓赞助、附属、许可、联系等描述关联关系的词语，语义含混笼统，指向不明，法律并未明确其含义，可能导致司法扩大化地解释混淆中的关联关系。实际上，关联关系混淆侵权成立的关键在于，消费者是否会在关联关系的判断中，认为商标权人是侵权人商品背后赞助、许可或进行某种控制的主体。换言之，消费者是否会认为商标权人是侵权人商品质量的保证方，会对侵权人的商品进行质量方面的监督和管控。只有消费者发生这种混淆，才属于关联关系混淆，他人的行为才构成关联关系混淆侵权。商标初始兴趣混淆在消费者购买之时不存在混淆的情况下，笼统地以消费者购买之前因混淆而发生的"购买兴趣转移"替代"混淆可能性"作为侵权判定的标准,可能会造成初始兴趣混淆规则适用范围的扩大。实际上,在发生初始兴趣混淆之后,如果消费者后续购买到商标权人商品的搜寻成本较高,他人造成消费者发生初始兴趣混淆的行为应当受到商标法的规制。而当消费者搜寻成本不高时,消费者拥有充分的自主选择权,无论其购买商标权人的商品或者搭便车者的商品,都出自其自愿,商标法自无干涉的必要。售后混淆是一种旁观者混淆,但售后混淆规则中旁观者的范围过于宽泛。在适用售后混淆规则时,应当对售后混淆所针对的旁观者进行进一步界定,归纳出那些确实极有可能造成相关消费者混淆,并对商标权人权益构成损害的行为,将之纳入售后混淆规则的调整范围。此外,对于因售后混淆而发生的商标权人商品稀缺、高贵或上层的形象受到损害,属于商标淡化的问题,不属于商标混淆的问题,与售后混淆毫无关系。

  根据混淆可能性的理论依据,消费者是否极有可能对系争商标发生混淆,是商标侵权判定的关键要素。因此,混淆可能性应是商标侵权的判定标准,商标的相似性、商品的类似性仅是混淆可能性判定中需要考量的因素。在实践中,适用混淆可能性标准,判定系争使用是否构成商标侵权的方法主要是多因素检测法和消费者调查。无论是多因素检测法还是消费者调查,其适用的关键都在于考察消费者在市场中对商标的心理认知状态。在多因素检测法中,有六项主要的用以考量消费者是否极有可能发生混淆的因素,包括商标的相似性、商品的类似性、商标的显著性、消费者注意程度、实际混淆、被告的主观意图。这些因素与消费者的心理认知之间存在着不同的关系,在混淆可能性判定中的地位和具体适用各不相同。

  根据上述研究内容,我国《商标法》需要在以下方面予以完善。第一，在混淆可能性的理论依据方面，修改《商标法》的立法目的，对商标的概念、商标法的保护对象进行重新界定。第二，在混淆可能性的地位方面，肯定《商标法》第57条第2款的规定，明确将混淆可能性确定为商标侵权的判定标准。第三，在混淆可能性的范畴方面，对混淆可能性的内涵和外延作出具体界定。第四，在混淆可能性的类型方面，将关联关系混淆、初始兴趣混淆、售后混淆三种新型商标混淆相关规则规定在《商标法》相关条例或司法解释中，明确其适用范围。第五，在混淆可能性的判定方面，将多因素检测法和消费者调查规定在《商标法》中，并通过《商标法实施条例》或司法解释对多因素检测法和消费者调查的具体适用作出规定。

Abstract

At present, the trademark infringement determination standard is likelihood of confusion passing around some countries in the world. Once the use of the trademark is likely to leading the consumer confusing about the source of the related goods or services, making consumer has the likelihood of confusion, they constitute trademark confusion infringement, trademark owner shall have the right to banning it. In China, the new trademark law specifically providing that the likelihood of confusion is the trademark infringement determination element. Therefore, likelihood of confusion is an important measure of the trademark examination, it is the key problem of trademark infringement, it is the important legal basis to protect the trademark right and stop unfair competition. Even so, likelihood of confusion has fuzziness and uncertainty, the main performance are: the unknown legitimacy and theoretical foundation of trademark law using likelihood of confusion as the trademark infringement determination standard, the relatively fuzzy category of likelihood of confusion itself, the inaccurate relation orientation between likelihood of confusion and the similarity of trademark, the similarity of the goods, the relatively chaos determination of likelihood of confusion.

From a historical point of view, after the Middle Ages to the middle of the 19th century before, the American and British common law and equity law are through the fraud lawsuit to protect the trademark generally, likelihood of confusion is not established in the trademark infringement determination. With the establishment of the concept of trademark property rights and the improvement of the status of consumers, after the middle of the 19th century, the subjective element of fraud is no longer important. The court began to treat trademark as property, and the infringement determination standard no longer around the defendant's subjective intention of fraud, but focus on the defendant's act impact, that is, whether the defendant's act would cause the consumer confusion. Likelihood of confusion became trademark infringement determination standard, and subjective intention of fraud out of the stage of history after a long historical evolution.

The establishment of likelihood of confusion trademark infringement determination standard has its legitimacy and theoretical basis. The formation, structure, nature and function of the trademark are the setting up foundation and first theory basis of likelihood of confusion. The formation, structure, nature of the trademark shows that the trademark is external stimulus form that the human sense organs can perceive and the storaged trademarks of representative information that can be activated in consumer brain memory. The basic function of trademark is identifing source, make consumer normally identify trademark and making shopping decisions according to information which the trademark represents. In the state of consumer confusion, the function of trademark identifying source would be lost. It is the important basis of using likelihood of confusion as the trademark infringement determination standard. Trademark confusion mechanism and harm damage is the setting up reason and second theory basis of likelihood of confusion. The essential characteristics of trademark confusion is the other people's tort that causing the state of consumers that can't normally identifying trademark and making shopping decision according to the information which the trademark represent. In the state of confusion, the interests of trademark rights holders and consumers will be damaged. It is the main reason of using likelihood of confusion as the trademark infringement determination standard. The value and purpose of the trademark law are the setting up principle and third theory basis of likelihood of confusion. The value of the trademark law is free competition under fair. The purpose of the trademark law is regulating the acts that may cause consumer confusion in the market through the establishment of likelihood of confusion standard, encouraging trademark right holder invest in trademark and reduce the consumer's shopping search cost. At the same time, defining the likelihood of confusion in a certain range, preventing trademark damage free competition. It is the main principle of set up likelihood of confusion. According to the above theories, the reason of why the trademark law set up likelihood of confusion standard is to ensuring trademark identify source function can normally play, ensuring that consumers can normally identifying trademark and making shopping decision according to the information which the trademark represents. The confusion which the trademark likelihood of confusion standard referring to is this state due to the behavior of the infringer that the relevant consumers cannot normally identifying trademark and making shopping decision according to the information which the trademark represents. Only relevant consumer happen this state of confusion caused by the behavior of others, just belongs to the confusion that the likelihood of confusion referring to, the behavior of others also constitute trademark infringement.

According to the theoretical basis of the likelihood of confusion, the category of likelihood of confusion is, others without permission, use the same or similar mark to the trademark of trademark owner in the goods or services, causing the quite part in the relevant consumers the state that although put reasonable careful attention, still making the mistake that the different goods or services may from the same source, or the source of the two goods has the sponsorship, permission, affiliated relationship, and may making the wrong shopping decision based on the wrong understanding. From this definition, the concept of trademark likelihood of confusion have the specificity that only referring to those confuson state that damage trademark identifying source function, harm consumers and trademark right holder's interest, endanger the realization of trademark law value and purpose. Only this behavior of others that may cause consumer happen this form of confusion will constitute trademark infringement.

According to the theory basis of likelihood of confusion, the expansion of likelihood of confusion in relationship confusion, initial interest confusion, post-sale confusion is not reasonable. In the relationship confusion, the description words such as sponsorship, subsidiary, licensing, contact, are all of semantic ambiguity, general to unknown, and the law does not define its meaning, these may lead judicial to explain relationship of confusion extendly. In fact, the key of relationship confusion infringement established lies in whether consumers, in the judgement of the relationship, thinking that a trademark owner is behind the infringer to sponsoring, licensing or controlling the quality of goods. In other words, whether consumer will think that trademark owner are the guarantee party of the infringer in the quality of the goods, that supervising and controlling the infringer's goods quality. Only consumer happen this confusion, it just belongs to relationship confusion. This behavior of others will constitute relationship confusion infringement. When consumer do not exist confusion, trademark initial interest confusion generally use the "buying interest transfer" before the consumer to buy and before the confusion happen substitute for "likelihood of confusion" as infringement determination standard, this may cause the widening scope of application of initial interest confusion rules. In fact, in case of initial interest confusion happening, if consumer continue to buy the trademark owner of goods's search cost is higher, others cause consumer produce initial interest confusion should be punished by the regulation of the trademark law. When consumer search cost is not high, consumers have fully independent option, regardless of its purchase of trademark owner of goods or free rider of goods, its all from their voluntary, trademark law has no need to interfering. Post-sale confusion is observer confusion, but the scope of the observer in post-sale confusion rules is too general. In the application of the rules of post-sale confusion, we should further define the observer in the post-sale confusion, summarizing the behavior that really may cause confusion in related consumer and damage the trademark owner, making them into the post-sale confusion rules of the adjusting range. In addition, for damaging the scarce, noble or upper image of trademark owner because of the post-sale confusion, it belongs to the problem of trademark dilution, it is not the problem of trademark confusion, has no relationship with post-sale confusion.

According to the theory basis of likelihood of confusion, whether consumer is likely to occuring trademark confusion is the key element of trademark infringement determination. Therefore, the similarity of trademark and the the resemblance of goods are the only factors to consider in the likelihood of confusion determination. In the practice, the main method which applying the likelihood of confusion standard, to determinating the marks used whether constitute infringement are the multiple factor test and the consumer survey. No matter multiple factor method or consumer survey, the applicable key lies in the consumer's psychological cognitive state to trademark in market. In multiple factor test, there are six main factors to consider whether consumers occuring confusion likely, including the similarity of trademark, the resemblance of goods, degree of care of consumer, the actual confusion, the subjective intention of the defendant. These factors have different relations with consumers' psychological cognition, their position and specific applying are not identical in the likelihood of confusion determination.

According to the research content, China's trademark law need to perfecting in the following respects. First of all, in the theory basis of likelihood of confusion, modifing the purpose of trademark law, definiting the concept of the trademark, the protection object of the trademark law again. Second, in the position of likelihood of confusion, confirming that the second paragraph of article 57 of trademark law, making the likelihood of confusion as the standard of the trademark infringement determination. Third, in the category of likelihood of confusion, defining the concept of likelihood of confusion specificly. Fourth, in the kinds of the likelihood of confusion, providing the three new trademark confusion rules of the relationship confusion, initial interest confusion and post-sale confusion in the trademark law regulations or judicial interpretation, clarifing its scope of application. Fifth, in the determination of likelihood of confusion, providing the multiple factor test and consumer survey in the trademark law, and providing specific application provision through the trademark law regulations or judicial interpretation on the multiple factor test and consumer survey.

目 录

导 论 ……………………………………………………（1）
 第一节 选题背景与研究意义 ……………………………（3）
 第二节 主要研究方法 ……………………………………（12）
  一、交叉学科研究方法 ……………………………………（12）
  二、传统法学研究方法 ……………………………………（22）
 第三节 研究的现状 ………………………………………（23）
  一、国内研究现状 …………………………………………（24）
  二、国外研究现状 …………………………………………（30）
 第四节 分析思路与研究内容 ……………………………（36）
 第五节 学术创新之处 ……………………………………（38）

第一章 商标混淆可能性的历史探寻 ……………………（43）
 第一节 早期商标侵权判定的标准 ………………………（45）
  一、中世纪商标保护的观念 ………………………………（46）
  二、商标侵权判定的主观欺诈标准 ………………………（52）
 第二节 混淆可能性的确立与扩张 ………………………（58）
  一、主观欺诈的衰落 ………………………………………（59）
  二、混淆可能性的确立 ……………………………………（64）
  三、混淆可能性的扩张 ……………………………………（72）
 第三节 混淆可能性历史演化的启示 ……………………（79）
  一、商标保护模式的演化 …………………………………（79）
  二、混淆可能性确立的原因 ………………………………（80）

三、混淆可能性扩张的原因 …………………………… (84)
四、混淆可能性范围的限定 …………………………… (86)
本章小结 ……………………………………………………… (90)

第二章 商标混淆可能性的法理探究 ………………… (93)

第一节 混淆可能性的确立基础：商标的本质与功能 … (96)
一、商标形成的认知心理学分析 ……………………… (96)
二、商标结构与本质的认知心理学分析 ……………… (106)
三、商标功能的认知心理学分析 ……………………… (113)

第二节 混淆可能性的确立原因：混淆的机制与
危害 ……………………………………………… (126)
一、商标混淆机制的认知心理学分析 ………………… (127)
二、商标混淆危害的认知心理学分析 ………………… (132)

第三节 混淆可能性的确立原则：商标法的价值与
规范意旨 ………………………………………… (137)
一、商标法的主体需求：法律价值与规范意旨的
基础 ……………………………………………… (138)
二、商标法的价值：公平之下的市场竞争自由 ……… (153)
三、商标法的规范意旨：防范混淆与鼓励竞争 ……… (157)

本章小结 ……………………………………………………… (163)

第三章 商标混淆可能性的范畴界定 ………………… (167)

第一节 混淆可能性范畴界定的必要性 …………………… (169)
一、法律范畴的作用 …………………………………… (170)
二、混淆可能性范畴的模糊性 ………………………… (173)

第二节 混淆可能性范畴界定的思路 ……………………… (178)
一、法律范畴的界定原理 ……………………………… (178)
二、法律范畴界定中的价值和规范意旨 ……………… (180)

三、混淆可能性范畴的界定思路 ……………………（182）
第三节　混淆可能性范畴的解析 ……………………（185）
　一、混淆可能性的原因 …………………………（186）
　二、混淆可能性的主体 …………………………（188）
　三、混淆可能性的程度 …………………………（195）
　四、混淆可能性的类型 …………………………（201）
　五、混淆可能性的范畴 …………………………（204）
本章小结 ………………………………………………（207）

第四章　商标混淆可能性的类型解析 ……………（209）

第一节　商标关联关系混淆规则研究 ………………（212）
　一、关联关系混淆规则的确立 …………………（213）
　二、关联关系混淆规则的滥用 …………………（216）
　三、关联关系混淆规则的依据 …………………（219）
　四、关联关系混淆规则的适用 …………………（223）
第二节　商标初始兴趣混淆规则研析 ………………（231）
　一、商标初始兴趣混淆规则的兴起 ……………（232）
　二、商标初始兴趣混淆规则的依据 ……………（238）
　三、商标初始兴趣混淆规则的检讨 ……………（244）
　四、商标初始兴趣混淆规则的适用 ……………（250）
　五、商标初始兴趣混淆规则的完善 ……………（255）
第三节　商标售后混淆规则探析 ……………………（258）
　一、商标售后混淆规则的兴起 …………………（259）
　二、商标售后混淆规则的依据 …………………（265）
　三、商标售后混淆规则的批判 …………………（269）
　四、商标售后混淆规则的适用 …………………（274）
本章小结 ………………………………………………（278）

第五章　商标混淆可能性的司法判定 (281)

第一节　混淆可能性在商标侵权判定中的地位 (284)
一、混淆可能性地位的观点分歧 (285)
二、混淆可能性地位的界定依据 (295)
三、混淆可能性地位的合理界定 (297)

第二节　混淆判定中的多因素检测法与消费者调查 (305)
一、混淆可能性判定中的多因素检测法 (306)
二、混淆可能性判定中的消费者调查 (324)

第三节　混淆可能性中的商标与商品 (338)
一、混淆可能性中的商标 (339)
二、混淆可能性中的商品 (343)
三、商标和商品与混淆可能性的关系 (350)

第四节　显著性与混淆可能性 (365)
一、显著性的概念 (366)
二、显著性与混淆可能性的关系 (373)
三、显著性在混淆可能性判定中的作用 (376)

第五节　消费者注意程度与混淆可能性 (387)
一、消费者注意程度的观点分歧 (388)
二、消费者注意程度的判定原理 (393)
三、消费者注意程度的判定标准 (396)
四、消费者注意程度的规则完善 (404)

第六节　实际混淆与混淆可能性 (409)
一、实际混淆与商标侵权判定的标准 (410)
二、实际混淆在混淆可能性判定中的地位 (414)
三、实际混淆在混淆可能性判定中的运用 (423)

第七节　主观意图与混淆可能性 (429)

一、主观意图在混淆可能性判定中的衰落 …………（431）
　　二、主观意图在混淆可能性判定中的地位 …………（433）
　　三、主观意图在混淆可能性判定中的证明 …………（439）
　本章小结 ………………………………………………（445）
第六章　商标混淆可能性的立法完善 ……………（447）
　第一节　混淆可能性的依据与立法完善 ……………（449）
　第二节　混淆可能性的地位与立法完善 ……………（453）
　第三节　混淆可能性的范畴与立法完善 ……………（457）
　第四节　混淆可能性的类型与立法完善 ……………（459）
　第五节　混淆可能性的判定与立法完善 ……………（463）
　本章小结 ………………………………………………（467）
结　语 …………………………………………………（469）
参考文献 ………………………………………………（474）
后　记 …………………………………………………（488）

导 论

第一节　选题背景与研究意义

随着市场经济的发展，商标在商品交易中扮演着越来越重要的角色。作为"表彰商品或服务，以与他人之商品或服务相甄别的标志"❶，商标引导消费者购买商品❷，节约消费者的搜寻成本，同时激励商标权人投资于商品的生产销售，维持或提高商品质量。❸ 为了确保商标这些功能的正常发挥，国家通过制定商标法，禁止他人在提供商品或服务时仿冒商标权人的商标，造成消费者混淆。因此，商标法的核心任务在于规制商标混淆侵权，防止消费者对商品或服务的来源发生混淆，确保市场中的商标相互区分开来。

通说认为，混淆是指"无法律上之权源而使用相同或近似于他人注册商标于同一商品或类似商品致使消费者对商品之来源发

---

❶ 曾陈明汝：《商标法原理》，中国人民大学出版社2003年版，第9页。

❷ 为行文之便利和简洁，本书所称的"商品"，不仅指厂商所提供的实物商品，也包括厂商提供的各种服务。因此，书中有时也会将"商品或（者）服务"简写为"商品"，将"商品或（者）服务的类别"简写为"商品的类别"，将"商品或（者）服务的类似性"简写为"商品的类似性"，特此说明。

❸ 法经济学理论认为，商标对效率的促进主要表现在两个方面，即降低消费者搜寻成本和激励企业维持或提高商品质量。William M. Landes & Richard A. Posner, Trademark Law: An Economic Perspective, 30 *J. L. & Econ.* 265, 265~309 (1987).

生混淆误认之谓"。❶ 目前，世界上许多国家实行的商标侵权判定标准是混淆可能性（likelihood of confusion）。一旦他人在其提供的商品或服务上使用与商标权人商标相同或近似的标识，极有可能造成消费者对商品或服务的来源发生混淆，使消费者存在混淆可能性，就构成商标侵权，商标权人就有权予以禁止。"可能导致消费者对商品或服务来源产生混淆，是构成商标侵权的必要条件，也是商标法所要防范和制止的行为。"❷ "商标权的取得或保护以制止混淆为出发点。"❸《美国商标法》第 2 条 d 款以混淆可能性为不得申请注册的要件。在欧洲，《德国商标法》第 9 条和欧盟《商标指令》第 8 条第 1 项（b）款也以混淆可能性作为相对不得注册之事由之一。❹ 在我国，2013 年最新修订的《中华人民共和国商标法》（以下简称《商标法》）也将混淆可能性规定为商标侵权判定的要件❺，无论是相关司法解释还是商标行政与

---

❶ 曾陈明汝：《商标法原理》，中国人民大学出版社 2003 年版，第 96 页。

❷ 王迁：《知识产权法教程》，中国人民大学出版社 2007 年版，第 480 页。

❸ 宁立志等：《知识产权法》，武汉大学出版社 2011 年版，第 325 页。

❹ 刘孔中：《商标法上混淆之虞之研究》，五南图书出版公司 1997 年版，第 4 页。

❺ 我国 2001 年《商标法》第 52 条是商标侵权的判定条款。该条并未提及混淆可能性，未将混淆可能性明确规定为商标侵权的判定标准。2013 年新修订的《商标法》第 57 条第（2）项对此作出了修订。该条规定，有下列行为之一的，均属侵犯注册商标专用权："（二）未经商标注册人的许可，在同一种商品上使用与其注册商标近似的商标，或者在类似商品上使用与其注册商标相同或者近似的商标，容易导致混淆的。"可见，新《商标法》已经将"混淆"写入法律规定，将混淆可能性明确规定为商标侵权的判定标准。

司法实践,都将混淆可能性作为核准商标注册和判定商标侵权的主要依据。因此,混淆可能性是商标审查的重要尺度,❶是商标侵权的核心要素和关键问题,❷是保护商标权和制止不正当竞争的重要法律基础。❸"不论是不正当竞争或商标侵害,均以混淆之虞为中心。"❹ 著名商标法学者麦卡锡(McCarthy)教授指出,"混淆可能性是普通法商标侵权和联邦法商标侵权中的基本规则(basic test),是普通法和制定法商标侵权的基石(keystone)。"❺巴顿碧毕(Barton Beebe)教授也认为:"在大部分联邦商标侵权诉讼中,最重要的问题其实很简单:被告的商标,因为其与原告商标的相似性,是否造成或极有可能造成消费者对被告商品真实来源的混淆?"❻ 可见,商标法在很大程度上是围绕着混淆可能性进行制度设计的。消费者是否极有可能对商品或服务的来源发生混淆,决定了商标是否能够被核准注册,决定了他人的行为是否构成商标侵权,决定了商标权的范围。

尽管混淆可能性是划定商标权利范围的基础,是商标保护的核

---

❶ 彭学龙:《商标法的符号学分析》,法律出版社2007年版,第185页。

❷ Richard L. Kirkatrick, *Likelihood of Confusion in Trademark Law*, New York: Practising Law Institute, 2010, §1: 1.

❸ 孔祥俊:《商标与反不正当竞争法原理与判例》,法律出版社2009年版,第257页。

❹ 王敏铨:"美国商标法之混淆之虞及其特殊样态之研究",载《智慧财产权月刊》2006年第94期。

❺ J. Thomas McCarthy, *McCarthy on Trademarks and Unfair Competition*, Eagan: Thomson/West, 2006, §23: 1.

❻ Barton Beebe, An Empirical Study of the Multifactor Tests for Trademark Infringement, 94 *Cal. L. Rev.* 1581, 1582 (2006).

心问题[1]，然而，混淆可能性又充满了模糊性和不确定性，存在着诸多争议，被认为是商标法上最具争议之难题。[2] 有法官就悲观地认为："商标相似导致的混淆可能性是一个见仁见智的问题（a matter of opinion）。"[3] "在决定（商标）侵权的问题上经常会遇到困难。"[4] 甚至有学者将混淆可能性形容为一团"混乱不堪的灌木丛"，经常会发生争议，难以被人们理解和掌握。[5] 具言之，混淆可能性的模糊性与不确定性，主要表现为如下几个方面：

第一，混淆可能性的理论基础不明。商标侵权判定之混淆可能性标准，约产生于19世纪中叶，历经漫长的历史演化过程，蕴含着深厚的商标法法理。但是，目前世界上并非所有国家在商标侵权判定上都以混淆可能性为核心。一些国家如日本，依然是以商标的相似性和商品的类似性来判断商标侵权。[6] 那么，商标法是否有必要以混淆可能性作为商标侵权的判定标准呢？如果商标法需要以混淆可能性为标准来规制混淆侵权，其正当性和理论依据又是什么呢？不仅如此，如果商标法将混淆可能性作为商标

---

[1] 黄晖：《商标法》，法律出版社2004年版，第140页。

[2] 刘孔中：《商标法上混淆之虞之研究》，五南图书出版公司1997年版，第5页。

[3] North Star Mfg. Co. v. Wells Lamont Corp., 193 F 2d 204, 39 CCPA 764, 92 USPQ 128, 130 (1951).

[4] McLean v. Fleming, 96 U. S. 245, 255 (1878).

[5] Richard L. Kirkatrick, *Likelihood of Confusion in Trademark Law*, New York: Practising Law Institute, 2010, §2: 1.

[6] 《日本商标法》第37条规定了各种视为侵害商标权的行为，包括在指定商品或指定服务上使用与注册商标相近似的商标，或在与指定商品或指定服务相类似的商品或服务上使用注册商标或与其相近似的商标。在该条文中，《日本商标法》并没有提及混淆可能性的问题。

侵权的判定标准，那么立法应当如何设计混淆可能性的相关规则，规制哪些类型的混淆侵权、防范哪些形态的消费者混淆呢？这些问题涉及混淆可能性的正当性和理论基础，关系到商标权的范围和商标侵权的判定，在商标法中意义重大。遗憾的是，人们还未能对此进行深入研究，对这些问题进行妥帖的解答，商标法以混淆可能性作为商标侵权判定标准的正当性和理论基础依然不明确。

第二，混淆可能性的范畴模糊。作为商标侵权判定的考察对象，混淆可能性的范畴在很多论著中都有论述，它不过是指商标侵权成立需要满足的条件：消费者可能对商品来源产生误认，已经或可能对商品的生产者、销售者或服务的提供者与商标权人之间存在某种联系产生错误认识。❶ 这一定义初看起来似乎一目了然，没有探讨之必要。但是细加分析就会发现，它完全无法揭示混淆可能性的真实含义，为立法和司法实践提供指引。作为商标法上的重要范畴，混淆可能性的指涉对象在近半个世纪以来呈逐步扩充的趋势，从最初仅指商品来源的混淆，扩大到关联关系混淆、初始兴趣混淆、售后混淆、反向混淆等。❷ 在商业实践和商标权人的影响下，混淆可能性的对象已大为扩充，混淆可能性的范畴已愈发模糊。它使人们捉摸不透，混淆可能性所指的混淆究竟是哪些消费者主体发生的混淆？这些混淆是否有程度和范围的区分？这些混淆有哪些具体的特征和类型？仅仅简单地对混淆可能性进行定义，无法对这些问题进行解答，无法准确地判定他人

---

❶ 黄晖：《商标法》，法律出版社2004年版，第142页。
❷ 关于混淆可能性含义的不断扩张及其反思，本书第四章会详细论述。

的行为造成何种形态的消费者混淆才会构成商标侵权。

第三，混淆可能性的定位不准。混淆可能性虽然在一些国家的商标立法中是商标侵权的判定标准，但其在商标法中的地位依然无法得到一致认同。在理论上，混淆可能性是否是商标侵权的判定标准还存在着争议；在实践中，有些国家的商标法也并未将混淆可能性作为商标侵权的判定标准，而是以商标的相似性、商品的类似性作为商标侵权判定的主要依据。混淆可能性是否是商标侵权的判定标准，涉及混淆可能性在商标法中的定位问题，如果对这一问题认识不清，商标侵权判定的标准就会不明确，商标侵权判定的司法实践就会陷入混乱。

第四，混淆可能性的判定混乱。混淆可能性理论基础的不明确和范畴的模糊，严重影响到商标侵权的判定，不利于司法审判的稳定性和可预测性。一般而言，在商标侵权纠纷中，判定消费者是否存在混淆可能性，需要借助于一系列考量因素，如商标的显著性、商标的近似程度、商品的类似程度、消费者的注意力程度、被告的主观过错等。❶ 但是，由于法律并没有明确规定这些因素应当如何在商标侵权判定中加以适用，使得不同的法院在考量这些因素时尺度不一，这就难以保证判决的公正，使司法审判的稳定性和可预测性受到很大的影响。❷ 有学者就指出，法官有不恰当地依靠于个人直觉和主观的、内在化的成见（internalized

---

❶ 黄晖：《商标法》，法律出版社 2004 年版，第 146 页。

❷ 例如，美国各法院都归纳有用于判断混淆可能性成立与否的考量因素，法院在适用这些考量因素时具有一定的自由裁量权，在适用不同的因素时会有所侧重。J. Thomas McCarthy, *McCarthy on Trademarks and Unfair Competition*, Eagan：Thomson/West, 2006, §23：18 ~ §23：20.

stereotypes）来处理商标争议的趋势。❶ "混淆之虞的判断相当主观，甚至'没有二案件相同'"。❷ 同一商标案件，放在不同的时期或者不同的法院，法官的论证思路、适用的考量因素和判决结果都可能大相径庭。难怪学者感叹："在商标案件中，已有的商标判例对于解决目前诉讼的商标案件毫无帮助。"❸ "有时消费者并没有混淆商品或者服务的来源，法官却判决产生了混淆。"❹ 甚至，法院往往先确定商标侵权是否成立，再去寻找支持其结论的理由。"当法院认为侵权成立时，法院会说购买者是合理、谨慎的，而当法院认为侵权不成立时，又会认为购买者是容易上当受骗的"。❺ 在司法审判中以预设的判决结果来寻找理由以自圆其说，这是何等的荒唐和滑稽！在种种悲观论调的笼罩下，商标侵权司法判决似乎毫无权威性和稳定性可言，商标法仿佛不是一门科学，而是"伪科学"（junk science）。❻

基础不明、范畴模糊、定位不准、判定混乱，这就是目前商

---

❶ Ann Bartow, Likelihood of Confusion, 41 *San Diego L. Rev.* 721, 723 (2004).

❷ 王敏铨："美国商标法之混淆之虞及其特殊样态之研究"，载《智慧财产权月刊》2006年第94期。

❸ Duane C. Bowen, Trademarks and Psychology, 41 *J. Pat. Off. Soc'y*, 636 (1959).

❹ 李雨峰："重塑侵害商标权的认定标准"，载《现代法学》2010年第6期。

❺ J. Thomas McCarthy, *McCarthy on Trademarks and Unfair Competition*, Eagan: Thomson/West, 2006, §23: 92.

❻ Jacob Jacoby, The Psychological Foundations of Trademark Law: Secondary Meaning, Genericism, Fame, Confusion and Dilution, 91 *Trademark Rep.* 1013, 1068 (2001).

标混淆可能性存在的主要问题。其实，不仅仅是混淆可能性，整个商标法又何尝不是这样。一直以来，商标与专利和版权相比，并不被人们所重视，角色卑微。[1] 其研究成果不仅偏少，研究对象也多局限于具体制度，造成了商标法理论的贫瘠。作为商标法中的重要问题，混淆可能性本应是基础明确、范畴清晰、定位准确、判定科学的法律范畴，然而现状却不容乐观。混淆可能性存在的问题已经严重影响到商标法的理论化和体系化，并有让商标侵权判定沦为法官主观裁量和臆断的风险。

有鉴于此，本书拟以"商标混淆可能性研究"为选题，对商标法中的基本范畴——混淆可能性进行研究。之所以以混淆可能性为题，是为强调混淆可能性在商标法理论研究和商标侵权判定中的重要地位。需要说明的是，本书所称的商标侵权，如未特别说明，是指传统的商标混淆侵权，而不包括商标淡化侵权、间接侵权等。本书所说的商标侵权判定标准，也是指传统商标侵权即商标混淆侵权的判定标准。换言之，本书拟在传统商标保护的语境中探讨商标混淆侵权判定的标准，而不包含商标淡化侵权等其他商标侵权的判定标准。另外，本书所称的混淆可能性，我国台湾地区称之为"混淆之虞"，欧美国家对应的英文为"the likelihood of confusion"，其在商标法中并非指消费者对商品或服务的来源有一般的发生混淆的可能性，而是指消费者对商品或服务的来源有发生混淆的"极大的盖然性""明显的可能性""具有较大现实性的可能性"。亦即，在混淆可能性的语境下，我们赋予其中的"可能性"一词以"likelihood"的意义。因此，如未特别说明，本书所称之"混淆

---

[1] 彭学龙：《商标法的符号学分析》，法律出版社2007年版，第2页。

可能性",意指消费者发生混淆的极大可能性,而非有发生混淆的一般可能性。对于混淆可能性的语义问题,已有学者进行了研究,对此不再赘述。❶

在理论意义方面,本书试图通过对商标侵权判定之混淆可能性标准的研究,澄清学界和实务界对混淆可能性的误读,明确混淆可能性的理论基础和在商标法中的地位,使混淆可能性成为理论基础明确、范畴清晰、逻辑严密的范畴。同时,将混淆可能性的理论基础与商标的本质和功能、商标法的价值和规范意旨等商标法理论问题相联系,以混淆可能性为突破口,以基础理论为研究方向,推进商标法的理论研究,使商标法混淆侵权判定标准能够从容应对新科技和新的商业环境带来的挑战。在实践意义方面,本书将依据混淆可能性理论基础的分析,通过对混淆可能性具体判定的研究,确定消费者混淆判定的基本规则和方法,改变目前实践中商标侵权判定随意性、主观性较强的局面,增强商标行政裁定和司法判决的科学性和可预测性。

综上,本研究的主要目的在于构建混淆可能性的理论基石、明晰混淆可能性的范畴和地位、明确混淆可能性的判定,希冀能够以混淆可能性为突破口,提升商标法的理论研究水平,使商标法理论更好地指导司法实践。

---

❶ 相关论述可参见彭学龙:《商标法的符号学分析》,法律出版社2007年版,第189页。

第二节　主要研究方法

自20世纪50年代以来，随着社会经济的发展，商标成为市场竞争中的关键要素，商标法研究也取得了长足进步。学者对商标法的研究，多从两种路径出发，一是传统的法学研究方法，包括历史研究方法、比较研究方法、案例研究方法等；二是经济学、信息学、符号学和认知心理学等交叉学科研究方法。前者是常规和基本的研究方法，在商标法研究中较常采用，而后者则在近年来的商标法研究中受到学者的青睐。受这种研究思路的启发，本书在商标混淆可能性的研究中将把传统法学研究方法与交叉学科研究方法相结合，在坚持传统法学研究方法的同时，引入交叉学科研究方法。基于消费者在商标法中的重要地位，本书将运用认知心理学基本原理，通过分析消费者在面对商标时的心理认知状况，对混淆可能性的问题进行研究。下文拟结合研究主题对相关的研究方法加以介绍。

一、交叉学科研究方法

（一）经济学、信息学、符号学研究方法的运用

商标法交叉学科研究之所以被学者所采用，根源在于商标权的客体——商标所具有的多元属性。正是商标的多元属性，使它受到多种学科规律的支配。故而，运用其他学科理论对商标进行剖析，相比法学研究方法而言更为直观，可谓直接命中商标与商

标法的要害。❶ 从多元角度来看，商标既是一种符号，受符号学规则的统辖，又是信息通信系统的组成部分，是信息学的研究对象。同时，商标还是市场经济的产物，遵从于经济学原理。不仅如此，商标也是企业与消费者进行沟通的工具，商标的产生、商标的混淆与商标的淡化皆以消费者认知为视角，这又涉及心理学。因此，从交叉学科角度对商标法进行研究，遵从了商标的客观属性，能够取得较好的研究实效。

就交叉学科方法而言，占据重要地位的是经济学研究方法。经济学分析是目前商标法的主流分析范式，其肇始于20世纪50年代，代表人物是兰德斯（Landes）和波斯纳（Posner）。兰德斯和波斯纳运用经济学信息成本理论，指出商标对效率的促进主要表现在两个方面：降低消费者搜寻成本和激励企业维持或提高商品质量。❷ 亦即，商标保护是为了最小化消费者在识别商品来源时的搜寻成本，便于消费者认牌购物，为商标权人投资于商标提供激励。商标法的经济学分析范式将商标法的正当性建立在经济效率之上，一举奠定了商标法的经济学基础，成为"美国商标法上的决定性理论"（definitive theory）。❸

除了经济学方法，信息学和符号学方法也被学者所采用。商标法的信息学理论认为，在厂商与消费者之间的通信系统中，信

---

❶ 吴汉东教授在评价商标法的符号学研究方法时指出，符号学方法是分析商标及商标法基本范畴的利器，切中了该领域的要害。彭学龙：《商标法的符号学分析》，法律出版社2007年版，第2页。

❷ William M. Landes & Richard A. Posner, Trademark Law: An Economic Perspective, 30 *J. L. & Econ.* 265, 265~309 (1987).

❸ Barton Beebe, The Semiotic Analysis of Trademark Law, 51 *UCLA L. Rev.* 621, 623 (2004).

源就是厂商，信宿就是消费者，信道则包括商标从厂商传送到消费者的各种渠道。所用的代码（即编码器和译码器）就是商标，编码就是厂商把商品信息附载在商标中即使用商标的过程，译码就是消费者通过商标来了解商品（信息）的过程。❶ 商标法的信息学研究揭示了商标的通信原理，指出了商标是商标权人和消费者之间传递信息的工具，有助于理解商标的本质和商标侵权的实质。符号学是继经济学和信息学分析之后的又一商标法分析范式，在当下受到了学者的青睐。符号学理论认为，商标由能指（有形标记）、对象（特定商品或者服务）和所指（出处和商誉）组成。❷ 商标的本质是符号。商标法的符号学分析指出了商标的符号学本质，对商标法中的重要范畴如显著性、混淆、淡化等有较强的解释力，一定程度上弥补了经济学分析和信息学分析的不足，对于研究商标法有所助益。

（二）经济学、信息学和符号学研究方法的不足

尽管经济学、信息学和符号学研究方法可以从不同的角度诠释商标法，提升商标法的理论水平，但是，本书并不将之作为主要的研究方法。这主要是因为经济学、信息学和符号学方法存在着研究视角方面的不足，无法对混淆可能性进行全面考察。为弥补其缺陷，本书将引入与消费者识别商标有密切关系的认知心理学，通过认知心理学基本原理来研究混淆可能性。下文首先将联

---

❶ 王太平："狭义信息论与商标保护理论"，载《电子知识产权》2005 年第 1 期。

❷ Barton Beebe, The Semiotic Analysis of Trademark Law, 51 *UCLA L. Rev.* 621, 636（2004）；彭学龙："商标法基本范畴的符号学分析"，载《法学研究》2007 年第 1 期；王太平："商标概念的符号学分析——兼论商标权和商标侵权的实质"，载《湘潭大学学报》2007 年第 3 期。

系认知心理学，检讨经济学、信息学和符号学理论在商标法研究视角方面的局限。

经济学、信息学和符号学尽管是分析商标法的有力工具，但仍存在着研究视角的局限，主要体现为三点。首先，商标法的经济学、信息学与符号学分析尽管奠定了商标法的理论基石，对于研究混淆可能性具有帮助，但是这些方法的分析视角较为宏观，对揭示混淆的本质、分析混淆可能性的具体问题无能为力。举例而言，商标法所防范的混淆是如何形成的？它们对商标权人和消费者的影响分别是什么？为什么商标法需要对某些消费者混淆形态进行规制，而另一些则不需要规制？商标法需要对哪些消费者混淆形态进行规制？对这些问题，经济学、信息学与符号学只是笼统地指出，商标混淆对消费者的购物施加了不适当的成本，增加了消费者的搜寻成本，降低了市场上信息的交换效率，因此需要商标法规制。但是，商标混淆具有多种形态❶，对消费者和商标权人造成的影响并不一样，其具体规则的适用并不相同。假如不从认知心理学角度对混淆可能性进行分析，我们很难回答出混淆的本质和危害是什么，为什么需要对混淆进行防范，又需要对哪些混淆形态进行防范。对于这些问题的研究，商标法的经济学、信息学和符号学分析显得力不从心。

其次，商标法的经济学、信息学和符号学分析无法为商标侵权的司法判定提供更为科学的方法。商标侵权的司法审判表现出不确定性和难以预测性，不同法官对混淆可能性的理解并不相

---

❶ 一般认为商标混淆现在已经演化为多种类型，包括关联关系混淆、初始兴趣混淆、售后混淆等。彭学龙：《商标法的符号学分析》，法律出版社2007年版，第208~217页。

同。例如，有的法官认为，固有显著性在混淆可能性的判定中更为重要，臆造商标理应比任意商标享有更大的保护范围。而有的法官则认为，在判定混淆可能性时固有显著性并不重要，需要重点考察的是商标的获得显著性。❶ 由于商标混淆本质上指的是消费者面对商标时的心理状态，难以通过直接证据予以证明，法官在案件审理中往往会以其主观感受作出判决，这就可能出现不合理的判决结果。另一方面，商标法的经济学、信息学和符号学分析立足于宏观视角，只能从宏观角度分析商标侵权案件中消费者搜寻成本的增减，无法洞悉面对不同商标时消费者心理认知的变化，以此归纳出科学的混淆可能性的判定方法和运用规则。商标法的认知心理学分析关注于消费者的心理认知状态，更有利于分析商标侵权案件中被诉侵权人的行为对消费者心理认知的影响，提炼出科学的混淆可能性的判定方法和运用规则。

最后，商标法的经济学、信息学和符号学分析将商标法定位于降低消费者搜寻成本，提高市场上信息传递的效率，这一结论过于笼统，可能导致商标立法背离商标法的价值和规范意旨，为商标权的不当扩张提供理论支持。从经济学、信息学和符号学角度看来，任何形态的混淆都增加了消费者的搜寻成本，因此，如果要避免消费者搜寻成本的增加，则任何造成消费者混淆的行为

---

❶ 在卡地亚国际有限公司诉佛山市依诺陶瓷有限公司、北京裕隆依诺经贸有限公司侵犯商标专有权纠纷案中，我国法官在侵权判定时就认为，原告商标"卡地亚"是臆造词，本身无含义，所以显著性强，消费者发生混淆的可能性更大。这实际上是将固有显著性作为判定消费者混淆可能性的重要考量因素。北京市高级人民法院知识产权庭编：《北京法院商标疑难案件法官评述》，法律出版社2012年版，第127页。

至少初步看来都是可诉的。❶ 事实上，商标权人也正是依据这种逻辑，极力使立法者和法官相信，第三人对其商标的使用增加了消费者的搜寻成本，应当予以规制。在这种情况下，关联关系混淆、初始兴趣混淆、售后混淆等都成了商标法防范的对象。而由于消费者较为分散，相对商标权人来说处于弱势地位，因而很难抵制商标权的扩张。在降低消费者搜寻成本这种理论的支配下，立法和司法理所当然地认为，打击混淆是为了降低消费者搜寻成本，维护消费者的利益。"如果某人发生了混淆，涉及商标的使用就是侵权，因为商标法的任务就是驱除市场上存在的任何和所有的混淆。"❷ 学者不无遗憾地认为，商标法已经不再关注于混淆的具体形态，"混淆本身已经成为商标法的目标"❸。那么，问题就在于，对于任何形态的消费者混淆，商标法都应当规制吗？实际上，基于对消费者心理认知的分析，某些形态的关联关系混淆、初始兴趣混淆、售后混淆，对消费者识别商标和依据商标进行购物决策并无影响，商标法没有必要对这些混淆形态进行防范。❹ 商标法的经济学、信息学、符号学分析过于强调消费者搜寻成本的变化，在分析上述问题时具有误导性。

可见，经济学、信息学和符号学研究方法存在不足，它并不能准确揭示商标混淆的本质、划定混淆可能性的范围、提升商标

---

❶ Mark P. McKenna, A Consumer Decision-Making Model of Trademark Law, 98 *Va. L. Rev.* 101, 105（2012）.

❷ Mark P. McKenna, A Consumer Decision-Making Model of Trademark Law. 98 *Va. L. Rev.* 101, 103（2012）.

❸ Mark P. McKenna, A Consumer Decision-Making Model of Trademark Law. 98 *Va. L. Rev.* 101, 104（2012）.

❹ 对此问题，后文将会通过认知心理学基本原理进行详细的论述。

侵权判定的科学性,却可能为商标权人权利的扩张提供理论支持。在商标法方法论上,有学者就尖锐地指出法和经济学的路径存在着方法论上的缺陷。❶巴顿碧毕教授也认为,"尽管经济学是分析商标法的有力工具,但经济学分析无法解释、预测或证明商标法律中的特定结果,也无法说清楚必要的改革需求。"❷可见,囿于脱离消费者视角的研究方式,经济学、信息学和符号学分析具有一定的局限性。

(三) 认知心理学研究方法的补充

商标法的认知心理学分析与经济学、信息学和符号学分析相比,研究视角更为微观,可以具体探究消费者面对商标时的心理认知状态,为商标混淆可能性的研究提供直观和相对准确的参考。

第一,商标法的认知心理学分析将消费者面对商标时的心理认知状态作为研究重点,符合商标法存在的客观规律。尽管学者认为,商标法从传统上看并不试图保护消费者,而是为了保护生产者免受竞争者不合法的转移交易❸,但是,消费者已经成为商标法制度设计中需要重点考察的主体。消费者和商标权人在一定程度上是利益相互关联的主体。商标权人利润的来源是消费者,商标权人之所以维持或提高商品质量、投资于广告宣传,就是为了赢得消费者的青睐。而消费者面对商标时心理状态的变化会对

---

❶ Mark P. McKenna, The Normative Foundations of Trademark Law, 82 Notre Dame L. Rev. 1839, 1841 (2006~2007).

❷ Barton Beebe, The Semiotic Analysis of Trademark Law, 51 UCLA L. Rev. 621, 624 (2004).

❸ Mark P. McKenna, The Normative Foundations of Trademark Law, 82 Notre Dame L. Rev. 1839, 1841 (2006~2007).

商标权人产生实质性的影响。当消费者能够识别和区分不同的商标，进而作出符合其意愿的购物决策时，商标权人就会获益。当消费者发生商标混淆，进而作出错误的购物决策时，商标权人就会受损。因此，商标权人与消费者在市场中是一荣俱荣、一损俱损的关系。商标法的制度设计保护了消费者免受混淆的侵害，实质上就是保护了商标权人的利益，反之亦然。而对于商标法的基本范畴而言，消费者更是扮演着关键的角色。从商标的生成和商标的显著性来看，只有消费者将某一符号视为标示特定商品来源的标志时，商标才开始存在，这一符号才开始具有真正的显著性；从商标的混淆来看，只有消费者对两个相似的商标标示的商品的来源发生误认时，商标的混淆才发生；从商标的淡化来看，也只有消费者对某一著名商标的心理感受逐步变弱时，商标的淡化才存在。可见，"不论采用何种商标使用方式，商标必须与消费者接触，只有商标与消费者发生接触，商标才能够起到桥梁作用。"❶ 消费者尽管不是商标法法律关系的主体，但商标法的理论架构、制度设计和制度实践都无法在脱离消费者的环境中进行，消费者是商标法中的重点。对此，有学者一针见血地指出："消费者，我们认为是衡量商标法所有问题的标尺。商标纯粹是存在于消费者头脑中的财产。"❷ 商标法的认知心理学研究方法真正将消费者放置于商标法研究的重要地位，对消费者识别商标和进行购物决策进行研究，对于分析商标混淆可能性大有裨益。

---

❶ 张玉敏、王法强："论商标反向假冒的性质——兼谈商标的使用权"，载《知识产权》2004 年第 1 期。

❷ Barton Beebe：Search and Persuasion in Trademark Law，103 *Michigan L. Rev.* 2020，2021（2005）.

第二，商标法的认知心理学分析在研究商标法时，将消费者的心理认知状态作为依据，可以提高商标案件司法审判的科学性和可预测性。早在1910年，美国商标法先驱罗杰斯（Rogers）就指出，法官没有能力精确地评估一般消费者的心理状态，这主要是因为法官不自觉地就将其自身的心理状态强加于一般消费者身上。[1] 学者也承认："过去，商标法的实践、诉讼或者判决不得不依赖于直觉或者对消费者心理活动的推测。"[2] 在此情况下，商标案件的审判具有一定的随意性，难以保证公平。随后，心理学走进了人们的视野，为商标案件的科学审判带来了曙光。许多学者和实务界人士开始通过心理学来说明商标对消费者心理的影响，以此证明商标权人是否受到了损害。罗杰斯就对心理学在商标法中的运用津津乐道。他认为，唯一能够解决商标侵权判定问题的办法就是将心理学引入法庭。心理学家具备客观地评估消费者心理状态的技能，并作出关于混淆可能性的准确判断。[3] 为此，他还向当时著名的心理学专家发出了邀请，希望他们能通过实验方法来研究消费者对商标的认知。[4] 随后，罗杰斯和哈佛大学心理学教授胡果·姆斯特博格（Hugo Munsterberg）联合进行了一系

---

[1] Edward S. Rogers, The Unwary Purchaser. *Michigan Law Review*, Vol. 8, Issue 8 (1909~1910), pp. 617.

[2] Jacob Jacoby, The Psychological Foundations of Trademark Law: Secondary Meaning, Genericism, Fame, Confusion and Dilution, 91 *Trademark Rep.* 1013, 1068 (2001).

[3] Edward S. Rogers, The Unwary Purchaser, 8 *Mich. L. Rev.* 613, 621~622 (1910).

[4] Edward S. Rogers, The Unwary Purchaser, 8 *MICH. L. REV.* 613, 622 (1910).

列有关商标混淆的心理学实验,以此证明商标权人所遭受的损害,引起了学界的广泛关注。继罗杰斯之后,应用心理学教授理查·德帕特(Richard Paynter)也开始运用实验方法来研究商标侵权问题。❶ 由于心理学实验并非所有法律人士都能够实施,它并未得到广泛的推广。但是,探知消费者认知状况的消费者调查已经在司法实践中得到了运用,消费者调查证据已被法官所接受,成为法官判决的依据之一。同样,通过认知心理学对用以判定消费者混淆的多因素检测法进行研究❷,明确其适用方法,也能够促进多因素检测法的规范化和科学化。可见,认知心理学研究方法的运用,有助于对商标混淆可能性的判定。

正如学者所言,在商标法中,我们不是与我们能够握在手中的有体物打交道,而是处理心理上的反应和联系。我们不是与经济学打交道,而是应用心理学。当然,对某一商标而言,我们的作为或者不作为可能产生经济上的后果,但是否要采取行动,以及衡量其是否成功,都依赖于对市场中公众大脑中会发生什么的心理学评估。❸ 商标法的认知心理学研究方法考察消费者面对商标时的心理认知状态,能够最大限度地还原商标在市场上的真实

---

❶ Edward S. Rogers, An Account of Some Psychological Experiments on the Subject of Trademark Infringement, 18 *Mich. L. Rev.* 75, 77 (1919).

❷ 多因素检测法,是指由用以判定消费者是否可能发生混淆的基本考量因素所组成的商标侵权判定方法。多因素检测法就是在混淆的判定中考量多种因素,综合判断混淆侵权是否成立。一般认为,这些考虑因素包括:商标的相似性、商品的类似性、商标权人商标的显著性、实际混淆、被告的主观意图、消费者的注意程度等。本书后文对此还将进行分析。

❸ Duane C. Bowen, Applied Psychology and Trademarks, 51 *Trademark Rep.* 1, 7 (1961).

状况，为混淆可能性的研究提供相对客观的参考依据。

二、传统法学研究方法

除了交叉学科研究方法，传统的法学研究方法在本书中也将有所运用，主要包括历史研究方法、比较研究方法、案例分析方法。

首先，本书将运用历史学研究方法对混淆可能性的历史演化过程进行分析。"以史为鉴，可以明得失。"[1] 历史学研究方法是法学常用的研究方法。通过梳理法律制度产生、发展和演化的历史，可以明确法律制度产生、发展的基础和动因，为法律制度的研究提供参考。作为目前主流的商标侵权判定标准，混淆可能性的产生与发展经历了漫长的历史演化过程。对混淆可能性的演化历史进行分析，了解混淆可能性产生和发展的背后原因，有助于揭示其本质和内涵。本书将运用历史研究方法，探究商标混淆可能性标准的出现和演化历程，从混淆可能性的历史变迁中探寻商标侵权判定的原理与规律。

其次，比较研究方法将在本书中得以体现。比较研究方法是传统法学研究的重要方法。由于国情不同，对于同样的部门法律，各国法律制度的规定不尽相同，其法律制度的理论基础也会有所差别。通过分析域外法律制度，掌握其法律制度的理论基础和制度特点，有助于更好地解读和完善我国的有关法律制度。从地域角度观之，商标侵权判定的混淆可能性标准主要产生于英、美等发达国家，是英、美等国长期商业实践的产物。尤其是美国

---

[1] 李世民：《魏郑公谏录·卷五·太宗临朝诏群臣》或《贞观政要·君道》。

商标法立法与理论，吸收和采纳了英国和大陆法系法律的优点，作出了进一步的完善，是目前世界上立法水平较高，立法理念较为先进的商标法，值得我国学习和借鉴。为了更好地研究混淆可能性，本研究将运用比较研究方法，联系美国、欧盟等有关国家的商标法立法，通过对美国、欧盟等关于商标混淆可能性立法和司法实践的分析，发掘域外商标混淆可能性立法与司法实践的特色，为我国商标混淆可能性制度的完善提供经验。

最后，本书的研究将运用案例研究方法。法律是社会实践的产物，现实中发生的真实案件以及法院对这些案件的判决和推理过程，是研究法律制度的宝贵素材。在市场经济的发展过程中，商标权纠纷大量发生，积累了诸多判例，这些中外判例是研究商标混淆可能性的宝贵资源。本书将立足于实证研究，基于国内外有关商标侵权的典型判例，通过阅读和整理法院判决，探寻司法实践中法院适用混淆可能性标准，运用多因素检测法和消费者调查判定商标侵权的方法和规律，以此检讨立法和司法实践得失，为商标混淆可能性立法和司法的完善提供实证支撑。

综上，历史学研究方法、比较研究方法和案例研究方法，是本书研究混淆可能性所主要运用的传统法学研究方法。这些研究方法与前文所述的认知心理学研究方法相配合，可以从多种角度剖析混淆可能性问题，有助于研究的开展和深入。

第三节　研究的现状

作为商标侵权判定的主要依据，混淆可能性是商标法中的重要范畴,是商标法理论研究的热点和难点。国内外很多学者从不同的角度出发,对混淆可能性进行了分析,取得了一系列研究成果。总体来看,学界对混淆可能性的研究取得了较大进展,有关混淆可能性的一些错误观点得以纠正。但是,混淆可能性还存在着诸多争议,实践中对于混淆可能性适用于商标侵权判定也存在不同的做法。因此,混淆可能性还有进一步研究的空间。下文将简要论述国内外对这一问题研究的现状。

一、国内研究现状

国内的商标法研究发展迅速,许多学者以混淆可能性为研究对象,取得了一系列研究成果,推动了商标法侵权判定理论的发展,为司法实践提供了有益的参考。

在国内商标法著作方面,一些学者对混淆可能性进行了探讨。吴汉东教授等著的《知识产权基本问题研究》第 26 章对注册商标专用权进行了论述。该书认为,防止混淆是商标保护的基本出发点。我国立法虽然未直接提到制止混淆,但禁止侵权使用意在制止混淆的意图十分明显。❶ 孔祥俊法官也于《商标与反不正当竞争法原理与判例》一书中对商标侵权问题进行了研究。❷ 其中,第 6~8 章与混淆可能性问题相关。孔祥俊从混淆的作用,混淆与商标权权利边界的关系,混淆概念的变化与扩张,混淆的具体认定等方面,对混淆可能性进行了系统论述。孔祥俊认为,

---

❶ 吴汉东等:《知识产权基本问题研究》,中国人民大学出版社 2005 年版,第 596 页。

❷ 孔祥俊:《商标与反不正当竞争法原理与判例》,法律出版社 2009 年版,第 170~296 页。

混淆在我国商标侵权保护和侵权判定中起到重要的作用,是判断商标侵权或者商标侵权构成要素的重要标准。但是,混淆并不适用于所有的商标侵权行为,亦即,有的商标侵权行为并不需要考量混淆,如在系争双方的商标相同和商品类别相同时。孔祥俊还指出,目前混淆的概念在不断扩张,包括了售前混淆、售后混淆等。此外,他还列出了欧盟、美国、加拿大以及我国认定混淆的考量因素,对这些考量因素结合案例进行了分析。杜颖教授在其《社会进步与商标观念:商标法律制度的过去、现在和未来》一书中对商标混淆问题进行了分析。杜教授主要从国内外立法和实践出发,对混淆概念的发展进行了解读,她认为目前商标法在不断扩张其范围,传统的混淆概念已经发生了变化。杜教授指出,保护消费者免受混淆与保护商标权同等重要。在保护商标权的同时,必须合理构建体系化的商标权利限制制度,重申社会公共利益。❶ 魏森教授在其专著《商标侵权认定标准研究》中,对混淆可能性进行了论述。❷ 魏森教授主要是从混淆的主体、混淆的对象和时间角度,论证商标法所防范的混淆是何种形态的混淆,并且着重分析了商标近似、商品类似等认定混淆的考量因素。邓宏光教授在《商标法的理论基础——以商标显著性为中心》一书中,从显著性的角度对混淆问题进行了分析,指出商标混淆侵权是对商标显著性的侵犯。此外,他还对售前混淆、售后混淆,以及网络环境下混淆的适用等问题进行了论述,指出我国不应将商

---

❶ 杜颖:《社会进步与商标观念:商标法律制度的过去、现在和未来》,北京大学出版社2012年版,第244~268页。

❷ 魏森:《商标侵权认定标准研究》,中国社会科学出版社2008年版,第61~114页。

标的相似性和商品的类似性作为商标侵权的判定标准，而应当将混淆可能性规定为商标侵权的判定标准。❶ 与邓宏光教授持类似观点的是彭学龙教授。彭学龙教授在《商标法的符号学分析》一书中以专章形式对商标混淆问题进行了研究。❷ 他对混淆可能性的含义、混淆可能性的认定标准、售前售后混淆等混淆类型进行了分析。彭教授认为，我国商标侵权标准应当是混淆可能性，而不应当是商标的相似性或商品的类似性。商标的相似性和商品的类似性仅是判定混淆可能性的因素。在我国台湾地区，刘孔中教授早在20世纪90年代，就出版了有关商标混淆可能性的专著《商标法上混淆之虞之研究》。❸ 在该书中，刘孔中教授分析了混淆之虞的概念、混淆之虞的成因、主体、客体和影响混淆之虞的因素，对混淆之虞判断中的商标的相似性和商品的类似性因素进行了详细的分析，并且引用了大量的判例说明混淆之虞的判定。此外，我国还有学者从历史角度对商标法进行了研究，其中涉及商标混淆的问题，包括余俊博士的《商标法律进化论》和黄海峰博士的《知识产权的话语与现实——版权、专利与商标史论》。❹ 余俊博士并没有直接论述混淆可能性的演变史，但是其研究内容

---

❶ 邓宏光：《商标法的理论基础——以商标显著性为中心》，法律出版社2008年版，第333页。

❷ 彭学龙：《商标法的符号学分析》，法律出版社2007年版，第185~274页。

❸ 刘孔中：《商标法上混淆之虞之研究》，五南图书出版公司1997年版。

❹ 余俊：《商标法律进化论》，华中科技大学出版社2011年版。黄海峰：《知识产权的话语与现实——版权、专利与商标史论》，华中科技大学出版社2011年版。

涉及商标侵权判定从主观欺诈到混淆可能性的演变过程。黄海峰博士也在其著述中对商标侵权判定标准的演变进行了论述。他尤其从商标扩张的角度对混淆可能性进行了分析，指出在商标权人的推动之下，商标法规制混淆的制度一直处于扩张之中，而消费者和社会公众的利益往往被忽略，这种现象值得警惕。

在国内商标法论文方面，混淆可能性的代表性论文包括：邓宏光教授的《商标侵权的判断标准——兼论中华人民共和国商标法第52条的修改》《〈商标法〉亟需解决的实体问题：从"符号保护"到"防止混淆"》❶，张乔先生的《商标混淆辨析》❷，彭学龙教授的《商标混淆类型分析与我国商标侵权制度的完善》《论"混淆可能性"》❸、张今教授和陆锡然先生的《认定商标侵权的标准是"混淆"还是"商标近似"》❹，李雨峰教授的《重塑侵害商标权的认定标准》。❺ 邓宏光教授认为，我国2001年《商标法》以商标的相似性和商品的类似性作为商标侵权的判定

---

❶ 邓宏光："论商标侵权的判断标准——兼论中华人民共和国商标法第52条的修改"，载《法商研究》2010年第1期。邓宏光："《商标法》亟需解决的实体问题：从'符号保护'到'防止混淆'"，载《学术论坛》2007年第11期。

❷ 张乔："商标混淆辨析"（上），载《中华商标》2004年第11期。张乔："商标混淆辨析"（下），载《中华商标》2004年第12期。

❸ 彭学龙："商标混淆类型分析与我国商标侵权制度的完善"，载《法学》2008年第5期。彭学龙："论'混淆可能性'"，载《法律科学》2008年第1期。

❹ 张今、陆锡然："认定商标侵权的标准是'混淆'还是'商标近似'"，载《中华商标》2008年第8期。

❺ 李雨峰："重塑侵害商标权的认定标准"，载《现代法学》2010年第6期。

标准并不科学，在实践中会导致案件判决的不公平。邓宏光建议将混淆可能性规定为商标侵权的判定标准。张乔先生并未讨论混淆可能性是否是商标侵权的判定标准，而是论述在实务中应当如何判断商标相似和商品类似。彭学龙教授在其文章中对各种混淆类型进行了分析，认为各种商标混淆都会侵害商标权，妨碍消费者依据商标进行购物，应予禁止，同时就我国混淆类型的立法提出了建议。张今教授和陆锡然先生在其论述中对商标近似和混淆之间的关系进行了分析，其认为商标近似、商品类似不是商标判定侵权的标准，只有"混淆的可能"才是真正的标准。李雨峰教授则在对商标侵权判定标准的研究中认为，混淆和淡化都是使商标显著性受到损害的表现形式，"商标显著性受到损害之虞"才是侵害商标权的认定标准。

应当说，国内在混淆可能性理论基础和具体判定方面的研究均取得了进展。第一，在商标侵权判定标准方面，我国学者都认为混淆可能性是重要的侵权判定标准，肯定了混淆可能性在商标侵权判定中的作用。❶ 第二，我国学者对混淆可能性赖以存在的商标法基本法理进行了分析，明确了商标的基本功能在于标示来源，商标法的任务是确保商标基本功能的正常发挥，规制造成消费者混淆的行为，而非对商标符号本身进行保护。第三，学界对商标的相似性、商品的类似性和混淆可能性之间的关系进行了梳理，很多学者认为，商标的相似性、商品的类似性是混淆可能性判定中的考量因素，而混淆可能性才是商标侵权判定的关键。第

---

❶ 有所不同的是，有学者认为在一些情况下商标侵权的判定并不需要考察混淆可能性，如在商标相同和商品类别相同的情况下。但是，学者基本上肯定了混淆可能性在商标侵权判定中的作用。

四，学界对陆续出现的各种类型的混淆进行了研究，对赞助混淆、售前混淆、售后混淆等新型混淆进行了分析，认定这些混淆类型也会损害到商标权人和消费者的利益，需要加以规制。

虽然国内有关研究取得了进展，但仍有进一步研究的空间。其一，在商标侵权判定标准方面，虽然学者均肯定了混淆可能性在商标侵权判定中的作用，但是现有的论述略显笼统，对于混淆可能性是否应是商标侵权的判定标准这一问题，还有必要进行深入论证。其二，国内虽然对混淆可能性的理论基础进行了分析，指出了设立混淆可能性标准是为了防范消费者混淆，确保商标功能的正常发挥。然而，有些问题还不甚明朗，亟待解答。例如，混淆指的是什么、混淆的本质是什么、它到底会造成哪些危害、这些危害损害了商标的哪些功能、损害了消费者和商标权人的哪些利益。这些问题，与混淆可能性的适用有密切联系，都有待明确。其三，国内学者明确了商标的相似性、商品的类似性和混淆可能性判定之间的关系，指出了商标的相似性、商品的类似性都仅是混淆可能性判定中需要考量的因素。但是现有的论证略显单薄。我们还可以在研究方法上进行创新，通过认知心理学研究方法来研究商标的相似性、商品的类似性在消费者识别商标过程中所起到的作用。这样，就可以从第一性的意义上界定清楚商标的相似性、商品的类似性与混淆可能性之间的关系。其四，对于赞助混淆、售前混淆、售后混淆等新的混淆类型，我国学者虽然有所论及，但是研究并不充分。实际上，并不是所有新的类型的混淆都需要商标法进行防范，我们需要探究这些混淆类型造成的具体危害究竟是什么，明确相关规则的适用范围，以防止混淆可能性涵盖的范围过于宽泛，造成商标权的不当扩张。

二、国外研究现状

国外在商标混淆可能性的理论基础和具体判定方面，都有水平较高的研究成果问世。在著作方面，根据笔者目前的收集，以混淆可能性为题的著作只有理查德·L. 柯克帕特里克（Richard L. Kirkatrick）的《商标法中的混淆可能性》（Likelihood of Confusion in Trademark Law）。[1] 该书结合大量判例，详细地对混淆可能性进行了研究，是目前国外在混淆可能性方面论述较为翔实的专著。但该书的不足也很明显，就是对于混淆可能性的理论基础着墨不多，更多地是通过案例，结合商标的相似性、商品的类似性、商标的显著性、消费者注意程度等因素论述如何在实务中判定消费者混淆。实际上，混淆可能性的理论基础对于混淆可能性的适用十分关键，它决定了混淆可能性的立法构造和具体判定，是商标法侵权法律制度的基石。除了理查德·L. 柯克帕特里克，商标法著名学者麦卡锡教授也在其专著中对混淆可能性进行了研究。[2] 该研究对混淆可能性的概念、在商标法中的地位、各种混淆类型、混淆可能性的适用和侵权判定等进行了研究。美中不足的是，该书偏向于基本概念和观点的阐释，关注点在于对既往判例的列举和点评，研究内容依然偏重于基本观点和实务操作，对混淆可能性的研究不够深入。例如，对于关联关系混淆、初始兴趣混淆、售后混淆，该书仅仅讨论了这些新混淆类型的基本概

---

[1] Richard L. Kirkatrick, *Likelihood of Confusion in Trademark Law*, New York: Practising Law Institute, 2010.

[2] J. Thomas McCarthy, *McCarthy on Trademarks and Unfair Competition*, Eagan: Thomson/West, 2006, Vol. 4.

念、在实务中的运用等,没有对关联关系混淆、初始兴趣混淆和售后混淆的理论基础、危害、具体适用等进行深入分析。由于研究的深度不够,该书并未明确这些混淆类型相关规则的适用范围。

在论文方面,国外学者的代表性成果有:(1)安·巴托(Ann Bartow): *Likelihood of Confusion*。[1] 在该文中,安·巴托认为,混淆可能性的判定过于主观,法院有时会先入为主地认定某一行为是否会造成消费者混淆,然后作出相应的判决。实践中,商标权人会主张消费者的注意程度较低,非常容易上当受骗,法院往往会听信于商标权人,在案件审理中倾向于认定商标侵权成立。安巴托对这种现象进行了反思,强调在商标侵权判定中,要切实地考察消费者在市场中是否真的会发生混淆,防止商标权的扩张危害言论自由和市场自由竞争。(2)巴顿碧毕: *The Semiotic Analysis of Trademark Law*。[2] 巴顿碧毕在此文中运用符号学原理,对商标法的基本范畴进行了研究,其中专章对混淆展开了探讨,指出混淆在符号学上的本质是因为能指过于接近造成人们对所指的混淆。(3)巴顿碧毕: *An Empirical Study of the Multifactor Tests for Trademark Infringement*。[3] 在该文中,巴顿碧毕对混淆可能性判定的多个考量因素进行了分析,这些考量因素包括:商标的相似性、商品的类似性(产品的相关性)、商标权人商标的显著性、

---

[1] Ann Bartow, Likelihood of Confusion, 41 *San Dego L. Rev.* 721, 721~818 (2004).

[2] Barton Beebe, The Semiotic Analysis of Trademark Law, 51 *UCLA L. Rev.* 621, 621~704 (2004).

[3] Barton Beebe, An Empirical Study of the Multifactor Tests for Trademark Infringement, 94 *Cal. L. Rev.* 1581, 1581~1654 (2006).

实际混淆、被告的主观意图、消费者的注意程度。巴顿碧毕教授梳理了美国法院的商标案例，分析了不同考量因素在混淆可能性判定中的具体运用情况，对每个因素所发挥的作用进行了界定。
(4) 杰里米·N.谢菲尔德 (Jeremy N. Sheff)：*The (Boundedly) Rational Basis of Trademark Liability*。❶ 在此文中，杰里米·N.谢菲尔德对混淆和淡化两种侵权责任形态的发展情况进行了梳理，指出混淆和淡化都是对消费者识别商标过程的干扰。谢菲尔德据此认为，商标保护可以从心理学角度去探讨，商标保护的正当性在于维护消费者对商标的正常的心理认知状态。(5) 雅各比 (Jacob Jacoby)：*The Psychological Foundations of Trademark Law: Secondary Meaning, Genericism, Fame, Confusion and Dilution*。❷ 文中，雅各比教授从认知心理学的角度对商标法的基本范畴进行了研究，其中涉及混淆可能性问题。雅各比认为，商标以节点的形式存储在人的大脑中，当商标节点被激活时，会发生扩散激活效应，人就会获得商标节点中存储的信息。而混淆则是消费者对商标的来源作出了错误的理解，需要商标法防范。此外，雅各比还对正向混淆、反向混淆等新型混淆从心理学角度出发进行了解读。(6) 麦肯纳 (Mark P. McKenna)：*A Consumer Decision-Making Model of Trademark Law*。❸ 麦肯纳在文中对各种新的类型的混淆进

---

❶ Jeremy N. Sheff, The (Boundedly) Rational Basis of Trademark Liability, 15 *Tex. Intell. Prop. L. J.* 335, 331~386 (2006~2007).

❷ Jacob Jacoby, The Psychological Foundations of Trademark Law: Secondary Meaning, Genericism, Fame, Confusion and Dilution, 91 *Trademark Rep.* 1013 (2001).

❸ Mark P. McKenna, A Consumer Decision-Making Model of Trademark Law, 98 *Va. L. Rev.* 101 (2012).

行了分析和反思,其认为关联关系混淆、初始兴趣混淆、售后混淆等混淆规则的适用范围过于宽泛,有损言论自由和市场自由竞争。麦肯纳指出,混淆的本质在于实质性地影响了消费者的认知模式,使本欲购买A商品的消费者在混淆的作用下购买了与A商品不存在任何关系的B商品,商标法所需要防范的混淆应当是这些对消费者决策构成实质性影响的消费者混淆。据此,关联关系混淆、初始兴趣混淆和售后混淆中的许多混淆形态并不会影响消费者的购物决策,不应当纳入商标法的规制范围。(7)丹·萨雷尔,马莫斯坦(Dan Sarel, Howard Marmorstein):*The Effect of Consumer Surveys and Actual Confusion Evidence in Trademark Litigation: An Empirical Assessment*。❶ 在文中,作者对混淆可能性判定中的重要证据——消费者调查和实际混淆进行了研究,认为这两种证据对法官的判决构成重要影响。但是,诉讼方的消费者调查证据必须符合调查的基本要求,实际混淆证据也要有足够的说服力,才能让法官作出有利于己方的判决。(8)德梅尔(Uli Widmaier):*Use, Liability, and the Structure of Trademark Law*。❷ 该文主要是从商标使用的角度,阐释了商标法的基本原理,指出在商标侵权判定上,要考察被诉侵权人的行为是否构成商标使用,这是被诉侵权人商标侵权成立的前提。

国外混淆可能性方面的论著相对于国内来说,研究更为细

---

❶ Dan Sarel, Howard Marmorstein, The Effect of Consumer Surveys and Actual Confusion Evidence in Trademark Litigation: An Empirical Assessmen, 99 *Trademark Rep.* 1416, 1416~1436 (2009).

❷ Uli Widmaier, Use, Liability, and the Structure of Trademark Law, 33 *Hofstra L. Rev.* 603, 603~710 (2004~2005).

致,这与国外长期以来商标法研究的积淀不无关系。国外现有混淆可能性研究成果的主要特点有:首先,混淆可能性的理论基础研究取得了显著进展。混淆可能性的理论基础,包括商标的本质和功能、商标法防范混淆的正当性、商标法的规范意旨等。国外的研究从符号学、经济学和心理学等视角出发,对混淆可能性的理论基础进行了研究,认为商标的本质在于标示和区分来源,而商标侵权会增加消费者的搜寻成本,实质性地影响消费者依据商标进行的购物决策,损害商标权人的商誉,不利于稳定市场经济秩序。这是规制混淆的正当性理由,同时也是确定混淆可能性应当防范何种形态的混淆的基础。其次,在明确混淆可能性理论基础的同时,国外学者也对混淆可能性的调整对象进行了分析,认为混淆可能性所指的混淆应当是实质性地影响消费者购物决策的混淆形态。其他短暂的、暂时性的混淆并不会影响消费者的决策,不是商标法所需要防范的混淆,不需要纳入混淆可能性的范围。由此,国外研究已经基本确定了混淆可能性所指的混淆的范围。再次,对于混淆可能性的具体判定,国外研究也取得了一定进展,对商标的相似性、商品的类似性、商标权人商标的显著性、实际混淆、被告的主观意图、消费者的注意程度等因素在混淆可能性判定中的作用和适用进行了分析,形成了一整套用以判定消费者混淆的方法,推动了商标侵权判定的科学化。

国外研究虽然取得了进展,但是还有完善的空间。其一,尽管国外有学者从历史的角度对商标法进行了研究,但依然缺乏混淆可能性的历史分析。实际上,从历史角度对混淆可能性进行研究尤为必要,它可以使我们明确商标侵权判定标准的发展历程,以及商标法将混淆可能性设立为商标侵权判定标准的原因,而目前人们对混淆可能性的误读很大程度上是由于对混淆可能性发展历史和产生原因的不了解所造成的。其二，对于混淆可能性的理论基础和调整对象，国外研究虽然界定了商标的功能，指出混淆会增加消费者的搜寻成本，明确了混淆可能性所指的混淆应当是实质性影响消费者购物决策的混淆形态。但是，这些研究并没有密切结合商标法的基本理论，并未构建出相对完整的混淆可能性的理论体系。本书认为，混淆可能性的设立，要从商标的形成、结构、本质和功能、混淆的机制和危害、商标法的价值和规范意旨谈起。混淆可能性的设立基础和设立原则是为了确保商标功能的正常发挥，遵循商标的本质规律，符合商标法的价值和规范意旨。同时，混淆可能性所调整的混淆，必然是特定的需要商标法规制的混淆形态，而不是任何消费者所发生的任何形态的混淆。对混淆可能性进行界定，还需要对混淆的机制和危害进行研究，确定混淆的本质和危害，才能明确混淆可能性的设立原因。其三，国外学者并没有对混淆可能性的范畴进行界定。实际上，混淆可能性的范畴十分重要，它决定了混淆可能性的范围。在明确混淆可能性理论依据的同时，需进一步分析混淆可能性所指的混淆的具体特征，界定其内涵和外延，这样才能明确其适用范围。其四，对于混淆可能性的判定，国外对商标的相似性、商品的类似性、商标权人商标的显著性、实际混淆、被告的主观意图、消费者的注意程度等考量因素都有所分析。但是，国外学者基本上是介绍这些因素在判例中的具体运用，并没有从混淆可能性理论基础的角度出发，对这些因素在消费者混淆中扮演的角色和所发挥的作用进行研究，这就不能从根本上明晰这些因素在混淆可能性判定中所处的地位，不利于在混淆可能性的判定中正确地适用这些因素。

综上，对于混淆可能性的研究，国内外都取得了一些成果，但是也都存在不足。本书将根据现有研究成果，对混淆可能性进行深入研究。

第四节　分析思路与研究内容

本书对混淆可能性的研究思路大体可以划分为两部分：混淆可能性的理论基础研究与混淆可能性的具体判定研究。混淆可能性的理论基础研究是整个研究的重点和关键，只有明确了混淆可能性的理论基础，方能理解商标法将混淆可能性确立为商标侵权判定标准的正当性和必要性，进而构建出科学合理的商标混淆可能性制度。混淆可能性的具体判定研究是理论基础研究的延伸，是基本理论在实践中的具体落实。法律的生命贵在实践，对混淆可能性进行理论探讨的最终目的在于以理论指导实践，更好地在实践中适用混淆可能性标准进行商标侵权判定。

在混淆可能性的理论基础部分，本书遵循理论研究的一般逻辑思路，将混淆可能性的研究划分为混淆可能性的历史研究、理论依据研究、范畴研究。首先，分析混淆可能性在历史上是如何产生的，考察商标侵权判定标准的历史变迁过程。其次，探讨混淆可能性设立的正当性和法理依据。主要通过运用认知心理学原理，对商标的形成、结构、本质和功能，混淆的机制与危害，商标法的价值和规范意旨进行分析，明确混淆可能性设立的正当性和法理依据。最后，界定混淆可能性的范畴，以商标法的价值和规范意旨为指导，从混淆的原因、混淆的主体、混淆的程度、混淆的类型出发，明确混淆可能性的范畴。

在混淆可能性的具体判定部分，本书将以混淆可能性的理论基础为依据，探讨在实践中判定消费者是否发生混淆，他人行为是否构成侵权的规则和方法。第一，分析混淆可能性范围不断扩张，囊括多种新的混淆类型的趋势，结合混淆可能性的理论基础对这些新的混淆类型进行研究，确定其规则的适用范围。第二，对混淆可能性的具体判定方法——多因素检测法与消费者调查进行研究，通过运用认知心理学原理，结合混淆可能性的理论基础，分析商标相同或近似、商品相同或类似、显著性、被告的主观意图、消费者的注意程度等因素在消费者混淆判定中的地位与适用，研究消费者调查在混淆判定中的意义与适用。第三，结合本书研究，指出目前我国《商标法》立法存在的不足，提出相应的修法建议。

根据上述思路，本研究前有导论、后有结语，主体内容分为六章。

第一章研究商标混淆可能性的历史。第一节追溯19世纪中期之前商标侵权判定的实践，论述混淆可能性出现之前商标侵权的判定标准。第二节分析商标侵权判定标准的演变，研究混淆可能性的确立与扩张。第三节总结前两节的论述，得出相关结论。

第二章探寻混淆可能性的法理依据。第一节从认知心理学原理出发，探讨商标的形成、结构、本质和功能。第二节以认知心理学原理为依据，分析混淆的发生机制和危害。第三节以商标法所涉主体的需求为依据，确定商标法的价值和规范意旨。通过上述研究，初步构建出混淆可能性设立的法理依据。

第三章对混淆可能性的范畴进行界定。第一节明确混淆可能性范畴界定的意义，以及目前混淆可能性范畴存在的问题。第二节分析混淆可能性范畴的界定思路。第三节联系混淆可能性的价值和规范意旨，从混淆的原因、主体、程度、类型出发，对混淆可能性的范畴进行界定，明确混淆可能性所指的混淆究竟是何种形态的消费者混淆。

第四章探析商标混淆可能性的类型。第一节、第二节、第三节将分别研究关联关系混淆、初始兴趣混淆、售后混淆，界定这三种混淆类型在商标法上的含义，联系混淆可能性的理论基础反思这三种混淆相关规则在实践中的运用，界定其适用范围。

第五章探讨混淆可能性的判定。第一节以认知心理学原理为分析工具，探讨混淆可能性在商标侵权判定中的地位。第二节从总体上介绍混淆可能性判定中的两种方法：多因素检测法与消费者调查。第三节、第四节、第五节、第六节、第七节分别对多因素检测法中的商标相似与商品类似、显著性、消费者注意程度、实际混淆、主观过错展开研究，讨论这些因素在消费者识别商标的心理认知中所起的作用，确定其在商标侵权判定中的地位和具体适用。

第六章是混淆可能性的立法完善，将对前面几章的观点进行总结，并联系我国立法现状，指出我国商标法相关立法的不足，提出具体的修法建议。

第五节　学术创新之处

学术研究的目的是解决理论或实践问题，学术研究的生命在于在总结前人知识的基础上，在研究的深度和广度上进行扩展，提出具有建设性的观点和建议，推动学科理论的发展。学术创新的方式多种多样，并不要求创新的程度前无古人后无来者。这种创新可以是方法论、研究角度的创新，亦可以是学术理论、观点的创新。基于此，本书的学术创新主要体现为以下方面。

第一，在方法论上不限于传统法学研究方法，而是尝试运用交叉学科研究方法。正如前文所述，商标权客体商标所具有的多元属性，使其受到多种学科规律的支配。故而，运用交叉学科理论对商标进行剖析，相比法学研究方法而言更为直观，直接命中了商标与商标法的要害。❶ 目前，经济学、信息学和符号学都有学者采用，本书在有所参考的同时，将主要利用认知心理学原理，对消费者面对商标时的心理认知状况进行解读，研究商标混淆可能性问题。通过传统法学和非法学研究方法的运用，本书在混淆可能性的理论依据、范畴、类型、判定等方面，都提出了新的观点。

第二，在分析问题的思路方面，本书不仅限于分析混淆可能性的具体判定，还对混淆可能性的理论基础进行了研究。在以往的研究中，国内外学者更多关注于混淆可能性的具体判定问题，例如，研究如何根据商标的相似性、商品的类似性、商标的显著性等因素来判定消费者混淆；研究关联关系混淆、初始兴趣混淆、售后混淆等混淆的新类型。实际上，混淆可能性目前在实践方面存在的问题，很大程度上是由于其理论基础的不完善造成的。研究商标的相似性、商品的类似性、商标的显著性等因素在混淆可能性判定中的运用固然重要，但更为重要的是厘清这些因

---

❶ 吴汉东教授在评价商标法的符号学研究方法时指出，符号学方法是分析商标及商标法基本范畴的利器，切中了该领域的要害。彭学龙：《商标法的符号学分析》，法律出版社2007年版，第2页。

素在消费者混淆这种心理状态中所起的作用，如此才能明确各个因素的具体适用。同理，分析关联关系混淆、初始兴趣混淆等混淆类型相关规则的来源，发展和判例固然重要，但更需要澄清的是将这些混淆类型纳入混淆可能性范围的理论依据，如此方能合理地界定出这些新的混淆类型相关规则的适用范围。本书的研究将更加注重混淆可能性理论基础的研究，通过对其理论基础的研究，为混淆可能性的判定研究提供理论上的支撑，这是本书在分析问题思路方面的创新点。

第三，在混淆可能性的理论基础研究方面，本书在观点方面也有所创新。(1)在前人研究的基础上对侵权判定标准的历史演变过程进行了分析，对混淆可能性的确立、发展、变化的原因进行了研究，从混淆可能性的历史演变中得出了新的结论。(2)从认知心理学原理出发，对混淆可能性的理论依据进行了研究，初步构建出混淆可能性的三大理论依据，即商标的形成、结构、本质和功能，混淆的发生机制和危害，商标法的价值和规范意旨。只有上述理论，才能明确为什么商标法要将商标侵权的判定标准设定为混淆可能性，才能确定商标法中的混淆可能性所指的是何种形态的消费者混淆。本书对商标的形成、结构、本质、功能，混淆的机制和危害，商标法的价值和规范意旨，都从认知心理学的角度进行了新的解读，得出了创新性的结论。(3)国内外学者对混淆可能性的范畴讨论较少，实际上，混淆可能性的范畴十分重要，它决定了商标法防范的是具有哪些特征的消费者混淆，决定了混淆可能性的范围。本书以商标法的价值和规范意旨为指引，对混淆的特征进行了归纳，对混淆可能性的范畴进行了界定，这是本研究的又一学术贡献。(4)混淆可能性标准的定位，一直以来存在争议，本书通过运用认知心理学原理，阐明了商标的相似性因素和商品的类似性因素在消费者心理认知中所起的作用,明确了混淆可能性在商标侵权判定中的地位,这对于商标侵权判定而言十分重要。

第四,在混淆可能性的具体判定研究方面,本书观点也有所创新,主要体现在:(1)运用认知心理学原理,结合前文理论基础的研究,对关联关系混淆、初始兴趣混淆、售后混淆等新的混淆类型进行了分析,对这三种混淆规则目前的适用范围进行了反思,指出某些形态的关联关系混淆、初始兴趣混淆、售后混淆并没有损害消费者和商标权人的利益,并不属于混淆可能性所指的混淆。(2)对判定消费者是否发生混淆误认的几大考量因素,包括商标的相似性、商品的类似性、商标权人商标的显著性、实际混淆、被告的主观意图、消费者的注意程度进行了研究。通过运用认知心理学原理,对各项因素是如何影响消费者心理认知,从而导致消费者发生混淆的过程进行了分析,准确把握了各项因素在消费者混淆判定中所扮演的角色,有利于混淆可能性判定的科学化。(3)在前文研究的基础上,指出我国商标法相关规定存在的不足,提出修法建议,完善我国商标法的相关规定。在修法条文的设计上本书也有创新点。

第一章

商标混淆可能性的历史探寻

第一章　商标混淆可能性的历史探寻

"一页历史研究当抵一卷逻辑分析。"❶ 从历史的角度对混淆可能性的确立和演化进行考察，有助于理解商标法将混淆可能性确立为商标侵权判定标准的原因。从历史上看，混淆可能性并非先验地存在于商标法。相反，在很长一段时间，商标侵权的判定都没有以混淆可能性为中心。随着社会经济的发展，商人对商标的利益需求逐步凸显，消费者的地位有所提高，防止消费者混淆逐渐成为共识，商标侵权判定之混淆可能性标准才在商标法中确立。不仅如此，随着商业实践的发展，混淆可能性确立之后又在商人的推动之下不断扩张。

本章将从历史的角度分析商标混淆可能性在商标法中的确立与演化。第一节将主要介绍16世纪至18世纪早期，在混淆可能性标准诞生之前，英美普通法和衡平法中商标侵权的判定标准。第二节将通过分析英美普通法和衡平法在商标侵权判定标准方面的变化，论述混淆可能性在商标法中的确立和扩张。第三节将总结前两节的论述，得出相关研究结论。

第一节　早期商标侵权判定的标准

商标并非自古以来就存在于人类社会，相反，商标是随着社会经济的发展而逐渐产生的。"作为一种符号的商标，其历史足

---

❶　New York Trust Co. V. Eisner, 256U. S. 345, 349（1921）.

可等同于商业交往本身。"❶ 从知识产权法的主要发源地英国及后起之秀美国来看,❷ 对商标的保护经历了从普通法和衡平法到成文法的发展历程。在商标成文法出现之前,英国与美国主要依靠普通法和衡平法对商人的商标予以保护,制裁商标仿冒的行为。这一时期中的大部分时间里,混淆可能性标准并不存在,对商标的保护主要是通过欺诈之诉来完成的。然而,这一时期的商标保护已经凸显出商标是一种财产的观念。同时,人们开始意识到,消费者在商标仿冒行为中会发生混淆,这种混淆会使商标权和消费者的利益受到损害。因此,混淆而不是欺诈才是损害发生的真正原因,是需要防范的对象。这些观念的出现为日后混淆可能性在商标侵权判定中地位的确立奠定了基础。本节将首先介绍中世纪商标保护观念的萌芽和早期英国和美国对商标欺诈之诉的保护方式,明确混淆可能性标准出现之前法律对商标的主要保护形式。

一、中世纪商标保护的观念

在商标保护制度确立之前的漫长历史阶段,人类在社会活动中就已经开始采用标记来标示身份,确定归属,这时的标记实际上已经成为标示来源的记号,具有了商标的某种属性。但是,由

---

❶ 李雨峰:"重塑侵害商标权的认定标准",载《现代法学》2010年第6期。

❷ 一般认为,英国是知识产权法制度的主要发源地之一。1623年《英国垄断法》被认为是世界上第一部专利法,而1710年的《安娜女王法》被认为是世界上第一部著作权法。而美国作为英国当时的殖民地,知识产权立法也多承袭英国而来。故而,对商标保护历史的考察可以围绕英国和美国展开。

于该种记号的主要功能并不是承载商誉，标示商品的来源，这种记号并不能称之为商标。没有商标与商标保护，自然没有混淆可能性存在的空间。然而，这一时期却孕育着商标的某些观念，存在着类似于商标保护的做法。

在人类社会漫长的历史长河中，使用某种记号标示所有权或者某种物品的来源是一种惯常之事。早在原始社会，原始人类就出于识别的目的开始在一些物品上刻印标记。❶ "可能最早的标示形式就是在牛或者其他动物身上烙上印迹。"❷ 例如，在文字发明之前，埃及人就在牛背上烙印，以表明牛的权属。而欧洲人在石器时代也在牛的肋部烙印。❸ 有趣的是，英语单词"品牌"（brand）正是来源于盎格鲁—撒克逊的词汇"烙"（to burn）。❹ 在世界各地的早期文明中，如古埃及、古希腊、古罗马和古代中国，均发现在有关物品上标注各种文字、图案或符号的做法。❺ 有学者做过归纳，人们在社会生活中将标记使用于许多物品之上，包括牲畜、陶器、瓷器、砖瓦、石器、油灯、图书、药膏

---

❶ 余俊：《商标法律进化论》，华中科技大学出版社2011年版，第35页。

❷ J. Thomas McCarthy, *McCarthy on Trademarks and Unfair Competition*, Eagan: Thomson/West, 2006, § 5: 1.

❸ Diamond, The Historical Development of Trademarks, 65 *Trademark Rep.* 266 (1975).

❹ Diamond, The Historical Development of Trademarks, 65 *Trademark Rep.* 265 (1975).

❺ 黄海峰：《知识产权的话语与现实——版权、专利与商标史论》，华中科技大学出版社2011年版，第218页。

等。标记的方式也是五花八门，有打烙印、压印、刻印、签名等。❶ 使用标记的原因更是多种多样，概括而言可分为以下几类。

其一，表明所有权的归属。表明所有权归属是标记最为古老的功能。在原始社会，人们就在一些物品上刻上特殊的记号，以表明所有权的归属。研究表明，在澳洲原始民族的木棍和盾牌上的很多图形，正是一种财产标记或部落徽章。❷ 几乎所有的狩猎民族，其武器上都有专门的标记，受到箭伤或矛伤的野兽死亡之后，狩猎者就依靠野兽伤口上的武器标记来确定野兽的归属。而澳洲人也在蜂窝上标明记号，以表明该蜂窝系其所发现，归其所有。❸ 农耕民族则往往通过栅栏筑围的方式来表明自己的所有权。到了中世纪，随着商业贸易的开展，商人有时需要在其货物上标示自己的姓名或特定的标记，以利于识别来源。在当时，海上贸易是主要的贸易方式，但是由于航海技术不发达，海上天气恶劣，时常有海难发生。在海难发生之后，货物如果被他人拾起，就可以依据货物之上的标记来确定所有权的归属。此外，海盗在当时也时常出没，商人货物常被掠夺。这时如果货物被政府追回，也会按照货物之上的标记返还给商人。可见，使用标记来表明物品的所有权对于那些其物品需要远途运输的所有者来说十分

---

❶ 余俊：《商标法律进化论》，华中科技大学出版社 2011 年版，第 35~44 页。

❷ ［德］格罗塞著，蔡慕晖译：《艺术的起源》，商务印书馆 1984 年版，第 18~19 页，91 页。转引自余俊：《商标法律进化论》，华中科技大学出版社 2011 年版，第 46 页。

❸ ［德］格罗塞著，蔡慕晖译：《艺术的起源》，商务印书馆 1984 年版，第 104~105 页。转引自余俊：《商标法律进化论》，华中科技大学出版社 2011 年版，第 46 页。

重要。这些标记通常可以使所有者来主张丢失物品的权利。❶

其二，表明责任的归属。除了表示物品的所有权，物品之上打上的标记往往还标示该物品的制造者，表明其承担该物品的质量责任。中国古代早至周朝，国家就设置了市场管理机构，负责对市场上的贸易和货物实施监管。对出入市场的货物，要"以玺节出入之"（《周礼·掌节职》），即货物的出入都要出示通关用的印章，在玺节上注明是什么货物，以此来表示此货物已经官府检验。❷ 到战国时期，由于列国之间不断战争，兵器、战场等资源的生产变得十分重要，各国逐渐形成了保证商品质量的管理制度，兵器之上都要刻上监造者、主造者、造者的姓名，以方便追究责任。在兵器之上的这种质量管理体制逐步推广到砖瓦、陶器、瓷器等之上，成为普遍推行的制造者向政府保证商品质量的制度。在西方中世纪，行会是工商业的主要组织形式，行会为了维持本行会生产的商品的质量，也要求行会成员在其生产和销售的商品上使用特定的标记，以表明商品的生产者，便于行会追踪缺陷商品，"确定和惩罚那些生产缺陷商品的成员"❸。"为维护行会的整体声誉和全体会员的利益，行会采取了极为严厉的检查监督制度，并对违反行会章程者，严惩不贷。"❹ 实际上，刻在商

---

❶ Mark P. McKenna, The Normative Foundations of Trademark Law, 82 *Notre Dame L. Rev.* 1839, 1849 (2006~2007).

❷ 孙英伟："商标起源考——以中国古代标记符号为对象"，载《知识产权》2011年第3期。

❸ Mark P. McKenna, The Normative Foundations of Trademark Law, 82 *Notre Dame L. Rev.* 1839, 1850 (2006~2007).

❹ 余俊：《商标法律进化论》，华中科技大学出版社2011年版，第65页。

品之上的生产者标记也发挥了表明商品特定来源的功能。

其三，进行市场控制。中世纪以来的行会对内除了要求成员在生产的商品上使用特定标记以便于管控，还有另外的目的：进行市场控制，维护垄断地位。通过强制使用标志，行会可有效区分和发现外来者在其辖区内销售的相关产品，从而可藉此排除外来的竞争以执行行会的垄断。❶ 无疑，标志在此时也发挥了标示来源的功能，将行会内成员的商品与其他外来竞争者的商品区分开来。尽管这颇有几分像现代商标所具备的功能，但标志在当时只是为了对行业加以控制，维护行会在本辖区内的垄断，其标示来源的功能也只是附带而生。

由上可知，从原始社会到中世纪，在物品上附加标记已经较为常见，但附加标记的目的则主要在于表明所有权的归属、责任的归属或进行市场控制，与现代商标的功能相去甚远。但是，讨论原始社会到中世纪人们对标识的使用对于分析混淆可能性问题依然具有重要的意义。这主要是因为，这一时期尽管并未产生现代意义上的商标与商标保护，但是却萌发了商标与商标保护的观念。

具言之，尽管这一时期在物品上附加标识并非为了标示商品的来源，但是随着中世纪以来商品经济的发展，这些标识在客观上发挥了商标标示来源的功能。例如，行会在其商品之上附加的标识，本身是为控制商品的质量或排除辖区内外来竞争者的竞争。但是在客观上，由于某些行会的商品质量上乘、品质优越，得到了消费者的认可，这些行会商品上的标识就累积了商誉。这

---

❶ 黄海峰：《知识产权的话语与现实——版权、专利与商标史论》，华中科技大学出版社2011年版，第222页。

种商誉虽然是行会出于控制质量和维护垄断而附带产生的结果，但是在客观上这些标识代表了行会的商品，逐步被消费者所识别，成为消费者认牌购物、选购特定商品的指示。亦即，此时的消费者已将行会商品上的标识识别为商标。正如学者所言，"当地的行会通常会通过商品的质量来获得商誉，当他们这样做时，行会所属市镇或者地区的名字就成为商誉的储存器。"❶ 当行会的标识累积了商誉时，其他非法厂商就可能通过仿冒其标识牟取暴利。英国纺织业中，商人为了防止他人冒用其商标而冲击商品销量，便逐渐要求政府直接介入和干预。而16世纪之后，英国皇室为保证税收，开始规制纺织业贸易，枢密院和衡平法院也在行会之外直接对贸易予以管制，制裁各种仿冒他人标识的行为。❷可见，随着贸易的发展，仿冒行为逐渐出现，不仅造成消费者混淆，也严重损害了行会商人的利益。这时，行会商业贸易中就逐步产生了对客观上凝聚了生产者商誉的标识进行保护的现实需要，这就是商标法保护商标、防范混淆的理念与制度实践的最早起源，是商标侵权判定之混淆可能性标准产生的源头。但是，中世纪之后的很长一段时间，英、美两国对商标的保护一般是通过欺诈之诉来完成的，混淆可能性在商标侵权判定中的地位还未确立。大约19世纪中叶之时，随着主观欺诈在商标侵权判定中的衰落，混淆可能性才从欺诈之诉中脱胎而出，成为判定侵权成立的要件。

---

❶ Mark P. McKenna, The Normative Foundations of Trademark Law, 82 Notre Dame L. Rev. 1839, 1850 (2006~2007).

❷ 余俊：《商标法律进化论》，华中科技大学出版社2011年版，第64页。

二、商标侵权判定的主观欺诈标准

17~19世纪中叶,英国对商标主要通过普通法和衡平法进行保护。19世纪中叶之前,在普通法之诉中,法院要求商标侵权需要具备欺诈(deceit)这一要件。原告要获得商标侵权救济,需要证明被告主观上具有欺诈的意图(intention to deceive)。而在衡平法之诉中,衡平法院则要求商标案件的被告具有虚假陈述的交流行为,亦即,被告倾向于去误导(to mislead)。❶ 可见,此时的普通法与衡平法在规制商标侵权的基本理念上是一致的,其都认为法律对仿冒的干涉主要是为了制止欺诈。

目前,英国已知最早的商标案件是发生于1584年的J. G. v. Samford 一案。❷ 根据波法姆报告(Popham's report)对此案的记载,该案中被告知道原告商标有良好的声誉,于是将该商标使用在低劣的商品之上,意图进行欺诈。❸ 案件中,原告为一名布商,生产羊毛布料,商品之上都标有字母"J. G"和打褶机手柄标记。由于原告商品质量优良,获得了良好的声誉,业务遍及英格兰。

---

❶ Lionel Bently, From Communication to Thing: Historical Aspects to the Conceptualisation of Trade Marks as Property. in G. Dinwoodie and M. Janis, *Trademark Law and Theory: A Handbook of Contemporary Research.* Cheltenham: Edward Elgar, 2008, p. 5.

❷ 这起案件并未记载入判例,导致该案存在诸多争议。例如,对于原告的身份,有学者认为是上当受骗的购买者,有学者认为是被仿冒的布商。而原告如果是购买者,则这个案件只是普通的买卖欺诈之诉,而非商标案件。余俊:《商标法律进化论》,华中科技大学出版社2011年版,第76页。

❸ Mark P. McKenna, The Normative Foundations of Trademark Law, 82 *Notre Dame L. Rev.* 1839, 1850~1851 (2006~2007).

被告为了牟取不正当利益，在自己生产的品质低劣的羊毛布料上标注了原告的标记。其后，消费者由于混淆而误买误购，将被告的商品误认为是原告生产。由于被告的商品质量低劣，给原告的商誉造成了损害，原告遂依据普通法诉至法院，认为被告具有欺诈的意图，通过仿冒的手法销售或从其他布料商那里引开了顾客，要求被告承担责任。在该案的审理中，四名法官的意见并不一致。两位首席法官（Presiding judges）认为，将其他生产商使用于布料的获得了巨大商誉的标识使用在劣质的布料上是一种非法行为。而另外两名法官却认为商家使用任何他想选用的标识都是合法的。❶ 审理案件的哈德威克（Hardwicke）勋爵认为，当被告意图将其商品冒充为原告的商品，给予禁令救济是合适的。❷ 首先，原告在其生产的商品之上印有特定的标识，该标识经过长期使用，产生了商誉，使消费者能够认牌购物，这是对原告进行保护的前提。其次，由于被告恶意将原告的商标用于自己生产的劣质布料上，导致消费者发生了混淆误购，误认为被告生产的商品是原告所生产，使原告的销售额受到影响。最后，由于被告的商品质量低劣，消费者在混淆误购之后，会误认为原告的商品质量在下降，导致对原告的评价降低，使原告的商誉蒙受损失。据此，法官认为被告的行为构成了侵权。学者认为，山姆福德案件中，原告的损害是"原告销售额的直接丧失以及由于侵权布料质

---

❶ Lionel Bently, From Communication to Thing: Historical Aspects to the Conceptualisation of Trade Marks as Property. in G. Dinwoodie and M. Janis, *Trademark Law and Theory: A Handbook of Contemporary Research.* Cheltenham: Edward Elgar, 2008, p.7.

❷ Mark P. McKenna, The Normative Foundations of Trademark Law, 82 *Notre Dame L. Rev.* 1839, 1853 (2006~2007).

量低劣造成的商誉损害。而后一损害的结果，很有可能导致额外的销售损失。由此，原告最终的损害可能超过所估算的被告的销售额"❶。

山姆福德案之后，在普通法院和衡平法院还陆续发生了多起商标诉讼，其中有些案件法院是以欺诈为由给予原告救济的。在1742 年 Blanchard v. Hill 一案中❷，原告是扑克牌生产商，向法院提起衡平之诉，要求法院颁发禁令，阻止被告使用原告在其扑克牌上标明的标记。在该案中，原告认为是他发明了该标记，并且已经获得了皇家特许令❸，被告的行为构成了欺诈。然而在该案中，哈德威克勋爵认为特许令是非法的，拒绝对由皇家特许令的垄断权而产生的排他权利进行保护。1783 年，在 Singleton v. Bolton 案中，原告以一特定名称生产并销售一种药物，被告也开始在同一名称下销售该种药物，造成了消费者混淆误购，原告据此提起诉讼。该案中，曼斯菲尔德勋爵认为，如果被告以原告的名义销售自己生产的药品，则属于欺诈。❹ 在 1803 年发生的 Hogg v Kirby 案❺，原告是一个杂志的拥有者，被告是原告杂志的前发行商。由于原告与被告不合，两者的合作终止。但是随后

---

❶ Mark A. Thurmon, Confusion Codified: Why Trademark Remedies Make No Sense, 17 *J. Intell. Prop. L.* 245, 260 (2009 ~ 2010).

❷ Blanchard v. Hill, 2 Atk. 484, 26 Eng. Rep. 692 (Ch. 1742).

❸ 在当时销售扑克牌是特许经营，需要皇家特许令。实际上，这是一种经营上的垄断。Mark P. McKenna, The Normative Foundations of Trademark Law, 82 *Notre Dame L. Rev.* 1839, 1852 (2006 ~ 2007).

❹ 关于该案的详细分析，参见余俊：《商标法律进化论》，华中科技大学出版社 2011 年版，第 77 页。

❺ Hogg v Kirby, 8 Ves. Jun. 215, 32 Eng. Rep. 336 (Ch. 1803).

被告却在几乎与原告相同的名称下发行其自己的杂志。法院认为被告的做法欺诈了公众，判决被告侵权成立。在 1816 发生的 Day v. Day 案是第一个有记载的被授予禁令救济的判例。❶ 在该案中，一个黑色鞋油的制造商被下令禁止欺诈性地模仿原告使用的商标。

从上述案例可以看出，欺诈是当时商标侵权成立与否的重要判定标准。虽然商标保护奉行双轨制，受到普通法和衡平法的平行保护，但是在 19 世纪中叶之前，普通法和衡平法之间除了救济方式的不同外，在商标保护的基本理念方面并无不同。当时普通法和衡平法的目的都在于规制商业贸易中的不正当竞争行为，防止欺诈的发生。普通法和衡平法对商标侵权的认定都要求被告主观上具有欺诈的意图。在兰代尔勋爵（Lord langdale）担任英国上诉法院院长期间，他就明确表示，衡平法对普通法之诉的支持，其基础均在于制止欺诈（prevention of fraud）。❷ 在兰代尔 1836~1851 年的主政期间，他曾审理过 5 个商标案件，分别是 Knott v. Morgan 案、Perry v. Truefitt 案、Croft v. Day 案、Franks v. Weaver 案和 Holloway v. Holloway 案。在这五个案件的审判中，兰代尔勋爵始终将判决的依据立基于欺诈，在庭审中重点考察被告

---

❶ Lionel Bently, From Communication to Thing: Historical Aspects to the Conceptualisation of Trade Marks as Property. in G. Dinwoodie and M. Janis, *Trademark Law and Theory: A Handbook of Contemporary Research*. Cheltenham: Edward Elgar, 2008, p. 9.

❷ Lionel Bently, From Communication to Thing: Historical Aspects to the Conceptualisation of Trade Marks as Property. in G. Dinwoodie and M. Janis, *Trademark Law and Theory: A Handbook of Contemporary Research*. Cheltenham: Edward Elgar, 2008, p. 10.

是否有主观上进行欺诈的意图，并且在行为中实施了这种欺诈的行为，造成了原告贸易额的损失。兰代尔勋爵商标侵权的观点也得到了裴杰·伍德（Page Wood）的支持，后者于1853～1868年担任大法官法庭（Courts of Chancery）的法官。伍德法官在商标侵权案件的审理中，也将考察被告是否具有欺诈作为案件审理的关键。在 Collins Co. v. Brown 一案中❶，伍德法官就明确指出，阻止他人使用商标的基础在于欺诈。

不仅在英国，在美国早期的商标侵权案件中，法院也将欺诈视为侵权成立与否的条件。"反不正当竞争法第三次重述与学者们都认为，美国商标法来源于英国普通法欺诈之诉。意图欺诈是责任成立的要件。"❷ 一般认为，1837年在美国发生的 Thompson v. Winchester 一案是美国普通法以欺诈之诉保护商标的第一案。❸ 在该案中，原告发明了一种草药，标明了特定的标志。而被告仿冒了该种药品，并使用与原告相同的标志在市场上销售。法院认为，被告仿冒原告的标志，自己或促使他人将其商品当成是原告的商品进行销售，使消费者误认为该药品出自原告，属于欺诈，侵犯了原告的权利。在1844年的 Taylor v. Carpenter 一案中❹，法院也认定，被告冒用了原告的商标，欺诈了公众，并且牟取了原告本应当从其勤劳和事业中获得的

---

❶ Collins Co. v. Brown, 3K & J 523（1857）.

❷ Thomas L. Casagrande, A Verdict for Your Thoughts? Why an Accused Trademark Infringer's. Intent Has No Place in Likelihood of Confusion Analysis, 101 *Trademark Rep.* 1447, 1449（2011）.

❸ Thompson v. Winchester, 36 Mass. 214（1837）.

❹ Taylor v. Carpenter, 23 F. Cas. 742（1844）.

合理收入。随后，在1845年发生的Coats v. Holbrook一案中[1]，法院同样认为，被告不应当模仿其他人的商品，以欺诈的方式使用别人的名称以吸引消费者。可见，"在美国商标法的发展的早期，强调的是被告行为的性质，而非原告在商标中的权利的性质。"[2] 重要的是被告是否以欺诈的意图，从事了不诚实经营的行为，导致原告的损害。

综上，无论在英国还是美国，这一时期商标侵权判定的标准都不是混淆可能性，而是欺诈。尽管消费者在商标欺诈案件中也可能会发生混淆，但是这一阶段法院并没有将考察的重点放在消费者混淆上，而是关注于被告是否在与原告的竞争中，在主观欺诈意图的支配下，通过仿冒商标权人的商标牟取了不正当的利益。假如被告并没有主观上故意欺诈的意图，并没有在不良意图的支配下通过仿冒他人商标的方式进行虚假陈述，即便消费者会发生混淆，原告也很难获得法院的救济。显然，在这一时期，法院关注的焦点在于市场竞争中是否存在不道德、不诚信的商业行为，而非消费者是否发生了混淆。混淆可能性在此时还没有成为商标侵权判定的主要依据。

---

[1] Coats v. Holbrook, 7 N. Y. CH. Ann. 713（1845）.

[2] Thomas L. Casagrande, A Verdict for Your Thoughts? Why an Accused Trademark Infringer's. Intent Has No Place in Likelihood of Confusion Analysis, 101 *Trademark Rep.* 1447, 1450（2011）.

第二节　混淆可能性的确立与扩张

随着商业的发展，厂商对商标保护的需求逐渐增大。从事商业贸易的主体迫切希望法律能够明确其对商标享有财产权，排除他人仿冒，防止消费者混淆。法院也开始关注使用商标的主体对其商标是否享有权利以及消费者在商标侵权中是否会发生混淆，而非商标侵权中被告是否具有欺诈的主观意图。19世纪中叶之后，普通法与衡平法开始分道扬镳，衡平法逐渐抛弃了商标侵权判定中对主观欺诈意图的要求，而关注于消费者是否会发生混淆。在这种趋势下，主观欺诈在商标侵权判定中的地位开始动摇。"法律应当保护购买者免于遭受混淆，而非单纯地惩罚意图欺骗购买者的恶意侵权人。"[1] 在工商业发展、商人要求强化商标保护的背景之下，随着商标财产权观点的兴盛和消费者混淆理论的崛起，主观欺诈标准最终退出了历史的舞台，不再作为商标侵权判定的主要依据，商标侵权判定的混淆可能性标准在商标法中得以确立。本节第一部分将介绍商标侵权判定之主观欺诈标准的缺陷以及它是如何在侵权判定中被摒弃的，第二部分承接上文，通过对英、美两国立法和司法的考察，论述混淆可能性标准在商标法中的确立，第三部分将关注于混淆可能性标准确立之后其适用范围的扩张。

---

[1] J. Thomas McCarthy, *McCarthy on Trademarks and Unfair Competition*: Eagan: Thomson/West, 2006, §23:104.

一、主观欺诈的衰落

正如前文所述，早期英、美两国的商标侵权判定以被诉侵权人主观上是否具有欺诈的意图为核心要件，其理论基础在于规制商业活动中不诚实的竞争行为，维护市场竞争秩序。但是在司法实践中，过于强调被诉侵权人主观欺诈的意图并不利于保护商标的合法使用人。

首先，商标侵权的欺诈之诉只是普通法上侵权之诉在商标保护领域的衍生，在当时并没有任何法律规范明确承认商人对其使用的标识享有专有权利。因此，商人对自己所使用的标识是否享有权利、享有何种权利、权利的范围有多大等都不清楚，这给标识使用人维护其在标识之上的利益带来很大的不确定性。早在美国建国之初的 1791 年，地处当时美国商业中心波士顿的帆布业商人就开始上书国会，请求准予在其所生产的帆布上使用特定标志的排他性权利。而时任国务卿的杰弗逊也认为应当通过立法的形式确定商人对其标识的商标权。❶ 但是，由于建国初期国事繁忙，商标立法并未提上议事日程。美国还是承袭英国，通过普通法上的欺诈之诉对商标予以保护。

其次，商标欺诈之诉的成立，需要具备多项条件，给商标的合法使用人有效维权带来很大的不确定性。在早期的商标保护案件中，被告在主观上需要具有故意意图，其行为还需要认定为虚

---

❶ 黄海峰：《知识产权的话语与现实——版权、专利与商标史论》，华中科技大学出版社 2011 年版，第 228 页。

假陈述并且该行为具有侵害性，原告才能够获得法院的救济。[1] 此外，原告还需要证明其已经将特定的标识附着于自己生产的商品之上，并且经过了长期使用，该标识已经产生了一定的商誉。这些条件要求严格，标识的使用人不但面临着举证上的困难，而且法院是否接受各项证据也具有不确定性，这就使标识的使用人难以维护自己的利益。

最后，商标的合法使用人即便在欺诈之诉中获得胜利，也很难得到周全的救济。在当时，普通法对商标权利人的救济措施极为不完善，商标的权利人不仅无法获得禁令救济，在大部分案件中也无法获得充分的赔偿。[2] "普通法商标侵权中损害赔偿救济的不完善这一问题在山德福斯[3]案后持续了超过 200 年。"[4] 这就使商标的合法使用人即便胜诉，也难以得到有效的赔偿，并禁止他人对其商标的仿冒。

在这种情况下，商标的合法使用人开始向法院施加压力，要求法院赋予其更为完善的救济方式，而法院也逐渐改变其原有的做法，在侵权判定中开始对商标侵权的后果予以考虑。在 19 世

---

[1] 余俊：《商标法律进化论》，华中科技大学出版社 2011 年版，第 76 页。

[2] Mark A. Thurmon, Confusion Codified: Why Trademark Remedies Make No Sense, 17 *J. Intell. Prop. L.* 245, 263（2009～2010）.

[3] 这一案件即前文所述的 J. G v. Samford 一案，之所以有不同的称谓，是因为由于年代久远，不同学者对这一案件的称谓有不同的看法。有学者将之称为山德福斯（Sandforth）案，有的称之为山姆福德（Samford）案。对此分析，请参见：Mark A. Thurmon, Confusion Codified: Why Trademark Remedies Make No Sense, 17 *J. Intell. Prop. L.* 245, 256（2009～2010）.

[4] Mark A. Thurmon, Confusion Codified: Why Trademark Remedies Make No Sense, 17 *J. Intell. Prop. L.* 245, 261（2009～2010）.

纪中叶之前的判例中，消费者避免混淆的利益就被法官所提及。法院开始更多地将注意力集中在原告权利的性质，而非被告行为的道德性❶，在有些案件中法官则直接抛弃了欺诈的要件，转而考察商标权人对商标的财产权是否受到了侵犯和消费者是否发生了混淆。至此，消费者混淆成了法官所需要考察的因素，主观欺诈的要件在商标侵权判定中逐渐衰落。

最早体现这种转变趋势的案件是发生于 1803 年的 Hogg v. Kirby 一案。❷ 在该案中，原告并没有采取以往案件中原告的做法，提起普通法上的欺诈之诉。相反，原告绕开了欺诈之诉转而向衡平法院起诉，请求法院颁布禁令和给予相当于被告销售利润的赔偿。❸ 最终，法院判决被告侵权成立，给予了原告禁令救济。这一案件的意义在于，衡平法院首次确定了商标侵权的禁令救济方式，明确承认了商标的合法使用者对其商标享有排他性的权利，在符合特定条件时可以禁止他人的使用。此案过后，商标衡平诉讼相比普通法诉讼，受到了商标合法使用人更多的青睐。1803～1849 年，在英国和美国有 43 起有记载的商标衡平之诉，而同一时期只有 7 个有记载的商标普通法之诉。❹ 这就表明，商标使用人已经开始主张商标是其个人的财产，当被告的行为欺骗

---

❶ Thomas L. Casagrande, A Verdict for Your Thoughts? Why an Accused Trademark Infringer's. Intent Has No Place in Likelihood of Confusion Analysis, 101 *Trademark Rep.* 1447, 1450 (2011).

❷ 8 Ves. Jun. 215, 32 Eng. Rep. 336 (Ch. 1803).

❸ Mark A. Thurmon, Confusion Codified: Why Trademark Remedies Make No Sense, 17 *J. Intell. Prop. L.* 245, 263 (2009～2010).

❹ Mark A. Thurmon, Confusion Codified: Why Trademark Remedies Make No Sense, 17 *J. Intell. Prop. L.* 245, 264 (2009～2010).

了公众，使购买者发生混淆和误购之后，其财产利益就受到了损害。被告的可责难性在于其行为客观上使购买者发生了混淆，使本应购买商标使用人商品的顾客转而购买了仿冒商品，造成原告交易机会的丧失，而不在于被告以欺诈的方式牟取不正当竞争利益的意图。当时审理 Hogg v. Kirby 一案的法官就认为，被告的行为混淆了购买者，这种侵权行为欺骗了公众。❶ 该案件之后，消费者这一主体的利益被法院所重视，"对公众避免混淆利益的认可很快就成为衡平法院的主流"。❷

"避免混淆的意图使得衡平法院的法官开始放弃早期普通法商标诉讼所秉持的主观欺诈标准。到 19 世纪中期，衡平法以混淆可能性标准取代了主观欺诈标准。"❸1803 年 Hogg v. Kirby 案之后，法院开始重视消费者混淆的问题，在多个案件中对主观欺诈这一要件重新进行了定位。在 1838 年的 Millington v Fox 案中，法院明确抛弃了主观欺诈的要件，在原告没有证明被告欺诈的情况下认定商标侵权成立。该案中，原告系钢铁制造商，在其生产的钢材上均标有"克劳利"（Crowley）、"克劳利·米林顿，I. H"（Crowley Mllington，I. H.）等记号。被告也是钢铁制造商，他在其出售的钢材上也标上了上述记号，同时还附有被告自己的记号福克斯兄弟（Fox brothers），原告认为被告的行为构成侵权，遂诉至衡平法院请求禁令救济。在案件的审理中，被告的抗辩理由是，原告在其商标中所使用的克劳利一词是通用的名词，并不指

---

❶ Mark A. Thurmon, Confusion Codified: Why Trademark Remedies Make No Sense, 17 *J. Intell. Prop. L.* 245, 264 (2009~2010).

❷❸ Mark A. Thurmon, Confusion Codified: Why Trademark Remedies Make No Sense, 17 *J. Intell. Prop. L.* 245, 265 (2009~2010).

明任何特定的生产商，而克劳利·米林顿也因广泛的使用变为钢材的统称。被告的抗辩用现代商标法的观点来理解就是原告的商标已经演化为通用名称，不再享有对该标识的商标权。但是，法官认为并没有证据表明原告的商标已经成为通用名称，因而在该案中并没有支持被告的观点。同时，法院还认为，尽管被告在使用标记的过程中不存在欺诈的意图，但是也不能够因此而剥夺原告对其标记所享有的权利。据此，法院颁发了禁令，判决被告败诉。在这个案件中，法院抛弃了侵权判定主观欺诈意图的要件，在被告不存在欺诈的情况下判定其侵权成立，可谓是从商标侵权欺诈之诉向混淆可能性之诉迈出了坚实的一步。学者在评论该案时认为，该案件的重大意义即在于开启了被告欺诈故意阙如的情况下原告仍可以获得禁令救济的先例，事实上拓展了商标保护的范围。❶ 美国与英国一样，在商标侵权审判中逐渐抛弃了主观欺诈的要件。在1849年的Coffeen v. Brunton一案中，法院就明确表示："欺诈的意图并非是给予原告保护所必备的，当伪造的商品无法与真实的相区分时，法院将颁发禁令。"❷ 同样，在1849年的Amoskeag Mfg. Co. v. Spear一案中，法院也认为："无论何时，当公众在事实上被误导时，就必须颁发禁令，而不论（被告）是否是故意的。"❸ 可见，这一时期的美国法院在商标侵权的判定中也开始放弃普通法的故意欺诈标准，转而考察消费者是否发生了混淆。

---

❶ 余俊：《商标法律进化论》，华中科技大学出版社2011年版，第83页。

❷ Coffeen v. Brunton, 5 F. Cas. 1184, 1185（C. C. D. Ind. 1849）.

❸ Amoskeag Mfg. Co. v. Spear, 2 Sand. 599, 606（N. Y. Sup. Ct. 1849）.

如果说在19世纪中叶之前，英、美法院只是在某些商标案件之中采取了与普通法传统做法不一的判决，但是19世纪中叶之后，随着商标财产权观念的崛起以及对消费者避免混淆的利益的重视，立法就开始考虑制定独立的商标法，将商人对其商标的利益法定化。同时，法院也抛弃了普通法上商标侵权的主观欺诈要件，将混淆可能性确立为商标侵权判决的依据。

二、混淆可能性的确立

19世纪中叶之后，由于工业革命的影响，英国开始由农业社会迈入工业国家。交通的发展、市场的扩大和消费群体的形成使得英国商人迫切需要法律承认其在商标上的排他权，以更好地开拓市场，防止他人仿冒其商标而导致利润流失。在当时，普通法欺诈之诉并不能切实维护商标合法使用人的利益，这更加剧了立法滞后与社会发展之间的矛盾。一些商人和商会开始游说立法，试图通过制定商标法，将自己在商标上的利益上升为法定权利，确立对其商标的排他性财产权，摆脱商标侵权诉讼中主观欺诈的举证负担。在当时，游说的主要力量来自于商会，特别是居于英国工业中心的谢菲尔德和伯明翰。显然，谢菲尔德和伯明翰作为工业革命的中心城市，对这种法律需求更为迫切。

1862年，谢菲尔德商会首先向英国下议院递交了一个法案，要求将商标明确认为一种财产。该法案第9条规定，将姓名等注册的主体是商标所有人，所有人有权起诉任何上述的冒犯行为。注册的商标应当被认为是所有人的个人财产，并且根据个人财产法律的通常规定，应当具有可转让性。从条文来看，该法案明确提出要将商标确定为私主体完全的可以转让的财产，这在当时是十分大胆的提议。这个法案推出之后，各方意见不一，争议很大，但是最终考虑到该法案所允许的商标转让有可能加剧消费者的混淆，使得虚假陈述合法化❶，该法案未能通过。❷ 尽管该法案最终没有通过，但是其起到的作用和引发的社会效应却不可低估。使用商标的商人阶层的利益诉求第一次以法案的形式集中表达，吸引了社会各阶层和立法者的关注，也引发了国内关于商标是否是一种财产的大讨论。显然，依该法案的规定，将商标视为一种财产，商标权人享有对商标的排他性财产权并且可以自由转让，那么侵权的成立就跟被告人主观上是否具有欺诈的意图毫无关系。商标将成为商标权人的私有财产，任何被商标权人视为侵犯其商标权的行为都将被起诉。因此，该法案实际上是要求建立以"财产"为中心的商标保护模式，抛弃商标侵权判定所谓意图欺诈的要件，这种理念是对传统的以反欺诈为核心的商标保护模式的重大突破，也为混淆可能性在商标法中的确立奠定了基础。

不仅在立法方面，在司法上，法院也积极回应商人们的利益诉求。如果说19世纪中叶之前，法院在商标侵权审判中不考虑主观欺诈要件的做法还只是局部现象，那么，19世纪中叶之后，主观欺诈的要件就已经基本被法院所摒弃。在这一时期几个具有

---

❶ 例如，甲将其商标转让给乙，消费者在看到这一商标时，就会认为，该商标所附着的商品还是由甲所生产，这会人为地造成混淆。其实从现代商标法的观点来看，消费者并不关心该商标真正的生产者是谁，而只关心该商标所附着的商品是否具有一致的商品品质。

❷ 关于该法案提交之后，各方对该法案的讨论与争议以及该方案最终未能通过的详细情况，参见：Lionel Bently, From Communication to Thing: Historical Aspects to the Conceptualisation of Trade Marks as Property. in G. Dinwoodie and M. Janis, *Trademark Law and Theory: A Handbook of Contemporary Research*. Cheltenham: Edward Elgar, 2008, pp. 16 ~ 18.

代表性的案件中，法院在判决中都明确表示商标是一种私有财产，为混淆可能性在商标法中的确立扫清了司法上的障碍。1862年的 Cartier v. Carlile 案就是这一时期的标志性案例。❶ 在该案中，原告卡迪尔（Cartier）是一家棉花加工商，主要生产一种名为"十字棉"（Cross Cotton）的刺绣棉花。原告的商品以包含有字母、数字、文字和十字架的图案为标签，以作为区分不同厂商商品的商标。由于原告的商品销量很大，该图案商标获得了一定的商誉。被告也生产并销售标示有与原告商标相类似的图案的棉花，原告遂诉至法院。法官在判决中认为，该商标是其所有人的私有财产，所以衡平法院应当阻止被告继续模仿该商标，并让他赔偿不当得利。在该案中，法官抛弃了主观欺诈理论，直接认定商标是所有人的私有财产，提出了商标保护的财产权观念。因此，该案"标志着英国司法体系内对商标的看法开始发生转变"❷。

1862 年的另一案件 Edelsten v. Edelsten 案，❸ 在商标保护历史上也具有重要的意义。在该案件中，原告是铁丝的生产商，从 1852 年开始在其商品之上使用船锚作为商标。由于原告商品品质较高，其经营逐步扩大，产品行销各地，其所生产的铁丝在市场上被俗称为船锚牌铁丝。被告为牟取暴利，仿冒了原告的船锚商标，将与原告商标极为相似的标识使用在被告自己生产的铁丝之上。原告认为，被告行为的目的在于欺骗消费者，让人误认为被

---

❶ Cartier v. Carlile, 31 Beav 292（1862）.

❷ 余俊：《商标法律进化论》，华中科技大学出版社 2011 年版，第 91 页。

❸ Edelsten v. Edelsten, 1 De G J & S 185（1863）.

告的船锚牌铁丝系原告所生产，因而请求法院颁发禁令。审理该案的法官韦斯特伯里勋爵（Lord Westbury）在判决中认为："问题在于原告是否享有其商业标识中的财产权。如果享有，那么就是被告使用与原告商标实质性相似的标识是否侵犯了原告的财产权。在普通法上，案件诉讼是以欺诈作为合理救济的基础，被告欺诈的证据是该类诉讼的核心，但是衡平法院将会以保护财产权为原则，因此没有必要为了获得禁令救济而去证明被告的欺诈。"❶ 法官认为，原告的商品品质较高，被市场广为接受，获得了相当的商誉，对其商品之上的船锚商标享有财产权。而被告的行为欺骗了消费者，使消费者购买到了并非原告生产的商品，侵犯了原告的权利。据此，法院支持了原告的诉求，判决被告侵权成立。从韦斯特伯里法官的论述中可以看出，当时的衡平法院已经承认商标之上的权利是一种财产权，主观欺诈已不再是获得救济的前提条件。这个案件与先前的 Cartier v. Carlile 案一样，明确提出了商标是一种财产权的观念，表明了法院对普通法上商标侵权欺诈要件的否定态度。亦即，被告的主观欺诈不是获得救济的前提条件。只要被告仿冒了原告的商标，将仿冒的商标使用在与商标权人商品类别相同的商品之上，造成了消费者发生混淆，就构成商标侵权。

继 Edelsten v. Edelsten 案之后，1863 年的 Hall v. Barrows 案将对商标性质的探讨推向深入。❷ 这个案件实际上并非商标侵权案件，而是涉及商标是否可以作价折算成现金进行转让，但是该案的判决却体现出法官对于商标是一种财产的肯定。该案中，被告

---

❶ Edelsten v. Edelsten, 1 De G J & S 185, 201~202（1863）.

❷ Hall v. Barrows, 4 De G J & S 150（1863）.

巴罗斯（Barrows）和约瑟夫·霍（Joseph Hall）签有合伙协议，该协议约定了任何一方去世后，另一方可以买下去世一方的合伙份额。1862年，合伙人之一的约瑟夫·霍去世，原告开始与被告磋商合伙份额的转让。被告愿意购买约瑟夫·霍的份额，但却认为合伙中的商标不应当作价，原告对此持有不同见解，于是成讼。审理该案的韦斯特伯里勋爵再次论述了商标是一种财产的观念，表明了其对普通法上欺诈之诉的否定态度。韦斯特伯里勋爵认为："法院对商标的司法保护建立在财产权的基础之上，被告的欺诈并不是执行这种司法权（exercise of that jurisdiction）所必备的条件。"❶ 韦斯特伯里勋爵指出，从抽象的意义上看，在任何标识上并不会有任何排他性的所有权。但是，当将该标识使用于特定的生产商或者可销售的商品时，就有了财产权。据此，商标的专有权属于合伙财产，可以作为一项有价值的权利与业务和商品一同出售。由此可见，这一时期的法院在判决商标案件中，坚持以财产权理论作为断案的主要依据。不仅如此，该案中韦斯特伯里勋爵还认为，抽象的标识并不是商标，因而不具有商标权，只有将标识附着于特定的企业主体及其提供的商品时，该标识经过使用，才会变为商标，产生财产权。可见，韦斯特伯里勋爵不仅认清了商标的本质，而且指明商标只有与商品相联系，投入使用之中，才能产生商标权，这与现代商标法商标使用的理念完全一致。

在美国，商标保护的理念和商标侵权判定标准的演变与英国的情况相类似。美国在工业革命完成之后，工商业迅速发展。市场扩大之后，商标对于美国的商人来说尤为重要。由于此时的美

---

❶ Hall v. Barrows, 4 De G J & S 150, 156 (1863).

国法沿袭英国普通法的传统，以欺诈之诉作为商标侵权判定的基础，其证明标准偏高，判决结果的不确定性较大，无法满足商标使用人保护其商标利益的诉求。为更好地维护商业利益，商人们开始游说法院与国会，强调商标为一项财产权，侵权的关键在于消费者是否发生混淆，而非被告的行为是否是欺诈。"商人为确立规制商标使用的正当性，在策略上逐渐构造消费者为商标法的表达，并强调消费者混淆、误认或受欺罔的可能性和严重性，从而说服国家和社会支持或接受此种制度。"❶ 在工商业蓬勃发展的大潮之下，出于刺激投资和发展产业的考虑，"美国法院开始将注意力从规制那些威胁到商标权人现有贸易的竞争行为转移到承认商标权人有权利最大限度地利用其商标。19世纪早期，法院就逐渐开始将商标界定为财产或者借助于有体财产来描述商标的问题。"❷

在1879年的Amoskeag Mfg. Co. v. Trainer案中，美国最高法院就明确指出，"关于商标、用来表明特定生产商商品的符号或标记以及法院对最初使用者的保护，是没有争议的。每个人都有自由将任何之前未被使用的符号或图案使用在他自己生产的商品上，以确保其能够从销售的增加中获益。这种销售的增加源于其可能赋予符号和图案的任何独特的美好（Peculiar excellence）。这些符号或图案因此对公众来说就成为标示特定商品来源的标记以及源自于真正生产者的正品的保证。就此而言，生产者阻止低劣

---

❶ 黄海峰：《知识产权的话语与现实——版权、专利与商标史论》，华中科技大学出版社2011年版，第230页。

❷ Mark Bartholomew, Advertising and the Transformation of Trademark Law. *New Mexico Law Review*, Vol. 38, Issue 1（Winter 2008），p. 9.

或不同的商品替代其商品进行销售就具有莫大的价值。这个标记就成为他的商标，法院会保护其排他性的使用。"❶ 由于美国法院逐渐将商标视为一种财产，商标侵权的判定就不再围绕被告主观上的欺诈意图，而是关注于被告的行为是否会对原告的商标造成损害。在这种观点的指导下，即便被告主观上没有恶意，但如果被告使用了原告的商标，会造成消费者混淆，法院就可以判定被告侵权。正如学者所言："一旦法院认为对商标的所有权类似于对有体物的所有权，就没有必要去审视被诉侵权者的行为是否违反了商业准则。在这个时期，财产权预示着绝对的权利，使得那些无过失的侵权（innocent infringement）也是非法的。"❷

值得注意的是，尽管这一时期商标侵权判定的标准已经变为了混淆可能性，然而混淆可能性的适用是有条件的。19 世纪晚期，商标混淆可能性所涉及的混淆形态被严格地加以限定，只限于在直接与商标权人竞争的商品上使用与商标权人商标相同或近似的标识所造成的混淆。"在商标法形成的阶段，商标法仅限于处理在直接竞争的商品上使用混淆性相似的商标所造成的问题。"❸ 换言之，当时混淆可能性针对的消费者混淆仅仅是消费者将侵权人的商标误认为是商标权人的商标，并且两个标识所标示的商品直接竞争，消费者的误认误购会直接使商标权人失去本该获得的交易机会和销售收入，发生交易的转移（trade diversion）。

---

❶ Amoskeag Mfg. Co. v. Trainer, 101 U. S. 51, 53 (1879).

❷ Mark Bartholomew, Advertising and the Transformation of Trademark Law, 38 *N. M. L. Rev.* 1, 10 (2008).

❸ Robert C. Denicola, Trademarks as Speech: Constitutional Implications of the Emerging Rationales for the Protection of Trade Symbols, *Wis. L. Rev.* 158, 163 (1982).

其情形正如麦肯纳教授所言："商标法，事实上所有反不正当竞争法，是被设计用来促进商业道德和保护产生者免受非法的交易转移行为的影响。"❶

从美国立法来看，在1882年美国国会制定的《美国商标法》中，就已经对混淆可能性作出了规定。该法第3条明确规定："所申请注册之商标与他人合法的商标十分近似，有可能导致公众的混淆或错误，或者可能欺骗购买者，不予注册。"❷ 在1905年制定的《美国商标法》中，该法案第5条（b）款也明确规定："可能造成公众混淆或错误或者可能欺骗消费者的标识不予注册。"❸ 在商标财产权观念的指引下，美国商标法进入了新的发展时期。19世纪后期，美国商标法开始将商标分为技术性商标（technical trademarks）与非技术性商标，技术性商标是那些臆造和任意商标，即具有较强固有显著性的商标，而非技术性商标是描述性的词汇，包括姓氏、地名等不具有固有显著性的标识。自此，美国商标侵权之诉开始出现分化，对于非技术性商标，在诉讼中法院依然要求被告主观意图的证据。而对于技术性商标，法院不再要求被告意图的证据，只关注于消费者混淆的问题。随后，法院逐步意识到，无论是技术性商标还是非技术性商标，都是为了标示商品的来源，问题的关键都在于消费者是否会发生混淆，而不是主观的意图。早在1904年，美国加利福尼亚高等法院就曾表示，恶意的意图和欺骗的意图都不是证明责任所必需

---

❶ Mark P. McKenna, The Normative Foundations of Trademark Law, 82 Notre Dame L. Rev. 1839, 1848 (2006~2007).

❷ The Act of 1881, 21 Stat. 502, Section 3.

❸ The Act of 1905, 33 Stat 724, Section 5 (b).

的，因为最关键的因素是消费者的混淆。❶ 到了 20 世纪中叶，美国法院在商标侵权判定中已经主要考察被告行为的性质以及其对消费者的影响，而不是被告的意图。1946 年，《美国联邦商标法》即《兰哈姆法》通过，新商标法不再区分技术性商标与非技术性商标，过错的意图已经不再是侵权与否的必备要件。当被告对商标权人商标的使用极有可能导致混淆、错误或在商品的来源上欺骗购买者，就构成了商标侵权。❷ "现代主流的观点是，对任何商业符号或不正当竞争的侵权问题，应当由混淆可能性测试所决定，意图去侵害或混淆仅仅是混淆可能性是否会发生的相关证据。"❸ 混淆可能性是商标侵权判定和给予法律救济的核心标准和考量因素，而主观欺诈的意图在经过漫长的历史演化之后逐步淡出了历史舞台，不再作为商标侵权判定的核心要件。

三、混淆可能性的扩张

混淆可能性标准在商标法上的确立仅仅是商标法以规制混淆为核心的保护模式的开端。随着工商业的发展和商人阶层势力的强大，商人为了在更大的范围内限制他人使用与其商标相同或近似的标识，开始极力游说国会与法院，推动混淆可能性在范围上

---

❶ J. Thomas McCarthy, *McCarthy on Trademarks and Unfair Competition*, Eagan: Thomson/West, 2006, §23: 105.

❷ The Lanham Trademark Act of 1946, Pub L No 79～489, 60 Stat 427, §32 (1), 15 USC §1114 (1) (1946).

❸ J. Thomas McCarthy, *McCarthy on Trademarks and Unfair Competition*, Eagan: Thomson/West, 2006, §23: 106.

的扩张。❶自 20 世纪初叶开始至今，混淆可能性一直处于扩张之中。这种扩张主要表现为以下几个方面。

首先，在混淆的主体方面，商标权人将消费者描述成头脑简单、经验缺乏、行动粗心、购物随意，在市场中极易被混淆的主体，以此降低混淆可能性成立的门槛，增加胜诉的概率。在商标混淆可能性的判定中，消费者占据着重要的地位。只有消费者极有可能发生混淆，被诉侵权人的行为才构成商标侵权。而具体判断混淆是否有可能发生，主要是看相关的具有合理谨慎（reasonably prudent）注意程度的消费者在面对特定商标时的心理反应。❷只有具有合理谨慎的注意程度的消费者在识别两个相同或近似的标识标示的商品时极有可能发生混淆，商标侵权才成立。参照民法中"理性人"的一般原理，在商标法中所谓具有合理谨慎注意程度的消费者也被抽象为在市场环境中，具备一定理性能力和通常分辨能力的主体。但是，正是由于合理谨慎的消费者只是在判断商标混淆问题时所抽象出来的主体，法官或立法者如何确定所谓合理谨慎的注意程度就成为适用混淆可能性的关键。当推定合理谨慎的消费者就购买某种商品而言应具有较高的注意程度时，消费者自然会被认为不容易发生混淆，而当推定合理谨慎的消费者购买某种商品时具有较低的注意程度时，消费者会被认为很容

---

❶ "扩张"一词带有贬义的意味。笔者之所以将混淆可能性范围的扩大称之为"扩张"，是因为这种范围的变化在某些方面并不合理。无论是关联关系混淆、初始兴趣混淆还是售后混淆，其目前相关规则的适用范围都过于宽泛，极大地强化了商标权人的商标权，不利于市场的自由竞争。后文对此还会进行详细分析。

❷ J. Thomas McCarthy, *McCarthy on Trademarks and Unfair Competition*, Eagan: Thomson/West, 2006, §23: 91.

易发生混淆,这就直接影响到被诉侵权人的行为是否构成商标侵权。20世纪之前,合理谨慎的消费者的注意程度往往被设定得比较高,这样法院就会推定消费者不容易发生混淆。当时的法院认为,消费者只有对商品进行了仔细检查之后仍然极可能发生混淆,被告的行为才能被认定为构成侵权。而消费者在粗心大意、漫不经心的购物过程中发生的混淆往往是正常的现象,被告的行为在此情况下并不构成侵权。"在1900年之前,法院只接受发生在购买者对被告商品进行了合理调查(reasonable investigation)后发生的混淆的证据。"❶ 进入20世纪之后,形势发生了变化,在商标权人的鼓吹之下,消费者被塑造成注意程度较低、头脑简单、购物随意,极易发生混淆的主体。法院随即降低了合理谨慎消费者的标准。消费者往往被认为是"行动快速,不会施加过多的注意程度",容易发生混淆。❷ 正如当时的法官所言:"谨慎的和有辨别力的消费者不容易发生混淆,这可能是正确的。但是,给予商标的保护并不限于谨慎的和有辨别力的消费者,而是包括那些普通的或粗心的(ordinary or unwary)消费者。"❸ 另一法院则直接表示:"毫无疑问,公众中的大部分是轻率的,不注意的和很容易被欺骗的。"❹ 显然,合理谨慎的消费者注意程度的降低,使得混淆可能性的范围大为扩张。

在消费者主体方面,除了合理谨慎的消费者注意程度的降低

---

❶ Mark Bartholomew, Advertising and the Transformation of Trademark Law, 38 *N. M. L. REV.* 1, 7 (2008).

❷ Paris Med. Co. v. W. H. Hill Co. , 102 F. 148, 151 (6th Cir. 1900).

❸ De Voe Snuff Co. v. Wolff, 206 F. 420, 423~24 (6th Cir. 1913).

❹ N. Y. Mackintosh Co. v. Flam, 198 F. 571, 572 (S. D. N. Y. 1912).

外，混淆可能性所针对的消费者群体的范围也有扩大的趋势。根据1946年美国《兰哈姆法》，只有后来者将他人商标使用在商品或服务上，有可能导致购买者（消费者）（purchasers）就商品或服务的来源发生混淆时，才构成侵权。❶ 此时《兰哈姆法》所针对的混淆对象仅限于商品的购买者。而到1962年，美国国会对《兰哈姆法》进行了修订，将"购买者就商品或服务的来源"删去。❷ 尽管立法并没有明确说明删去这句话的意图，但是还是有法院将之解读为对混淆可能性针对的消费者主体范围的扩大。据此，一些法院认为，在《兰哈姆法》修订之后，混淆可能性所针对的消费者主体就不仅限于购买者，还包括潜在的购买者（potential purchaser），甚至一般社会公众。"一些法院在考察个人混淆时扩张了购买者混淆的范围，包括了潜在的购买者和一般的社会公众，这些都不是在购买之时发生的。"❸ 根据这一理论，一些法院提出了新型的混淆理论，禁止所谓初始兴趣混淆（或称售前混淆）和售后混淆。初始兴趣混淆，是发生于购买之前的潜在消费者的混淆。售后混淆则是购买者没有发生混淆，而是购买之后其他潜在的消费者或者旁观者的混淆。

其次，在混淆的类型方面，在商标权人的要求之下，法院不断将关联关系混淆、初始兴趣混淆、售后混淆等各种消费者混淆

---

❶ The Lanham Trademark Act of 1946, Pub L No 79~489, 60 Stat 427, §32（1），15 USC §1114（1）（1946）.

❷ Amendment of October 9, 1962, Pub L No 87~772, 76 Stat 773, §17, 15 USC §1067（1962）.

❸ Michael J. Allen, Who Must Be Confused and When? The Scope of Confusion Actionable Under Federal Trademark Law, 81 *Trademark Rep.* 209, 229（1991）.

形态纳入商标法的规制范围，混淆的类型呈扩大化的趋势。❶ 其一，从来源混淆到关联关系混淆。根据 1946 年《兰哈姆法》，商标混淆仅限于消费者对商品或服务的来源（source or origin of such goods or services）发生的混淆。亦即，即便被告使用了与商标权人商标相同或相似的标识，但只要消费者知道商品或服务的提供者，对商品或服务的来源有正确的认识，则被告的行为就不受商标法规制。但是，随着时间的推移，法院逐步认定，商标法上的混淆不再限于来源的混淆，当他人使消费者认为提供商品或服务的主体之间存在着关联、赞助、附属等关系时，也构成商标侵权。这种观点的依据是，即便消费者不会发生来源上的混淆，但是当消费者认为提供商品或服务的主体间存在关联关系时，后来者就利用了商标权人的商誉，搭了商标权人的便车，牟取了不正当的利益。并且，当后来者的商品或服务品质较差时，消费者会将之归咎于商标权人，导致对商标权人的评价降低，使商标权人商誉受损。其二，从售中混淆到初始兴趣混淆与售后混淆。如前文所述，1946 年美国《兰哈姆法》仅规定了售中混淆，即购买者在购物过程之中发生的混淆。为了扩大商标权的保护范围，商标权人向法院提起诉讼，要求法院规制造成消费者售前或售后混淆的行为，这得到了一些法院的认可。所谓初始兴趣混淆，是指消费者在购买之前所发生的混淆，但是在作出购买决定之时，已经清楚地知道商品或服务的来源。这种造成消费者初始兴趣混淆的行为同样构成侵权。初始兴趣混淆最早见之于美国 Steinweg

---

❶ 关于关联关系混淆、初始兴趣混淆和售后混淆，后文还将对其进行研究。

Nachf. v. Steinway & Sons 案。❶ 该案中，斯坦威（Steinway）是著名的钢琴品牌，而被诉侵权一方将斯坦威格（Steinwag）使用于钢琴之上，使消费者在购买钢琴之前会误认为斯坦威格钢琴来自于著名的钢琴品牌斯坦威。法院认为，由于钢琴是较为昂贵的专业音乐乐器，消费者在购买钢琴时并不会对两个商标发生混淆。但是消费者在购买之前，可能会误认为斯坦威格钢琴与著名商标斯坦威存在某种联系，进而考虑购买斯坦威格钢琴。因此，斯坦威格利用斯坦威钢琴品牌的商誉来吸引顾客，构成侵权。斯坦威一案确定了初始兴趣混淆规则，后续法院在案件审理中多次运用到了这一规则，极大地扩张了混淆可能性的范围。

除了初始兴趣混淆之外，售后混淆的确立也扩大了混淆可能性的范围。所谓售后混淆，是指购买者对所购买的商品不会发生混淆，但是购买之后，其他人在看到该购买者所购买的商品后，极有可能对其来源产生混淆。售后混淆规则在 1955 年 Mastercrafters Clock & Radio Co. v. Vacheron & Constantin-Le Coultre Watches, Inc. 一案中得以确立。❷ 在该案中，被诉侵权者复制了商标权人著名的商品大气钟（atmos clock），并且以低廉的价格销售。审理该案的法官弗兰克（Frank）认为："至少有一些消费者会购买复制者的更为便宜的钟，以便在家中展示出来，使很多来访者以为是著名的大气钟，从而显示一种身份。复制者的错误就在于来访者会误认为该钟是著名的大气钟，这种混淆的可能性使

---

❶ Grotrian, Helfferich, Schulz, Th. Steinweg Nachf. V. Steinway & Sons, 523 F. 2d 1331（2d Cir. 1975）.

❷ Mastercrafters Clock & Radio Co. v. Vacheron & Constantin-Le Coultre Watches, Inc., 221 F. 2d 464（2d Cir. 1955）.

得复制者的行为是可诉的。"❶ 售后混淆观点的理论依据在于，即便购买者在购买时不会发生混淆，但是购买者购买的意图是为了从购买仿冒品中获得一种真品所带来的声誉和价值。当旁观者误以为购买者所购的仿冒品是真品时，购买者的目的就达到了。正如学者所言："由于交易转向了仿冒者，商标权人发生了销售额上的损失，其情形正如同实际的购买者发生混淆一样。"❷ 1962年国会修订《兰哈姆法》，删除了"购买者就商品或服务的来源"等字句之后，售后混淆理论得到了更多法院的认同，混淆可能性的范围大为扩张。

综上，混淆可能性在商标法上确立之后，其范围就处于不断扩张之中，这突出地体现在：混淆主体方面合理谨慎的消费者注意程度降低以及潜在消费者乃至旁观者被纳入混淆考量的范围，混淆类型方面关联关系混淆、初始兴趣混淆、售后混淆的确立。混淆可能性的扩张表明，在资本为王的时代，立法与司法实践不得不受到商人阶层和商标权人的影响。遗憾的是，对于混淆可能性的扩张，立法与司法往往只是被商标权人的利益诉求所左右，被消费者所发生的某些形态的混淆的表面现象所迷惑，而未能深究消费者这些形态的混淆是否都需要商标法介入。

---

❶ Mastercrafters Clock & Radio Co. v. Vacheron & Constantin-Le Coultre Watches, Inc., 221 F. 2d 464, 466 (2d Cir. 1955).

❷ J. Thomas McCarthy, *McCarthy on Trademarks and Unfair Competition*, Eagan：Thomson/West, 2006, §23：7.

第三节 混淆可能性历史演化的启示

在历史演变中,混淆可能性在商标法发展的不同阶段扮演了不同的角色,这种变化代表着不同历史阶段的时代背景与商标法观念。透过商标混淆可能性的历史演化过程,可以得出下列结论供进一步思考。

一、商标保护模式的演化

以混淆可能性作为区分点,商标保护模式的演变大致可以区分为四个阶段。第一阶段,商标保护的萌芽阶段,大致是古代至17世纪。这一时期并没有诞生现代意义上的商标法,也不存在商标侵权判定之混淆可能性标准。但是,这一时期很多工商业标识在客观上具备了商标的功能,成为他人仿冒的对象,因此,15~16世纪政府开始打击仿冒,规范市场行为,这是商标保护的萌芽,实际上孕育了规制商标侵权,避免消费者混淆的理念,为日后混淆可能性在商标法中的确立打下了基础。

第二阶段是商标保护的欺诈之诉阶段,大致是17世纪到19世纪中叶。这一时期英、美普通法和衡平法已经开始对商标进行保护,但法律对商标侵权进行规制的主要目的并不是避免消费者混淆,而是制止欺诈,打击不诚信的不正当竞争行为,防止仿冒者通过模仿他人的商标来吸引潜在的消费者,使商标权人丧失交易机会,导致销售收入降低,商誉受损。因此,在这一时期,商业主体在竞争中是否存在欺诈的意图就成为被告侵权是否成立的关键，无欺诈则无侵权，无欺诈则无规制。在此理念的指导下，避免消费者混淆尚未成为商标保护的核心内容。

第三阶段是商标保护的混淆可能性之诉阶段。大致是 19 世纪中叶至 20 世纪初。在这一阶段，商人成为一种独立的职业群体，在社会上的地位不断提高。商标是一种财产的观点逐步深入人心，商标法逐渐肯定商人在商标之上的权利是一种排他性的财产权。因此，避免消费者混淆，使市场上的商标相互区分，成为商标法的主要任务，而被诉侵权人有无欺诈，并不影响商标侵权的成立。在这种思想的指导下，法院在商标案件的审判中不再对被告的主观欺诈意图进行考察，而将重心放置于消费者是否极有可能发生混淆，商标反混淆的保护模式逐渐确立，混淆可能性正式登上了历史舞台，成为商标侵权判定的主要依据。

第四阶段是商标混淆可能性的扩张阶段。大致是 20 世纪初至今。在此阶段，商标混淆可能性呈现出扩张的发展轨迹。商标混淆可能性的范围不断扩大，关联关系混淆、初始兴趣混淆、售后混淆都成了混淆可能性所涵盖的混淆类型。混淆可能性的地位在商标法中得以巩固，商标权人通过混淆可能性的扩张实现了商标权的强化。

二、混淆可能性确立的原因

商标保护模式的变迁实际上反映出不同时期社会的时代背景和商标法观念，其中最为关键的变化是商标侵权判定放弃了主观欺诈要件，转而采取混淆可能性标准。那么，推动这种变化的原因是什么呢？正如上文所述，混淆可能性并非一直存在于商标保护之中。相反，在很长的一段时间中，混淆可能性都未能在商标保护与侵权判定中扮演主要的角色。造成这种现象最为重要的原因是商标的财产权观念并未确立,消费者还未能得到人们的重视。正是因为商标财产权观念并未确立,消费者的地位还没有提高,导致立法和司法在商标侵权判断中关注的是与商标权人直接竞争的主体是否基于主观欺诈从事了不正当竞争的行为,而非被诉侵权人是否从事了让消费者发生混淆,让商标权人蒙受损失的行为。

传统商标保护模式之所以以主观欺诈意图为中心,未强调消费者混淆,原因之一在于当时的商标之上并未产生法定的排他性财产权,商标财产权的观念还未形成,对商标的侵权被认为是一种不诚信、不道德的不正当竞争行为。这就导致,即便被诉侵权人的某些行为极有可能造成消费者混淆,但只要没有欺诈,原告就无法追究其侵权责任。在当时,人们对于商标之上存在排他性的财产权,并在符合消费者混淆等特定条件时无条件地排除他人对权利人商标的使用是心存疑虑的。1862年,在谢菲尔德商会提出法案要求明确商标为一种财产时,就引发了社会各界对于商标性质的大讨论。最终谢菲尔德法案未能通过,其根本原因就在于对商标财产权属性认识的分歧。因为在当时,尽管他人对商标权人商标的仿冒很可能造成消费者混淆,导致商标使用人的利益受到损害,但是如果不存在欺诈的故意,不存在通过仿冒商标权人商标的方式去争夺本会去购买商标权人商品的消费者,即便他人的行为极有可能造成消费者混淆,商标权人也并不能要求他人停止对其商标的使用,并获得赔偿损失等救济。可见,当商标之上的利益还未上升为一种法定权利时,商标的权利范围并不确定,商标之上的利益还仅仅表现为一种公平地获得参与市场竞争机会的利益,商标使用人要获得胜诉,必须在诉讼中证明被告有欺诈的意图,以表明被告的行为是一种不诚实、不道德、有违公平竞争原则的行为。

　　随着贸易的发展，商人显然已经不满足于仅仅获得反不正当竞争的保护，混淆可能性逐步被确定为商标侵权的判定标准。混淆可能性的产生并不是偶然的，混淆可能性的产生是商标财产权观的直接体现。在工业革命完成之后，商人阶层急切地希望开拓市场，扩大商品销路，而开拓市场的前提则是市场上的商品能够借助于商标相互区分。因此，打击商标仿冒行为，确保消费者能够认牌购物，就成为当时商人阶层的主要任务。不仅如此，商人阶层还希望其保护商标的利益诉求能够反映在立法之上，通过立法确定商人对于商标享有排他性的财产权。确定商标之上的排他性财产权看似只是改变商标保护方式的一小步，实质上在制度理念上与以往的商标保护模式有明显的不同。将商人对商标的利益上升为法定权利之后，他人即使在不知情亦即无过错的情况下使用了与商标权人商标相同或近似的标识，只要极有可能造成消费者混淆，就构成商标侵权，这正是商标之上排他性财产权的必然要求。正如学者所言："如果一个原告实质性排他地使用了一个并非描述性的标志，消费者就很有可能将这个标志与原使用者相联系。在此条件下，竞争者对相同标志的任何使用行为，无论其主观意图如何，都可能转移将要惠顾原告的消费者。在此情况下该标志并没有任何描述性的含义，竞争者就没有使用该标志的合法需求。因此，当一方建立了对标志的排他性权利之后，在案件中要求主观意图的证据就显得毫无意义。"❶ 可见，商标财产权观的确立，是要求法律上确立商人对其商标的权利，使商标成为商

---

❶ Mark P. McKenna, The Normative Foundations of Trademark Law, 82 Notre Dame L. Rev. 1839, 1890 (2006~2007).

标权人的私有财产，被诉侵权人主观上是否具有欺诈的意图并不重要，重要的是，被诉侵权人的行为是否造成了消费者混淆。

将混淆可能性确立为商标侵权判定的标准不仅受到商标财产权观的直接影响，也是当时消费者地位得以提升，立法与司法重视消费者利益的结果。19世纪中叶之后，商人阶层在开拓市场的过程中逐渐意识到，消费者是商品的最终购买者，消费者是否购买自己所生产的商品，直接决定经营的成败。要使消费者能够准确地购买到其意欲购买的商品，市场中的商标就必须相互区分。而商人在商标之上的利益受到侵犯，商品被仿冒，销售收入下降，主要原因也在于消费者因他人的侵权行为而对商品的来源发生了混淆，导致误买误购，使本应购买商标权人商品的消费者购买了侵权人的商品。换言之，一旦消费者发生了混淆，就意味着本应购买商标权人商品的消费者购买到侵权人的商品，商标权人的收入就会下降。因此，商标权人更为关心的是消费者是否发生了混淆，而非侵权者的主观意图。同样，当时的立法与司法也意识到，消费者在市场中扮演着关键的角色，消费者决定了商标权人的生存和发展，商标法应当以防范消费者混淆为目的，被诉人主观欺诈的意图与商标权人和消费者利益的损失之间并无直接关系。19世纪中叶，在商标是财产的观念开始兴盛后，消费者的地位逐步得到了立法与司法的认可。防止消费者混淆、打击非法的交易转移（trade diversion）作为商标保护的基础成为发展的趋势。其实，对消费者利益的重视从本质上看还是商人阶层对自身利益重视的体现，所谓避免消费者混淆只是商人阶层最大限度保护自己商业利益的最佳理由。混淆可能性标准确立之后，混淆可能性的范围就处于不断的扩张之中，商标权人竭尽所能地让立法者和司法者相信，消费者的辨别能力很低，消费者在大量的场合可能都会发生混淆，这样就可以名正言顺地依据混淆可能性标准，禁止他人对其商标的染指。

商标侵权判定之混淆可能性标准的确立，遵从了商标的本质属性和功能，认清了消费者混淆与商标权人利益之间的密切联系，表明了当时的学者和立法者，已经对商标有了一定深度的理解。商人对商标之所以拥有财产权，就是因为商人在其商品之上使用了商标，引导消费者购物，而消费者也将商标作为商人的象征，通过商品之上的商标来认牌购物。这样，商人的商誉就凝结在商标之中，商人就必须对其商标拥有某些排他性的权利，使自己的商标与其他的商标相互区分，确保消费者不发生混淆。只要消费者混淆的结果已经发生，商标权人的商标就失去了存在于市场的意义，消费者会因为发生混淆而误买误购，商标权人的利益也会受到损害，这些都与其他人主观上的意图没有丝毫联系。由此可见，立法将商标侵权判定所关注的对象由欺诈转为消费者混淆，是商标法法律制度发展中的重大转折。它真正使商标法的制度设计回归到商标的本体之上，遵从了商标的本质属性和功能。

三、混淆可能性扩张的原因

无论是混淆可能性在商标法中的确立，还是随后其范围的扩张，都是商标权人不断游说立法和司法的结果，体现了商标权人的利益诉求。

商业利益的驱使始终是法律演化的重要因素。在资本为王的时代，立法与司法常常被利益群体所影响，朝有利于某一利益群体的方向演化，商标法也概莫能外。在将商标财产化与混淆可能性标准推动入法的过程中，商标权人、商人阶层、商标协会等利益团体，为维护其投资利益，始终不遗余力地宣传商标是一种财产权的观念，批评以主观欺诈为核心的商标保护模式的不足。而在混淆可能性范围的扩张方面，商标权人等也极力宣扬消费者是头脑简单、行为随意，极易发生混淆的主体，扩大混淆可能性的范围。商标权人之所以如此重视消费者，真实目的也在于维护其自身利益。有学者就一针见血地指出："兰哈姆法确定的和事实上的受益者是商标权人，而非消费者。"❶ 消费者在商标法的演化中始终被商标权人所"挟持"，成为商标权人谋求自身利益的工具。这种情形正与版权法、专利法的立法演进历史相仿。在知识产权立法过程中，知识产权权利人一方往往掌握着大量的社会和经济资源，其于立法机关表达利益诉求的力量较为集中和强大，而与之相对的社会公众、消费者、部分学者则力量分散，很难形成合力与知识产权权利人相抗衡。商标的财产化、混淆可能性的确立以及随后的大幅扩张，都鲜明地体现了商业为王的时代，立法更多地是被以商标权人为中心的利益团体所左右。为了迎合商业社会中商标权人最大限度地保护商标的需要，"商标法已经变为了商标权人的同谋者（accomplice），它使得商业价值占据了我们文化的中心位置"。❷

混淆可能性扩张的历史使我们需要以警惕的态度对待商标侵权判定的立法与司法实践。假如说混淆可能性的确立是历史发展之必然，那么要慎重考虑的就是混淆可能性在关联关系混淆、初始兴趣混淆、售后混淆等方面的扩张是否合理？是否都符合商标

---

❶ Ann Bartow, Likelihood of Confusion, 41 *San Diego L. Rev.* 721, 724 (2004).

❷ Katya Assaf, The Dilution of Culture and the Law of Trademarks, 49 IDEA 1, 3. (2008).

法的立法宗旨与目的？进言之，混淆可能性的扩张是否都是市场竞争的内在要求？是否会推动整个社会市场效率的提升？之所以需要回应这些疑问，是因为混淆可能性的扩张意味着商标权人有更强的力量来控制市场，排斥他人的竞争，导致市场效率降低。有学者就认为，"商标权的扩张性架构排斥第三者使用他们自己的商标，即便该商标只与商标权人的商标有少许相似。它阻碍合法的竞争，阻止合法地使用商标进行的自由言论。"❶

由此可见，混淆可能性的立法设计不能够仅仅考虑商标权人的利益，还要照顾到消费者和其他参与市场竞争的主体的利益。混淆可能性的确立乃至其范围的扩张，并不意味着其本身就具备正当性。相反，我们必须要探寻混淆可能性背后的理论依据，来分析混淆可能性的确立是否合理；要以批判性的眼光，来审视混淆可能性在关联关系混淆、初始兴趣混淆、售后混淆等方面的扩张是否合理。这样才能把握住混淆可能性标准未来的发展走向，避免商标法制度完全沦为商标权人的利益代言者。

四、混淆可能性范围的限定

尽管从 19 世纪中叶开始，商标是一种财产的观点逐步兴起，但是当时有观点认为，在商标之上的财产权并不是一种绝对权。当时许多学者和法官都指出，尽管商标是一种财产，商标使用者对其商标享有财产权，但这种财产权又有一定的边界，只有在符合一定条件时才可以排除他人对其商标的使用。可见在当时，人们就已经对混淆可能性的范围有了清醒的认识，这对我们反思目

---

❶ Ann Bartow, Likelihood of Confusion, 41 *San Diego L. Rev.* 721, 722 (2004).

前混淆可能性的扩张，确定混淆可能性的合理范围具有启示意义。

首先，19世纪中期之后的商标权保护已经萌发了"商标使用"的理念，通过商标使用对商标权的范围予以限定。❶ 在19世纪中期的侵权判定中，立法与司法都强调了商标使用的重要性。在当时，人们认为，商人之所以对其使用于商品之上的标识享有排他性的财产权，是因为商人将标识与其生产的商品相联系，在该标识之上投入了劳动。在1862年的Edelsten v. Edelsten案中，法官韦斯特伯里勋爵就认为，判断侵权的关键在于商人是否享有标识上的商标财产权，其次才是他人的使用是否会造成消费者混淆，侵犯了这种财产权。随后在1863年的Hall v. Barrows一案中，韦斯特伯里勋爵进一步强调，对于任意抽象的标识而言，不存在商标权，商人只有在将抽象的标识运用于商品之上，行销于市场，得到消费者的承认之后，才获得了商标权。"普通法上对商标的承认通常需要经过相当长一段时间的使用，而不是突然的发明。在普通法上，排他性的权利来自于对商标的使用（use），而非仅仅对商标的采用（adoption）。"❷ 显然，在19世纪中叶之后，标识必须进行商标使用才能获得财产权的观念已经深入人心。"标识本身并非财产，只有当标识与商品联系到一起的时候，才产生复合财产"（compound property）。❸ 同样，商标使用也是

---

❶ 尽管当时并没有立法明确将之称为商标使用。

❷ Trade-Mark Cases, 100 U. S. 82, 94 (1880).

❸ Lionel Bently, 'From Communication to Thing: Historical Aspects to the Conceptualisation of Trade Marks as Property. in G. Dinwoodie and M. Janis, *Trademark Law and Theory: A Handbook of Contemporary Research*. Cheltenham: Edward Elgar, 2008, p. 29.

侵权成立的前提。只有在先一方通过使用标识取得了商标权,在后一方将该标识用作商标,才极可能造成消费者混淆,将本应惠顾在先一方商品的消费者转移至在后一方,剥夺在先一方本应获取的收入。正如 1863 年在 Leather Cloth Co. v. American Leather Cloth Co. 一案中法院的观点:"事实上是这样的,除非标识被被告使用,由他将之使用在与原告商品相同的商品之上并有可能造成市场中(消费者)对原告商标的误认,否则法院不会干预,因为被告并没有侵犯原告的权利。"❶

在当时的商标侵权判定中有商标使用的理念着实不易。商标使用的理念表明,对商标侵权的制裁,根源于商标财产权的观念,而商标财产权,又是原原本本来自于商标使用人将商标与商品相联系的劳动。故而,只有另外一方使用了商标权人的商标,导致消费者混淆,造成了市场中交易的转移,偷窃了商标权人的劳动成果,才被视为是侵权行为。❷ 假如商标权人并未进行商标使用,消费者就不可能将其标识当作商标,商标权实际上就没有产生,而他人对该标识的使用也就不可能造成侵权。同理,侵权的前提也是侵权人将商标权人的商标使用在其提供的商品之上,

---

❶ Leather Cloth Co. v. American Leather Cloth Co., 4 G. J. & S. 137, 141, 46 Eng. Rep. 868, 870 (1863).

❷ 当然,现代商标法多奉行注册主义原则,当商标注册之后,商标注册人就在形式上取得了商标权,当他人将与其商标相同或近似的标识注册或使用在相同或类似的商品上时,商标注册人一般有权要求其停止侵害,赔偿损失。但是需要注意的是,即便商标进行了注册,但是如果商标注册人故意不将商标使用在商品之上,商标注册人实际上此时并未取得商标权,他人对其商标的使用根本不会造成消费者的混淆,也不会造成商标注册人利益的损失。

造成消费者混淆。

其次，19世纪后半叶，尽管立法和司法均已经确认了商人对其商标的商标权，但是当时混淆可能性的范围极为有限。在当时，被诉侵权人对商标权人商标的使用要构成商标侵权，不仅需要造成消费者混淆，而且被诉侵权人使用的商品类别需要与商标权人商标使用的商品类别相一致。亦即，被诉侵权人需要将与商标权人商标相同或相似的标识使用在与商标权人商品相同的商品类别上，以使本来要惠顾商标权人商品的消费者因为发生了混淆，转而购买了被诉侵权人的商品。正如学者所言，在当时，"商标法的目的是为了保护一方免受非法转移其交易的侵扰"。❶

混淆可能性的范围之所以这样被限制，是因为人们对商标权可能会造成的垄断心存警惕。正如当时的法官所言："在使用任何的名称之中，并不存在如版权或专利之中的垄断权和财产权。"❷ "如果不将符号作为商标使用，其就并不存在排他性的所有权"，只有"使用在相同的商品类别上，造成市场中的购买者误以为被告的商品实际是商标权人的，才构成商标侵权"。❸ 除了

---

❶ Mark P. McKenna, The Normative Foundations of Trademark Law, 82 *Notre Dame L. Rev.* 1839, 1859（2006~2007）.

❷ Lionel Bently, From Communication to Thing: Historical Aspects to the Conceptualisation of Trade Marks as Property. in G. Dinwoodie and M. Janis, *Trademark Law and Theory: A Handbook of Contemporary Research.* Cheltenham: Edward Elgar, 2008, p. 32.

❸ Lionel Bently, From Communication to Thing: Historical Aspects to the Conceptualisation of Trade Marks as Property. in G. Dinwoodie and M. Janis, *Trademark Law and Theory: A Handbook of Contemporary Research.* Cheltenham: Edward Elgar, 2008, p. 32.

对垄断的顾忌，对混淆可能性范围作出这样的限定也与当时的商业环境有很大的关系。在当时，商业并不发达，商标权人很少将营业的领域进行扩展，将商标使用在不同的商品类别上。因此，当商标权人的商标出现在与商标权人惯常使用的商品类别不一样的商品之上时，往往并不会使消费者发生混淆。因此，这种制度设计与当时的社会现实相符合，具有一定的合理性。

混淆可能性标准在 19 世纪后期有严格的适用范围限定，表明当时的人们已经对混淆可能性有了清醒的认识。混淆可能性的范围并非越大越好，混淆可能性范围的确定，要遵循商标的本质属性，切合商标法的基本法理，从市场的真实情况出发，考察市场中的消费者是否极有可能对系争标识发生混淆。

本章小结

从原始社会到中世纪，人们使用标记的原因包括表明所有权的归属、表明责任的归属、进行市场的控制。尽管这一时期在物品上附加标识并非为了标示来源，但是这些标识在客观上发挥了商标标示来源的功能。随着贸易的发展，仿冒行为盛行，社会逐步产生了对凝聚了生产者商誉的标识进行保护的需要，这是保护商标、防范消费者混淆实践的最早起源。

中世纪之后到 19 世纪中叶之前，英、美两国的普通法和衡平法，对商标是通过欺诈之诉来保护，混淆可能性在商标侵权判定中的地位还未确立。尽管消费者在商标欺诈案件中也会发生混淆，但是法院并没有将考察的重点放在消费者混淆上，而是关注于被告是否在与原告的竞争中，通过不诚实的竞争方式，在主观欺诈意图的支配下，通过仿冒商标权人的商标牟取了利益。假如被告并没有主观上欺诈的意图，即便消费者会发生混淆，原告也很难获得法院的救济。

在司法实践中，过于强调被诉侵权人主观欺诈的意图并不利于保护商标权人的利益。商标的使用人开始向法院施加压力，要求法院赋予权利人更为完善的救济方式，19世纪中叶之后，法院在侵权判定中开始考察被告行为的结果，而非被告行为在道德上的可责难性。主观欺诈的要件在商标侵权的判定中逐步衰落。

19世纪中后期，无论是英国还是美国，主观欺诈的要件已经基本被摒弃。法院逐渐将商标视为财产，侵权判定的标准不再围绕主观上的欺诈意图，而是关注于被告的行为是否会对原告的商标造成影响。即便被告在主观上没有恶意，但如果被告使用了原告的商标，造成了消费者混淆，法院也会判定被告侵权。1882年美国国会制定《美国商标法》明确规定了商标侵权判定的混淆可能性条款。混淆可能性成为商标侵权判定的标准，主观过错的意图在经过漫长的历史演化后退出了历史舞台。在混淆可能性确立之后，其在范围上不断扩张，主要表现为混淆可能性类型上的扩张和混淆可能性主体上的扩张。

混淆可能性的历史研究表明，以混淆可能性作为区分点，商标保护模式的演变大致可以区分为四个阶段：第一阶段（古代～17世纪）商标保护的萌芽阶段。第二阶段，（17～19世纪中叶）商标保护的欺诈之诉阶段。第三阶段（19世纪中叶～20世纪初）商标保护的混淆可能性之诉阶段。第四阶段（20世纪初至今）商标混淆可能性的扩张阶段。其中，商标侵权判定放弃主观欺诈要件，转而采取混淆可能性标准是商标法的重要转折，其原因主要在于商标财产权观的确立和对消费者利益的重视。值得注意的是，尽管19世纪中叶之后的立法和司法已经确认了商标之上的商标权，但是当时的商标权只是限定在一定的范围之内，混淆可能性的适用有着严格的条件限制，这对于今天研究混淆可能性有着重要的启发意义。

第二章

商标混淆可能性的法理探究

第二章 商标混淆可能性的法理探究

通常说来，判定（商标）侵权需要看是否存在混淆可能性。[1] 尽管从历史角度观察，混淆可能性已经代替了主观欺诈，成为商标侵权判定的核心。但是，商标法是否需要以混淆可能性作为商标侵权的判定标准，还存在争议，有些国家的商标立法与实践也有不同的做法。[2] 商标法为什么要打击混淆侵权，需要以混淆可能性作为商标侵权的判定标准？混淆可能性确立的理论依据是什么？这些问题关系到以混淆可能性作为商标侵权判定标准的正当性和其立法构造，在商标法上意义重大。本章拟从认知心理学原理出发，以学界现有研究为基础，对商标法需要将混淆可能性确立为商标侵权判定标准的正当性和理论依据展开研究，为混淆可能性的立法提供理论支撑。本章第一节将对混淆可能性的确立基础——商标的形成、结构、本质和功能展开研究。第二节承接上文，对混淆可能性的确立原因——商标混淆的机制和危害进行探讨。第三节对混淆可能性的确立原则——商标法中主体的需求、商标法的价值和规范意旨展开讨论。这三方面基本内容将构成混淆可能性确立的三大理论依据。

---

[1] Richard L. Kirkatrick, *Likelihood of Confusion in Trademark Law*, New York: Practising Law Institute, 2010, §1：1.

[2] 《日本商标法》就并未将混淆可能性作为商标侵权判定的标准。我国2001年《商标法》也并未明确将混淆可能性规定为商标侵权判定的标准。(参见我国2001年《商标法》第52条)。2013年《商标法》对此进行了改变，将混淆可能性规定为商标侵权判定的标准。参见我国2013年《商标法》第57条。

第一节　混淆可能性的确立基础：
商标的本质与功能

要对混淆可能性的理论依据进行研究，必须先要了解商标法所保护的对象：商标。商标是商标法理论构建和制度设计的起点，商标的形成、结构、本质和功能决定了商标法的存在和发展，决定了商标法的制度构造。同样，对于混淆可能性而言，商标的形成、结构、本质和功能是混淆可能性标准的确立基础，决定了商标法需要以混淆可能性作为商标侵权判定的标准，决定了商标法混淆可能性标准的制度设计。可以说，混淆可能性的确立与发展，都是为了回应商标在市场中所扮演的角色和其所发挥的功能，是商标本质属性的必然要求。

基于商标在整个混淆可能性基础理论研究中的重要性，本节将主要运用认知心理学原理对商标展开讨论，揭示商标的本质属性，研究内容包括商标的形成、结构、本质与功能。

一、商标形成的认知心理学分析

（一）商标形成的认知心理学基础

探究商标的形成对于理解商标的本质和功能，明确商标混淆可能性的理论依据大有裨益。商标的形成，说明的是商标如何由一个普通的符号演变为市场中商品来源的指示性标识。即消费者是如何将一种符号转变为商标，以之作为识别不同商品来源的工具。只有消费者将某一标识识别为商标，才可以说一个商标已经形成，或者说商标已经具备真正的显著性。因此，商标的形成与消费者的心理认知密切相关，从认知心理学角度揭示商标，分析消费者面对商标的心理认知变化，有利于理解商标的本质和功能。下文先简要介绍分析商标需用到的认知心理学原理。

人在生活中时刻都在接受信息。人从外界不断接收信息，将刺激的物理能量转换成神经能，并对进入神经系统的刺激信息进行选择和识别。从认知心理学来看，这些过程涉及对外在刺激的注意、感知觉与模式识别；人在接收和识别信息之后，还可能对这些信息进行编码和存储，将这些信息纳入大脑的认知网络之中，这是大脑对知识的短时记忆和长时记忆。"所有这些心理能力构成了一个复杂的心理系统，它的综合功能就是认知。"❶ 实际上，商标相对于人也是一种外在的刺激，商标的形成、结构、本质和功能与人的心理认知密切相关。

人在认知中，首先需要对外在的感觉信息进行加工。人有着不同的感觉器官，每种感觉器官有着不同的功能，如光波通过视网膜中的视神经将信息传递至大脑的枕叶而产生视觉，声波通过耳蜗内的听觉神经将信息传递到颞叶而产生听觉。感觉信息加工就是人的感觉器官对光波、气味、声音等外在物理刺激未经过诠释和归类的接受。这种刺激信息在人脑中滞留的时间很短，只有那些被个体"注意"的信息才能进入下一步的认知程序，未被注意的信息则将迅速消失。商标作为一种外在刺激，也需要首先通过人的感觉器官，被人所注意。对于颜色、文字商标来说，其主要通过人的视网膜被人所识别，而对于某些新兴的声音、气味等

---

❶ 丁锦红、张钦、郭春：《认知心理学》，中国人民大学出版社2010年版，第1页。

商标，则是通过人的听觉和嗅觉等器官为人所认知。当消费者在市场中购物时，会遇到大量的琳琅满目的商标，只有被消费者"注意"到的商标才会进入到消费者后续的认知过程之中。

经过感觉信息加工之后，被个体注意的信息将进入认知的知觉阶段。知觉是对滞留在人的感觉器官上的未经诠释和归类的信息进行整合并赋予意义。知觉与感觉的区别在于，感觉仅是对滞留在人大脑中的信息的接收，而知觉则是对特定信息进行觉察、辨别与确认。例如，看到汽车（感觉），观察汽车的形状、结构等特征并与其他事物相区别（识别），进而确定它是汽车（识别完成），便是一个简单的知觉过程。知觉的这一过程也叫做模式识别。联系商标来看，消费者在购物中看到某商标（感觉），观察该商标的形状、结构并与其他商标区别（识别），进而确定它是某企业的商标（识别完成），就是一个模式识别的过程，我们也将之简称为消费者对商标的识别。

模式识别是指人把外在的刺激与存储在大脑长时记忆中的信息进行匹配，并辨认出该刺激属于什么范畴的过程。❶ 模式识别的过程即为知觉活动的过程，它是个体将外在刺激与记忆中已有知识的比较，并决定外在刺激的意义。通俗说来，就是识别出外在的刺激是什么。人的模式识别包括三个阶段。首先是分析阶段，即将大脑中短暂停留的感觉信息进行物理属性或特征的分析，以把握感觉信息的特点、结构等。例如，对字母 F 进行分析，认定该符号由两条横线与一条竖线组成。其次，进入比较阶段，即将感觉信息的特征、属性等分析结果与大脑记忆中已储存

---

❶ 梁宁建：《当代认知心理学》，上海教育出版社 2003 年版，第 65 页。

的信息进行比较，寻求解释感觉信息的可能。最后，进入决策阶段，在对感觉信息与大脑中的信息进行比较和匹配之后，决定感觉信息是什么。人在识别商标时也遵循上述阶段。每一个商标都是经过了消费者的分析、比较，最后才确定为是某企业的商标。只是消费者识别的过程并不长，往往在瞬间完成。实际上，消费者发生混淆也主要是因为消费者经过模式识别后对商标的来源作出了错误的判断，把侵权标识识别为商标权人的商标。

　　人的模式识别涉及两种理论模型，即模板匹配理论和原型匹配理论。这些理论模型揭示了人脑识别外在刺激的具体特点，这些特点是消费者之所以发生混淆的重要原因。模板匹配理论认为，人在进行模式识别之前，会主动对刺激信息进行形状、大小、结构等方面的前期加工，将刺激信息中不重要的或者不具有意义的信息消除，同时对刺激信息中过大、过小的刺激信息进行调整，然后再与大脑中存储的信息进行匹配。原型匹配理论则认为，所有的外部信息都以原型的表征方式存储于大脑，例如，各种形状、大小的汽车都被抽象成最基本的特征构成纳入人的长时记忆，即包含有四个轮子的长方形厢体。当外部刺激与人脑中被抽象为基本特征的原型相匹配时，人就识别出该刺激，认定该刺激系大脑中已经存储的某物。由此可见，模式识别的过程不是人体对外在刺激的被动反应，相反，人对刺激的识别是积极主动的，同时又受到人自身存储的信息的影响。人既对外在的刺激进行了剪裁，又用已有的知识结构去识别外在的刺激。当人认为外在刺激的主要特征与大脑已有知识结构中某物的主要特征相吻合时，人就判定该外在刺激是该物。有时这种判断是正确的，但有时也会发生误判。联系商标来看，根据上述理论，消费者的记忆中并不会存储某一商标所有的细节，往往消费者只记住了该商标的主要特征。同时，消费者在看到外界的商标后，也会首先对该外界商标进行剪裁，把不重要的特征忽略掉，以外界商标主要的特征与大脑中存储的商标的主要特征相对比，用大脑中已经存储的该商标的主要特征去解释外界的商标。如果消费者认为两者的主要特征相吻合，就可能倾向于认为外界的商标正是大脑中存储的商标，从而判断出外界的商标是某一特定企业的标识。可见，对商标识别的过程是人主动地对商标进行加工、对比、分析的过程。在这一过程中，人往往只会注意和对比商标的主要特征，而非商标的全部细节，这就存在导致混淆的可能。

　　认知心理学认为，记忆是对输入信息的编码、存储，并在一定条件下进行检索和提取的过程。认知心理学将这一过程区分为三个记忆系统：瞬时记忆系统、短时记忆系统和长时记忆系统。❶ 瞬时记忆系统即人的感觉器官所接受的处于未加工状态的刺激信息在大脑中的短暂滞留，如果不被人体"注意"，这些信息迅速消逝。短时记忆系统是人脑暂时性的加工与存储信息的系统，它将已经输入的经过选择的信息进一步进行加工编码，并将这些信息输入到长时记忆中。例如，计算一道 3×2+6=？的数学题，前一计算结果 6 将存储在人的短时记忆之中，以便与 6 相加，最终得出答案。可见，短时记忆是个体对当前重要信息的暂时性存储，其目的在于进行后续更为复杂的信息加工。在短时记忆系统中对特定信息进行加工之后，个体就可能会对该信息进行精致化复述和转移性认知操作，将信息输入到人脑的长时记忆系统之中，此后，信息便能得到长久的

---

❶ 梁宁建：《当代认知心理学》，上海教育出版社 2003 年版，第 109～111 页。

保存。长时记忆是人最重要的记忆系统，存储在其中的信息可以保存很长时间，它是个体过去经历与实践所获得的知识的汇总，相当于一个大型图书馆。联系商标来看，人之所以能够识别外界的商标，就是因为长时记忆之中存储了这些商标的信息，使人在市场中遇到这一商标时能够从长时记忆中调取这些商标的信息，帮助其识别出外界的商标。

存储在长时记忆中的信息，是一个有组织、有体系的知识经验系统，它能够使人有效地对新信息进行编码，以便更好地识记与存储，也能使人迅速有效地从记忆中提取有用的刺激信息，以解决当前所面临的问题。❶ 认知心理学认为，人脑中的信息以概念的形式存储在节点之中，节点与节点相连，构成认知网络。特征、属性等相类似的信息节点会储存在大脑中相近的位置。当个体遇到刺激时，与之匹配的储存在长时记忆中的某些节点就会被激活，从而引发个体的回忆，使大脑获得记忆中储存的信息。实际上，商标就是人大脑中的节点，商标所代表的商品信息，消费者购物的感受、评价等，就存储在节点之中。消费者在市场中遇到该商标，将该商标识别为某一企业的商标，消费者大脑中存储的该企业的商标节点就会被激活，使消费者获得商标所代表的相关信息。

记忆的激活并非是纯粹客观的生理过程，记忆也会发生偏差或错误。当记忆发生偏差或错误时，人的判断就可能出现失误，这也是人产生混淆的重要原因。影响记忆的因素包括想象和模糊痕迹。首先，当人们在想象某件事情时，可能会产生"想象膨

---

❶ 梁宁建：《当代认知心理学》，上海教育出版社2003年版，第156页。

胀",即对没有发生过的事情进行想象,并相信他们曾经发生过。❶ 例如,某人将其参加足球比赛的信息储存在大脑长时记忆中,当其若干年后遇到与足球比赛相关的刺激时,就可能激活大脑中存储的自己当年参加足球比赛的节点。这时,容易引发"想象膨胀",产生该人当年参加比赛并未发生的事,比如想象自己射门得分。其次,人对储存在长时记忆中的信息容易遗忘,产生"模糊痕迹"。模糊痕迹是指个体很容易遗忘对某事物本身细节方面的记忆,而只记住该事物基本的特征。在个体需要提取信息进行判断时,便只会提取事物的基本特征,这可能导致错误记忆,进而造成决策失误而发生混淆。这与消费者发生商标混淆的原理是一致的。当消费者对某商标进行识别时,也可能会发生想象和模糊痕迹,由此导致混淆误购。

(二)商标形成的认知心理学分析

上述认知心理学原理对于理解商标的形成十分有益。商标的形成实际上就是消费者对外界的特定符号进行接触、识别、存储,将其确定为商标的心理认知过程。

在市场中,人们一开始往往对商品之上的商标标识一无所知,因为此时消费者还没有在大脑中存储这些标识的相关信息。商品的提供者会通过广告宣传、试用、促销等方式来改变消费者对其商品上特定标识的认知,让消费者逐渐熟悉自己的标识。消费者也会通过观看广告、购买商品、使用商品等方式来记住厂商的标识,在大脑记忆中建构以该标识为中心的认知网络。商标权人通过长时间地宣传和使用标识,就会使消费者将该标识识别为

---

❶ 丁锦红、张钦、郭春:《认知心理学》,中国人民大学出版社2010年版,第150页。

商标，作为其购物的依据，这时这一标识就演化为商标。当侵权人以混淆消费者的方式使用商标权人的商标时，消费者就极有可能发生混淆。

具体而言，消费者要将某一商标作为购物的依据，首要的前提是将特定的标识识别为商标，以之作为购物的依据。根据认知心理学原理，当商品上外在可感知的商标与人体感觉器官如眼睛相接触时，相关的外在刺激会转化为生物电信号传递至消费者大脑的特定区域。随后，人脑会对该外在刺激进行模式识别，确定该刺激是什么。当消费者初次接触商品上的商标这种刺激时，由于大脑记忆中并不存在与该商标有关的认知网络，消费者还无法从大脑记忆中存储的知识和经验中提取有用的信息，来帮助其识别该商标。在这种情况下，消费者可能对该商标没有任何认识，甚至不将这个标识看作是商标。此后，经过商品提供者的广告宣传或者消费者对该商品的使用，消费者就会对输入其感觉器官的与该商品有关的信息进行新的认知、组合和编码，将这些信息凝结进该商品之上的商标之中。这些信息包括该商品的基本属性（质量、价格、品种、款式等）、服务质量（营业员态度、付款方式以及售后服务等）、商店的气氛（温馨、兴趣、舒适）等。❶ 通过接触相关刺激，消费者会在短时记忆中对刺激进行编码，将刺激信息凝聚在代表该商品的商标上，将杂乱无章的信息以易于记忆的商标为中心进行整合，将经过编码的凝结在商标中的信息纳入大脑长时记忆之中。

长时记忆是人最重要的记忆系统，它没有容量限制，可以长久地保存有关商品的信息。在长时记忆中，大量信息储存于节点

---

❶ 李付庆：《消费者行为学》，清华大学出版社2011年版，第321页。

之中，节点又与储存相类似信息的节点相连，构成关于特定事物的认知网络。消费者在市场环境下会将商品的有关信息围绕代表该商品的商标进行构建，建立以该商标为中心的认知网络。商标即成为长时记忆中信息存储的枢纽和中心节点，所有有关该商品的信息都围绕该节点储存，从而构成特定的认知网络。"通过接触同样的刺激物、经历同样的情景，在给定的社会或文化中，许多个体将会形成包含有许多共同节点的认知网络。"[1] 当消费者在大脑中建立起以特定商标为中心的认知网络后，消费者在市场中遇到该商标后就能够识别出该商标，从大脑中提取该商标代表的相关信息。可见，当某一标识与特定商品相联系，在消费者长时记忆中形成特定的认知网络之时，就表明该标识已经演化为代表特定商品的商标。

当以特定商标为中心节点的认知网络形成之后，消费者就会依据该商标来进行购物决策。由于消费者和商品提供者之间可能重复多次交易，所以消费者每次购买某商品之后，该商品的质量、使用感受、售后服务等外在刺激就会对消费者的商标认知网络构成影响，使长时记忆中的信息存储发生变化，影响消费者对该商标的评价。如果某一商标所代表的商品其质量、服务水平参差不齐或者出现下降的趋势，消费者在购买之后就会对该商标作出负面的评价，这些评价信息会在消费者的短时记忆中进行编码，纳入代表该商品的商标节点中，储存在长时记忆里。当消费者感觉器官再次接触到该商品的商标时，就会激活大脑中对应

---

[1] Jacob Jacoby, The Psychological Foundations of Trademark Law: Secondary Meaning, Genericism, Fame, Confusion and Dilution, 91 *Trademark Rep.* 1026（2001）.

的节点，使消费者获得这些负面评价信息，消费者就有可能拒绝再次购买该商品。如果某一商标所代表的商品其质量、服务水平保持稳定或不断提高，消费者在购买之后就会对该商标作出正面的评价，这些评价也会纳入代表该商品的节点之中，存储在消费者的记忆里，当消费者在购物中识别出该商标时，就能获得这些正面的评价信息，消费者就有可能再次购买该商品。可见，商品的价格、质量、品质、服务等外在刺激会不断地使消费者的心理认知状态发生变化，这些变化会整合进消费者已有的商标认知网络，使以特定商标为中心节点的认知网络不断演变。"随着消费者对新的商标商品的购买和消费，商标的意义也不断地发生着变化。"❶ 由于商品的外在刺激会不断使消费者的认知网络发生变化，商品的提供者只有不断保持或提高其商品质量和服务水平，才有可能使消费者大脑中的该商标认知网络保持稳定的状态，使消费者信赖和愿意购买该商标标示的商品，这也从认知心理学意义上解释了商标为何具有激励商标提供者维持商品品质的功能。

由上可知，商标的形成实际上是企业和消费者之间互动，企业向消费者展示其商标标识，消费者启动其心理认知机制，对外在的标识刺激进行加工，最终将该标识确定为代表某一企业的商标的过程。只有当某一标识在消费者的心目中占据一席之地，演化为商标，形成以该商标为中心的认知网络，该标识才正式地演化为商标，在消费者购物决策中发挥标示商品来源的作用。

---

❶ 王太平："商标概念的符号学分析——兼论商标权和商标侵权的实质"，载《湘潭大学学报》2007年第3期。

二、商标结构与本质的认知心理学分析

（一）商标结构与本质的基本观点

商标的形成表现为消费者将商品的有关信息围绕代表该商品的商标进行构建，在大脑记忆中建立以该商标为中心的认知网络，使消费者将特定的标识作为商标。那么，从消费者的角度而言，商标的结构和本质又是什么呢？商标的结构和本质决定了商标的功能，对于明确混淆可能性的理论依据具有重要意义。

1. 信息论观点

有学者通过信息学和符号学对商标的结构和本质进行了研究。信息学认为，在市场中，有许多提供同类商品的厂商，这些商品很难从外观上辨别来源。这时，厂商与消费者之间就存在着信息上的不对称。生产优质商品的厂商拥有本厂生产的商品的全部信息，但是消费者却无法在市场中获悉这些信息，帮助其购买到优质的商品。如果市场中不同厂商的商品难以区分，生产劣质商品的厂商就会"浑水摸鱼"，而消费者也无法选购到称心如意的商品。为了维持正常的市场竞争机制，使厂商努力投资，维持或提高商品质量，淘汰生产劣质商品的厂商，不同的厂商就需要在商品之上附加可以相互区分的标识，向消费者传递本厂所生产的商品的信息，以使消费者能够辨别不同商品的来源，消除信息的不对称，方便其购物。"生产者只有成功地与消费者进行信息传递即通信才能成功地与消费者进行交易，并使自己的投入得到最大限度的回报。"❶

---

❶ 王太平："狭义信息论与商标保护理论"，载《电子知识产权》2005年第1期。

根据信息学原理，在信息的传递过程中，发送信息的实体叫做信源，而接受信息的实体叫做信宿。通信实际上就表明信息从信源到信宿的传递方式和过程。通信系统除了信源和信宿之外，要想顺利地传递信息，还需要信道和编码译码。信道是发送信息的通道，是信号传递的物理设施或介质。而编码译码是信源和信道耦合的中介环节。❶ 依据信息论的解释，商标实际上就在信息的发送者即生产厂商和信息的接受者即消费者之间发挥编码和译码的作用，是"一种信息的承载体"。❷ 厂商将其商品和企业的有关信息浓缩在商标之中，借助于商标将这些信息传递给消费者。消费者通过这些商标接收到厂商浓缩在其商标中的有关信息，依据该信息作出购物决策。

既然商标充当的是商标权人和消费者之间信息传递的工具，商标法中的商标一般就由两部分组成。首先是商标外在的符号形态。信息传递并非不需要任何媒介物，信息必须附着在一定的媒介物之上，才能够由信源传递到信宿。商标是由消费者可以感知和识别的图案、色彩或者文字等组成，这是商标的外在可感知的符号形态，是承载信息，进行信息传递的前提。除了外在可感知的符号形态之外，商标的另一构成成分就是信息。这种信息涵盖内容广泛，将商标权人的各种信息都囊括其中，其中最为重要的就是该商品来自于哪个企业的来源信息。根据信息论，商标就是由外在可感知的符号形态和该符号形态所承载的信息构成。商标

---

❶ 王太平："狭义信息论与商标保护理论"，载《电子知识产权》2005年第1期。

❷ 冯晓青："商标法之立法宗旨研究"，载《长沙理工大学学报》2008年第2期。

的本质就是以外在的可感知的符号形态所负载的信息为主要构成的，企业和消费者之间用以进行信息传递的标识。

2. 符号论观点

除了信息论之外，符号论对商标的结构和本质也有着较强的解释力。符号学理论认为，任何符号都包含两个方面，即能指与所指。能指指的是声音形象，所指是声音形象所表达的概念。符号就是能指和所指的统一体。❶另有观点认为，符号由三个组成成分构成，除了能指和所指，还包括对象。实际上，对象也可以纳入所指之中，统一作为该符号能指所指代的事物。在符号的能指和所指中，能指只是外在的可供人们感知和识别的工具或媒介，真正具有意义的是该能指所指代的信息即所指。所指是整个符号的精髓，而能指则是指代和传递所指的工具。两者缺一不可。"正由于符号的这种功能，符号成了表现、传达思想、感情和信息的手段。"❷

根据符号论观点，商标也是一种符号，是由能指和所指组成的符号结构。能指是商标的有形标识，是外在的消费者可以感知和识别的存在，而商标中的对象是指该商标所代表的某类商品，商标的所指一般是指商品的出处来源和提供该商品的企业商誉。❸

---

❶ ［法］皮埃尔·吉罗著，怀宇译：《符号学概论》，四川人民出版社1988年版，第2页。

❷ 王太平："狭义信息论与商标保护理论"，载《电子知识产权》2005年第1期。

❸ Barton Beebe, The Semiotic Analysis of Trademark Law, 51 *UCLA L. Rev.* 621, 636（2004）；彭学龙："商标法基本范畴的符号学分析"，载《法学研究》2007年第1期；王太平："商标概念的符号学分析——兼论商标权和商标侵权的实质"，载《湘潭大学学报》2007年第3期。

由于对象可纳入所指之中，商标就是由能指和所指构成。商标的本质就是由外在的消费者可以感知和识别的符号形态与该符号形态所代表的信息所组成的用以传递和表达商品相关信息的标识。

商标的符号学本质在许多国家立法例中都有所体现。我国《商标法》第8条就规定，任何能将不同主体的商品区分开来的可视性标志，包括文字、图形、字母等，都可以申请商标注册。❶ Trips协议第15条规定："任何标记或标记组合，只要能区分一企业和其他企业的商品或服务，就可以作为商标。"台湾地区商标法第5条规定："商标得以文字、图形、记号、颜色、声音、立体形状或其联合式所组成。"实际上，文字、图形等外在的形态仅是符号的能指，只有该能指包含"能区分一企业和其他企业的商品或服务"的信息，"与特定的商品或服务相联系"❷，才构成商标。"任何文字、图案或符合不与特定的商品或服务相联系，就不是商标。"❸

(二) 商标结构和本质的认知心理学解读

商标具有信息学和符号学上传递信息的意义，根本原因在于商标能够为消费者所感知和识别，可以激活消费者的心理认知活动，使消费者获得该商标所代表的有关信息。而一些动物如猫或狗在面对商标时，由于其不具备人类对商标的心理认知能力，就不会产生人类这样的认知过程，商标的信息学和符号学意义也就

---

❶ 《商标法》第8条："任何能够将自然人、法人或者其他组织的商品与他人的商品区别开的可视性标志，包括文字、图形、字母、数字、三维标志和颜色组合，以及上述要素的组合，均可以作为商标申请注册。"

❷ 陶鑫良、单晓光：《知识产权法纵论》，知识产权出版社2004年版，第104页。

❸ 刘春田："商标与商标权辨析"，载《知识产权》1998年第1期。

无从谈起。可见，人所具备的对外界事物的心理认知能力是商标存在的基础，商标更贴切地说是消费者对外在标识进行心理认知的产物。因此，"商标在本质上是智力的或心理学的"（intellectual or psychological）。❶

前文已经分析，从商标的形成来看，商标是消费者将某一特定的标识作为商标对待，将该商标存储在大脑记忆之中，构建以该商标为中心节点的认知网络的过程。而根据认知心理学家科林斯（Collins）和洛夫托斯（Loftus）的扩散激活理论，人的记忆是由知识构成的，知识由节点以及节点之间的连线构成的网络来标示。商标或者品牌实际上就是品牌名字这一节点与其他节点之间的联系。❷ 根据品牌专家埃克尔（Aaker）的见解，品牌联想（实际上就是消费者看到商标之后的联系）包括商品的类别、无形的因素如商品评价、使用的情境、商品的属性等。❸ 这些内容显然都是消费者在市场中经过对商标权人商品的接触所形成的关于商标权人商标的信息。可见，从认知心理学的角度研究商标的本质，也可以获得与信息学和符号学研究一致的结论。亦即，商标由两个部分组成。能够为消费者感觉器官如眼睛、耳朵感知和识别的外在形态是商标的符号形态部分。这个符号形态部分的意义就在于其是客观存在于世界的物质，能够为消费者的感觉器官所感知。只有具备消费者可感知这一条件，外在的符号刺激才能

---

❶ Richard L. Kirkatrick, *Likelihood of Confusion in Trademark Law*, New York: Practising Law Institute, 2010, Foreword.

❷ 黄合水、彭聃龄："论品牌资产———一种认知的观点"，载《心理科学发展》2002年第3期。

❸ 张欣瑞："认知心理学视角下品牌知识形成路径分析"，载《商业时代》2010年第5期。

够传输到消费者的大脑之中，激活消费者的心理认知程序。商标另外一个组成部分就是与该商标所标示的商品有关的信息，这种信息附着于商标的符号形态之上，是消费者所真正获得的用以指导其购物的信息。商标就是这样一种两元的符号组合。它是消费者感觉器官能够感知的外在符号形态与该符号形态所代表的有关信息所组成的标识。当然，在该标识中，起到决定性作用的是有关商品的信息。如果该标识不具有这些信息，其就不再是商标。"不与特定的商品或服务相联系，就无所谓'商标'可言。"❶ 因此，商标在本质上是一种信息，这种信息以人可以感知的符号形态存在。

当消费者在大脑中建立起以特定商标为中心节点的认知网络后，消费者在市场中遇到该商标后，就能够识别出该商标，提取出该商标所代表的相关信息，用以指导购物。具言之，消费者在将某一标识识别为商标并存储在大脑记忆之中，建立起以该商标为中心节点的认知网络之后，当相同的外在商标标识再次刺激消费者的感觉器官时，消费者就会启动模式识别程序，对外界的商标标识进行识别，确定该外界商标标识是否与大脑中已经存储的商标相匹配。如果外在的商标标识与消费者大脑长时记忆中所存储的商标权人的商标相匹配，消费者就完成了模式识别，认定外在的商标标识就是大脑中存储的特定商标。接着，消费者会激活存储于长时记忆中的以商标权人商标为中心节点的认知网络，将该商标所代表的有关信息传递给大脑，获得该商标所代表的信息，用以指导购物。例如，对于耐克商标的识别，主要过程包括：（1）消费者看到外界的类似于耐克的标识，启动模式识别程

---

❶ 刘春田："商标与商标权辨析"，载《知识产权》1998 年第 1 期。

序。（2）将外界的该标识与大脑中存储的耐克商标进行匹配。（3）当外界标识的图案与大脑中已经存储的耐克商标的图案相吻合，断定外界的这个标识是耐克公司的耐克商标，激活大脑中存储的以耐克商标为中心的认知网络，获得耐克商标所代表的信息，指导其购物。

尽管商标本质上是人类感觉器官可感知的，以某种公共性形式存在的信息。但是，商标的外在可感知的标识也并非毫无意义。商标标识作为人体感觉器官可以感知的存在，是沟通外界事物与人类认知的桥梁，对消费者认知网络的构建具有重要的意义。首先，部分商标符号并不具有任何固有的意义，是纯粹臆造出的符号，它的优点在于没有在消费者大脑中形成任何关于该符号的认知网络，消费者在看到这种符号时不会获得任何信息。然而，在特定的购物环境之下，当商品提供者将这些符号作为商标使用时，消费者即便对其很陌生，经过模式识别后也能够立即推断出该符号是商标，从而围绕其建立起全新的认知网络。可见，臆造符号的优点即在于可以为商标权人专属，专门代表某种商品，能够迅速被消费者识别，并形成专属于特定商品的认知网络。所以，从商标法上看，纯粹臆造的符号具有较强的固有显著性，容易被消费者识别和记忆。其次，部分商标符号形态具有固有的词汇或者图案方面的意义，即便其还没有能够在消费者大脑中建立起代表特定商品的认知网络，但是如果该商标标识符合人类的审美需求，能够激发人的美好的情感，就能使消费者更容易接受该标识代表的商品。从认知心理学角度而言，富有审美意义的商标标识无疑已经在消费者心目中建立起了认知网络，但是该认知网络只是该商标标识原有词汇或图案的信息和意义，如红豆代表纯洁的爱情，雅戈尔代表典雅与气质，与后来该标识代表的商品信息没有联系。但是，当商品提供者将这些已具有美好意义的标识作为商标时，则会激活消费者美好的心理联想，使消费者把对该标识的美好感情迁移至商品之上，激起消费者的购买欲望。可见，商标标识的选择也是十分重要的。

根据上文的分析，商标并不是不含任何意义的纯粹符号，相反，商标是由人类感觉器官能够感知的外在刺激形式即商标标识与可被激活的消费者大脑长时记忆中存储的该商标标识代表的相关信息所组成。商标标识形态是消费者所能感知的对象，而商标标识所代表的信息则是以该标识为中心节点，在消费者长时记忆之中的特定认知网络。所以，商标的本质就是人类感觉器官可以感知的，以特定公共性形式存在（即以符号形态存在）的与特定商标权人相关的信息。

三、商标功能的认知心理学分析

（一）商标功能的基本观点

明确了商标的形成、结构和本质之后，就需要了解商标的功能。商标的功能，是指商标在市场经济中究竟扮演何种角色，发挥何种作用，这与商标法是否需要以混淆可能性作为商标侵权的判定标准具有直接联系。首先了解一下目前学界关于商标功能的观点。

对于商标的功能，学者们有着不同的解释，但是其界定大同小异。吴汉东教授将商标的功能归纳为识别功能、标示来源功能、保证品质功能、广告宣传功能。❶ 刘春田教授认为，"商标的

---

❶ 吴汉东主编：《知识产权法》，中国政法大学出版社2004年版，第234~235页。

基本功能是区别性，也就是所谓的'认知'功能。"❶ 曾陈明汝教授认为，"商标的原始功能（the primary function）在于表示商标之来源或出处。"此外，商标的功能还包括表彰自己商品与其他商品、表示所有同一商标的商品来自同一来源、表示所有同一商标的商品具有相同品质、广告或促销商品的主要工具等功能。❷ 王莲峰教授认为，商标的功能包括"表示商品或服务的来源""区别商品或服务的质量""进行广告宣传""增强企业的竞争力""传递企业文化"。❸ 麦卡锡教授则主要从经济学方面分析商标的功能。他认为商标至少有两个重要的市场功能：（1）激励有质量的商品的生产。（2）降低消费者的搜寻成本。❹ 此外，商标还具有广告功能（advertising function），即作为广告的主要元素帮助销售者。❺ 波斯纳是法经济学派的代表，他认为商标的主要目的在于通过指示特定商品的特定来源，降低消费者搜寻成本。❻

上述学者的观点实际上可以进行整合。首先，学者基本达成共识，商标的基本功能是标示来源。所谓"识别功能""标示来源功能""表示商标之来源或出处""表示商品或服务的来源"

---

❶ 刘春田："商标与商标权辨析"，载《知识产权》1998年第1期。

❷ 曾陈明汝：《商标法原理》，中国人民大学出版社2003年版，第10页。

❸ 王莲峰：《商标法学》，北京大学出版社2007年版，第17～18页。

❹ J. Thomas McCarthy, *McCarthy on Trademarks and Unfair Competition*, Eagan: Thomson/West, 2006, §2: 3.

❺ J. Thomas McCarthy, *McCarthy on Trademarks and Unfair Competition*, Eagan: Thomson/West, 2006, §3: 12.

❻ W. M. Landes & R. A. Posner, *The Economic Structure of Intellectual Property Law*, Boston: Harvard University Press, 2003, p. 168.

"区别商品或服务的质量""指示特定商品的特定来源""降低消费者搜寻成本"等，描述的都是商标所具有的标示来源的功能。商标作为一种信息传递的符号，是一种两元结构，即外在的商标标识与该商标标识所代表的相关信息。商标标识所代表的信息中最为核心的就是商品的来源信息，即该商品来自于哪一个特定的即便是消费者不知道具体名称的企业。可见，"商业标识受法律保护，主要原因不在于其本身所具有的创造性，而在于识别性。"❶ 商标最基础的功能就是标示来源，通过表明商品的来源来引导消费者购物。

其次，学者所言的"表示所有同一商标的商品具有相同品质""激励有质量的商品的生产"等，指的都是商标的第二个功能——激励品质功能。所谓激励品质功能，学界一般称之为品质保证功能，意指商标可以保证商品具有一以贯之的质量，使消费者在看到同一商标时就能确信，该商品现在的质量与其以前购买或知悉的该商品的质量相一致或更高。"商标不仅标示了生产者或商人的来源，也表明了一贯的质量水平。"❷ 这就是商标对其所标示的商品的"品质保证"。然而，由于品质保证的词义是指对商品的品质进行保证，有学者遂认为商标的品质保证功能就是指商标能够保证其所标示的商品质量始终如一，保持稳定的状态。

实际上，商标"品质保证"功能的称呼并不贴切，因为商标

---

❶ 王莲峰：《商业标识立法体系化研究》，北京大学出版社2009年版，第20页。

❷ J. Thomas McCarthy, *McCarthy on Trademarks and Unfair Competition*, Eagan: Thomson/West, 2006, §3: 10.

并不是一种强制性的质量保证标记，它的功能不在于保证每个商品的品质都保持一致或者较高的水准。商标仅仅告诉消费者，其所标示的商品来自于某一个具体的提供者以及标示同样商标的商品均来自于同一个提供者。至于商品的质量如何，商品的提供者是否愿意保持甚至提高其商品的质量，则完全取决于商品提供者的意愿。商品提供者既可以提供商品质量不一的商品，坑害消费者，"赚一把就走"，也可以努力维持或提高商品的质量，确保其提供的商品品质始终如一。当商品提供者提供商品质量不一的商品，消费者购买到这些商品之后，并不能依据商标法，以商品提供者提供的商品质量前后不一为由起诉商品提供者。消费者只能根据该商品提供者的商标，避免再次购买同样的商品，以拒绝再次消费的方式进行"报复"，同时还可以依据《合同法》瑕疵担保责任、《消费者权益保护法》《产品质量法》等，要求商品提供者为其提供的商品承担质量责任。当商品提供者提供的商品质量始终如一时，消费者购买到的就是商品品质稳定的商品，消费者就会强化记忆该商标，在购物时以该商标作为以后购买类似商品的依据，对该商标表示支持。可见，商品之上的商标仅仅表明，该商品来自于某一个特定的商业主体，消费者可以根据该商标来选购商品，在该商品质量不符合消费者要求时拒绝购买，在该商品质量符合消费者要求时继续购买。但是商品之上的商标，绝不意味着保证商品提供者提供的商品始终品质如一，绝不保证其商品质量处于稳定的状态。毋宁说，商品之上的商标仅仅表明该商品是哪个具体的提供者所提供，而不是商品质量的保证书。商品提供者标示了商标，相当于表明了自己的身份，但并不代表商品提供者一定保证提供品质如一的商品。"需要注意的是，商标的质量功能并不意味着商标总是标示着'高'质量的商品或服务。

在严格的法律意义上,商标并不是一种确保或保证。"❶

那么,商标的品质保证功能源自何处呢?其实,所谓品质保证,不过是指在标示商标之后,商标权人有提供质量始终如一的商品的激励。这种激励实际上还是来自于商标所具备的标示来源功能。正是商标具备标示来源的功能,市场上的商品才能够相互区分,消费者才能够认牌购物,选择自己喜欢的品牌商品。在标示了商标之后,如果商标权人提供的商品质量并不能满足消费者的要求,消费者再次购物就会以拒绝购买的方式对商标权人进行"报复",商标权人就可能被淘汰出市场。商标权人为了盈利,赢得消费者的青睐,在标示了自己商标的前提下,就更有动力提供质量始终如一或有所提高的商品,使消费者形成对其品牌的信任甚至忠诚。❷ 因此,商标"品质保证"的称谓名不副实。正确的说法应是,商标具有激励品质的功能。这种功能所产生的效果是激励商标权人维持或提高商品质量,但是并不一定保证商品质量始终如一。商标的激励品质功能也来自于商标的标示来源功能,是商标标示来源功能的延伸。

最后,学者所言"进行广告宣传""传递企业文化""广告宣传""广告或促销商品""广告功能",都是指商标所具备的广

---

❶ J. Thomas McCarthy, *McCarthy on Trademarks and Unfair Competition*, Eagan: Thomson/West, 2006, §3: 10.

❷ 当然,也会有一些厂商就是为了生产劣质商品,赚一把就走,这样的厂商即便标明了自己的商标,也并不能保证自己商品的品质。然而这样的厂商会逐步被消费者所认识,一旦自己商品的问题被暴露出来,其商标无疑是告诉消费者不要再购买该商标所标示的商品,该厂商也会被淘汰。因此,商标的功能仅在于激励厂商去维持和提高商品质量,但并不保证厂商一定会这样做。

告宣传功能。广告宣传功能，是指商标在企业进行广告宣传和商品促销中，所起到的宣传企业形象、激发消费者购买兴趣、促进商品销售的功能。商标的该项功能与广告的重要性密不可分。早在19世纪末，随着资本主义经济步入繁荣阶段，为了赢得消费者，经营者就开始重视消费者心理，以商标为中心打造企业形象，进行广告宣传，以激发消费者的购买需求和购物欲望。"早先的广告还主要是向消费者提供商品的客观信息，及至20世纪20年代，广告已经成为一种职业的艺术，它依赖的是情感上的吸引力，并没有多少信息性的内容。"❶ 甚至，广告越来越趋向于塑造美好的商标形象，通过音乐、形象、煽动性的广告语，操纵消费者的情感，创造抽象的品牌人格，使消费者对商标产生美好的幻想，劝诱消费者在非理性的状态下购买商品。在这种趋势下，商标越来越具有一种功能：以其自身的形象和所负载的企业商誉进行广告宣传。对于该项功能，法官弗兰克福特认为："商标保护意味着法律对于符号心理功能的认可。如果说我们依靠符号生活，则我们同样也依靠符号购物。"❷ 美国侵权法重述也指出："当市场的地域范围扩大，销售系统逐步复杂之后，商标就成为重要的广告工具。如果商标权人在市场中成功地塑造了惹人喜爱的商标形象，这个商标本身就成为刺激消费的重要因素。商标通过广告产生商誉的能力已经被商标法所承认。"❸

---

❶ Mark Bartholomew, Advertising and the Transformation of Trademark Law, 38 *N. M. L. REV.* 1, 12 (2008).

❷ Frankfurter, J., in Mishawaka Rubber & Woolen Mfg. Co. v. S. S. Kresge Co., 316 U. S. 203, 205 (1942).

❸ Restatement (Third) of Unfair competition § 9, comment c (1995).

然而，有学者对商标的广告功能提出了质疑，认为对商标广告功能的保护增强了商标权人的市场控制力，导致消费者非理性的购物，增加了其他市场参与者参与市场竞争的难度。❶ 实际上，由于目前商标权的不断扩张，尤其是商标反淡化保护理论的提出和运用，商标广告功能确实得到了强有力的保护，那些著名商标的市场控制力得到了强化，这给其他新进入市场的主体参与市场竞争增加了难度。因此，在通过规制商标混淆侵权，确保市场上的商标能够相互区分，从而保护好商标的标示来源功能之外，是否还需要对商标的广告功能实施额外的反淡化强化保护，还值得学界进一步探讨。❷ 但是，商标法对商标进行保护，商标就指示了

---

❶ Ralph S. Brown, Jr., Advertising and the Public Interest: Legal Protection of Trade Symbols, 57 *Yale L. J.* 1165 (1948).

❷ 有学者就认为，商标反淡化法保护的是劝诱性广告产生的效果，会导致商标权人将巨额资金投入广告营销，劝诱消费者，并为了维持劝诱性广告的效果而进一步推动商标权的扩张，形成恶性循环，使其他竞争者处于不利境地，这远远背离了商标法最初的立法目的和宗旨。传统上看，商标法的作用就在于防止混淆，确保消费者能够正确地识别商标，使市场上的商品能够区分开来。而对于商标所散发出来的所谓商业魅力或销售力，商标法并没有进行保护的义务。本书认为，鉴于商标反淡化保护不需要考察消费者是否可能发生混淆，极大地强化商标权人的控制范围，商标反淡化制度的适用必须严格限制在十分狭小的范围之内，以免妨碍正常的市场竞争。商标反淡化制度不应是商标权人通常能够提起并获得救济的法律救济途径，它应当定位为一种补充性的适用于少数特别案件的制度。它应有着严格的适用范围和证明标准，不仅只有在一国境内的一般公众中高度驰名的商标才有资格获得淡化保护，而且获得淡化救济还必须举出强有力的证据来证明淡化已经发生或具有发生的极大可能性。麦卡锡教授就认为，"有可能会有一些特别的情形需要适用反淡化法。反淡化救济只适用于一些不寻常的或特别的案件。它必然不是适用于所有案件的法律诉由。它应当被认为是（转下页）

特定的来源，使得市场上的商品有了区分，消费者自然愿意购买符合其消费意愿的品牌商品，商标权人也可以以商标为中心，进行广告宣传和促销，以使消费者更好地认牌购物。因此，广告是市场经济的产物，而商标的广告功能也是市场经济中采用商标作为厂商身份区分工具的必然结果。进言之，商标的广告功能是商标基础功能即标示来源功能的自然延伸。正是基于标示来源的功能，市场上的品牌商品能够相互区分，这才有了商标施展广告功能的余地。所以应当承认，广告功能也是商标本身就具备的功能。

根据上述分析，笔者认为商标具备三种主要功能：标示来源、激励品质和广告宣传。其中，标示来源是商标最为基础和本源的功能，缺乏了商标标示来源的功能，商标就不称其为商标，消费者也无法依据商标来确定商品的来源。而激励品质和广告宣传的功能，都是商标标示来源功能的延伸，甚至可以说就是商标标示来源功能的有机组成部分。正是在标示来源的基础上，消费者才能够认牌购物，区分不同的品牌商品，支持其满意的品牌，拒绝其不满意的品牌。这样，标示来源的机制才能够激励商标权

（接上页）一个独特的法律工具，只运用在特别的案件中。不仅反淡化法只适用于具有高度声誉的商标中的少数和精华的那一部分，而且对该法的违反必须是在案情清楚的案件中，通过强有力的证据基础来证明。" J. Thomas McCarthy, Proving a Trademark Has Been Diluted: Theories or Facts? 41 *Hous. L. Rev.* 713, 747 (2004). 据此，商标法应当以商标侵权判定之混淆可能性标准为中心，以规制消费者混淆为主要任务。规制消费者混淆为中心的商标保护模式应当是现在和未来商标法对商标进行保护的核心模式。商标反淡化保护不应该排斥和架空商标反混淆制度，商标反淡化保护只是为商标权提供额外保护的补充性制度，商标反淡化制度应只适用于高度驰名的商标和特定的案件。

人保证商品的品质。说商标具有品质保证功能，毋宁说是商标标示来源的功能促成了商标权人有动力去维护或提高商品的品质。同样，广告宣传的功能也来自于商标的标示来源功能，是标示来源功能进一步发展的结果。商标具备了标示来源的功能，消费者自然能够根据自己的喜好认牌购物，购买自己喜爱的品牌商品，这样，有的厂商就会在市场竞争中逐步取得优势，其商标的商誉不断累积，商标的吸引力逐步增大，商标本身就成为一种广告，厂商也可以围绕商标进行宣传。当消费者看到这种商标时，就会被商标的商誉和散发出的魅力所吸引。可见，商标的广告宣传功能也来自于标示来源的功能。"商标最主要之功能，在表彰自己之商品/服务，以与他人之商品/服务相区别。"❶ "商标的基本功能在于标示商品和服务的来源或出处，藉以与他人的商品和服务相区别，商标的其他功能都建立在这一基本功能之上。"❷ 正是因为标示来源功能的存在，商标才具有了宣传和促销的功能。从本质上看，激励品质功能和广告宣传功能都是商标标示来源功能的延伸，是商标标示功能的组成成分。

商标的基本功能决定了商标法的制度构建。联系混淆可能性来看，之所以商标法需要以混淆可能性作为商标侵权判定的标准，就是为了规制造成消费者混淆的行为，确保商标标示来源的基本功能能够正常发挥。通过保护商标标示来源的基本功能维护商标所有功能的正常运转。"混淆误认的禁止是确保商标识别功

---

❶ 我国台湾地区"混淆误认之虞"审查基准，前言1，载 http：//www.110.com/fagui/law_12416.html。

❷ 张玉敏："维护公平竞争是商标法的根本宗旨——以《商标法》修改为视角"，载《法学论坛》2008年第2期。

能的必要手段。"❶ 从另一角度分析，商标侵权实际上侵犯的也是商标最为核心的功能——标示来源功能。只要标示来源的功能遭受了侵犯，消费者就无法正常地识别商标，通过商标认牌购物，商标的激励品质功能和广告宣传功能就会丧失，商标就失去了存在于市场的价值。因此，商标法需要设立混淆可能性标准，打击商标混淆侵权，保护商标标示来源功能的正常发挥，通过保护商标标示来源的功能维持商标激励品质和广告宣传的功能。为了更好地认识这一点，下文拟以认知心理学为分析工具，以微观视角研究商标功能的发挥机制，探讨商标混淆可能性标准确立的正当性和理论依据。

（二）商标功能的认知心理学解析

商标的功能与消费者对商标的心理认知密切相关。只有消费者对某个商标表示认可，愿意购买该商标所标示的商品，商标权人才能从消费者的购物决策中获益。因此，只有消费者正确地识别出商标，并依据该商标进行购物，商标权人使用商标标示其来源，将自身商品与他人的商品相互区分才具有意义。所谓商标的标示来源功能、激励品质功能、广告宣传功能，根本上都依赖于消费者能够正确地识别商标，辨别出商品的来源。

对商标的功能进行认知心理学分析要从现代市场经济中商品的特点谈起。随着市场经济的发展，商品的品种日渐丰富，商品自身的属性和功能也日趋复杂，消费者很难在购物之前通过检测商品的性能作出购物决策。学者认为，商品可以分为搜寻品与经验品。搜寻品的质量可以在购买前通过检测了解，而经验品的质

---

❶ 我国台湾地区"混淆误认之虞"审查基准，前言 1，载 http：//www.110.com/fagui/law_12416.html。

量只能通过实际使用才能知道。❶ 在市场上，绝大部分的商品消费者是无法在购买之前通过有效的方法予以检测的，消费者一般只有将商品使用一段时间，才能了解该商品的质量、性能等。例如，在商品没有商标的情况下，消费者如果要购买某种口味的食品，就只能通过品尝来寻找。在厂商提供的同一种类的食品越来越多的今天，消费者很难仅通过品尝来找到特定的品牌食品，在下次消费时也无法保证能够找到同一来源的品牌食品。因此，诸如价格、成分、气味等商品的有形属性虽然会对消费者的购物行为产生影响，然而在大多数情况下，对这些属性进行辨别会耗费消费者大量的心理认知成本，却"不能培育出具有识别性的特定品牌"。❷

当商品不易在购买前予以检测时，商标的重要性就凸显出来。在上例中，如果给定具体的食品品牌，消费者便能感知和识别该商标，很快意识到该商标所标示的商品的属性和有关信息。例如，当给定"上好佳"品牌时，消费者大脑就能够从记忆中提取以该商标为中心节点所存储的有关该商品的信息，如大致的价格、生产商、公司所在地、食品口感、以前食用所产生的美好回忆等，为消费者进一步的购物决策提供依据。这就表明，"品牌名称"是相关商品信息的集中地，代表着消费者大脑记忆中特定认知网络的中心。

---

❶ Phillip Nelson, Information and Consumer Behavior. *Vol.* 78, *No.* 2, 311~329 (Mar. -Apr., 1970).

❷ Jacob Jacoby, The Psychological Foundations of Trademark Law: Secondary Meaning, Genericism, Fame, Confusion and Dilution, 91 *Trademark Rep.* 1024 (2001).

从认知心理学的角度观之，当消费者大脑中建立了以商标权人商标为中心节点的认知网络，并且其他人没有以混淆消费者的方式使用该商标时，该商标标示来源的功能就能正常地发挥。如前文所言，消费者在记忆中建立了以某一商标为中心节点的认知网络之后，当相同的商标标识再次刺激消费者的感觉器官时，消费者就会启动模式识别程序。如果外在商标标识与消费者大脑记忆中的商标相匹配，存储于消费者记忆中的该商标节点就会被激活，该商标所代表的相关信息就会传递给大脑，使消费者了解到该商标的有关信息。"当消费者在进行购买前的决策时，品牌名称代表的信息是经常提取的信息类型。"❶ 商标的基本功能即在于简化消费者购物过程中的心理认知过程，将商品的各种特征、属性和相关信息凝结在可感知的商标标识之上，通过外在商标标识对消费者感官的刺激，唤起消费者大脑记忆中存储的以该商标为中心的特定认知网络，使消费者可以准确找到其所需要的商品。通过建立以商标为中心的认知网络，消费者节约了搜索特定商品的时间、精力和费用，降低了错误决策的风险，使搜寻特定商品的认知成本大幅降低。

联系商标的功能来看，当市场中没有人从事混淆消费者的商标侵权行为，商标的功能运转正常时，消费者就能够在市场中正确地识别商标和进行购物决策。举例而言，消费者去商场购买手机，在到达商场专柜之后，会看到很多手机品牌的商标。消费者看到这些商标后会启动模式识别程序，对这些商标进行识别。以

---

❶ Jacob Jacoby, The Psychological Foundations of Trademark Law: Secondary Meaning, Genericism, Fame, Confusion and Dilution. , 91 *Trademark Rep.* 1025（2001）.

诺基亚商标为例，当消费者看到外在的诺基亚商标标识后，会对其进行模式识别，将之与大脑记忆中存储的诺基亚商标进行匹配。当确定外界的标识就是诺基亚商标之后，消费者会激活大脑中存储的以诺基亚商标为中心的认知网络，提取出诺基亚商标所代表的企业，对诺基亚手机的评价、感受和体验等相关信息。消费者会根据这些信息，作为其购物决策的参考。消费者可能会在经过比较和考虑之后，根据诺基亚商标所代表的较高的商誉，作出购买该品牌手机的决定。也可能根据以前购买该品牌手机不愉快的经历，作出不再购买的决定。可见，只要市场中的商标能够相互区分，不发生混淆，消费者就能正确地识别商标，激活大脑中存储的以该商标为中心节点的认知网络，提取该商标所代表的相关信息，以之作为购物的参考，作出符合自己意愿的购买决定。不仅如此，在购买某一特定商标所标示的商品之后，消费者也能对该商品的使用感受、售后服务、质量性能等进行反馈和评估，作出对该商品的评价，将评价正确地归于该商品背后的商标。如果某一商标代表的商品品质优良，消费者就会对其作出正面的评价，这些评价信息会凝结到商标之中，纳入消费者的记忆，以供消费者下次购物决策时使用。如果某一商标代表的商品品质低劣、服务水平参差不齐，或者出现下降的趋势，消费者在购买之后就会对该商品作出负面的评价，并纳入到记忆之中，在下次识别出该商标后就能提取出这些负面的信息，避免再次购买。只要商标能够相互区分，不发生混淆，消费者就能正确地区别不同的商标，将好的或坏的评价归于该商标，纳入记忆之中。这样，以商标为中心节点的认知网络就在消费者不断的购物和消费过程中发生变化。消费者对有的商标评价会较高，这些商标就会在消费者心目中形成强大的认知网络，变得具有较强的显著性，而有的商标则可能会在消费者心目中的地位不断降低，消费者也会避免再次购买该商标标示的商品。商标在消费者心目中就这样发挥着标识来源的作用，让消费者不断地产生心理认知反应，以此循环往复。因此，商标的功能从认知心理学角度看，就在于不断地启动消费者的心理认知程序，使消费者正确地识别商标，确定商标所标示的商品的来源，了解到商标代表的相关信息，供其购物决策参考。

由上可知，商标的基本功能在于标示来源，使消费者能够在市场中正确地识别商标，正确地提取出商标所代表的包括商品来源在内的有关信息，为其购物决策提供依据。只有保护了商标的标示来源功能，不同厂商的商品才能够为消费者所区分，消费者才能够正确地识别商标并依据商标进行购物决策，商标的激励品质功能、广告宣传功能才能够正常地发挥。而商标侵权的目的就是影响商标标示来源功能的正常发挥，让市场中的商标无法区分，让消费者对商标的来源或其关联关系发生混淆，使消费者无法正确地识别商标和依据商标所代表的信息进行购物决策，这就是商标法需要设定混淆可能性标准，对商标侵权进行规制的基础。

第二节　混淆可能性的确立原因：混淆的机制与危害

商标的本质是人类感觉器官可以感知的，以特定公共性形式存在（即以符号形态存在）的信息。商标的基本功能是让消费者正确地识别出商标，确定商标所标识的商品来源，便于其购物决策。因此，商标法必须规制市场中混淆消费者的侵权行为，确保市场中的商标相互区分。混淆可能性设定的基础和正当性，也正在于防止商标标识来源功能的丧失，避免市场中的消费者出现混淆，无法正确地识别商标和依据商标所代表的信息进行购物决策。那么，消费者混淆究竟是如何发生的呢？这种混淆究竟有哪些具体危害，需要商标法设立混淆可能性标准予以规制呢？了解商标混淆的发生机制和危害，有助于理解商标法为何需要以混淆可能性作为商标侵权的判定标准。

本节将以认知心理学原理为工具，对混淆的发生机制和危害展开研究，明确混淆可能性的设立原因以及混淆可能性所指的混淆是何种形态的消费者混淆，为混淆可能性的立法构造提供理论支撑。

一、商标混淆机制的认知心理学分析

（一）日常生活中混淆的概念

商标的形成、结构、本质和功能决定了商标的使命在于引导消费者确定商品的来源，作出符合其意愿的购物决策。而商标侵权行为则影响了商标标示来源的功能，阻碍了消费者对商标进行识别和作出购物决策。为了明确混淆可能性的理论依据，需要对混淆可能性针对的对象，即商标侵权的主要后果——消费者混淆进行剖析。本节首先讨论日常生活中人们所发生的混淆，然后再在商标法的语境下谈论商标混淆。

混淆并不仅是商标法中特有的范畴，日常生活中也存在着混淆。日常生活中的混淆并不同于商标法中所指的混淆。但是，日常生活中的混淆与商标法所防范的混淆有共同之处，可为我们研究商标混淆提供参考。在对混淆进行认知心理学方面的探讨之前，有必要从语义学的角度来认识日常生活中的混淆。根据《新

华字典》的解释，混淆之中的混，有以下几种意思：（1）掺杂在一起，如混杂、混合。（2）乱，胡乱的意思，如混乱。（3）蒙，充的意思，如混充、混进。（4）苟且度过，如混事。其中，与混淆相关的是前三种释义。而淆的意思则是混乱、错杂。《新华字典》中的"混淆"包含两种含义：（1）混杂，界限模糊；（2）使混淆，使界限模糊。因此，根据语义解释，混淆一词包含有两个层次的意思。首先，有两种或多种事物掺杂在一起，并且有蒙、充的行为，意在通过事物的掺杂造成难以区分不同事物的状态。其次，混的结果是淆的发生，使不同事物之间的界限发生模糊，造成难以区别的状态。中国古代有许多文献都涉及该词语。如晋代葛洪《抱朴子·尚博》："真伪颠倒，玉石混淆。"《周书·艺术传·姚僧垣》："其时虽尪平大乱，而任用非才，朝政混淆，无复纲纪。"宋代司马光《陈三德上殿札子》："人善恶是非，相与混淆，若待之如一，无所别白。"由此可见，混淆是人对不同的事物无法或难以区分的一种状态，指的是不同的事物掺杂在一起，让人难以辨别。亦即，混淆的主体是人，混淆所指的是人难以辨别和区分不同事物的状态。可见，混淆是人对事物认知的结果，是人的一种认知状态，与人的心理认知有密切的关系。

前文论述过人的基本认知过程，包括对外在刺激的注意、感知觉与模式识别，以及人在接收和识别信息之后，将这些信息纳入大脑认知网络的过程。混淆是人的认知判断出现的错误❶。混

---

❶ 当然人的认知出现混淆的错误，既可能是人自身的原因，也可能是外界的干扰。对于商标法语境中的混淆而言，显然是因为侵权人的行为对消费者的认知造成影响，导致消费者对商标的来源发生错误的判断。

淆的产生从主体自身的认知特点来看，有两方面原因。第一，人在对外界刺激进行识别时，往往将外界刺激中不重要的部分去除，而只保存主要的特征。人的大脑记忆中，也通常只能记住外在刺激的主要特征，而非外在刺激的每一个细节。这样，人在从大脑中调取存储的信息时往往只会将与外界刺激主要特征相吻合的信息调取出来用以判断外界刺激，这就有可能忽视不同事物之间的细微差别，将两事物混为一谈。第二，存储在人大脑中的信息也容易被遗忘，导致人只能记住某事物的主要特征，这样外在刺激只要与储存在大脑中的事物在主要特征方面相吻合，人就可能会认为该外在刺激就是大脑中存储的事物。这样，当外界刺激实际上与人脑中存储的事物不相同时，人就发生了混淆，发生判断错误。例如，某人若对其两个朋友甲和乙经常分不清楚，发生混淆，其原因很可能在于，甲的主要特征和乙的主要特征差不多。即两人都有相似的外貌特征，都是小眼睛、薄嘴唇、圆脸等。根据人认知的特点，当某人看到甲时，往往只会记住甲的主要特征，而遗忘掉一些细节。而在看到乙之后，就可能会觉得乙的主要特征与存储在大脑中的甲的主要特征相吻合，因而激活大脑中存储的以甲为中心的认知网络，提取出甲的基本信息来判断和识别乙，最后就很可能错误地认为乙就是甲，发生混淆。商标法中的商标混淆与人们在日常生活中发生的混淆在本质上是一样的，都是因为看到某标识相似于商标权人的商标，并从脑海中激活以商标权人商标为中心的认知网络，提取出了商标权人商标的信息用以判断和识别外界标识，最后作出外界标识来源于商标权人的判断，从而发生混淆。

据此，我们可以归纳出日常生活中混淆的基本特征。首先，混淆的主体是人，是人在识别事物过程中发生的误判。其次，混淆的对象是事物。这里的事物是广义的，泛指所有能够成为人认知对象的客体。不仅包括自然界的事物，也包括抽象意义上的观点、理念、价值等。这些事物都可能成为人评判的对象，从而存在着发生混淆的可能。再次，混淆产生的原因包括内外两种因素。混淆产生的外在原因是两个或多个事物之间由于相同或某种程度的相似，混淆产生的内在原因是人在认知和记忆中往往只会注意到和记住事物的主要特征而非全部细节。这两个方面的原因导致人可能在判断过程中难以区分两个事物，将两事物混为一谈。外在原因之中，事物的相同或相似是广义的，不仅包括两个事物之间自然特征等外在属性的相同或相似，也包括两个事物内在含义、本质、价值上的相同或相似。甚至，即便两个事物不相同，但放置在相同或相似的环境，也容易导致人们发生混淆。❶这就表明，由于人的识别能力有限，当两个事物相同或相似时，人就有可能将不同的事物相混淆。两种事物之间相同或相似，是混淆发生的必要前提。据此，我们可以将日常生活中的混淆界定为：人在识别两种或者两种以上具有相同或相似特征的事物时所发生的难以辨别或无法区分事物的认知状态。

（二）商标法中混淆的概念

日常生活中的混淆是人对事物在认知上所发生的错误判断。了解了日常生活中混淆发生的机制之后，就需要探讨人在购物中对商标发生的混淆。毕竟，日常生活中的混淆不同于商标法语境

---

❶ 例如，当前一事物 A 经常在某环境中出现时，人就会发生思维的定势，认为在该环境中出现的事物十有八九都是 A 事物。当将与前一事物 A 不同的后一事物 B 放置于前一事物 A 经常出现的环境中时，人就可能出现误判，认为在这一环境中出现的还应是前一事物 A。

中的混淆。混淆可能性所指的混淆有其特殊之处，其主要涉及那些真正危害到商标标示来源功能的发挥，对消费者和商标权人造成损害的混淆。了解商标混淆的特殊之处也是确定混淆可能性理论依据的关键。

前文已述，商标的基本功能在于标示来源。在购物过程中，面对琳琅满目的商品，消费者主要依据商品上的商标来识别商品的来源，进行购物决策。而商标侵权的目的就在于影响消费者对商标进行正确地识别并依据商标所代表的有关信息进行购物的行为，造成消费者作出错误的购物决策。在市场经济中，侵权人为了造成消费者混淆，牟取非法利益，一般会模仿商标权人商标的全部或主要特征。侵权人的目的就在于，通过模仿商标权人商标相同或主要的特征，造成消费者发生判断失误，使其无法分辨出不同商标所代表的商品来源，作出错误的购物决策。

根据认知心理学原理，当消费者在市场中看到侵权人所仿冒的商标标识后，就会启动对该标识的模式识别程序，判断该标识究竟是不是商标权人的商标。在识别过程中，消费者往往会主动对外在的刺激信息进行形状、大小、结构等方面的前期加工，外在刺激中那些不重要不显著的部分将被忽略，而只保留主要的特征，用以与消费者大脑中已经存储了商标权人商标为中心的认知网络进行对比。基于消费者认知的特点，消费者大脑长时记忆之中商标权人的商标是一种被抽象成包含商标主要特征的原型，去掉了那些不重要的特征。同时，消费者的记忆还会发生模糊痕迹，使记忆中商标权人商标的细节特征丢失，只保留住商标的主要特征。正是因为消费者的认知具有这些特点，当侵权人使用与商标权人商标相同或者相似的标识时，消费者一般会注意到侵权人使用的标识的主要特征，而消费者大脑中存储的又恰恰也是商标权人商标的主要特征。这样，侵权人使用的标识从消费者的角度来看就与商标权人商标的主要特征相吻合，消费者就很有可能将侵权人使用的标识与大脑中存储的商标权人的商标相匹配，认定眼前的侵权人的标识就是商标权人的商标。当消费者作出这种错误的判断之后，消费者就会以商标权人商标的信息作为是否购买眼前侵权商品的依据。由于被仿冒的商标权人的商标一般具有较高的商誉，消费者在发生错误的判断之后，就可能基于对商标权人商标的信赖，作出购买侵权商品的决定，发生误买误购。

可见，商标混淆的本质是因为他人的侵权行为，使消费者无法正确地识别商标和依据商标所代表的相关信息进行购物决策的状态。换言之，混淆其实是侵权人利用消费者在认知上的弱点，通过使用与商标权人商标相同或相似的标识来标示其侵权商品，使消费者误认为眼前的侵权标识是商标权人的商标或与之存在关联关系，从而作出错误的购物决策，购买到侵权人的商品。正是消费者发生了商标识别方面的错误判断，才会造成其购物决策上的失误，导致消费者和商标权人利益的损失，这也正是侵权者所刻意追求的。因此，商标混淆在实质上就是：由于商标侵权人行为所导致的，消费者无法正确地识别商标和依据商标所代表的相关信息进行购物决策的认知状态。

二、商标混淆危害的认知心理学分析

（一）对消费者危害的认知心理学解读

商标混淆使消费者对商标发生错误的判断，误认为侵权标识是商标权人的商标或与商标权人存在关联关系，导致消费者可能购买到侵权人的商品，损害消费者和商标权人的利益。因此，商标法需要设立混淆可能性标准，防范这些影响消费者正常识别商

标和依据商标进行购物决策，损害消费者和商标权人利益的侵权行为。从消费者认知的角度来看，这些混淆侵权的危害主要表现为以下方面。

首先，混淆侵权对于消费者直接的损害是使消费者无法依据商标权人的商标进行认牌购物，无法再对商标权人的商标进行正常的识别和基于商标权人商标的相关信息进行购物决策，使消费者可能购买到侵权商品，违背消费者的购买意愿。

商标的基本功能在于标示来源。亦即，商标在市场中主要发挥着区分的作用，如果商标之间能够相互区分，不存在相互混淆的情况，消费者就能够放心地依靠商标去购物。而当侵权人仿冒了商标权人的商标之后，商标权人的商标和侵权人的标识就共同存在于市场之中，消费者很可能会将侵权人使用的标识与大脑中存储的商标权人的商标相匹配，误认为侵权人的标识就是商标权人的商标或与之存在关联关系，从而激活大脑中存储的以商标权人商标为中心的认知网络并提取商标权人商标所代表的信息，以之作为是否购买侵权商品的依据。最终，消费者在混淆的状态下，很可能基于对商标权人商标的信赖发生误买误购，购买到自己本不会去购买的侵权商品。可见，商标混淆严重违背了消费者的消费意愿，直接导致消费者对商标进行了错误的识别，使消费者付出了精力、时间和金钱等成本，却购买到了自己本不会去购买的侵权商品。更严重的是，仿冒的商品往往质量较为低劣，远远不及被仿冒的商标权人提供的商品，这有可能会导致消费者人身和其他财产利益遭受损失。

其次，商标混淆从短期看违背了消费者的购买意愿，影响到消费者正常的购物决策过程，如果混淆侵权的状况长期存在，还会使消费者长久以来依靠于商标进行购物决策的方法失去作用，使消费者无法再依靠商标进行购物决策，而被迫采取其他搜寻成本更高的方法对商品进行鉴别，确定商品的来源，导致整个市场经济效率的降低。商标的基本功能在于标示来源，商标法通过赋予商标权的方式，构建了一个有效率的市场竞争环境，使消费者可以放心地依靠商标进行购物决策。而如果商标混淆经常发生，消费者依靠商标进行购物决策的方法就会严重失灵，消费者依靠商标进行购物的信心将会动摇。当消费者多次被侵权人的标识所误导，购买到侵权人的商品，消费者最终将会放弃依靠商标进行购物的方法，转而寻求其他耗费更高搜寻成本的方法去鉴别商品，确定商品来源，这会导致消费者购物的搜寻成本显著上升，使市场上商品的流通效率变慢，最终降低整个市场经济的效率。可见，商标混淆在短期内影响的是消费者在购物过程中对商标的识别和依据商标所代表的信息进行购物决策，而长期影响的则是消费者依靠商标进行购物的消费方式，这将导致消费者购物的成本上升，使消费者不敢依赖于商标购物，最终影响整个市场经济的运行。

（二）对商标权人危害的认知心理学分析

商标混淆不仅损害消费者的利益，还会直接损害商标权人的利益，导致其商誉受损，正常的经营行为被打乱，投资回报降低。商标混淆对商标权人的损害主要可分为两种形态：其一，当商标权人的商品和侵权人的商品相互竞争时，由于本应购买商标权人商品的顾客发生了混淆，转而误购了侵权人的商品，导致商标权人商品的销售额直接减少，利润直接降低。亦即，由于商标权人商品和侵权人商品在市场中是一种可以相互替代的竞争性关系，当消费者误购了侵权人的商品，实际上就表明商标权人失去了本应获得的交易机会，对应的商标权人商品的销售量就会减少。这就是学者所谓的交易转移。❶造成交易转移的仿冒侵权行为，是最典型的也是商标法所重点打击的商标侵权行为，它直接造成了商标权人销售利润的下降，使本应购买商标权人商品的消费者没有购买到商标权人的商品，严重挫伤了商标权人投资的积极性。

此外，如果侵权人的商品质量低劣或出现与商标权人商品质量不一致的波动时，消费者由于发生了混淆，误认为侵权人的标识是商标权人的商标或与商标权人存在关联关系，就会认为是商标权人生产了质量低劣或质量不一致的商品，将这种质量水准的不一致归咎于商标权人，导致消费者对商标权人商标评价的降低。当消费者对商标权人商标的评价降低后，商标权人商标的"品牌资产"就会受到损失，商标权人商标的形象就会在消费者的心里大打折扣，导致商标权人的商誉遭受损害。消费者会将对商标权人商标的负面评价存储在大脑之中，下次识别出商标权人商标之后就会了解到这些负面的评价，消费者就很可能以拒绝购买的方式对商标权人实施"报复"，这就是消费者认知中存在的负面回馈效应（Negative Feedback）。❷顾名思义，负面回馈效应是指消费者会对购买的商品不满意，将负面的评价归咎于该商品背后的企业及其商标。正是在负面回馈效应的作用之下，商标权人才会努力提高商品质量和服务水准，博得消费者的青睐，以使自己的商标获得消费者的正面评价。而也正是负面回馈效应，一

---

❶ Mark P. McKenna, The Normative Foundations of Trademark Law, 82 *Notre Dame L. Rev.* 1839, 1848（2006~2007）.

❷ Mark P. McKenna, Testing Modern Trademark law's Theory of Harm. 95 *Iowa L. Rev*, 1, 84（No.2009）.

旦消费者发生混淆，侵权人商品质量的低劣或波动问题就会影响到消费者对商标权人商标的评价，造成商标权人商誉受损。当商标权人商誉遭受损失，消费者对其评价降低后，商标权人未来的商品销售就会受到影响。

其二，当商标权人的商品和侵权人的商品不存在竞争，但消费者误认为侵权人商品来自于商标权人或者与商标权人之间存在授权、赞助等关联关系而误购了侵权人的商品时，商标权人的商誉同样会遭受损失。由于商标权人的商品和侵权人的商品不是直接替代的关系，消费者发生混淆误购后，商标权人商品的销售额和利润并不会直接减少。但是，与上文所述相类似的是，在发生混淆的情况下，消费者还是会将商标权人作为该商品质量最终的监督者、管理者或承担者，将商标权人视为该商品提供者幕后的负责人，这同样会发生负面回馈效应。亦即，当该商品质量低劣或出现与商标权人商品质量不一致的波动时，消费者由于发生了混淆，会将质量水准的降低或不一致归咎于商标权人，使商标权人的商誉遭受损失，影响其未来的商品销售。实际上，在商标混淆对商标权人的损害中，对商标权人伤害较大的往往是商誉的损害和消费者由于混淆对其商标评价的降低。这种损害不同于商标权人销售额或利润的短暂丧失，而是对商标权人未来市场竞争力和销售能力的伤害。一旦造成这种损害后果，商标权人很难在短期内改变消费者对其商标的评价，恢复其原有的市场竞争力。

由此可见，商标混淆侵权行为是通过影响消费者正常地识别商标和依据商标所代表的相关信息进行购物决策来牟取不正当利益的。混淆使商标标示来源功能的无法发挥，使消费者识别商标和依据商标作出购物决策的行为受到了影响，使消费者自由选择和购买自己所意欲消费的商品的权利受到了损害。同时，由于消费者的误认误购，商标权人的利润和商誉也会受到影响。这不仅导致商标标示来源功能的丧失，使商标不能够激励商标权人维持和提高商品质量和服务水平，同时也直接危及整个市场经济的正常运行。商标法之所以需要确立混淆可能性标准，正在于规制这些损害商标功能、影响消费者识别商标和作出购物决策、损害商标权人利益、扰乱市场经济秩序的混淆侵权行为。商标混淆可能性所指的混淆，也正是这种由于侵权人的行为所造成的消费者无法正常地识别商标和依据商标所代表的相关信息进行购物决策的混淆状态。只有他人的行为造成了消费者发生这些状态的混淆，才真正损害了商标标示来源功能的发挥，妨碍市场经济的正常运行，这些混淆才可以纳入混淆可能性的范围。

第三节 混淆可能性的确立原则：商标法的价值与规范意旨

商标的基本功能在于标示来源，引导消费者购物，商标侵权的目的则在于影响消费者识别商标和依据商标所代表的信息进行购物决策，造成消费者混淆误购。因此，商标法需要确立混淆可能性标准，规制那些极有可能造成消费者混淆的侵权行为。混淆可能性设立的依据之一就在于保证商标标示来源功能的正常发挥，确保消费者能够正常地识别和依据商标进行购物决策，防止商标混淆损害消费者和商标权人的利益。

除了保证商标标示来源功能的正常发挥，避免混淆的发生和危害之外，商标法确立混淆可能性标准也是商标法价值和规范意旨的必然要求。一方面，商标法追求的是公平之下的市场自由竞争。为了实现这一价值追求，商标法必须设立混淆可能性标准，规制市场中极有可能造成消费者混淆的行为，确保市场中的商标相互区分，以此激励商标权人投资于商标，降低消费者购物的搜寻成本。另一方面，商标法并非需要打击一切造成消费者"混淆"的行为，即便在某些情况下，消费者发生了混淆，商标标示来源的功能似乎受到了损害，商标法也不应进行干涉。❶可见，混淆可能性的确立，不仅关系到商标权人的利益，还涉及市场中其他主体的利益。混淆可能性的确立和立法设计，不仅应考虑商标标示来源功能的正常发挥和商标混淆危害的避免，还要遵照商标法的价值和规范意旨，明确混淆可能性所针对的消费者混淆形态，保障其他市场主体能够自由参与市场竞争，防止商标权的扩张危及市场自由竞争。基于这种考虑，本节拟论述商标法主体的需求、商标法的价值和规范意旨，探讨混淆可能性的确立原则。

一、商标法的主体需求：法律价值与规范意旨的基础

（一）主体需求与法律价值、规范意旨

混淆可能性标准的确立，不仅需要考虑保护商标标示来源的功能和避免商标混淆的危害，还需要参照商标法的价值和规范意旨。商标法的价值和规范意旨决定了商标法要以混淆可能性作为商标侵权的判定标准，也决定了混淆可能性适用的具体范围。

"价值"是指主客体相互关系的一种主体性描述，它代表着

---

❶ 例如，商标法之中有功能性原则，即便被告使用了商标权人具备功能性的商标，造成消费者混淆，商标法为了维护市场自由竞争，也并不认为被告的行为是侵权行为。

客体主体化过程的性质和程度。❶ 作为价值的重要组成，法律价值体现了主体对客体的需求以及客体对主体的满足。在法律制度的设计中，法律价值具有十分重要的作用。从某种意义上说，法律价值决定了法律制度的设计、法律实践的走向以及法律给社会带来的影响。现实生活中发生的法律脱离其规范意旨，戕害社会公平与正义的现象，最终可以归结为法律价值的分歧或缺失。因此，要确定商标混淆可能性的理论依据，必须明确商标法的法律价值。

对于法律价值，不同学者有着不同的理解。日本学者川岛武宜认为，法律价值就是"法律所保障的或值得法律保障的（存在着这种必要性）价值，我们将其称之为'法律价值'"。❷ 我国有学者认为："法的价值是一定的社会主体需要与包括法律在内的法律现象的关系的一个范畴。这就是，法律的存在、属性、功能以及内在机制和一定人们对法律要求或需要的关系……"❸ 另有学者认为，"法的价值就是法这个客体对满足个人、群体、阶级、社会需要的积极意义。"❹ 在对法律价值进行界定时，学者们都注意到了"社会主体""人们""个人、群体、阶级、社会"的需要，以及法律的存在对这种需要的满足。可见，法律的价值来源于主体对法律的需要。法律实际上是主体的守护神，为主体在社

---

❶ 李德顺：《价值论》，中国人民大学出版社1987年版，第108页。

❷ ［日］川岛武宜著，申政武等译：《现代化与法》，中国政法大学出版社1994年版，第246页。

❸ 乔克裕、黎晓平：《法的价值论》，中国政法大学出版社1991年版，第40页。

❹ 孙国华：《法理学教程》，中国人民大学出版社1994年版，第94页。

会上的生存与发展创造出良好的环境，保障主体的各项权利。正如卓泽渊教授所言，法对人的需要的满足和人对法的绝对超越两者之间具有层级递进的关系。人有多种需求，法也通过各种方式满足人的需求。"同时，由于法是人的创造物，因而，人们在创制它的时候就赋予和确定了它的价值。"❶ 因此可以说，人在制定法律之时，就抱有某种价值取向，需要通过法律的创设和实施实现人所预设给法律的价值。

不仅如此，法律的价值取向还具有多元性，这与作为法律价值主体的人的多种需要密不可分。著名法理学家博登海默认为，"平等、自由、服从自然或上帝的意志、幸福、社会和谐与团结、公共利益、安全、促进文化的发展——所有这些和其他一些价值被不同时代的思想家都宣称为法律的最高价值。"❷ 日本学者川岛武宜指出，"各种法律价值的总体，又被抽象为所谓的'正义'"。❸ 我国学者卓泽渊教授也认为，法的价值在广义上可以用来指法的对于人的一切意义。广义的价值既包括法的目的性价值，也包括法的工具性价值。前者如法对自由、平等、公平、正义、人的全面自由发展的意义；后者如法在效益、民主、法治等方面的功能与作用。❹ 可见，法学家眼中的法律价值包括自由、公平、正义、安全、效率等。

还需要注意的是，法律价值除了适用于整个法律体系，也适

---

❶ 卓泽渊："法的价值的诠释"，载《苏州大学学报》2005年第5期。

❷ [美] E. 博登海默著，邓正来译：《法理学——法哲学及其方法》，中国政法大学出版社1999年版，第198页。

❸ [日] 川岛武宜：《现代化与法》，中国政法大学出版社1994年版，第246页。

❹ 卓泽渊："法的价值的诠释"，载《苏州大学学报》2005年第5期。

用于某一部门法。这是因为，无论是整个法律体系还是某一部门法，都是为了践行法律的价值，只是不同部门法在调整利益关系上具有不同的特点，在具体价值的构成或者位阶方面，部门法之中的法律价值具有一定的差异。但是，将法律价值贯穿于法律的具体领域，是法律价值实践的必然要求。

除了法律价值，法律的规范意旨也同样重要。一般来说，规范意旨就是指法律的目的，也就是法律的"制定者、适用者之地位对法律概念所提出之主观的期待和要求"。之所以要明确法律的目的，也是因为"法律的手段的地位，使它受目的的节制，以避免为达目的而不择手段，或甚至将法律自其最终目的剥离，而专为规范而规范"❶。而法律的目的又体现或者说融入了法律的价值，是法律所欲实现的价值的表达形式。因此，法律价值和法律目的在严格意义上有所区别。法律目的是法律的制定者和适用者提出的对法律的具体的要求和期望，是法律所欲求达到的效果和所要实现的任务，而法律价值相比法律目的而言更为抽象，它不仅表明人的需求和法律之间的关系，而且代表了人的追求，代表了人对于法律的追求和信仰。"法的价值对于人类关于法的行为和思想具有根本的指导意义，甚至是人的精神企求与信仰。"❷ 可见，法律价值体现了人的期望、追求和信仰，这种期望、追求和信仰使得人们通过制定法律，将价值融入法律之中，明确法律的规范意旨，通过法律的实践来实现法律的价值。

既然法律价值是社会主体的需求与法律之间的关系，法律制

---

❶ 黄茂荣：《法学方法与现代民法》，中国政法大学出版社2001年版，第45~46页。

❷ 卓泽渊："论法的价值"，载《中国法学》2000年第6期。

度就必须体现主体的需求。"价值都是相对于主体而言的,都是主体需要的满足。没有主体的需要,就无所谓价值。满足人的需要是法的价值最基本的内容,是法对于人的首要意义。"❶对商标法法律价值的分析,也需要首先确定对商标法有需求的主体,然后进一步分析这些主体对商标法的需求,进而确定商标法的法律价值和规范意旨。据此,本书将从对商标法有需求的主体出发,分析商标法中的主体对商标法的具体需求,在此基础上明确商标法的价值和规范意旨。

(二) 商标法中的主体

法律价值主要体现为主体对法律的需求的关系。因此分析商标法的法律价值,首先需要明确商标法法律价值的主体。在商标诉讼之中,诉讼主体是商标权人和被诉侵权的厂商。据此,商标法中首先可以确定的价值主体是商标权人和与商标权人相对的其他参与市场竞争的厂商。除此之外,商标法中还有一类主体与商标权人和其他厂商存在紧密的关联关系,这就是消费者。消费者与商标权人、商标权人之外的厂商构成了商标法上的三类主体。

在商标法中,商标权人是重要的主体之一。从商标法的产生来看,商标法主要是为了保护商标权人免受不正当竞争的侵害。亦即,正是商业贸易的发展和市场竞争中仿冒行为的出现,才使得商人阶层迫切需要法律承认其对于特定标识的权利。"从传统上看,商标法并不主要是为了保护消费者,商标法像所有不正当竞争法一样,是为了保护厂商免受竞争者非法地转移本属于商标权人的交易(illegitimate diversions of their trade)的行为。美国法

---

❶ 卓泽渊:"法的价值的诠释",载《苏州大学学报》2005年第5期。

院保护通过确认财产权的方式保护厂商,禁止非法转移交易。"❶麦卡锡教授也指出:"不正当竞争法在传统上是竞争政策的战场,原告防止其劳动果实不被窃取的利益应当值得重视。"❷ 正是对商人阶层在其商品之上使用商标的行为的承认,使得立法有必要保护商人免受不正当竞争的侵害。侵权者不能够收获他没有播种的果实,而商标权人则有权享受他们的劳动成果。❸ 可见,在商标法价值的分析中,商标权人是重要的一类主体。

对商标法存在需求的主体不仅有商标权人,还包括可能与商标权人在诉讼中相对的其他厂商。"典型的商标诉讼呈现出相互竞争的销售者之间的冲突。"❹ 商标法是竞争之法,是市场经济法律规范的重要组成。"规范美国自由市场经济的法律的基本目标是促进和鼓励竞争,这是因为商业上的竞争无论从社会上还是经济上看都是有益的。"❺ 在商标法中,商标权人固然需要保护,但是也不能忽略与商标权人利益相对的,经常与商标权人产生讼争的其他厂商。在市场经济中,其他厂商有权利自由地参与市场竞争。当商标权人通过使用商标,将某一公有领域的标识变为商标

---

❶ Mark P. McKenna, The Normative Foundations of Trademark Law, 82 *Notre Dame L. Rev.* 1839, 1841 (2006~2007).

❷ J. Thomas McCarthy, *McCarthy on Trademarks and Unfair Competition*, Eagan: Thomson/West, 2006, §2: 2~3.

❸ Michael Grynberg, Trademark Litigation as Consumer Conflict, 83. *N. Y. U. L. Rev.* 60, 70 (2008).

❹ Michael Grynberg, Trademark Litigation as Consumer Conflict, 83. *N. Y. U. L. Rev.* 60, 61 (2008).

❺ J. Thomas McCarthy, *McCarthy on Trademarks and Unfair Competition*, Eagan: Thomson/West, 2006, §1: 1.

从而获得商标权时，其他厂商就不得以极可能造成消费者混淆的方式使用与商标权人商标相同或近似的标识。但是，原则上只要不造成消费者混淆，其他厂商就可以自由地选择和使用商标。❶甚至，其他厂商可以以合理的方式对商标权人的商标标识进行描述性、指示性的正当使用或比较广告。如果商标权人能够依据商标法阻止其他竞争者正当使用商标权人的商标标识，就会损害其他厂商自由参与市场竞争的利益，消费者也无法通过其他厂商对商标权人商标的正当使用获得有用的商品信息。"禁止他人使用竞争者的商标来标示竞争者的商品，会阻碍同类需求的有效率地交流"（effective communication of claims of equivalence）。❷可见，商标法中，相对于商标权人的其他厂商也是商标法价值的重要主体，探究该主体对商标法的需求，是确定商标法价值的有效途径。

商标法不仅涉及商标权人和其他厂商，消费者同样在商标法中占据重要的地位。商标法的特色就在于，消费者在商标法中的地位较为特殊。消费者并不是商标权诉讼的主体，消费者在受到商标仿冒者的欺骗之后并不能依据商标法提起商标侵权之诉。但是，消费者又贯穿于商标法理论构建和制度设计的始终。从商标的生成和商标的显著性来看，只有消费者将某一符号视为标示特定商品来源的标志时，商标才开始存在；从商标的混淆来看，只

---

❶ 随着反淡化法的通过，即便不造成消费者混淆，有时厂商也可能需要承担淡化的侵权责任。但是，反淡化法目前争议较大，在美国反淡化立法中，其适用范围也仅限于具有较高知名度的商标，因此，一般情况下其他厂商承担的主要义务依然是不造成消费者混淆。

❷ Cf. Smith v. Chanel, 402 f. 2d 562, 567~568 (9th Cir. 1968).

有消费者对两个相似的商标标示的商品或服务的来源或其关联关系发生误认时，商标的混淆才发生；而从商标的淡化来看，也只有消费者对某一著名商标的心理感受或印象逐步变弱时，商标的淡化才存在。因此，普通消费者的心态处于商标法和政策的中心❶，消费者是商标法中的试金石，决定了商标权与商标侵权的存在与否。

耐人寻味的是，在商标诉讼中，商标权人往往会宣称其代表着两方的利益。一方是商标权人自己，另一方就是消费者。"商标诉讼必然是一种销售者针对销售者的形式，但基于兰哈姆法的结构，消费者的利益还是被提出。商标权人会控诉后使用者窃取了他的商誉，同时认为被告也侵害了消费者"❷ 显然，在商标权的保护中，商标权人充当了消费者的利益代言人。商标权人在商标诉讼中需要向法庭证明的最为重要的证据即是与其商标相关的消费者极有可能发生混淆。只有商标权人证明了消费者会发生混淆，商标权人才能获得救济，由此足见消费者和商标权人之间存在着多么紧密的联系。其情形正如奥斯丁（Austin）教授所言："不寻常的事情之一是商标侵权案件的责任是否成立通常都不依靠于诉讼任何一方的心理状态（state of mind）。结果，商标法必须总是要隔着一段距离（at a distance）去了解消费者的想法。"❸

---

❶ Thomas R. Lee, Glenn L. Christensen, Eric D. De Rosia：Trademarks, Consumer Psychology, and the Sophisticated consumer, *Emory Law Journal*, 575, 576 (2008).

❷ Michael Grynberg, Trademark Litigation as Consumer Conflict, 83. *N. Y. U. L. Rev.* 60, 72 (2008).

❸ Graeme W. Austin, Trademarks and the Burdened Imagination, 69 *Brooklyn L. Rev.* 827, 832 (2003~2004).

综上，商标法法律价值的界定中，需要参照的主体是商标权人、商标权人之外的其他厂商和消费者。其中，商标权人和其他厂商，是市场竞争的主体，而消费者则是这两类主体需要"讨好"和"争取"的对象，三方主体之间呈现出相互影响、相互制衡的关系。

(三) 商标法中主体的关系与需求

尽管商标权人、其他厂商和消费者是商标法法律价值中的三方主体，但是细加分析可以发现，前两者利益的最终实现有赖于消费者。消费者对商标权人的商品是否认可，消费者在市场中面对商标时的心理反应，消费者是否能够通过其他厂商的竞争行为获得多元化的商品信息，不仅关系到消费者自身利益，也关系到参与市场竞争的所有厂商的利益。因此，消费者对商标法的需求，实际上可以代表商标权人和与商标权人相对的其他厂商对商标法的需求。

首先，消费者和商标权人之间的利益关系相当紧密，当消费者因为混淆而受到损害时，商标权人就同时遭受到了损害。消费者和商标权人是一损俱损、一荣俱荣的关系，两者有着共同的避免混淆的利益需求。"对于消费者保护的政策、财产权利、经济效率和普遍正义的概念构成了商标法的基础。"❶ 美国参议院专利委员会曾这样描述商标法：一方面，"保护社会公众，使他们能自信地购买商品，并确信能买到他们询问的和想要的物品"。另一方面，保护商标权人"在向公众提供商品时精力、时间和金钱

---

❶ J. Thomas McCarthy, *McCarthy on Trademarks and Unfair Competition*, Eagan: Thomson/West, 2006, §2: 3.

的投入，避免被通过盗用和欺骗的方式侵吞"。❶ 具体而言，商标权人之所以在商标之上投入资金和精力，就是为了在市场竞争中赢得优势，获得消费者的青睐。而要使消费者能够在市场中选择商标权人的商品，让商标权人的投资获得回报，就需要确保商标标示来源功能的正常发挥，使市场上不同的商标能够相互区分，让消费者能够准确地找到商标权人的商品。一旦消费者在市场中发生了混淆，对商品之间的来源或关联关系发生了错误的判断，消费者就会基于这种错误的认识作出不正确的购物决策。不仅消费者会受到损失，商标权人的利益也会受到损害。反之，当消费者能够正常地识别不同商品的来源，消费者就能准确地获得他们想要的商品，商标权人的投资就会获得预期的回报。其情形正如兰德斯和波斯纳教授所言："一旦商誉被创造出来，公司就会获得更多的利润，因为重复购买的消费者和口耳相传（word-of-mouth）的偏好会增加销售。消费者也愿意付出更高的价格以节约搜寻成本，确保一贯的质量。"❷ 可见，在通常情况下，商标权人和消费者的利益是一致的。商标权人和消费者都希望商标标示来源的功能能够正常发挥，市场上的商标能够相互区分。当商标标示来源的功能正常发挥时，消费者就降低了购物的搜寻成本，可以放心地认牌购物，商标权人也能借助于商标表明自己的身份，通过消费者对其商品的购买获得利润，放心地投资于商标。商标权人和消费者之间就是一种利益相互促进的关系。因此，商

---

❶ S. Rep. No. 79~1333, at 3 (1946). 转引自 Michael Grynberg, Trademark Litigation as Consumer Conflict, 83. *N. Y. U. L. Rev.* 60, 64 (2008).

❷ William M. Landes & Richard A. Posner, *The Economic Structure of Intellectual Property Law*, Boston: Harvard University Press, 2003, p. 168.

标权人和消费者共同的利益需求是避免混淆，使消费者能够正常地识别商标和依据商标进行购物。

其次，商标权人和消费者又并非利益完全一致的共同体，"商标法的扩张增加了销售者和消费者利益之间冲突的可能。"❶ 消费者作为在市场中作出购物决策，满足自身各种需要的主体，除了避免混淆的需求，还有享受市场自由竞争益处、获得丰富的商品信息，以利于其购物决策的需求。一方面，消费者固然希望避免混淆，准确地找到其意欲购买的商品，降低搜寻成本；另一方面，消费者也希望市场有着较高的自由竞争程度，使市场上提供同类商品的厂商能够相互竞争。各种相关商品的资讯可以畅通无阻地传递，使消费者享受到厂商之间相互竞争所带来的益处，作出更符合其自身利益的购物决策。这种利益诉求就体现为消费者享受自由竞争所带来的益处，获得多样化的商品信息的需求。这种需求有时会与商标权人最大限度扩张商标权的行为相冲突。

具言之，商标权人在商标上投资，就是为了最大限度地谋求利益最大化。在追求利益最大化的过程中，商标权人倾向于强化商标权的范围，最大限度地禁止他人对其商标的使用。在实践中，商标权人将关联关系混淆、初始兴趣混淆、售后混淆等新型混淆形态都纳入混淆可能性的范围，同时不断降低侵权成立的举证难度，目的就在于禁止他人对其商标染指。实际上，在很多情况下，他人行为只是造成零星的、个别的消费者混淆；或者，他人的行为虽然造成了消费者混淆，但被混淆的消费者根本就不可能购买系争商标的商品，不是系争商标的相关消费者；甚至，他

---

❶ Michael Grynberg, Trademark Litigation as Consumer Conflict, 83. *N. Y. U. L. Rev.* 60，65（2008）.

人的行为是对商标权人商标的正当使用行为，根本不是商标侵权行为。在未能造成消费者混淆或者只造成很小一部分消费者混淆的情况下，商标权人的商标和其他厂商的商标在市场中就能够被消费者识别与区分，此时法官判定其他厂商构成商标侵权，就无疑扩张了商标权人的权利范围，使得本应正常使用自己选用的商标的厂商无法使用该商标，损害了这些厂商自由参与市场竞争的权益，同时也损害了大部分没有被混淆的消费者的利益，使商标权人和消费者在利益诉求上发生冲突。

实际上，在同一个商标侵权案件中，往往既有那些可能会被混淆的消费者，也有那些不会被混淆的消费者。显然，会被混淆的消费者需要得到商标法的保护，但那些不会被混淆的消费者的利益也同样值得关注。司法实践中，法官往往关注于那些极有可能会发生混淆的消费者的利益，而没有考虑那些不可能会发生混淆的消费者的利益。法院在只有很少部分消费者极有可能发生混淆，甚至没有消费者会发生混淆的情况下就判定其他厂商构成商标侵权，将使其他厂商无法再使用其选用的商标，其参与市场竞争的权益就会受到侵害。而能够正确识别商标权人和其他厂商的商标，不会发生混淆的消费者的利益也同样会受到损害。其情形正如学者所说："如果商标诉讼扩展其领地，包括第三方即那些可能被混淆的消费者，则还遗忘了第四方——那些从被告行为中获益的消费者。未被混淆的消费者从被告的行为中获得了益处，但往往未能被注意。公众利益都被归结为避免混淆的利益，而这些正是商标原告的诉由。"❶

---

❶ Michael Grynberg, Trademark Litigation as Consumer Conflict, 83. *N. Y. U. L. Rev.* 60，75，77（2008）.

从消费者享受市场自由竞争所带来的益处，获得多样化的商品信息的需求来看，其他厂商不仅可以在消费者不发生混淆的情况下在自己的商品上使用商标，而且还可以对商标权人的商标在非侵权意义上进行使用。例如，在比较广告中提及商标权人的商标，以描述性、指示性的方式使用商标权人的商标标识。这些使用行为有利于市场自由竞争，对其他参与市场竞争的厂商意义重大，也关涉消费者利益的实现。但是实践中，商标权人往往不愿意让他人利用自己的商标进行比较广告或进行描述性、指示性的使用，认为这些行为是侵权行为，继而提起商标混淆侵权或淡化侵权之诉，借此达到限制其他厂商参与市场竞争，巩固自身市场控制力的目的。其实，商标权人的商标不仅仅是商标权人的财富，它同时也是一种社会符号，起着传递商品信息、丰富消费者选择的作用。其他厂商在不造成消费者混淆的情况下在比较广告或描述性、指示性的环境中使用商标权人的商标标识❶，能够活跃市场竞争，向消费者传递更多的商品信息，让消费者有更多样的选择。

---

❶ 当然，在一些国家商标反淡化法通过之后，即使他人在比较广告中对商标权人商标的使用未造成消费者混淆，商标权人也可以提起商标淡化之诉，控告其他厂商弱化或丑化了其商标。但是，一方面，商标反淡化法的适用范围较为有限，只限制于较为著名的商标。另一方面，商标反淡化法的适用，也需要考虑到消费者在比较广告中获得多元化商品信息的利益，以及其他厂商在比较广告中正当地使用商标权人商标，以更有利于参与市场竞争的利益。因此，即便在比较广告中适用商标反淡化法，也需要衡量消费者获得多元化商品信息的利益与商标权人获得淡化保护所能得到的利益，慎重地适用商标反淡化法，以维护公平自由的市场竞争环境，防止商标权人的权利过于膨胀。

以比较广告为例，比较广告是指某一厂商为了正当地宣传自己的商品，在广告之中提及商标权人的商标，对比自己的商品和商标权人的商品。在比较广告中，消费者识别商标和依据商标进行购物的心理认知状态明显不同于消费者在混淆状态下的心理认知状态。在比较广告中，消费者虽然在看到商标权人的商标之后，会激活商标权人商标的认知网络，提取出商标权人商标中的有关信息，但是此时的消费者，并没有对其他厂商和商标权人之间的关系产生混淆。换言之，消费者不会认为其他厂商的商品来自于商标权人或与商标权人存在关联关系，不会在混淆的状态下以商标权人商标所代表的信息作出购物决策。相反，消费者的购物决策建立在正确区分两个厂商的基础之上，并且借助于比较广告，消费者获得了更多的信息来帮助其作出更理性的购物决策。因此，"消费者从更多的商品选择中获益，这种'如果你喜欢 X 品牌那么你也会喜欢上 Y 品牌'的模式也有效地传递出了这种信息。"❶ 当消费者识别商标和依据商标所代表的信息进行购物决策没有受到影响时，如果法院认定他人利用商标权人商标进行比较广告的行为构成侵权，消费者就不能够从这种比较广告中获得多元化的商品信息，消费者的知情权和选择权就受到了损害。同样，其他厂商也被剥夺了通过引用商标权人商标来介绍自己商品的权利，无法自由地参与市场竞争。

不仅在比较广告中，在其他领域，消费者和其他厂商也有着对商标法的这种需求，这种需求会与商标权人的利益产生冲突。例如，商标法中有功能性原则，亦即，商标法不保护实用

---

❶ Michael Grynberg, Trademark Litigation as Consumer Conflict, 83. *N. Y. U. L. Rev.* 60, 77（2008）.

功能。如果某一标识是为了使商品具备特定功能，或者使商品固有的功能更容易地实现所必须使用的形状，则其不能作为商标注册。❶ 不仅如此，即便这一标识经过了长期使用，在消费者心目中产生了第二含义，具备了商标标示和区分来源的功能，也不能够赋予其商标权。这是因为，假如商标权人获得了具有实用功能的标识的商标权，则其他厂商就不能够在其商品上运用这一实用功能，否则就可能构成商标侵权。借助于商标之上商标权的存在，商标权人就可以获得对该商标所具备的实用功能的垄断，阻止他人实施该项实用功能，在运用该实用功能的商品上实现生产和销售的垄断，这显然不利于其他厂商自由参与市场竞争，消费者的利益也会因商标权人的垄断而受到损害。在实践中，如果具备实用功能性的标识经过长期使用获得了第二含义，消费者将该标识作为商标对待，并在其他厂商使用该标识时发生"混淆"，商标权人也不能以消费者发生"混淆"为由，援引混淆可能性标准要求其他厂商承担侵权责任。这主要就是考虑到消费者以及其他厂商的需求。亦即，消费者对商标有着多元化的需求，消费者不仅需要避免混淆，还需要从市场自由竞争中获益。与消费者一样，其他厂商也需要在市场竞争中以公平和合理的方式使用商标权人的商标标识，以更好地参与市场竞争。

由上可见，消费者的利益有时会与商标权人的利益相冲突，消费者享受自由竞争带来的益处和获得多样化商品信息的需求，实际上代表着与商标权人相对的其他厂商的需求。其他厂商是商

---

❶ 王迁：《知识产权法教程》，中国人民大学出版社 2011 年版，第 372 页。

标权人的相对方，在商标诉讼中经常以被告的形式出现，成为商标权人诉讼的对象。其他厂商虽然不得以混淆消费者的方式使用商标权人的商标，但同样有权利以合理的方式使用商标权人的商标标识，向消费者传递自己商品的信息，更好地参与市场竞争。如果其他厂商在商标权人主张权利的情况下无法借用商标权人的商标标识来正当地传递自己商品的信息，也会造成消费者这一主体利益的损失。可见，消费者这一主体往往会游走在两大主体之间，有时与商标权人结成同盟，共同对抗使用商标权人商标，造成消费者混淆的其他厂商，有时又与其他厂商结成同盟，共同对抗不当扩张其权利范围的商标权人。

综上，消费者对商标法有着避免混淆的需求，也有着享受自由竞争的益处和获得多元化商品信息的需求，而这两方面需求又分别代表了商标权人和其他厂商的需求。消费者、商标权人和其他厂商需要的是公平之下的自由竞争环境。它不仅使消费者能够避免混淆，正常地识别商标，作出符合其意愿的购物决策，也使得商标权人可以放心地投入资金，提高商品的质量，满足消费者的需要。同时，其他厂商也能够正当地使用商标权人的商标标识，向消费者传递有关其商品的信息，更好地参与市场竞争。

二、商标法的价值：公平之下的市场竞争自由

既然商标权人、消费者、其他厂商对商标法有着不同的需求，商标法就需要协调各种需求，确定其价值取向，这是确立和构建混淆可能性标准的关键。

根据商标法涉及的主体的需求，商标法追求的价值可以概括为公平之下的市场竞争自由。商标法是市场之法，调整的是市场

主体之间的竞争关系。"商标保护是规范市场秩序，维护公平竞争的重要机制。"❶ 为了保证竞争主体之间的竞争是自由而正当的竞争，有利于提升消费者福利和促进整个国民经济的发展，商标法追求的价值是公平之下的市场竞争自由。

竞争中的自由是与市场经济相关联的法律制度追求的重要目标。"规范美国自由市场经济的法律的基本目标是促进和鼓励竞争，这是因为商业上的竞争无论从社会上还是经济上看都是有益的。"❷ 在市场经济中，参与竞争的市场主体可以在价格、制作工艺、商品质量、服务水平等各个方面自由地与竞争对手展开竞争，通过竞争赢得市场，促进自身的不断发展，而消费者也受益于自由竞争带来的更为低廉的商品价格和更为优质的商品质量与服务。麦卡锡教授就认为："自由竞争政策背后隐含的假设是，竞争对手的压力促使价格降低到最低水平时，销售者仍然能够获得利润，生存下去。法律的供给和需求相对于垄断和政府管制经济来说，也会倾向于保持更高的质量和效率，更低的成本。尽管自由竞争和自由市场的政策经常遭受质疑，但在美国，该政策是百余年来政府对待商业态度的基石。"❸

竞争中的自由，如果不加限制，就表明竞争对手可以任意模仿竞争对手的一切，包括竞争对手的商业经营方法、商品中的专有技术、特有的外观设计、商品的结构和功能等，以借用竞争对手在竞争中的优势，提升自身实力，与竞争对手展开竞争。如果

---

❶ 张玉敏："维护公平竞争是商标法的根本宗旨——以《商标法》修改为视角"，载《法学论坛》2008 年第 2 期。

❷❸ J. Thomas McCarthy, *McCarthy on Trademarks and Unfair Competition*, Eagan：Thomson/West, 2006, §1：1.

对这种任意模仿完全不加以限制，竞争者之间竞争的公平就会受到极大损害，市场主体苦心孤诣创造出来的特有外观、专有技术、商业创意，就会被竞争对手任意仿造，导致市场主体无法收回自身创造所产生的外部收益，市场主体就不再有积极性奋发进取、开拓创新，而是转而模仿他人。竞争中的自由将因自由的不受限制和过度放纵而丧失公平，最终丧失自由。可见，法律追求市场竞争中的自由，但追求的是公平之下的竞争自由。为了最终实现自由，必须以公平作为原则限制主体的自由。就商标法所属的知识产权法而言，法律设置了专利权、商标权、版权作为自由复制和模仿的例外。市场中的竞争者一旦获得了上述权利，竞争对手就不能够自由地复制上述权利的客体，其自由参与竞争的权利受到了一定的"限制"。但是，为了公平的市场竞争环境，这种"限制"又是必须施加的。

虽然法律通过设置专利权、商标权、版权等专有权利的方式，保证了市场中的竞争者能够在一定程度上限制他人任意模仿自身的优势资源，但这种限制又并非没有限度。如果这种限制超越了专利权、商标权、版权的边界，就不正当地侵犯了他人自由参与市场竞争的权利，变为不公平地干扰他人经营的不正当竞争行为。正如麦卡锡教授所言："必须将法律赋予的排他权视为受到保护的一小块领地，这一小块领地放置于自由复制（free copying）的基本政策所统辖的环境之中。"1989 年美国最高法院就重申："在很多情况下，并不会禁止复制商品和商品。通常，除非知识产权如专利权和版权保护了某一客体，否则它将可以被复制。复制并不总是不被保护我们竞争性经济的法律所鼓励和批准的。允许竞争者去复制将会在很多方面产生有益的效果。"❶ "基本的规律是自由竞争和自由复制的规定是原则，而排他权利和知识产权只是例外。"❷ 基于此种考虑，与市场经济相关联的法律制度又对知识产权专有权利可能的滥用设置了诸多安全阀制度❸，以防止专有权利超出其合理的范围，造成对自由竞争的戕害。

为了实现公平环境之中的竞争自由，商标法需要确立混淆可能性标准，规制仿冒他人商标的侵权者。但是，只有真正的很有可能造成相关消费者发生混淆的行为，才属于商标法的规制对象。商标法的价值要求混淆可能性标准必须有着明确的范围和边界。那些零星、个别的消费者所发生的混淆以及并非系争商标的相关消费者所发生的混淆，都不符合商标法的价值对混淆可能性标准的要求，不属于混淆可能性的对象。他人即便造成了消费者发生这样的"混淆"，也不属于商标侵权行为，不受商标法的调整。商标法所追求的正是这样一种公平市场环境中的竞争自由。

实际上，商标法只是与市场经济有关的法律制度的一部分。商标法构建的市场是公平竞争之下的自由竞争市场。商标法最终的目的是为了使市场中的主体相互自由竞争，而自由竞争的前提又是竞争主体不允许使用一些不公平、不正当的手段去危害其他竞争者的自由。这一方面就表现为参与市场竞争的主体不得以混淆消费者的方式使用他人的商标，另一方面又表现为混淆可能性

---

❶ TrafFix Devices, Inc. v. Marketing Displays, Inc., 121 S. Ct. 1255, 1260 (2001).

❷ J. Thomas McCarthy, *McCarthy on Trademarks and Unfair Competition*, Eagan: Thomson/West, 2006, §1: 2.

❸ 这些安全阀制度包括著作权法中的合理使用和法定许可制度、专利法中的强制许可制度、商标法中的"合理使用"制度等。

有其特定的范围，商标权人不得超越混淆可能性的边界，妨碍他人自由地参与竞争。

三、商标法的规范意旨：防范混淆与鼓励竞争

商标法所追求的公平之下的竞争自由是较为抽象的价值取向，需要将之具体化，落实到商标法的规范意旨之中，通过商标法的实施加以实现。商标法主要通过三个方面的途径来追求市场竞争中的自由与公平。

首先，商标法通过赋予商标权的方式规制市场中极有可能造成消费者混淆的行为，确保市场中的商标能够相互区分，以此激励商标权人投入资金进行生产和销售、维持和提高商品的质量和服务水平。

商标法赋予了商标权人商标权，明确了商标权的权利范围，使商标权人对投资于商标的收益有合理的预期。商标权的设定，实际上就是对他人自由竞争的一种"限制"。正如前文所述，完全自由的不受到任何限制的竞争是不可接受的。因此，商标法要通过赋予产权的方式，使合法经营的商人能够收回投入在商标之中的成本。"产权的一个主要功能是导引人们视线将外部性较大地内在化的激励。"❶ 商标法正是通过赋予商标权人以产权，将商标权人投资所创造出的商标的外部性进行内部化，以此引导和激励商标权人将更多的资本投资于商标，努力维持和提高商品质量。"商标固定了责任。如果没有商标，销售者的错误或质量低

---

❶ ［美］H. 登姆塞茨："关于产权的理论"，见陈昕主编：《财产权权利与制度变迁——产权学派与新制度学派译文集》，上海三联书店、上海人民出版社1994年版，第98页。

劣的商品就难以追溯其源头。因此，商标创造了一种去保持良好声誉的激励，这是为了使商品的质量能够连贯一致。商标法背后重要的目的是保护商标权人对商标的质量以及商标所标示的商品或服务的质量的投资。"❶ 确定商标权之后，商标权人就获得了商标专用权和禁用权，能够阻止他人以混淆消费者的方式使用自己的商标。消费者也可以依据商标权人的商标进行认牌购物。当消费者无法正常地识别商标和依据商标所代表的相关信息进行购物决策，商标权人就有权援引混淆可能性标准对造成消费者混淆的行为进行规制。在市场上的商标能够相互区分的状态下，如果消费者认为商标权人提供的商品满足了自己的需求，达到了购买的预期，也会通过重复购买的方式对商标权人予以支持；而如果商标权人提供的商品质量低劣，服务落后，消费者会通过拒绝购买的方式否定商标权人。"商标不仅标示着商品质量，而且在商品质量达不到预期时，赋予了消费者一种报复手段。如不满意，消费者在将来可以缩减对同一品牌商品的购买量。在市场上，企业常常采用老品牌推销新商品，其目的就是为新商品的质量向消费者提供一种担保。"❷ 商标权的确立，使商标权人可以放心大胆地投入资金，维持和提高商品质量。同样，"一个拥有有价值的商标的公司，就不愿意降低其品牌的质量，因为这会导致其投入在商标中的资本的减少，法律对商标的保护鼓励了高质量商品的生

---

❶ J. Thomas McCarthy, *McCarthy on Trademarks and Unfair Competition*, Eagan: Thomson/West, 2006, §2: 4.

❷ George A. Akerlof, The Market for "Lemons": Quality Uncertainty and the Market Mechanism, 84 *Quarterly Journal of Economics*, 500, 488 (1970).

产。"❶ 正是因为商标权的存在，使商标与商标之间得以区分，使商标权人致力于维护和提高商品质量，市场经济的效率得以提升，消费者也从中受益。"生产低劣商品的厂商只能在某些时候愚弄消费者。通常，高度统一的质量水平本身可能就是使用品牌和商标的结果。"❷

其次，商标法不但通过赋予商标权的方式打击混淆消费者的侵权行为，保护商标权人的投资，而且致力于降低消费者购物的搜寻成本，提升消费者福利。消费者搜寻成本的降低一直以来就是以波斯纳为代表的法经济学派在论述商标法时所始终强调的。现实中的商品五花八门，由众多厂商提供，如果没有一种简便的标记将不同厂商提供的商品相区分，消费者很难挑选到理想的商品，这就凸显出商标的重要性。商标是品牌信息的集散地，是消费者获得商品信息的捷径。"消费者不必去调查每一个潜在购买物的产源和质量，而只需要将商标作为指示的捷径。"❸ 实际上，搜寻成本理论与消费者对商标的心理认知紧密相连。根据认知心理学原理，某一厂商所提供的商品的来源、质量水准、服务水平等，都会凝聚在商标之中，存储在消费者的记忆中。消费者在市场中识别出该商标时就能够很快地获得该商标所代表的相关信息，并以这些信息为参照进行购物决策。"商标通过提供简洁的、

---

❶ William M. Landes & Richard A. Posner, *The Economic Structure of Intellectual Property Law*, Boston: Harvard University Press, 2003, p. 179.

❷ J. Thomas McCarthy, *McCarthy on Trademarks and Unfair Competition*, Eagan: Thomson/West, 2006, §2: 4.

❸ Stacey L. Dogan and Mark A. Lemley, A Search-Costs Theory of Limiting Doctrines in Trademark Law, 97 *Trademark Rep.* 1223, 1225 (2007).

可记忆的和清晰的商品或服务的标记,试图最小化信息的成本。"❶ 值得注意的是,降低消费者的搜寻成本,并非商标法所追求的最终目的。消费者搜寻成本的降低,还是为了消费者能够准确地找到自己想要购买的品牌商品,使消费者根据商标来认牌购物。"法律降低消费者的搜寻成本是为了促进市场的竞争性功能,获得信息的消费者将会进行更明白的(better-informed)消费,这将会增进整体的效用,促使生产者提高商品的质量。"❷

最后,商标法赋予商标权人商标权,是为了保证竞争的公平。在竞争公平的前提下,商标法鼓励自由竞争,将商标权明确限定在一定范围之内,防止商标权压制自由竞争。正如麦卡锡教授始终秉持的观点,自由地复制和模仿是自由市场经济的原则,而知识产权排他权的设置只是一种例外。❸ 知识产权的设置是为了更好地促使自由竞争,但是并不能忽视知识产权对自由竞争可能造成的危害。商标权也并不例外。"如果走得太远,商标法就会走向反面:它能巩固大型企业的支配地位,使得竞争者更难以挤进新的市场。商标法的演进反映了一种持续的平衡,这种平衡寻求最大化商标信息的价值,同时避免压制竞争性的信息。"❹ 商标法鼓励自由竞争,反对商标权的行使超出其合理范围,压制市

---

❶ William M. Landes & Richard A. Posner, *The Economic Structure of Intellectual Property Law*, Boston: Harvard University Press, 2003, p.161.

❷ Stacey L. Dogan and Mark A. Lemley, A Search-Costs Theory of Limiting Doctrines in Trademark Law, 97 *Trademark Rep.* 1223, 1227 (2007).

❸ J. Thomas McCarthy, *McCarthy on Trademarks and Unfair Competition*, Eagan: Thomson/West, 2006, §1:2.

❹ Stacey L. Dogan and Mark A. Lemley, A Search-Costs Theory of Limiting Doctrines in Trademark Law, 97 *Trademark Rep.* 1223, 1224 (2007).

场中正当的竞争行为。"商标法的基本目标是便利竞争性商品的流通，通过增进竞争而提高经济效益。"❶ 就此而言，首先，商标混淆可能性的范围必须明确，判定必须准确。混淆可能性针对的必须是那些真正造成了消费者混淆，使消费者无法正常地识别商标和进行购物决策，对商标权人利益构成危害的行为。如果混淆可能性的范围不明，其他竞争者在竞争中就无法对自己使用商标的行为进行预判，是否侵权就处于不确定的状态，投资者竞争的积极性就会受到影响。不仅如此，如果在混淆可能性范围确定的前提下，法院的侵权判定不具有科学性和可预测性，也会不合理地扩大混淆可能性控制的区域，导致其他竞争者没有造成消费者混淆的行为被禁止，对自由竞争构成危害。从商标的功能来看，商标的主要功能是标示来源，让消费者正常地识别商标和根据商标所代表的相关信息作出购物决策。混淆可能性所针对的侵权行为就应当是那些损害商标标示来源功能发挥，让消费者正常的识别商标和依据商标所代表的信息进行购物决策受到影响的行为。如果消费者能够正常地识别商标，准确地提取出商标所代表的相关信息用以购物决策，则商标标示来源的功能就能正常发挥，市场中的商标就能够相互区分，消费者就能够正常地认牌购物，商标法就不应当通过混淆可能性标准干涉其他厂商的行为。其次，在不造成混淆的情况下，商标法追求市场竞争的最大化，通过营造自由的市场竞争环境来促进竞争，使厂商和消费者从竞争中获益。因此，其他厂商对商标权人商标标识的正当使用行为就不应当被禁止。商标法为了实现这一目标，在明确混淆可能性范围的

---

❶ 冯晓青："商标法第三次修改若干问题"，载《中华商标》2007年第4期。

同时，还需要确定其他厂商对商标权人商标正当使用行为的构成要件，以明确自由竞争的范围。甚至，在某些情况下，即便其他厂商对商标权人商标标识的某些使用行为可能导致消费者混淆，商标法也不能将其视为商标侵权行为。典型的如商标法中的功能性原则。正如学者所言，"竞争者有积极的权利去利用他人的商标来吸引公众的注意，将公众注意力转移到他自己的商品上"。[1]

综上，商标法的价值是公平之下的竞争自由。其中，公平表明的是竞争的基本方式，而自由则是商标法的价值信仰与追求。商标法的这一价值具体体现为三项规范意旨：（1）规制市场中混淆消费者的行为，使商标标示来源的功能能够正常发挥，使市场中的商标相互区分，激励商标权人投资，维护和提高商品质量；（2）保护消费者免受混淆的影响，使消费者能够正常地识别商标并依据商标代表的信息作出购物决策；（3）在保护商标权人商标权的同时，确保其他竞争者能够自由地参与市场竞争。

根据上述研究，混淆可能性的确立原则和理论依据之三是商标法的价值和规范意旨。商标法的价值和规范意旨决定了商标法要以混淆可能性作为商标侵权的判定标准，决定了商标法确立混淆可能性的价值取向和宗旨，也决定了混淆可能性的范围。实际上，商标法的价值和规范意旨，本身就是为了确保商标标示来源功能的正常发挥，避免商标混淆危害的发生。但是，商标法的价值和规范意旨，不仅要求商标功能的正常发挥和商标混淆危害的避免，还考虑到消费者和其他厂商对商标法的需求，要求将商标权控制在一定的范围之内，让商标法规制那些真正使消费者极易

---

[1] Stacey L. Dogan and Mark A. Lemley, A Search-Costs Theory of Limiting Doctrines in Trademark Law, 97 *Trademark Rep.* 1223, 1233 (2007).

发生混淆，危害到市场竞争环境的行为。依据本书对消费者认知心理方面的分析，消费者是否发生混淆，要看商标标示来源的功能是否能够正常发挥，考察消费者识别商标和依据商标所代表的信息进行购物决策的过程是否能够正常开展。只有消费者无法正常地识别商标，依据商标所代表的信息进行购物决策，商标的标示来源功能才受到了损害，市场上的商标才处于无法区分的状态，这种消费者混淆形态才是混淆可能性标准针对的混淆，需要商标法进行规制。

至此，本章初步构建出了混淆可能性确立的理论依据。商标的形成、结构、本质和功能是混淆可能性确立的基础和理论依据。混淆可能性标准的确立，就是为了确保商标标示来源功能的正常发挥，让标识成为名副其实的商标。商标混淆的发生机制和危害，表明了混淆的本质和对其予以规制的必要性，是商标法确立混淆可能性的重要原因，是混淆可能性确立的重要依据。商标法的价值和规范意旨是混淆可能性确立的价值取向，是混淆可能性确立的基本原则，体现了商标法追求公平之下市场竞争自由的宗旨。

本章小结

商标的形成、结构、本质和功能是混淆可能性的确立基础和理论依据之一。商标的形成是企业向消费者展示其商标，消费者启动其心理认知机制，对外在的标识刺激进行加工，最终将该标识确定为商标的认知过程。商标即是由人类感觉器官能够感知的外在刺激形式即商标标识，与可被激活的消费者大脑记忆中存储的该商标标识代表的相关信息所组成。商标的结构和本质决定了商标的基本功能是标示来源。标示来源是商标最为基础和本源的功能，缺乏了商标标示来源的功能，商标就不再名副其实，消费者也无法依据商标确定商品的来源。而激励品质和广告宣传功能，都是商标标示来源功能的延伸，甚至可以说是商标标示来源功能的有机组成部分。保护了商标的标示来源功能，就保护了商标的激励品质和广告宣传功能。从认知心理学角度看，商标的功能就在于不断地激活消费者的心理认知程序，使消费者能够正常地识别商标，依据商标所代表的信息进行购物决策。商标混淆侵权危害的也正是商标标示来源的功能，它使消费者无法正常地识别商标和依据商标进行购物决策。这是商标法以混淆可能性作为商标侵权判定标准的重要基础。

商标混淆的发生机制和危害是混淆可能性的确立原因和理论依据之二。商标混淆的本质特征在于，由他人侵权行为所导致的，消费者无法正常地识别商标和依据商标所代表的相关信息进行购物决策的状态。在混淆的状态下，由于消费者无法正常地识别商标和进行购物决策，消费者购物的搜寻成本显著上升，其自由选择商品的权益受到了侵害，而商标权人的利润和商誉也直接受损。消费者混淆不仅使商标标示来源的功能丧失，同时也直接危及市场经济的有序运行。这是商标法以混淆可能性作为商标侵权判定标准的重要原因。

商标法的价值和规范意旨是混淆可能性的确立原则和理论依据之三。混淆可能性的确立，不仅需要考虑商标功能的保护和商标混淆危害的避免，而且需要遵循商标法的价值和规范意旨。商标法的价值是公平之下的市场竞争自由。这一方面表现为参与市场竞争的主体不得以混淆消费者的方式使用他人的商标，另一方面又表现为混淆可能性有其特定的范围，商标权人不得超越其界限，干涉他人参与市场竞争。据此，商标法的规范意旨主要包括：（1）规制市场中混淆消费者的行为，使商标标示来源的功能能够正常发挥，使市场中的商标相互区分，激励商标权人维护或提高商品质量；（2）保护消费者免受混淆的影响，使消费者能够正常地识别商标并依据商标代表的信息作出购物决策；（3）在维护商标权人商标权的同时，确保其他竞争者能够自由地参与市场竞争。这是商标法以混淆可能性作为商标侵权判定标准的重要原则。

总体来看，商标法之所以要确立混淆可能性标准，规制造成消费者混淆的市场行为，就是为了确保商标标示来源的基本功能能够正常发挥，避免商标混淆危害的发生，使商标法的价值和规范意旨能够实现。商标法之所以要确立混淆可能性标准，就是为了确保消费者能够正常地识别商标和依据商标所代表的信息进行购物决策。商标混淆可能性标准所指的混淆，也正是这种由于侵权人的行为所造成的相关消费者无法正常地识别商标和依据商标所代表的相关信息进行购物决策的状态。只有他人的行为造成了相关消费者发生这种状态的混淆，才可以纳入混淆可能性的范围，他人的行为才构成商标侵权。

第三章

商标混淆可能性的范畴界定

混淆可能性确立的正当性和理论依据包括商标的形成、结构、本质和功能、混淆的机制和危害、商标法的价值和规范意旨。混淆可能性的立法构造，要以这些理论为指导，划定混淆可能性的合理范围，避免混淆可能性的范围过宽或者不明确损害到市场自由竞争。但是在目前，混淆可能性不断扩张，关联关系混淆、初始兴趣混淆、售后混淆都被纳入到了混淆可能性的范围之中。在这种背景下，混淆可能性被赋予太多的任务，混淆可能性范畴充满了模糊性和不确定性。

由于商标法的主要任务是防范混淆，混淆可能性的范畴在商标法中的重要性不言而喻。混淆可能性的范畴直接决定了混淆可能性范围的大小，决定了混淆可能性所指的是哪些形态的需要商标法防范的混淆。有鉴于此，本章将联系第二章混淆可能性的理论依据，对商标混淆可能性的范畴进行界定。本章第一节将论述混淆可能性范畴界定的必要性。第二节将根据商标法的价值和规范意旨，提出界定该范畴的基本思路。第三节拟将商标法的价值和规范意旨融入混淆可能性范畴的界定中，对混淆可能性所指的混淆形态进行解析，归纳出混淆可能性的范畴，明确商标法需要防范的是何种形态的消费者混淆。

第一节　混淆可能性范畴界定的必要性

范畴是指某一学科的最高概念或最基本的概念，它是人的思维对客观事物的本质属性、相互关系和活动状况的概括反映和抽象表现。❶ 法律范畴是法律制度的有机组成部分，是法律体系的基石。如果法律范畴模糊不清，缺乏清晰界定，相应的法律制度的适用就会处于不确定的状态，法律制度中的价值和规范意旨就无法实现。对于商标法来说，混淆可能性的范畴也同样如此。混淆可能性的范畴，决定了混淆可能性的边界，决定了商标权人和其他厂商可以自由行动的范围。

界定混淆可能性的范畴，实际上就是明确混淆可能性中混淆的特征，归纳出混淆的概念。亦即，哪些消费者混淆形态是商标混淆可能性所指的混淆，是需要商标法规制的混淆。只有归纳出混淆的特征和概念，才能最终明确混淆可能性的范畴，划定商标法反混淆的边界。本节将首先探讨混淆可能性范畴界定的必要性。

一、法律范畴的作用

范畴，是某一学科的最高概念或最基本的概念，是对客观事物本质属性的概括和总结。范畴实际上是某一学科反映某一独特研究对象或某一事物本质和活动规律的基本概念。❷ 就此而言，范畴发挥着指明特定事物内涵和外延，使一事物区分于另一事物的作用。❸ 可见，范畴是基本概念或也可称为大概念，而有些大、

---

❶ 邱柏生、董雅华："论范畴在思想政治教育学中的作用"，载《教学与研究》2012年第5期。

❷ 同上。

❸ 范畴和概念是有所区别的。两者在概括事物的本质属性和普遍联系的程度与范围上有差别。范畴通常涵盖面更广，概括性更强，抽象性更高，它是反映事物本质属性和普遍联系的基本概念，表征着同类事物中最大的分类或最宽泛领域的边界。而概念与范畴相比，反映了同类事物（转下页）

中概念也可以称为小范畴。我们可以通过法律概念来理解法律范畴的作用。

所谓法律概念，是指对各种有关法律的事物、状态、行为进行概括定位而形成的术语。❷ 作为连接规则、原则、制度的节点，法律概念是整个法律体系的基石，是法律体系的基本组成要素。"如果我们试图完全摒弃概念，那么整个法律大厦就将化为灰烬。"❸ 概括而言，法律概念主要有两种作用。

首先，法律概念的基本作用在于指明法律的约束方向。概念揭示了法律术语的内涵和外延，是法律规则适用的准绳。有学者对此有精妙的比喻："如果法律规则和法律原则具有构筑围墙的功能，那么，法律概念则具有奠定柱石的作用。法律概念不清，等于柱石可以搬动，柱石可以搬动，依据柱石而定的围墙的方向和位置就是不定的。"❹ 举例而言，对于"订金"与"定金"，普通百姓可能并不清楚其区别。但作为法律概念，订金和定金无疑有着明确的区分，这种区分就决定了两者需要适用不同的法律规

（接上页）内部的分属关系或丰富具体的那些属性。我们在一定意义上也可以把范畴称之为元概念，即它是最本质、最元初的，不可再运用其他反映形式来定义它，但却可以运用它来定义其他一些基本概念。当然两者的区别不是绝对的，而是相对的。范畴是基本概念或也可称为大概念，而有些大、中概念也可以称为小范畴。参见邱柏生、董雅华："论范畴在思想政治教育学中的作用"，载《教学与研究》2012年第5期。

❷ 刘星：《法理学导论》，法律出版社2005年版，第89页。

❸ ［美］E. 博登海默著，邓正来译：《法理学：法律哲学与法律方法》，中国政法大学出版社1999年版，第165页。

❹ 刘星：《法理学导论》，法律出版社2005年版，第89页。

则。对于商标法中的混淆可能性而言，其绝非普通的日常词汇❶，而是具有特定法律含义，针对特定法律事实，能够表明商标法权利义务关系的重要法律范畴。混淆可能性是商标侵权的判定标准，商标法的制定，主要就是为了规制市场上极有可能造成消费者混淆的行为。假如混淆可能性的范畴含混不清，他人行为所造成的哪些消费者混淆形态是商标法所要规制的混淆还没有被清晰地界定，行政和司法就无法正确地进行商标侵权的判定，整个商标法也将难以存续。可见，只有将混淆可能性的范畴界定清楚，明确其内涵与外延，商标法才能够正常运行，规制其应当规制的混淆侵权行为，划定其他厂商竞争行为的范围和边界。

其次，法律概念融入了特定的法律价值，体现了特定的法律价值取向，确保法律的宗旨、价值或目的在法律制度中贯彻始终。法律概念的精确与清晰，是适用法律规则的前提。但是，法律概念的作用还并非仅限于此。实际上，法律概念还承载着特定的法律价值，使整个法律制度在价值取向上保持统一，形成法律制度价值的体系化。正如黄茂荣先生所言："法律概念不但自逻辑的观点观之，从其概念之抽象化的程度，在概念间或法律规定间可以构成位阶关系；而且自法律概念所负荷之价值的根本性之程度，亦即从其所负荷价值之具体化的程度，在概念间或在法律间亦可构成位阶关系。"❷ 可见，法律概念指明法律的约束方向，

---

❶ 人们在日常生活中有时可能会认错人，将长相很相似的某人A与某人B相混淆，这时也存在所谓的混淆可能性。但是，这里的混淆可能性是日常生活中的概念，并不是一个法律概念。混淆可能性在商标法之中，有其明确的所指，是一个法律概念。

❷ 黄茂荣：《法学方法与现代民法》，中国政法大学出版社2001年版，第407~408页。

确定法律的适用范围，其根本目的还在于实现人们所赋予其的法律价值。对此，黄茂荣强调："设计一个法律规定或用语，当时必是有所为而来，亦即对其设计有功能上的期待，希望其有助于解决当时、当地所遭遇的问题。"❶

从法律概念的作用上我们就能够看出法律范畴在法律制度中的重要意义。混淆可能性是商标法中最为基本的概念之一，是商标法上的重要范畴。就商标上的混淆可能性而言，商标法的制度设计就是要将商标法的价值和规范意旨融入混淆可能性这一范畴之中，准确地界定混淆可能性的内涵和外延，使混淆可能性的范畴体现出预设的法律价值，使混淆可能性规制其应当规制的混淆形态。这样，商标法才符合其法律价值的预设。

二、混淆可能性范畴的模糊性

虽然概念和范畴对于法律制度具有重要的意义，但是知识产权法与传统民法相比，理论化和体系化的程度都不高，有一些基本的概念缺乏界定或共识。❷ 就商标法而言，对于"什么是商标，什么是商标权，出现了迥然不同的认识。究其根源，我们发现，问题就出在什么是商标、什么是商标权等最简单、最初始、最基本的概念问题上"。❸ 混淆可能性也是如此。作为商标法中的基本范畴，混淆可能性不过是指消费者极有可能会对两个商标所标示

---

❶ 黄茂荣：《法学方法与现代民法》，中国政法大学出版社2001年版，第53页。

❷ 关于知识产权法的非理论化与非体系化，李琛老师在其著述中有精彩的评述和探讨。李琛：《论知识产权法的体系化》，北京大学出版社2005年版。

❸ 刘春田："商标与商标权辨析"，载《知识产权》1998年第1期。

的商品的来源或其关联关系发生误认。这看起来似乎一目了然，但是实际情况却并非如此。许多国家的立法对混淆可能性不仅没有进行界定，不同的法院对混淆可能性也有不同的见解，这使得混淆可能性的范畴含混不清。

混淆可能性范畴的模糊性具体表现为四个方面。其一，混淆可能性主体的模糊；其二，混淆可能性程度的模糊；其三，混淆可能性时间的模糊；其四，混淆可能性类型的模糊。这四个方面的问题可以概括为：商标法上的混淆可能性，规制的是哪些消费者，在什么时间，所发生的何种程度和形态的混淆？可以看出，这一问题的答案将决定他人的哪些行为构成商标侵权，决定商标权范围的大小。而混淆可能性的模糊性也导致了目前商标侵权判定司法实践的混乱。

其一，混淆可能性主体的模糊。混淆可能性目前的发展趋势是将其所指的混淆主体的范围进一步扩大。以美国立法为例，美国1946年《兰哈姆法》仅将混淆的主体限定于购买者❶，这一限定在1962年《兰哈姆法》的修订中被删去。自此，就有法院认为，混淆可能性所规制的混淆不再限于购买者混淆。潜在的购买者、旁观者、乃至于供应商（suppliers）、发货人（shippers）、分销商（distributors）、信贷供应者（providers of credit）、投资者（investors）、潜在雇员（prospective employees）、职业介绍所（employment agencies）甚至一般社会公众等主体所发生的混淆都被认定为是可诉的。有学者就认为，交易中的这些人可能不是实际上或潜在的购买者，但是，这些人的混淆可能会影

---

❶ The Lanham Trademark Act of 1946，Pub L No 79~489，60 Stat 427，§32（1），15 USC §1114（1）（1946）.

响商标权人的商誉，因此这些主体的混淆都被纳入侵权考虑的范围。❶ 有法院也指出："商人的商誉，是通过多年精心努力所获得，需要得到保护，以防其被他人使用混淆性类似的商标而不公平地丑化。供应商、分销商或服务公司显然会考虑与之做生意的公司的商誉。如果供应商、分销商、服务公司或其他主体发生了混淆，就需要将之视为决定侵权的一个相关因素"。❷ 甚至，还有人认为，他人使用了与商标权人商标相同或相似的商标，但购买者在购买时没有发生混淆，而购买之后在使用过程中可能导致旁观者发生混淆，也构成混淆侵权。❸ 实际上，考虑到混淆可能影响到一些购买者之外的主体的利益，适当扩大混淆主体的范围是合理的选择。然而，仅仅笼统地认为任何类别的人群所可能发生的混淆都会影响到商标权人的商誉，都是商标法所应规制的混淆对象，将使商标权过于强化，不利于保护其他参与市场竞争的厂商和消费者。因此，混淆可能性中的主体范围还有待于界定。

其二，混淆可能性程度的模糊。混淆可能性所指的混淆的程度问题也一直困扰着学界和实务界。混淆可能性的程度包括两个

---

❶ Mark D. Robbins, Actual Confusion in Trademark Infringement Litigation: Restraining Subjectivity Through a Factor-Based Approach to Valuing Evidence. Northwestern Journal of Techrology and Intellectual Property, 2 Nw. J. Tech. & Intell. Prop. 1, 172 (2004).

❷ Powder River Oil Co. v. Powder River Petroleum Corp., 830 P. 2d 403, 416 (1992).

❸ 这就是售后混淆规则，其将混淆判定的主体从购买之中的消费者或潜在的消费者扩大到旁观者乃至一般社会公众。后文对售后混淆规则还将进行详尽的分析与反思。

方面的问题：一是多大范围或者数量的消费者所发生的混淆是混淆可能性所指的混淆，二是混淆可能性指的是智力或注意程度较低的人发生的混淆，还是那些知识渊博或观察事物仔细、注意程度较高的人发生的混淆。对这两个问题的不同回答，将很大程度上决定商标侵权是否成立。遗憾的是，对于上述问题，许多国家的立法并未明确，学界也缺乏一致的认识。这导致司法可以随意扩大混淆可能性的适用，将他人造成的零星或极少数消费者所发生的混淆也纳入混淆可能性的范围，这就不适当地扩大了商标权的范围，侵害了消费者和其他厂商的利益。可见，混淆可能性的程度还需要明确。

其三，混淆可能性时间的模糊。商标法的传统观点认为，混淆发生的时间点应当是消费者在购买商品之时。然而，随着混淆可能性的扩张，目前混淆侵权在购买之前和购买之后都可能成立。甚至，只要他人造成了消费者混淆，无论这种混淆发生在什么时候，商标侵权都成立。混淆时间的模糊很大程度上跟主体的模糊有关。正是因为主体的模糊，使很多潜在的购买者或旁观者被纳入混淆侵权的考量范围，混淆的时间点才变得难以确定。当司法承认了初始兴趣混淆和售后混淆之后，混淆的时间点就延伸到了购买之前和购买之后，覆盖到更多的消费者群体。混淆可能性时间的模糊，影响了商标侵权的判定，可能导致不公平的判决结果的出现，需要进行界定。

其四，混淆可能性类型的模糊。混淆可能性类型的界定涉及什么样类型的混淆属于混淆可能性所指的混淆。前文有述，自19世纪中叶始，商标法逐渐将规制混淆作为其主要任务。当时所规制的混淆仅涉及具有一定谨慎程度的消费者对于商品的出处或来源发生的混淆。❶ 而且，在 19 世纪末期至 20 世纪初叶，发生混淆的商品类别必须相同或具有实质性相同的特征。❷ 美国 1946 年《兰哈姆法》也将混淆限定于消费者对商品或服务来源的混淆。❸ 但是随后，混淆可能性不断扩张，将关联关系混淆、初始兴趣混淆、售后混淆等悉数纳入。❹ 一方面，混淆可能性的扩张一定程度上适应了商业贸易方式发展变化的客观情况。例如，随着商标权人经营方式的多元化，商标权人逐渐将商标使用在很多类别的商品之上，或将商标许可给他人使用。消费者在这种市场环境中，很容易发生不同类别商品来源的混淆或关联关系的混淆，因此混淆可能性的扩张有其合理性。❺ 但是另一方面，混淆可能性的扩张也是商标权人谋求自身利益，游说立法与司法的结果。关联关系混淆、初始兴趣混淆、售后混淆相关规则，都是在商标权

---

❶ 彭学龙：《商标法的符号学分析》，法律出版社 2007 年版，第 196 页。

❷ 1905 年之前，美国商标法在判定混淆时要求双方当事人的商品类别要相同，1905 年《美国商标法》修正案出台，商标法对混淆侵权时原被告商品类别的限制开始松动，其规定只要双方当事人之间的商品是"本质上相同的描述性财产（substantially the same descriptive properties）"，他人对商标权人商标的使用容易造成消费者混淆时也构成侵权。

❸ The Lanham Trademark Act of 1946, Pub L No 79~489, 60 Stat 427, §32（1），15 USC §1114（1）（1946）.

❹ 关于混淆可能性的不断扩张，参见本书第一章第二节。

❺ 然而，关联关系混淆也并非如此简单，即便它的出现体现了商业贸易方式的客观变化，具有一定的合理性，但关联关系混淆本身还缺乏清晰的界定。通说认为，关联关系包括附属、赞助、许可等关系，但是，这一定义过于宽泛，几乎囊括了企业间合作的所有方式，以至于只要消费者认为两种商品的提供者之间存在某种联系，就有可能被认定为关联关系混淆。显然，关联关系混淆存在扩大化适用的弊端。对此，第四章将有详细论述。

人的鼓动和游说之下逐步确立的，其概念本身缺乏清晰的界定，相关规则的适用并不明确。司法实践中，各个法院对这些混淆类型相关规则的适用也较为随意，导致这些规则的扩大化适用，进一步加剧了混淆可能性范畴的模糊。它使得人们不清楚，究竟何种类型的消费者混淆才需要商标法规制。

综上，混淆可能性所指的混淆的范围，关系到市场主体的何种行为构成商标侵权，在商标法上意义重大。但遗憾的是，由于混淆可能性的范畴模糊不清，这一问题还未能得到解决。混淆可能性范畴的模糊反映出目前商标法基础理论研究的薄弱，导致立法与实践一定程度的混乱，司法有倾向于将商标侵权的判定变为一种主观臆断的危险。

第二节 混淆可能性范畴界定的思路

混淆可能性是商标侵权判定的主要依据，在商标注册和司法审判中具有重要的意义。尽管学界和实务界对于混淆可能性并不陌生，但是这一范畴的内涵和外延却并不清晰，这给商标侵权的判定带来了困难。本节将主要阐明混淆可能性界定的思路。首先论述法律范畴界定的一般原理，其次说明该界定具体要遵循的方法与思路，为正确揭示混淆可能性的范畴打下基础。

一、法律范畴的界定原理

对法律范畴的界定实际上就是明确该范畴的内涵和外延，归纳其概念。这就需要运用法律概念的界定原理。逻辑学认为，一个完整的概念由内涵和外延构成。内涵是指概念所反映的事物的本质属性或特征。外延是指概念所反映的该事物的范围。金岳霖先生为此指出："概念明确，是正确思维的首要条件。所谓一个概念明确，就是这个概念的内涵与外延都明确。也就是说，这个概念反映了哪些特有属性与表示了哪些事物，这两者都是明确的。"❶ 换言之，明确概念的内涵，就是要将该概念所要描述和概括的事物的本质属性或特征全部列举出来。所谓本质属性，就是该事物不可缺少的，不可替代的特征。"某类事物的本质属性，就是某类事物的有决定性的特有属性。"❷ 而界定概念的外延，就是在明确概念内涵的基础上，将具有内涵所指明的那些具有特定属性或特征的事物全部涵摄进外延之中。外延就成为内涵所指的事物的集合。这样，内涵和外延就成为统一的整体。内涵所指的属性在外延中都有所体现，而外延所包含的事物又都可以被内涵所涵盖。

对法律概念进行界定，就是要揭示出该概念所指的法律事物、状态或行为的一般的、本质的特征和属性。并且，该法律概念的外延所指的事物都能被其内涵所涵盖。例如，对于物权法中的概念"物"，就不同于普通人所说的"物"。物权法中的"物"带有特定的内涵和外延，构成物权法中物权的客体。只有对物权法中的"物"进行了准确的界定，才能明确物权法规定的物权在哪些"物"上能够成立。在界定该法律概念时，物权法中的"物"的不可缺少的、不可替代的属性或特征，是构成物权法上"物"的概念的关键。而在界定了物权法中的"物"之后，还要

---

❶ 金岳霖：《形式逻辑》，人民出版社1980年版，第24页。
❷ 同上书，第43页。

以该概念所揭示的"物"的属性或特征为准绳，将具体所涉及的"物"涵摄入物权法中的"物"，构成"物"的外延，只有作完这部分工作，才可以说，对法律概念"物"的界定达到了内涵和外延的明确和一致。学者认为，物权法中的"物"是指那些能够为权利人所直接支配的特定的、独立的、有体的物。❶ 包括动产、不动产以及能够为权利人管领的电气、热气、声、光、能源。在该概念的界定中，学者就对物权法中的物的本质属性进行了归纳，并以该属性为标准，明确了物权法中"物"的外延。据此，对混淆可能性范畴的界定而言，也重在确定其不可缺少的、不可替代的属性或特征，这样才能明确混淆可能性所指的混淆究竟是何种形态的混淆，合理划定商标权禁止权的范围。

二、法律范畴界定中的价值和规范意旨

法律概念的界定，不仅需要揭示出该法律概念所指的事物的本质特征和属性，而且需要考量法律的价值和规范意旨。亦即，法律概念并不是对事物物理、化学等自然属性的概括，法律概念的界定是在一定价值观指导下进行的，法律概念最后的剪裁和形成会融入某种价值观，体现法律的规范意旨。

根据法理学理论，法律概念并不像自然界存在的客观事物，只需要探究其物理、化学等属性即可。作为解决社会问题，协调人与人之间利益关系的制度要素，法律概念不可避免地带有目的或价值上的倾向性，体现了法律的理念、价值和追求。从历史上看，亚里士多德、孟德斯鸠、德沃金等都认为法的概念之中都有

---

❶ 梁慧星、陈华彬：《物权法》，法律出版社2007年版，第8页。

着某些相似的东西：公平正义。所以，法律概念中包含了正义。❶当然，这只是一种概括的说法。实际上，更为具体的和具有法律位阶的法律价值观，都贯穿于法律范畴之中。黄茂荣教授就认为："所谓概念之存在基础，并不真在于概念的设计者已完全掌握该对象之一切重要的特征，而在于基于某种目的性的考虑（规范意旨），就其对该对象所已知之特征加以取舍，并将保留下来之特征设定为充分而且必要，同时在将事实涵摄于概念之运作中把其余之特征一概视为不重要。"❷ 那么，为何界定法律概念要经过规范意旨的裁剪并排除不符合价值取向的特征呢？黄茂荣教授指出："作为人类的行为规范，法律的制定或接受既然本来便是有所为而来，则在法律制定之制定、接受甚至在探讨时，人们对之莫不有所期待，希望借助于法律，能够达到所为的目的：促进公平之和平的实现。因此在法律概念的构成上必须考虑到拟借助于该法律概念来达到的目的，或实现的价值。"❸ 可见，对概念进行界定固然需要掌握该概念所指对象的一切重要的、本质的属性或特征，但是更为重要的是把握该概念背后的"目的性考虑"。这种"目的性考虑"将全面对概念针对的对象进行剪裁，将符合"目的性考虑"的特征保留下来，而将其他与法律概念预设价值所不相符的特征排除。这样就将法律的理念和价值观融入法律概念之中，确保法律概念与法律的意旨、价值追求和目的相符合。

---

❶ 蒋德海："法律概念和正义——试论法律概念的方法论意义"，载《东方法学》2012年第2期。

❷ 黄茂荣：《法学方法与现代民法》，中国政法大学出版社2001年版，第39页。

❸ 同上书，第45~46页。

"在概念之形成过程中，通常必须践行之过程：认识经由该概念所欲实现之价值，以进一步获得对该价值之共识，并将之储藏在该概念上。"❶

根据上述原理，法律概念的界定可分为两个步骤：一是归纳出该概念所指对象的一切重要的、本质的属性或特征，这些属性或特征是实然的，是在第一性的意义上对对象的解读；二是通过"目的性考虑"，引入法律预设的价值和规范意旨，对这些特征进行裁剪，将符合法律要求的特征保留下来。经过这两步操作，最终确定法律概念的内涵和外延。正如学者所言，"任何一个概念由于具体使用环境的不同，其规范意旨也不同，而它所包含的该类事物的特征也不尽相同。在具体形成概念时就是根据法律的某种目的性考虑对该概念所反映事物的全部特征加以选择和取舍，从而形成法律概念。"❷对于混淆可能性的范畴界定，同样需要遵从上述步骤。

三、混淆可能性范畴的界定思路

对法律概念的解读，不仅要探究该概念的自然属性，归纳出概念实然、自然的状态下的属性或特征。同时要以法律的价值和规范意旨为指导，对自然状态下的属性或特征进行剪裁，归纳出法律语境下的概念。联系混淆可能性来看，混淆可能性作为一个法律范畴，是商标侵权判定的要件，决定他人的行为是否构成商

---

❶ 黄茂荣：《法学方法与现代民法》，中国政法大学出版社2001年版，第61页。

❷ 王太平：《知识产权客体的理论范畴》，知识产权出版社2008年版，第81页。

标侵权。因此，对混淆可能性进行范畴界定，最重要的是确定它所指的混淆的属性或特征。同时将商标法的价值、规范意旨融入混淆的概念中去，对混淆的自然属性或特征进行取舍，以取舍之后的属性或特征为标准，确定其外延，在明确混淆内涵和外延的基础上最终归纳出混淆可能性的范畴。

根据前文对混淆发生机制的分析，日常生活中的混淆是指人在识别两种或者两种以上具有相同或类似特征的事物时所发生的难以辨别或无法区分事物的状态。显然，混淆可能性所指的混淆是日常生活中的混淆的一部分，它具有后者的某些特点。但是，日常生活中的混淆的概念只是对混淆在日常生活中基本属性或特征的总结，还没有经过法律化，没有经过商标法价值的裁剪，没有将商标法的规范意旨纳入，所以并不是一个法律概念。商标混淆可能性所指的混淆显然不同于日常生活中的混淆。商标法中的混淆是商标法侵权构成的核心要件，是商标法所意欲避免的商标侵权的结果。商标法的主要任务就是将市场上不同商品提供者的商标相互区分，避免消费者混淆，实现商标法的价值。可见，商标法中的"混淆"完全不同于日常生活中的"混淆"。商标法上的混淆深深地打上了法律的烙印，融入了商标法的价值追求和规范意旨。正是因为法律概念的界定是在一定的价值观指引下进行的，法律概念融入了法律所预设的价值，体现了拟借助于法律概念所要达到的目的，对于混淆可能性范畴的界定就必须首先对日常生活中的混淆进行裁剪，将那些符合商标法价值要求和规范意旨的混淆形态保留，除去那些与商标法没有关系，混淆可能性不涉及的混淆，这样在明确了商标法上混淆的内涵和外延之后，才能最终归纳出混淆可能性的范畴。

本书对混淆可能性范畴的界定将遵从于上述思路。第一，从混淆的自然属性或特征着手，归纳出商标混淆可能性中的混淆所针对的事物的实然或自然的状态。关于这一点，本书第二章已有论述。日常生活中的混淆并非混淆可能性意义上的混淆，而是自然状态下第一性意义上的混淆。第二，参照商标法的价值与规范意旨，以商标法的价值和规范意旨为标准，对第一性意义上的实然或自然状态的混淆进行剪裁，明确商标混淆可能性标准所指的混淆的特征。第三，以混淆可能性所指的混淆的特征为依据，最终界定混淆可能性的范畴。

根据前文对混淆可能性理论依据的分析，商标法上混淆可能性所指的混淆并不同于日常生活用语的混淆，混淆可能性中的混淆有确切的所指，指的是那些妨碍商标法价值和规范意旨实现、损害消费者和商标权人利益的混淆。混淆可能性所指的混淆应是那些侵权人所造成的，消费者在市场中无法正常地识别商标，并依据商标所代表的相关信息进行购物决策的混淆形态。只有侵权人的行为影响了消费者对商标的识别和依据商标所代表的相关信息进行的购物决策，造成了消费者发生混淆，才侵害了消费者自愿选择商品的权益，损害到商标权人的利益，违背了商标法的价值和规范意旨，这些混淆才需要纳入到混淆可能性的范围之中。

然而，所谓消费者无法正常地识别商标，并依据商标所代表的相关信息进行购物决策，究竟指的是哪些具体的混淆形态，还需要进一步明确。比如，消费者混淆的原因是什么？混淆的主体如何划定？他人行为导致消费者发生何种程度的混淆才构成侵权？混淆可能性所指的混淆类型有哪些？为此，下文将从混淆的原因、主体、程度和类型出发，归纳出混淆可能性所指的混淆的具体特征，在此基础上明晰混淆可能性的范畴，确定混淆可能性的范围。

第三节 混淆可能性范畴的解析

要界定混淆可能性的范畴，就需要依据商标法的价值和规范意旨，对日常生活中的混淆进行剪裁，将违背商标法价值和规范意旨的混淆形态确定为混淆可能性所指的混淆，概括出这些混淆的特征，在此基础上，最终确定混淆可能性的范畴。

根据第二章的论述，商标法的价值是公平之下的市场竞争自由。为了实现这一目标，商标法确定了三大规范意旨：（1）规制市场中混淆消费者的行为，使商标标示来源的功能能够正常发挥，使市场中的商标相互区分，激励商标权人投资，维护和提高商品质量；（2）保护消费者免受混淆的影响，使消费者能够正常地识别商标并依据商标代表的信息作出购物决策；（3）在保护商标权人商标权的同时，确保其他竞争者能够自由地参与市场竞争。

根据商标法的价值和规范意旨，商标混淆不同于日常生活中的混淆，商标混淆深深地刻上了商标法的印迹，融入了商标法追求竞争自由和公平、反对混淆、防止商标权压制自由竞争的价值追求。因此，商标混淆就有其特有的范围，它特指那些因侵权人的行为所导致的，消费者无法正常地识别商标和依据商标所代表的相关信息作出购物决策的混淆状态。只有这种行为造成的消费者混淆形态才影响了消费者进行商标识别和作出购物决策，损害了商标标示来源功能的正常发挥，违背了商标法的价值和规范意旨，属于混淆可能性所指的混淆。

据此，本节将依据商标法的价值和规范意旨，从混淆的原因、主体、程度和类型入手，对纳入混淆可能性范围的混淆的主要特征进行归纳，最后对混淆可能性的范畴进行界定。

一、混淆可能性的原因

混淆可能性所指的混淆有其发生的原因，它与消费者基于自身原因发生的混淆不同，它是侵权人有意采取的侵权行为所导致的结果。正如前文在分析自然状态下混淆发生的原因时所言，混淆产生的原因是由于两个或多个事物之间相同或相似导致人在判断过程中难以区分两个事物。两个或多个事物之间的相同或相似可以是外在特征的相同或相似，也可以是内在属性的相同或相似。正是因为两个事物之间相同或相似，才使人的认知发生了错误，无法发现或忽视不同事物之间的差别，将两事物混为一谈。自然状态下混淆发生的原因对于商标法上混淆发生的原因同样具有解释力。但是，混淆可能性所指的混淆并不能归咎于消费者自身的失误，它是侵权人实施的侵权行为所导致的结果，是侵权人通过仿冒商标权人商标造成消费者对商品的来源发生错误的判断。侵权人的行为是消费者发生混淆的直接原因。正是因为侵权人的行为造成了消费者混淆的结果，破坏了公平自由的市场竞争秩序，商标法上才将侵权人造成消费者混淆的行为认定为侵权行为。

侵权人要想使消费者发生混淆，通常会模仿商标权人商标的主要特征。这是因为，只有商标权人商标和侵权标识之间存在着相似性，才可能导致消费者发生判断的错误。正如前文所言，消费者在看到与商标权人商标相似的侵权标识时，会主动对侵权标识进行加工，将侵权标识中不重要的特征消除，只保留主要的特征，然后再将其与大脑中已经存储的商标权人商标的特征进行匹配。而消费者大脑中已经存储的商标权人的商标也是以主要特征的形态存在，并且随着时间的延长，消费者只能记住商标权人商标的大致特征而非所有的细节。这样，消费者就有可能忽略侵权标识和商标权人商标之间的差异，以脑海中存储的商标权人的商标来解释外界的侵权标识，误将其认为是商标权人的商标或与之存在关联关系。不仅如此，侵权人为了使消费者更容易发生混淆，往往会将与商标权人商标相同或近似的标识使用在与商标权人商品相同或者类似的商品类别上。侵权人将侵权标识使用在与商标权人商品相同或类似的商品之上，更容易使消费者认为"商标权人的商标"出现在了其熟悉的商品类别之上，消费者会倾向于认定侵权标识是商标权人的商标或与之存在关联关系，将侵权标识和商标权人商标相混淆。可见，在商标侵权中，侵权人一般会通过仿冒商标权人的商标和商品以使消费者发生混淆。

值得注意的是，即使侵权人将商标权人商标相同或近似的标识使用在不同类的商品之上，当商标权人的商标拥有较高的商誉时，也可能导致消费者混淆。这是因为拥有较高商誉的商标往往在消费者大脑中占据着有利的地位。"世界上最强的商标在消费者的大脑中占据了一席之地。"[1] 拥有较高商誉的商标其显著性较强，在消费者的大脑中拥有庞大的以该商标为节点的认知网络。这些认知网络中包含着该商标的各种信息，包括制造厂商、商品质量、售后服务质量、新颖的款式、以前消费的美好体验等。当消费者看到这些商标时，就能很快地激活大脑中有关该商标的节

---

[1] Rebecca Tushnet, Gone in Sixty Milliseconds: Trademark Law and Cognitive Science, 86 *Tex. L. Rev.* 507, 515 (2008).

点，获得节点中存储的有关该商标的信息，对这一商标产生感觉和情感。例如，当消费者看到耐克这一商标时，关于耐克商品的来源、新潮和时尚的品牌、富有朝气的青春形象、科技领先的运动商品等信息，就会从消费者的记忆中被检索出来，被消费者所了解。当侵权人将与这类商标相同或近似的标识使用在其他商品类别之上，消费者在看到这一标识时，也能很快地激活大脑中存储的著名商标的节点，倾向于以该商标的信息去解释侵权标识，消费者就有可能发生混淆，认为侵权人提供的商品来源于著名的商标，或者认为著名的商标拓展了业务领域，延伸到了其他类别的商品之上。

综上，商标混淆的发生原因在于，侵权人仿冒了商标权人商标的特征，使侵权标识与商标权人的商标相同或相似，通过利用消费者的认知特点使消费者发生混淆。商标混淆发生的原因特征主要在于商标的相同或相似。为了使消费者更容易发生混淆，侵权人往往也会将侵权标识使用在与商标权人商品相同或类似的商品类别上。如果一个商标显著性较强，对商品相同或相类似的要求就会降低，将显著性很强的商标使用在不相同或不相类似的商品类别上时也极有可能造成消费者混淆。因此，商标的相似性、商品的类似性，是判断混淆可能性是否存在的重要因素。

二、混淆可能性的主体

（一）混淆可能性主体特征概述

自然状态下的混淆泛指人们在日常生活、工作和学习过程中发生的混淆，其主体涉及所有的人，而商标法中的混淆是法律概念，需要根据商标法的价值和规范意旨，对自然状态下混淆的主体进行剪裁，将符合商标法价值和规范意旨的混淆主体纳入混淆可能性的范围。商标法的价值在于市场竞争中的自由与公平，商标法的规范意旨是打击混淆侵权，使市场中的商标能够相互区分，防止消费者发生混淆，维护自由市场竞争秩序。据此，"作为一种分析的基础，如果混淆要存在，它必须发生在遇到系争商标的相关消费者的大脑中。"❶ 混淆可能性中的混淆主体主要是购买特定商标所标示的商品的相关消费者。

相关消费者一般限于正在购买商标所标示的商品的消费者或潜在有购买可能的消费者。而"范围过度着重于购买关系，有时可能不够广泛"。❷ "购买过程中消费者的混淆是最常见的。但是，一些人的混淆，也可能影响到消费者。"❸ 因此，商标混淆的主体还应包括一些相关消费者之外的其他极有可能发生混淆的主体。这些商标混淆的主体可以概括为"相关公众"。相关公众一词，在多国或地区立法之中都有所体现，只是用词略有不同。在欧洲，欧盟1993年12月通过的《欧洲共同体商标条例》以及2004年对条例的修订，都规定欧盟商标权人有权阻止"在公众中"能引起混淆的使用行为。❹ 我国《商标法》第13条、《商标法实施条例》第50条中都使用了"误导公众"一词。而《最高人民法院关于审理商标民事纠纷案件适用法律若干问题的解释》第1条

---

❶ Richard L. Kirkatrick, *Likelihood of Confusion in Trademark Law*, New York: Practising Law Institute, 2010, §6: 1.

❷ 刘孔中：《商标法上混淆之虞之研究》，五南图书出版公司1997年版，第10页。

❸ Shashank Upadhye, Trademark Surveys: Identifying the Relevant Universe of Confused Consumers, 8 *Fordham Intell. Prop. Media & Ent. L. J.* 549, 580 (1998).

❹ 黄晖：《商标法》，法律出版社2004年版，第313~317页。

在界定商标侵权时也使用了"容易使相关公众产生误认的"。可见，立法为避免相关消费者涵盖的范围不够广泛，已将商标混淆的主体界定为相关公众。这里的相关公众就成为一个以相关消费者为主，包括其他相关主体的广义概念，其并不仅限于真正购买或可能购买特定商标所标示的商品的消费者，还包括那些能够直接影响和左右消费者购买特定商标所标示的商品的主体以及与特定商标的商标权人有直接经济上往来和联系的各类主体。

(二) 混淆可能性的一般主体

首先，商标混淆的主体主要是正在购买的消费者和潜在的消费者，意指市场中真正接触到并正在购买或可能购买特定商标所标示的商品的主体。根据第二章对商标混淆机制的分析，只有正在或可能购买特定商标所标示的商品的消费者，才是该商标真正或潜在的消费者，而只有这些真正的或潜在的消费者，才需要识别特定商标，才有可能在市场中因该商标被他人仿冒而发生混淆，进而作出错误的购物决策。可见，只有特定商标所标示的商品的相关消费者所发生的混淆，才与商标法的价值和规范意旨相冲突，才有必要通过商标法去保护。相反，某一消费者对其根本不可能购买的商品发生的混淆，如一般消费者对大型碎石机、大型采矿机的商标发生的混淆，就不属于混淆可能性所指的混淆，商标法就没有介入的必要性。在这些情况下，正在或潜在的可能购买这些商品的相关消费者能够正常地识别相关商标和依据商标所代表的相关信息进行购物，市场竞争的自由与公平就没有遭到破坏，商标标示来源的功能能够正常发挥，商标法就无须介入。因此，相关的消费者是商标混淆中的主要主体，甚至在绝大多数情况下，在判断商标侵权时只需要考察相关的消费者是否会发生混淆。通过对混淆主体的剪裁，一般日常生活中的混淆所指的各类主体将首先根据商标法的价值和规范意旨被剪裁为正在购买或可能购买特定商标所标示的商品的消费者和潜在消费者。

(三) 混淆可能性的特殊主体

混淆可能性的主要主体虽然是相关消费者，但是对消费者购物决策有直接影响的主体发生的混淆，实际上会左右相关消费者的购物决策，使消费者发生误购，造成消费者和商标权人的损失。商标法既然以制止市场中混淆消费者的行为，保护商标权人和消费者为价值追求，那么对相关消费者识别商标和作出购物决策有直接影响的主体，也应纳入商标混淆可能性所针对的主体范围。例如，父母—孩子关系类的商标混淆案例就表明，直接影响消费者决策的主体的混淆也会给消费者和商标权人造成损害。在父母—孩子关系中，父母经常应孩子的要求为孩子购买玩具、食品等商品。而小孩注意程度较低，不易辨别出相似商标之间的差别，容易发生混淆。当小孩在混淆的状态下要求父母购买侵权人的商品时，父母往往在不了解孩子所意欲选购的商品的情况下答应孩子的要求，购买到侵权人的商品，这样就使小孩的混淆最终影响到了作为购买者的父母的购物决策。在 Toys "R" Us, Inc. v. Canarsie Kiddie Shop, Inc 一案中❶，正是玩具的使用者小孩发生了混淆，其在混淆的状态下要求父母为其购买某品牌玩具。而父母又并非玩具的实际使用者，不了解各种玩具品牌的区别，于是在孩子混淆的影响下购买到了侵权商品。另一与之类似的案件 Warner Brothers, Inc. v. Gay Toys 案中❷，也是孩子在发生

---

❶ Toys "R" Us, Inc. v. Canarsie Kiddie Shop, Inc., 559 F. Supp. 1189 (E. D. N. Y. 1983).

❷ Warner Brothers, Inc. v. Gay Toys, 658 F. 2d 76 (2nd Cir. 1981).

混淆的情况下要求父母购买玩具，最终孩子的混淆影响到了父母，使父母购买到侵权商品。"在购买之时的非购买者混淆（non-purchaser confusion）可以被解释为包括那些陪伴购买者去商店，影响消费者决策的人，或者作出了选择但是并不是真正的购买者。"❶

不仅直接影响相关消费者决策的其他主体应当纳入商标混淆可能性的主体范围，一些与特定商标的商标权人有直接经济往来和联系的主体也应属于混淆可能性针对的对象。这是因为，目前市场中的经济活动日趋复杂，商标权人不仅面对的是最终的消费者，而且要在市场中与各种经济主体如借贷人、出租者、投资者、经销商、批发商、零售商进行交易。借贷人、出租者、投资者、经销商、批发商等发生的混淆，会直接影响到商标权人，并且会造成上述主体在作出投资、购买等经济决策时因混淆而作出错误的判断，影响其利益。例如，投资者如果对不同商品的提供者发生了混淆，就可能作出错误的投资决策。而假如投资者清楚不同商品提供者的区别，就很可能不会作出这种投资。并且，投资者在混淆状态下作出错误的投资，很有可能因该商品提供者不佳的市场表现而带来更大的损失。可见，上述主体的混淆与最终消费者发生的混淆并无本质区别，所不同的也只是其发生在市场交易的中间环节。按照商标法的价值和规范意旨，这种类型的混淆为自由和公平的市场经济所不容，同样需要商标法加以规制。在美国，学者就认为，第二巡回上诉法院和其他一些法院的很多

---

❶ Shashank Upadhye, Trademark Surveys: Identifying the Relevant Universe of Confused Consumers, 8 *Fordham Intell. Prop. Media & Ent. L. J.* 549, 578 (1998).

判决都指出了可诉的混淆的范围包括了那些实际的或潜在的购买者之外可能影响商标权人商誉的主体。❶

在目前，混淆主体的范围有逐步扩大的趋势，以至于有观点认为商标法防范的是"任何人的任何形态的混淆，不论是否是购买者和潜在的购买者"。❷ 这使得很多本不适宜被纳入混淆可能性范围的主体被纳入进来。实际上，哪些主体需要纳入混淆可能性的主体范围，主要是看这类主体的混淆是如何发生的，其对商标权人和其自身会产生何种影响或危害。换言之，某种主体是否应纳入混淆可能性的范围，要看该种主体的混淆是否会妨碍商标标识来源功能的发挥，是否会妨碍相关主体正常地识别商标和依据商标代表的相关信息进行购物决策，是否会阻碍商标法的价值追求和规范意旨的实现。正如第二章分析的，消费者发生混淆后，会依据混淆的结果即对商品来源的错误认识进行购物决策，这不仅会导致消费者最终购买的并不是其所意欲购买的商品，而且还会导致商标权人交易机会的直接丧失乃至商誉的损失。判断混淆的主体范围，也要秉持这一原理。之所以将借贷人、出租者、投资者、经销商、批发商等纳入混淆的主体范围，也是因为这类主体需要依靠商标同各种市场主体进行投资、交易等交易活动。假如发生了混淆，这类主体的交易活动就会受到影响，这与消费者发生混淆受到损失并没有本质区别。可见，混淆主体范围的判定

---

❶ Mark D. Robbins, Actual Confusion in Trademark Infringement Litigation: Restraining Subjectivity Through a Factor-Based Approach to Valuing Evidence, 2 *Nw. J. Tech. & Intell. Prop.* 1, 163 (2004).

❷ Shashank Upadhye, Trademark Surveys: Identifying the Relevant Universe of Confused Consumers, 8 *Fordham Intell. Prop. Media & Ent. L. J.* 549, 579 (1998).

标准：一是该主体是否依靠于商标同商标所代表的主体进行市场交易；二是混淆是否会影响市场交易的结果，导致商标权人和其交易对象受到损害。根据这一标准，有几种发生混淆的主体就不适宜纳入混淆可能性的范围。这些不适宜纳入混淆可能性主体范围的主体包括潜在雇员、职业介绍所、工业评级组织（industry rating groups）等，其发生混淆的具体情况主要有：潜在雇员因为混淆而应聘于其并非想要应聘的企业，职业介绍所因为混淆而错误地介绍了本不想介绍给应聘者的工作单位，以及工业评级组织因为混淆张冠李戴，列错了企业的等级。❶ 潜在雇员因为混淆而应聘于其并非想要应聘的企业，职业介绍所因为混淆而错误地介绍了本不想介绍给应聘者的工作单位，以及工业评级组织因为混淆张冠李戴，列错了企业的等级等，尽管会对商标权人的市场活动带来影响，但都不是市场交易行为中的混淆，并不会影响市场交易。因为混淆而应聘到了错误的单位的潜在雇员，可能并非用人单位的相关消费者，其在应聘过程中发生的混淆并不是交易过程中发生的混淆。并且，潜在雇员在应聘或入职时，会深入了解

---

❶ 在罗宾斯（Mark D. Robbins）关于实际混淆的文章中，提到了这些主体的混淆也被法院认定为是商标混淆，包括潜在雇员因为混淆而应聘于其并非想要应聘的企业，职业介绍所因为混淆而错误地介绍了本不想介绍给应聘者的工作单位以及工业评级组织因为混淆张冠李戴，列错了企业的等级等，理由就是这些主体的混淆会影响商标权人的商誉。笔者认为，这种做法和观点值得商榷，这些主体并不是混淆可能性所针对的混淆的主体。关于这些主体被法院纳入混淆考察的范围以及其所持的理由，可参见 Mark D. Robbins, Actual Confusion in Trademark Infringement Litigation: Restraining Subjectivity Through a Factor-Based Approach to Valuing Evidence, 2 Nw. J. Tech. & Intell. Prop. 1, 163~172 (2004).

该单位，很可能发现自己的混淆。如果其不愿意受雇于该单位，可以撤回应聘材料或辞职，这样就能避免进一步的损失。同样，职业介绍所和工业评级组织发生的混淆，并不意味着他们是相关企业的交易对象，职业介绍所和工业评级组织也可以通过日后的调查纠正自己的错误，发表更正的声明，消除其行为造成的影响。这些主体发生的混淆，并不会对其市场交易行为造成影响，并不表明其在市场中进行交易时也会发生同样的混淆。

可见，混淆主体判断中需要强调的是，商标法保护的是以商标作为市场交易参考依据的交易主体。这些交易主体发生的混淆才是混淆可能性所指的混淆，而除此之外的主体所发生的混淆，都不是商标混淆可能性所指的混淆，商标法就不能介入。

三、混淆可能性的程度

（一）发生混淆的消费者的数量和范围

程度是事物发展到的进度、达到的状况。日常生活中的混淆泛指一切人所发生的任何混淆形态，并没有程度上的要求，其既可指某一个人发生的混淆，也可以指一些人、一群人乃至所有的人发生的混淆。既能指那些智力或注意程度较低的人发生的混淆，也可以指那些知识渊博或观察事物仔细的人发生的混淆。但是对于商标法中的混淆而言，为了符合商标法的价值追求和规范意旨，日常生活中的混淆必须经过商标法价值和规范意旨的裁剪，使混淆的程度符合商标法的要求，使商标法有介入的必要。亦即，商标混淆可能性所针对的混淆需要相当范围或数量的消费者极有可能发生混淆。同时，混淆可能性也对消费者的注意程度有要求，仅涉及那些施加了合理谨慎的注意力，仍然极有可能发生混淆的消费者。

商标混淆可能性对被混淆的消费者的范围或数量有一定的标

准和要求。正如前文所言，消费者在混淆之后，会依据混淆的结果即对商品来源的错误认识进行后续的购物决策，这很可能导致消费者最终购买的并不是其所意欲购买的商品，使商标权人丧失交易机会甚至商誉受到损失。商标法需要规制的正是这样一种破坏市场公平和自由竞争秩序的行为。因此，这种需要商标法规制和干预的混淆就不能是个别的、偶然的，仅限于个别人或一小部分人的混淆。个别的、偶然的，限于个别或小部分人群的混淆，恰恰表明在同样的情况下其他多数人群能够正确地识别商标并进行购物决策，不会发生混淆。这样，商标法如果仅是为了照顾少数人不发生混淆就要求其他厂商"停止侵害"以及"损害赔偿"，就不当干涉了市场竞争中其他厂商正常的经营活动，而那些未被混淆、能够正常识别商标并进行购物的大部分消费者的利益，就未被考虑，这与商标法的价值和规范意旨相背离。司法实践中，法官往往不会注意到未被混淆的消费者及其背后的其他参与竞争的厂商的利益。只要有个别的或很小一部分人的混淆，就认定被告构成商标侵权，这显然不符合商标法的价值和目标，违背了市场公平和自由竞争的基本准则。王敏铨教授就指出："'之虞'代表一种量的门槛（threshold quantum）——要有'相当数量'（appreciable number）的合理购买人，可能被近似的标章所混淆——才使混淆'可能性'❶升高到混淆'之虞'。"❷ 可见，商

---

❶ 王敏铨该文中的"可能性"，仅指一般的发生混淆的可能性，这与本书所称的"混淆可能性"不同。本书所称的"混淆可能性"是指发生混淆的"极大的盖然性""明显的可能性""具有较大现实性的可能性"。我国台湾地区一般称之为"混淆之虞"，欧美国家对应的英文为"The likelihood of confusion"。

❷ 王敏铨："美国商标法之混淆之虞及其特殊样态之研究"，载《智慧财产权月刊》2006年第94期。

标法中消费者可能被混淆的程度，应当已经发展到了一定的范围和进度，处于一种相对严重的状态，才需要商标法介入。如果消费者可能被混淆的程度还未达到上述要求，就表明市场上的商标还能够被消费者区分，市场经济活动还能够正常运转，商标法在这时进行介入就缺乏正当的依据，不仅不会起到预期的效果，反而会干涉其他厂商正常的经营活动。

目前各国商标法并未明确规定多大范围的消费者的混淆构成商标侵权，而司法实践中各个法院的做法也并不一致。一般认为，只要相当可观的（appreciable）理性消费者有可能就相似的商标发生混淆，商标侵权或反不正当竞争的责任就成立了。❶ 然而，何种数量为"相当可观"，立法与司法并未明确。刘孔中教授在其著述中认为，必须相关事业或消费者中相当部分的人有陷于错误之可能时，才有商标法介入之必要。而其中的"相当部分"也没有固定之数字或比例。❷ 司法实践中，不同法院的做法也是大相径庭。有法院认为 8.5% 的消费者发生的混淆就是证明混淆可能性的有力证据，另有法院认为这一比例应达到 15%。因此，似乎消费者的混淆并不意味着一定要相关消费者的大多数发生混淆。❸ 刘孔中教授认为，必须结合个案的情况来确定。而一般而言，相关事业或消费者中有 10% 受到混淆之虞，应该是国际

---

❶ J. Thomas McCarthy, *McCarthy on Trademarks and Unfair Competition*, Eagan: Thomson/West, 2006, §23:2.

❷ 刘孔中：《商标法上混淆之虞之研究》，五南图书出版公司 1997 年版，第 11 页。

❸ J. Thomas McCarthy, *McCarthy on Trademarks and Unfair Competition*, Eagan: Thomson/West, 2006, §23:2.

上普遍接受的合理门槛。❶

笔者认为，鉴于具体案情的不同，关于多大范围的相关消费者发生的混淆构成商标侵权，立法和司法都不能也无法规定一个抽象的消费者混淆的数量或比例。就个案而言，首先要确定的是相关消费者的范围，然后再具体判断这些范围内的消费者究竟有多少人会发生混淆。这一比例不能过低，过低的比例反而表明大部分消费者并不会发生混淆。但这一比例也不能太高，否则就不能切实地保护消费者和商标权人的利益。据此，刘孔中教授所言10%混淆之虞的比例，似乎有偏低之嫌。10%的相关消费者极有可能会发生混淆，正表明90%的相关消费者不容易发生混淆，系争商标在市场上通常就能够被正常地区分，不会发生大面积的消费者混淆误购。根据商标法的价值和规范意旨，法院固然应关注于可能会发生混淆的消费者，但是同样不可忽略那些未被混淆的消费者和其他厂商。由于利益之间存在冲突，当进行混淆侵权的判定时，法院需要在商标权人和消费者不受混淆侵害的利益诉求与其他厂商正常地参与市场竞争以及消费者享受自由竞争带来的益处的利益诉求之间进行衡量，以切实落实商标法的价值，避免商标法成为商标权人扩张商标权和支配市场，排斥竞争的工具。就此而言，30%及其以上的相关消费者极有可能会发生混淆应是比较恰当的范围比率，这一比率表明市场中确实有相当部分的消费者极有可能发生混淆，需要商标法介入。

（二）发生混淆的消费者的注意程度

混淆可能性不仅对被混淆的消费者的数量和范围有要求，对

---

❶ 刘孔中：《商标法上混淆之虞之研究》，五南图书出版公司1997年版，第11页。

消费者的注意程度也有要求，仅指那些施加了合理谨慎的注意力，仍然极有可能发生混淆的消费者。❶ 混淆可能性所要求的混淆程度，不仅包含着对被混淆的消费者的数量和范围的要求，同时也指这些混淆应当是那些施加了合理谨慎的注意力的消费者对商品来源所发生的错误判断。对被混淆的相关消费者的数量和比例的探讨，如果不辅之以对消费者注意程度的要求，将会变得毫无意义。这是因为消费者在购物中的注意力与消费者是否会发生混淆密切相关。当消费者在购物时有着较高的注意力时，往往能发现系争商标之间的不同，从而避免发生混淆。而当消费者在购物时漫不经心或粗心大意，则系争商标之间的相似性更可能会导致其混淆。在现实中，总有一些消费者是对商标漠不关心或者智力低下、对商标的注意力极低，这些消费者很容易发生混淆。也就是说，在市场环境中，系争商标可能总会造成这类消费者的混淆。如果商标法将这类消费者的混淆都纳入规制的范围，则任何厂商使用与商标权人相似的商标都会被判定为侵权，这显然不符合商标法的价值和规范意旨，不利于其他厂商公平地参与市场竞争。因此，混淆可能性所指的混淆，不仅要求相关消费者的混淆达到一定的数量和比例，并且这些消费者的混淆都是指在购物环境中，消费者施加了通常的、一定的和合理的注意力，但仍然不能避免的混淆。这种数量和比例的混淆才在商标法上具有意义，才是违背商标法价值和规范意旨的混淆形态，才需要商标法的介入。

司法实践中，法院一般以合理谨慎的消费者（ordinary

---

❶ 对于消费者在购物中所施加的注意力与混淆可能性判定之间的关系，后文将专门讨论。

prudent purchaser）来指代施加了合理注意力的消费群体。所谓合理谨慎的消费者，仅是对与某特定商标所标示的商品有关的消费者群体在购买该商品时的注意力的一种假设或抽象。这种注意力对于消费该种品牌商品的消费者群体而言是通常或一般情况下会发生的。因此，消费者合理谨慎的注意力并不是一成不变的。相反，不同的商标、商品、购物环境以及消费者购买的目的等，都会影响到消费者施加的注意力，合理谨慎的消费者的注意力只能根据具体的环境来判断。美国反不正当竞争法第三次重述对此认为："用以衡量混淆可能性的消费者注意程度，是由商品或服务通常被购买或销售的市场环境所决定的。有一些纳入考量的因素是商品被购买的方式，商品被销售的方式，以及潜在消费者的类型等。"❶ 一般认为，消费者所消费的商品的价格会显著影响消费者的注意力。"通常最重要的因素是价格，一个商品的价格越贵，潜在消费者可能会施加更多的注意力，从而降低混淆的可能性。高的价格通常使消费者更仔细地观察商品和其商标，了解其来源。"❷ "而价格低廉的，一次性使用的，更换较为频繁的商品一般会施加更低的注意力，导致有更大的风险发生混淆。"❸

综上，根据商标法的价值和规范意旨，消费者的混淆必须达到一定的程度，才会危害商标法涉及的主体的利益，才能成为商标法所规制的对象。因此，不仅相关消费者的混淆需要达到一定

---

❶ Restatement （Third） of Unfair Competition §20 comment h （1995）.

❷ Richard L. Kirkatrick, *Likelihood of Confusion in Trademark Law*, New York：Practising Law Institute, 2010, §6：5.

❸ Richard L. Kirkatrick, *Likelihood of Confusion in Trademark Law*, New York：Practising Law Institute, 2010, §6：4.

的数量或比例，而且这些被混淆的消费者都是合理谨慎的消费者，施加了一定的通常的注意力。只有满足混淆可能性对混淆程度的要求，这样的混淆才落入混淆可能性的范围之中，商标法的介入才具有正当性。

四、混淆可能性的类型

混淆可能性的类型是指来源混淆、关联关系混淆、初始兴趣混淆、售后混淆等混淆可能性针对的消费者混淆形态。来源混淆是混淆可能性所针对的最为传统的混淆类型，是严重损害商标功能发挥，对商标法的价值和规范意旨威胁最大的混淆类型。近年来，混淆可能性一直处于扩张之中，除了来源混淆之外，关联关系混淆、初始兴趣混淆、售后混淆等混淆类型都相继出现。那么，商标法中的混淆可能性是否包括这些新的混淆类型呢？

无论混淆的类型如何多样，混淆可能性的理论依据都是判断该种类型的混淆是否需要纳入混淆可能性范围的基本标准。只有相关消费者对商品的来源发生混淆，其正常的识别商标和依据商标进行购物的行为才可能受到影响，消费者才可能基于混淆这种错误的判断作出错误的购物决策，由此导致消费者和商标权人遭受到损失，使商标法所追求的价值和规范意旨无法实现。因此，混淆可能性所针对的混淆应是那些妨碍消费者对商标进行识别和依据商标进行购物决策的混淆形态。亦即，消费者的混淆，必须是一种持续的，对消费者识别商标和进行购物构成重大影响的混淆形态。如果某一种混淆形态发生的时间较为短暂，在消费者作出购买决定之前已经完全排除，并且这种短暂的混淆并不会影响消费者对商标进行识别和依据商标进行购物决策，该购物行为就符合消费者的购买意愿，消费者在购买决定作出之前发生的短暂的混淆就并非商标法上的混淆，也就不适宜作为混淆可能性的对象。

所谓关联关系混淆，是指消费者并不会误认为两个商品来源于同一生产者，只是误认为两者的生产者之间存在商标许可、关联企业等关系。❶ 当他人在其提供的商品上使用与商标权人商标相同或相似的标识，容易使消费者认为系争商品的提供者之间存在着赞助、附属、许可等关联关系，他人的行为就构成关联关系混淆侵权。之所以要规制这种侵权，主要是因为，即便消费者不会对商标所标示的商品的来源发生混淆，但也很可能会认为侵权人与商标权人之间存在某种赞助、许可、附属等联系，从而可能基于这种联系作出购买侵权人商品的决定，并将侵权人商品质量的波动归咎于商标权人，导致商标权人的商誉受损。据此，关联关系混淆侵权是否成立的关键就在于消费者是否会在关联关系的判断中，认为商标权人是侵权人商品背后赞助、许可或进行某种控制的主体。亦即，消费者是否会认为商标权人是侵权人商品质量的保证方，会对侵权人的商品进行质量方面的监督和管控。

初始兴趣混淆是消费者或潜在的消费者在购买决定作出之前所发生的，在购买决定作出之时已经排除的混淆形态。美国法院常将该混淆作为规制的对象，❷ 主要是因为初始兴趣混淆容易造成消费者注意力和购买兴趣发生转移，即便消费者在购买之时已经将这种混淆排除，但消费者仍有可能购买侵权商标标示之商

---

❶ 孔祥俊：《商标与反不正当竞争法原理与判例》，法律出版社 2009 年版，第 260 页。

❷ J. Thomas McCarthy, *McCarthy on Trademarks and Unfair Competition*, Eagan: Thomson/West, 2006, §23: 6.

品，使商标权人丧失交易机会，造成商标权人损害。但是，初始兴趣混淆目前出现扩大化适用的趋势，造成许多本不该商标法介入的初始混淆被认定为混淆可能性所指的混淆形态。甚至，消费者在购买之前并未发生混淆，而仅仅是注意力被他人转移，也被法院认定为构成初始兴趣混淆。❶ 实际上，初始兴趣混淆所应针对的是那些影响消费者对商标的识别以及依据商标进行购物的侵权行为，如果混淆只是暂时的、偶尔的，只引起了消费者注意力的短暂转移，随后消费者能够正确地依据自己的意志购买商品，则表明消费者对商品的来源还有着清晰的认识，这种"混淆"是否应当构成商标法上的混淆就存在疑问。

初始兴趣混淆是消费者售前发生的混淆，而售后混淆则指的是购买时消费者没有发生混淆，而是购买之后其他旁观者所发生的混淆。售后混淆关注于购买者之外的旁观者，有其理论上的依据。其一，售后混淆虽然没有造成购买之时消费者的混淆，但由于被诉侵权人提供的商品的质量往往不如商标权人的商品，使得旁观者在发生混淆之后会误认为商标权人的商品质量低劣，这就可能导致其不愿意再购买商标权人的商品，使商标权人丧失交易机会。其二，由于商标权人的商标往往具有较高的商誉，商品的价格较高，有的消费者无力负担商标权人的商品，便会购买与之类似的仿制的商品，以借用商标权人的商标和商品表明自己的身份和地位。商标权人认为这种情况下，很多人使用仿制品，会使真品稀缺、高贵的形象和价值受到损害，使那些本会购买真品，以展示其收入、地位的消费者不再愿意购买这些商品。实际上，

---

❶ Mark P. McKenna, A Consumer Decision-Making Theory of Trademark Law, 98 *Virginia Law Review*, 67, 99 (2012).

其他旁观者所发生的混淆究竟是不是混淆可能性所针对的混淆，重点也是考察该旁观者发生混淆之后，有没有基于这种错误的认识去购物。如果售后混淆影响到旁观者正常地识别商标和依据商标所进行的购物决策，则这种混淆才妨碍了商标法价值和规范意旨的实现，需要商标法的介入。反之，这种"混淆"就与商标法没有关系，不是混淆可能性所指的混淆。而所谓售后混淆没有使消费者或旁观者发生混淆，但会使商标权人的商品稀缺、高贵的形象受到损害，实际上是商标淡化的问题，与混淆没有关系。就此而言，售后混淆应仅限于那些可能购买商标权人商品的旁观者所发生的混淆。❶

综上，无论混淆的类型如何变化，混淆可能性所指的混淆都是指向消费者对商品的来源和关联关系发生的误判。这些来源或关联关系的误判会让消费者以商标权人商标作为购买侵权人商品决策的依据，使侵权人搭便车的意图得逞。但是这并不表明，在售前、售中或售后的环境中，消费者所发生的一切来源或关联关系的混淆都需要商标法介入。商标法介入的关键，还是要看相关的消费者，究竟有没有因为他人的行为使其正常地识别商标和依据商标作出购物决策的活动受到影响。

五、混淆可能性的范畴

根据上文对混淆可能性混淆特征的分析，只有满足上述特征的混淆，才是商标混淆可能性所指的混淆形态。这些混淆与日常生活中的混淆并不相同，是商标法中的法律概念。同时，商标混

---

❶ 对于关联关系混淆、初始兴趣混淆、售后混淆等新的混淆类型，第四章将详细研究。

淆的范围也决定了混淆可能性的范围。混淆可能性只针对这些混淆形态，除此之外消费者发生的"混淆"，都不是商标法意义上的混淆，都超出了混淆可能性的范围，不是混淆可能性所指的混淆。他人行为即便造成消费者发生这种"混淆"，也不构成商标侵权。

在原因方面，商标混淆可能性所指的混淆是由侵权人所实施的，通过模仿商标权人商标的全部或部分特征，造成消费者对商标的来源或关联关系发生错误认识的混淆。侵权人模仿商标权人商标的全部或部分特征是消费者发生混淆的原因。

在主体方面，商标混淆可能性所指的混淆一般限于正在购买商标所标示的商品的消费者或潜在有购买可能的消费者。除此之外，还包括对消费者购物决策有直接影响的主体以及与特定商标的商标权人有直接经济往来和联系的各类主体。概言之，只要对消费者识别商标和依据商标作出购物决策有影响的主体发生的混淆，都是混淆可能性所指的混淆。

在程度方面，商标混淆可能性所指的混淆不仅要求相关消费者的混淆需达到一定的数量和比例，并且这些消费者的混淆，都是指在购物环境中施加了通常的、一定的和合理的注意力，但仍然不能避免的混淆。这种数量、比例和程度的混淆才在商标法上具有意义，才需要商标法介入。

在类型方面，商标混淆可能性所指的混淆必须是一种持续的、对消费者识别商标和依据商标进行购物决策构成影响的形态。无论关联关系混淆、初始兴趣混淆还是售后混淆，都必须符合上述要求。其中，最主要的混淆类型是来源混淆和关联关系混淆，亦即，消费者将侵权人的商品误认为是商标权人提供的商品，或者误认为侵权人与商标权人存在赞助、许可等关联关系，使消费者认为商标权人是侵权人提供的商品的质量监督者和保证者。

根据上述商标混淆的特征，我们就可以归纳出混淆可能性的范畴。商标法上的混淆可能性，是商标法上据以判断商标侵权成立与否的标准。这一标准以相关消费者对商标的心理认知为主要依据，其具体是指：他人未经许可，将与商标权人相同或近似的标识使用在商品或服务之上，致使相关消费者中的相当部分，虽然施加了合理谨慎的注意力，仍然极有可能将不同的商品或服务误认为来自于同一来源，或极有可能误认为两商品的来源间存在着赞助、许可、附属等关联关系，并可能基于该错误认识作出错误的购物决策的状态。

依据该定义，商标混淆可能性的范畴具有指向上的特定性，仅仅针对那些损害商标标示来源功能发挥，危害消费者和商标权人利益，危及商标法价值和规范意旨实现的混淆形态。无论是关联关系混淆、初始兴趣混淆还是售后混淆，只有他人的行为极有可能造成消费者发生上述形态的混淆，才构成商标侵权。除此之外的所谓"混淆"，都是日常生活语境下的混淆，都不是商标法意义上的混淆。即便他人造成了消费者发生这种"混淆"，商标法也不应当以商标侵权为名介入。明确商标法上混淆可能性的范畴，有利于商标侵权的判定，有助于确保商标司法判决的权威性和可预测性。

本章小结

　　法律范畴是法律制度的有机组成部分，是法律体系的基石。混淆可能性初看起来一目了然，但是事实并非如此。混淆可能性的范畴还存在着模糊性，主要表现为：混淆可能性主体的模糊、混淆可能性程度的模糊、混淆可能性时间的模糊、混淆可能性类型的模糊。

　　法律概念的界定，不仅需要揭示出该法律概念所指的事物的本质特征和属性，明确法律概念的内涵和外延，而且需要参考法律的价值和规范意旨。对于混淆可能性的范畴界定，首先需要归纳出该范畴所指对象的一切重要的、本质的属性或特征，这些属性或特征是在第一性的意义上对对象的解读；其次要通过"目的性考虑"，引入法律预设的价值，对这些特征进行裁剪，将符合法律预设的价值保留下来，最终确定法律范畴的内涵和外延。

　　商标法上混淆可能性所指的混淆并不同于日常生活语境下的混淆，混淆可能性中的混淆有确切的所指，指的是那些真正危害到商标法价值和规范意旨，对消费者和商标权人构成损害的混淆。因此，混淆可能性所指的混淆应是那些侵权人所造成的，消费者在市场中无法正常地识别商标并依据商标所代表的相关信息进行购物决策的混淆形态。只有侵权人的行为影响了消费者正常地对商标进行识别和依据商标所代表的相关信息进行购物决策，造成消费者发生混淆，才损害了消费者自由选择商品的权益，损害到商标权人的利益，违背了商标法的价值和规范意旨，这些混淆形态才需要纳入混淆可能性的范围之中。

　　据此，应将混淆可能性界定为：他人未经许可，将与商标权人相同或近似的标识使用在商品或服务之上，致使相关消费者中的相当部分，虽然施加了合理谨慎的注意力，仍然极有可能将不同的商品或服务误认为来自于同一来源，或极有可能误认为两商品的来源间存在着赞助、许可、附属等关联关系，并可能基于该错误的认识作出错误的购物决策的状态。由此定义可见，商标混淆可能性的范畴具有指向上的特定性，仅仅针对那些损害商标标示来源功能发挥、影响消费者识别商标和依据商标进行购物决策，危及商标法价值和规范意旨实现的混淆形态。只有他人的行为极有可能造成消费者发生这种形态的混淆，才是商标混淆可能性所指的混淆，他人的行为才构成商标侵权。

第四章

商标混淆可能性的类型解析

商标侵权判定之混淆可能性标准确立之后，其范围一直处于扩张之中。在混淆的主体方面，商标法所假设的理性消费者的标准在不断降低，混淆所针对的消费者群体不仅包括购买者，还扩大到了潜在的购买者、旁观者甚至一般公众。与此相应，在混淆的类型方面，关联关系混淆、初始兴趣混淆、售后混淆等各种消费者混淆类型被纳入混淆可能性之中。

有人认为，无论是关联关系混淆、初始兴趣混淆还是售后混淆，之所以被纳入混淆可能性的范围之内，就是因为这些混淆形态都是消费者发生的某种混淆。这种混淆是宽泛的，不限于购买之中的相关消费者所发生的混淆，也不论混淆的状态是长时间的、永久性的还是暂时性的。亦即，混淆是商标法要规制的对象，只要他人造成消费者混淆，无论混淆发生在何时，持续多长时间，商标法都应当进行干预。"如果一些人发生了混淆，这种使用就是侵权的，而商标法的任务就是去除市场中的任何和所有的混淆。事实上，法院在传统上就认为商标法打击的就是'所有类型的混淆'（confusion of any kind）"。❶

实际上，根据前文对混淆可能性理论基础的分析，混淆可能性所指的混淆应当有其特定的范围，既不可不随时代的发展作合理的调整，亦不能够置其他厂商和消费者的利益于不顾，无限制地扩大其范围，将本不应该涵盖的混淆形态纳入其范围。混淆可能性在关联关系混淆、初始兴趣混淆、售后混淆方面的扩张，固然是对新的商业贸易环境下商标侵权形式多样化的应对，但同时也不当强化了商标权，容易侵害到其他市场主体和消费者的利

---

❶ Mark P. McKenna, A Consumer Decision-Making Model of Trademark Law, 98 *Virginia Law Review*, 67, 70 (2012).

益。因此，我们需要对混淆可能性的扩张进行反思，明确混淆可能性的范围。

据此，本章将以混淆可能性的理论基础为依据，对新出现的关联关系混淆、初始兴趣混淆、售后混淆进行评述和反思，以期正确划定各种新型混淆相关规则的适用范围。第一节分析关联关系混淆规则的合理性和缺陷，界定关联关系混淆规则的适用范围；第二节将对初始兴趣混淆规则进行论述和反思，确定初始兴趣混淆规则的适用范围；第三节将对售后混淆规则进行检讨，指出其目前存在的问题，明确售后混淆规则的适用范围。

第一节　商标关联关系混淆规则研究

所谓关联关系混淆（也称之为赞助混淆），是指消费者并不会误认为两个商品来源于同一生产者，只是误认为两者的生产者之间存在商标许可、关联企业等关系。❶ 当他人在其提供的商品上使用与商标权人商标相同或相似的标识，则很可能使消费者认为系争商品的提供者之间存在赞助、附属、许可等关联关系，他人的行为就构成商标关联关系混淆侵权。关于关联关系混淆，初看起来较为简单，学界对其的讨论并不多，无论教材抑或专著，基本上是对关联关系混淆作基本的介绍。但是，关联关系混淆相关规则的适用还存在问题。所谓关联关系混淆中用以判定关联关

---

❶ 孔祥俊：《商标与反不正当竞争法原理与判例》，法律出版社2009年版，第260页。

系存在继而认定侵权成立的关键,在于确定消费者是否极有可能认为系争商品的提供者之间存在赞助、附属、许可、联系等关联关系。但是,赞助、附属、许可、联系等词语,语义含混笼统,指向不明,似乎要将消费者所认为的一切企业之间的联系囊括其中。而立法也并未明确界定关联关系的含义,这就可能导致司法扩大化地解释混淆中的关联关系,将消费者所认为的企业间的任何关系都纳入关联关系混淆规则的调整范围,造成关联关系混淆规则适用的扩大化。

为此,本节拟对关联关系混淆进行探讨,从关联关系混淆的起源入手,探究关联关系混淆规则的设立依据,继而结合商标混淆可能性的理论基础对关联关系混淆规则的适用进行反思,为立法和司法实务提供参考。

一、关联关系混淆规则的确立

传统商标法理论认为,混淆是指消费者对商品来源所发生的混淆,亦即,误认为他人使用的与商标权人商标相同或近似的标识所标示的商品来自商标权人。这种来源混淆理论自19世纪中叶以来就一直作为商标侵权判定的基本标准。然而,在商标权人的推动之下,混淆可能性逐步扩张,其包含的对象从来源混淆扩张到关联关系混淆、初始兴趣混淆(售前混淆)、售后混淆。

具体到关联关系混淆,美国国会在1962年对《兰哈姆法》的修订为关联关系混淆的确立奠定了基础。1946年《兰哈姆法》最初将混淆限定为实际的购买者在购买之时所发生的来源混淆。而1962年的修正案则将购买者和来源等删去,仅规定他人的行为"极有可能产生混淆或误认、或造成欺骗",即构成商标侵权。在此之后,法院逐步扩大了混淆所包含的对象,甚至认为,法院所禁止的就是那些造成任何消费者混淆的行为，既不限于购买者，也不限于消费者来源的混淆。

当时商业贸易实践的发展确实给传统混淆的观念以很大的冲击。在 20 世纪之前，限于商业规模和交通的局限性，商标权人主要在一定的地域范围内于固定的商品之上使用同一商标，商品主要供应当地消费者。因此，当地消费者已经熟知某一商标权人的商品类别。当他人将与商标权人商标相同或近似的标识使用在与商标权人商品类别相似或者并不相同的商品类别上时，消费者一般都知道商标权人并不会在这些不同的商品类别上使用同一商标，从而不会发生混淆。因此，20 世纪之前的商标法主要防范他人在直接与商标权人竞争的商品上使用与商标权人商标相同或近似的标识所造成的消费者混淆。亦即，只有他人造成消费者将侵权人的商标误认为是商标权人的商标，并且两种标识所标示的商品直接竞争，消费者的误认误购使商标权人失去本该获得的交易机会和销售收入，发生交易的转移（trade diversion），他人的行为才构成商标侵权。随着科技的进步、交通的发展和人口的增多，市场需求量逐步扩大。商标权人开始将自己的业务扩展到其他地区。同时，商标权人也不仅仅在原有的固定的商品类别上使用商标。为了充分利用商标中的商誉，商标权人扩大了商品的生产和销售类别，扩展到其以前并未经营的商品领域。不仅如此，商标权人还进行商标的许可或特许经营，将商标许可他人使用，通过他人的使用开拓市场。20 世纪初，企业扩展商品领域的多元化经营、商标许可和特许经营已经成为市场经济中较常采用的经营方式，消费者也日渐熟悉了企业的这种经营思路。当消费者在市场中碰到商标权人的商标标示在商标权人以往并没有经营过的商品类别上，也倾向于推定商标权人拓展了经营的范围，或者使用这个商标的主体已经获得了商标权人的许可。很多侵权人就利用了消费者的这种观念，未经商标权人许可在与商标权人商品相似或者不相同的商品类别上使用商标权人的商标，造成消费者误认为商品的提供者间存在关联关系，从而发生混淆误购。然而，当时的混淆可能性标准仅仅涉及那些在直接与商标权人竞争的商品上使用与商标权人商标相同或近似的标识所造成的混淆。即便是经过修订的1905年《美国商标法》，也要求系争双方当事人之间的商品是"本质上相同的描述性财产"（substantially the same descriptive properties），即要求系争双方商品类别基本相同，他人对商标权人商标的使用才可能构成侵权。

这种状况显然令商标权人不满。当时有两种改革的路径。第一种是改革传统的混淆可能性标准，取消商标法对侵权商品一定要与商标权人商品在本质上相同，商标侵权才能成立的限制。亦即，对混淆可能性进行扩大化解释，将消费者极可能发生的赞助、附属、许可等关联关系混淆纳入其范围，认定只要他人的行为极有可能造成消费者发生这些形态的混淆，无论商品是否相同，混淆侵权都成立。第二种路径就是摆脱传统的以规制混淆为中心的商标保护模式，设立规制淡化的商标保护模式。

这两种路径的改革都得以实施，不仅侵权判定的混淆可能性标准进行了扩张，而且商标反淡化理论也被提出并加以运用。在混淆可能性的扩张方面，将关联关系混淆纳入混淆可能性的范围成为商标法重要的改革内容。1988年，美国国会修订《兰哈姆法》，将关联关系混淆纳入混淆可能性之中。《兰哈姆法》第43条第1款明确规定，对未注册商标的侵权包括赞助、从属、关联等混淆形态。美国第三次不正当竞争法重述也指出，混淆可能性标准适用于一切形式的混淆，包括认证、从属、特许、代理、分销及许可等。❶ 与美国的做法相仿，德国商标法中有直接混淆和间接混淆的概念，大致对应于来源混淆与关联关系混淆。❷ 德国法中的间接混淆，又称为广义混淆，指公众并非对商品的来源或企业的同一性产生混淆，而是误以为行为人与商标所有人之间存在某种联系。这种联系可以是业务上的，也可以是组织上或经济上的。❸

关联关系混淆规则的确立，为商标权人维护自身权益提供了更好的制度保障。但是，关联关系混淆规则适用范围的不确定性，也为其在实践中的不当适用埋下了隐患。

二、关联关系混淆规则的滥用

许多国家的关联关系混淆规则均是简单地规定，关联关系混淆中的关联关系就是指消费者所认为的两个主体之间存在的赞助、许可、从属、特许、代理、分销等关系。这种立法表述没有界定清楚究竟消费者认为的主体间的什么样的关系才构成混淆可能性所指的关联关系，这就为关联关系混淆规则的不当适用埋下了隐患。只要消费者对两个使用相同或类似商标的主体之间的关系产生联想，无论这种关系对消费者和商标权人的利益有何影响，商标权人都可以关联关系混淆为由，起诉或威胁起诉相关的主体。

---

❶ Restatement (Third) of Unfair Competition, §20 (1) (1995).

❷ 彭学龙：《商标法的符号学分析》，法律出版社 2004 年版，第 209 页。

❸ 邵建东：《德国反不正当竞争法研究》，中国人民大学出版社 2001 年版，第 252 页。

由于立法对关联关系界定的不明确，实践中关联关系混淆规则经常被商标权人滥用，成为排斥他人使用特定商标的有力工具。在 2006 年世界杯期间发生的有关商标关联关系混淆纠纷的事件，就鲜明地体现出这一点。在 2006 年世界杯上，球迷穿着自己支持的国家的队服是一种惯例，世界杯期间的大街小巷、酒吧餐厅，都能见到穿着各种国家队队服的球迷。在世界杯期间，有一家啤酒公司就利用世界杯进行啤酒的促销，并向球迷们赠送荷兰队队服的裤子，作为公司促销的礼物。很多球迷在进体育场看球时就穿上了该公司赠送的荷兰队主队队服的裤子。但是，作为管理国家足球队的组织 FIFA 国际足联，拥有球队队服的商标许可权。由于该啤酒公司赠送给球迷的荷兰队队服裤子并非 FIFA 国际足联官方授权的队服，FIFA 认为，球迷穿上这些队服很容易造成消费者发生关联关系混淆。不仅该公司为促销啤酒而送给球迷这些队服的行为是非法的，球迷自己穿这些队服也是非法的，因为这会让人们误认为这些球迷的队服和荷兰国家队存在某种关联关系，以为球迷的服装是经过了官方的授权许可。最后，穿着这些未经授权的裤子的球迷被禁止进入体育场，有超过 1 000 名球迷只能脱去球裤，穿着内衣裤进入体育场看球。❶ 在这一事件中，商标权人的理由就是：球迷穿的队服并非官方授权，这很可能会让他人产生关联关系混淆。

另一则事件也较为典型。美国职业棒球联赛是全美乃至全世界最为著名的棒球顶级联赛，里面的职业球队队名都已注册商标，享有商标权。在美国一个很小的地方，当地经常举办 12 岁

---

❶ Ambush Pantsing at World Cup，http：//scientopia.org/blogs/thisscientificlife/2006/06/19/ambush-pantsing-at-world-cup.

左右小朋友参加的儿童棒球联赛。这个儿童棒球联赛参赛队伍的队名很多都与美国职业棒球联赛职业队队名相同。实际上，这只不过是为了增加儿童棒球赛的趣味性，让儿童和观众更积极地投身于地区公益性运动。但是，美国职业棒球联盟认为，人们在观看这个儿童棒球联赛的时候，会因为这些儿童棒球队的队名与职业棒球联赛职业队队名相同而极有可能产生混淆，错误地认为职业队已经许可或赞助了这些儿童队。最终，在诉讼的威胁之下，儿童棒球联赛的队伍都被迫改了名字。在该事件中，商标权人所持的理由也是，儿童棒球联赛参赛队伍的队名使用已是注册商标的职业队队名会造成人们关联关系混淆。❶

有关关联关系混淆的事例中，还有一些是因为电影公司在发行的电影中碰巧使用了或出现了商标权人的商标，导致商标权人以关联关系混淆为由提起侵权之诉。1998年，新干线电影公司发行了一部喜剧，讲述的是在一个位于明尼苏达州的农场聚会上所举办的选美比赛。该部喜剧的片名定为"冰雪皇后"（*Dairy Queens*），这一名称正巧与美国著名的冷饮冰淇淋品牌冰雪皇后同名。美国冰雪皇后公司随即向法院提起混淆侵权之诉，指出新干线电影公司将其影片命名为冰雪皇后很可能会造成消费者发生关联关系混淆，认为新干线电影公司的这部电影受到了冰雪皇后公司的赞助。最终，新干线公司被迫将该电影片名改为"美丽比一比"（*Drop Dead Gorgeous*）。❷ 无独有偶，2006年，NBC公司正在

---

❶ Stephen Colbert Takes On MLB's Attempt To Bully Little Leaguers With Trademarks，http://www.techdirt.com/articles/20080529/2344361265.shtml.

❷ American Dairy Queen Corp. v. New Line Cinema，35 F. Supp. 2d 727 (D. Minn. 1998).

热播其拍摄的连续剧《超能英雄》（Heroes），该剧中短暂地出现了一个场景：一个啦啦队队长在厨房里使用一台垃圾粉碎机。巧合的是，连续剧画面中的该台垃圾粉碎机是美国著名企业爱默生（Emerson）公司生产的 Insinkerator 牌商品。尽管标注 Insinkerator 商标的垃圾粉碎机在连续剧中仅仅闪现了几秒钟，观众不仔细看都发现不了，但爱默生公司还是提起诉讼，将 NBC 公司告上法庭，认为 NBC 公司在连续剧中对其商标 Insinkerator 的使用会让消费者认为爱默生许可了 NBC 的使用，与 NBC 存在某种合作关系。尽管 NBC 认为自己没有侵权，然而在该连续剧的 DVD 版本和网络版本中，还是对剧中垃圾粉碎机的商标进行了模糊的处理。❶

关于商标权人以关联关系混淆为由，禁止他人使用商标权人商标的事件或案例还有很多，限于篇幅，本书不再赘述。即便不从商标权法的专业视角来分析，普通人在看到这些案例以及商标权人所持的理由时，也会觉得商标权人的行为不符合公平正义的观念。关联关系混淆规则之所以适用混乱，原因就在于立法没有对关联关系混淆规则之中的关联关系进行准确的界定，这就使商标权人可以以消费者发生的任何形态的关联关系混淆为由，排斥他人利用商标权人的商标。

三、关联关系混淆规则的依据

虽然目前关联关系混淆规则的适用范围较为模糊，但将混淆

---

❶ Emerson InSinkErator trash compactors will mangle your hand if you stick it in one of them, http：//www.likelihoodofconfusion.com/emerson-trash-compactors-will-mangle-your-hand-if-you-stick-it-in-one-of-them.

可能性所指的混淆类型从来源混淆扩展到赞助、附属、许可、联系等关联关系混淆，一定程度上适应了商业贸易中经营方式和商标许可贸易的发展，可以规制他人在与商标权人商品相似或者不相同的商品类别上使用商标权人的商标，造成消费者发生关联关系混淆的行为，更好地保护商标权人的权益。因此，关联关系混淆规则的确立具有一定的合理性。

本书曾在第二章分析，消费者发生混淆之后会依据混淆的结果即对商品来源的错误认识进行后续的购物决策，这不仅会导致消费者最终购买的并不是其所意欲购买的品牌商品，而且会导致商标权人交易机会的丧失乃至商誉的损失。因此，混淆的目的就在于影响消费者正常地识别商标和依据商标进行购物决策，使消费者作出错误的购物决策，损害消费者和商标权人利益，这实际上也适用于对关联关系混淆的分析。学界一般认为，防范关联关系混淆的理论基础在于保护商标权人对其商誉的控制。

商誉控制理论认为，商标权人将商标使用在其提供的商品之上，商标权人就有权维护商标之上的商誉，防止他人仿冒商标权人的商标引起消费者的混淆，避免消费者因购买到假冒商品而使商标权人的商誉受损。正如本书第二章所言，消费者在购买了商标权人的商品之后，会根据其使用感受去重新评价商标权人的商标，这直接影响到商标权人的商标在消费者心目中的形象。如果某一商标代表的商品品质优良，消费者就会对其作出正面的评价，这些评价信息会凝结到商标之中，纳入消费者的记忆，使消费者对商标权人商标的好感增加。而如果某一商标代表的商品其质量、服务水平参差不齐，或者出现下降的趋势，消费者在购买之后就会对该商品作出负面的评价，使商标的形象大打折扣，消费者在下次识别出该商标后很可能会基于这些负面评价拒绝再次购买。可见，消费者会通过对商品的使用去评价商标，当商品的质量出现问题或有较大的波动，消费者就会给予商标负面的评价，进而以拒绝再次购买的方式实施"报复"。

联系关联关系混淆来看，当侵权人在与商标权人商品不同的商品类别上使用与商标权人商标相同或近似的标识，并且其提供的商品质量低劣或参差不齐时，消费者可能并不会对商标发生来源的混淆，但是很可能会认为侵权人与商标权人之间存在某种赞助、许可、附属等联系，从而可能基于这种联系作出购买侵权人商品的决定，并将侵权人商品质量低劣的原因归咎于商标权人，导致对商标权人评价的降低。商标权人商标的形象就会在消费者的心里受到损害。消费者在下次购物时就会以拒绝购买的方式对商标权人实施"报复"，这就是学者所谓的负面回馈效应。[1] 可见，商标权人之所以要求立法与司法将关联关系混淆纳入商标法调整的范围，就是因为关联关系混淆可能导致消费者作出错误的购买决定，在购入侵权人的商品之后又会因侵权人商品的质量问题而对商标权人作出负面的评价，导致商标权人商誉受损。

那么，如果侵权人提供的商品质量较好，甚至质量水平超过商标权人提供的商品，这时消费者即便发生了混淆，对侵权人的商品也会比较满意，并不会对商标权人作出负面的评价。在这种情况下，消费者所发生的关联关系混淆是否需要规制呢？实际上，商标权人和一些法官认为，即便侵权人提供的商品质量较好，甚至超过商标权人的商品，但如果造成了消费者的关联关系混淆，同样构成商标侵权，因为这会使商标权人对其商标之上的

---

[1] Mark P. McKenna, Testing Modern Trademark law's Theory of Harm, 95 *IOWA L. REV.* 63, 84（2009）.

商誉失去控制，使商标权人的商誉处于危险或不利的境地。一旦侵权人的商品质量出现波动或问题，商标权人的商誉就会直接受到损害。

早在 1917 年的 Aunt Jemima Mills Co. v. Rigney & Co. 案中，法官就提出了所谓商誉控制理论。在该案中，原告在其产生的薄饼糖浆上使用了 AUNTJEMIMA 商标，被告在其商品上使用了与原告商标相同的标识，但使用在薄饼面粉上。按照 1905 年《美国商标法》的有关规定，由于糖浆和面粉并不属于相同类别或者本质上具有相同特征的商品，被告的行为不构成商标侵权。但是法院却根据商誉控制理论认定被告的行为构成侵权。法院认为："糖浆和面粉都是食品类商品，食品类商品通常使用在一起。很明显公众中的很大一部分，看到该商标在糖浆上时，都会认为是由原告生产。也许如果使用在熨斗上，他们就不会这么认为。在这种情况下，原告的商誉实际上被被告所控制。"❶ 1917 年该案提出的商誉控制理论，对 1918 年的 Yale Electric Corp. v. Robertson 案有较大的影响。后案中，原告将其商标使用在锁上面，而被告则想将与原告商标相同的标识注册在手电筒和电池上，法院拒绝了被告的诉求。在该案件的审理中，著名法官汉德（Hand）认为："生产者的商标是其真实的印记，通过它，生产者担保附着该印记的商品，它承载着好或坏的名声。如果其他人使用它，他就借用了所有者的商誉，商誉之中的质量就不在其控制之下。这也是一种损害，即便借用者并未污损它，或者通过使用它而转移

---

❶ Aunt Jemima Mills Co. v. Rigney & Co., 247 F. 407, 409 (2d Cir. 1917).

任何交易。对于商誉来说，就像脸面，是所有者和创造者的象征。"❶

由此可见，学界一般认为，规制关联关系混淆侵权的基础在于对商标权人的商誉提供保护。与来源混淆不同，关联关系的混淆会导致消费者认为被告提供的商品与商标权人之间存在某种关系，这会使商标权人的商誉处于不受控制的危险状态。当侵权人的商品质量低劣或出现波动时，消费者就可能将之归咎于商标权人，降低对商标权人商标的评价，导致商标权人的商誉受损。

四、关联关系混淆规则的适用

（一）关联关系混淆范围的界定依据

尽管消费者关联关系混淆会导致商标权人的商誉处于不受控制的危险状态，然而，商标权人并不能以此为由滥用关联关系混淆规则，规制其不应当规制的行为。实际上，商誉控制理论有其适用上的界限，不能够以其为依据，无限地扩大关联关系混淆规则的适用范围。对关联关系混淆进行反思，根本的途径还在于从消费者的心理认知入手，考察消费者和商标权人是否会因为关联关系混淆侵权而受到损害。

本书第二章有述，侵权人实施侵权行为的目的在于影响消费者正常地识别商标和依据商标进行购物决策，使消费者作出错误的购物决策，导致消费者和商标权人受到损害。据此，商标法对关联关系混淆侵权进行规制的根本原因就在于，消费者在发生关联关系混淆之后，可能会作出错误的购买决策，并将侵权人商品质量的问题归咎于商标权人，使商标权人商标的商誉处于不受控

---

❶ Yale Elec. Corp. v. Robertson, 26 F. 2d 972, 974 (2d Cir. 1928).

制的危险之中。亦即，消费者在发生来源混淆或关联关系混淆时，会对商品的来源作出误判，误认为侵权人的商品来自商标权人或者受到了商标权人的赞助、许可。这时消费者会激活大脑中商标权人商标的认知网络，提取大脑中存储的商标权人商标所代表的信息，以商标权人商标的相关信息作为购买侵权商品的依据。如果商标权人的商标凝聚了较高的商誉，一贯品质优良、服务完善，消费者就会认为，眼前的商品既然来自商标权人或与商标权人存在关联关系，就得到了商标权人的品质保证，因而值得购买，这就发生了混淆误购。而消费者在购买之后，也会根据该商品的质量和使用感受对商标权人的商标重新进行评价。如果该商品的质量低劣或出现波动，消费者就会降低对商标权人商标的评价，避免下次再购买。即便侵权商品的质量较高，商标权人的商誉也处于不受控制的危险之中。可见，规制关联关系混淆侵权的原因还在于其影响了消费者对商标的识别和购物决策，会损害消费者和商标权人的利益。

根据上述理论，尽管在关联关系混淆的立法之中，除了赞助、附属、许可、联系等描述企业间关系的描述性词汇之外，并没有对关联关系作出更明确的界定，然而，关联关系混淆侵权是否成立的关键还是在于，消费者是否会在关联关系的判断中，认为商标权人是侵权人商品背后赞助、许可或进行某种控制的主体。换言之，消费者是否会认为商标权人是侵权人商品质量的保证方，会对侵权人的商品进行质量方面的监督和管控。只有消费者作出商标权人会监督或管控侵权人商品的质量，双方之间存在赞助、附属、许可等关联关系的判断，消费者才可能会将侵权人商品质量低劣或出现波动的责任归咎于商标权人，并对商标权人的商标作出负面的评价，使商标权人的商誉受损。因此，所谓赞助、附属、许可、联系等描述关联关系的词汇,在本质上指的就是消费者会认为两个主体之间存在密切的关系,这种关系使消费者认为后一主体在其商品上使用商标权人的商标,乃是在商标权人的监督或管控之下,由商标权人以其商誉作为后一主体提供的商品的担保。消费者作出如此的判断,就可能会在商标权人商誉的影响之下认定,后一主体的商品既然使用了商标权人的商标,其质量就得到了商标权人的保证,应该值得购买。而如果后一主体并未得到商标权人的许可,实际上就利用了商标权人的商誉来销售自己的商品,欺骗了消费者。消费者一旦对后一主体的商品不满意,就很可能会将责任归咎于商标权人,使商标权人的商誉受损。

可见,只有消费者对两个主体的关系作出上述判断,才属于关联关系混淆规则调整的对象。而除此之外,后一主体的行为并没有使消费者发生混淆,不会使消费者认为商标权人是后一主体商品质量的保证方,商标权人也不会因为后一主体商品质量的低劣或波动而受到消费者的负面评价,使商誉遭受损失。因此,后一主体的行为就不属于商标侵权。根据这种观点,在前文所提到的几个事例中,消费者都不会认为商标权人是后一主体商品的监督者和管控者,而仅仅会在看到后一主体使用的商标时联想起商标权人。因而,消费者没有发生混淆可能性所针对的关联关系混淆,后一主体的行为不构成商标侵权。

(二) 关联关系混淆范围的界定

根据上述理论,前文几个事例中商标关联关系混淆规则的适用就并不恰当。第一个事例是 2006 年世界杯期间,球迷穿着未经官方授权的荷兰队队服裤子所发生的商标纠纷。该事例中,商标权人认为公司促销啤酒时将未经 FIFA 国际足联授权的荷兰队队服裤子赠送给球迷，球迷穿着这些裤子去看球，会造成观众关联关系混淆。但是根据上文的分析，商标权人的理由并不成立。一般的消费者在看到这些队服裤子时并不会认为，这些队服就经过了 FIFA 国际足联的官方授权或许可，FIFA 国际足联是这些衣服背后的质量监督者和管控者。消费者也并非会出于国际足联具有高度的商誉，是这些衣服质量的保证方而购买或使用这些衣服。因此，消费者不会发生关联关系的混淆，国际足联也就并不会因为这些未经授权的裤子存在质量问题而受到消费者的负面评价。实际上，现实中球迷穿上足球队的队服、帽子等为球队加油，是司空见惯的事，但是，这并不意味着球迷未经过授权穿上这些衣服，会导致消费者发生关联关系混淆，从而作出错误的购买决策。那么，在什么情况下啤酒公司的行为构成侵权呢？本书认为，如果该啤酒公司送给球迷的荷兰队队服裤子并非 FIFA 国际足联官方授权的队服，但是却打上了 FIFA 官方授权、荷兰队官方授权队服等字样，就很可能会使消费者发生关联关系的混淆，该公司的行为也就不再合法。因为该队服明白无误地表明，国际足联是侵权人队服质量的保证方，会对侵权人的队服进行质量方面的监督和管控。消费者就可能因为这种关联关系，基于对国际足联信誉的信任而购买该种队服，并会基于该队服的质地、穿着舒适度、质量等对其背后的赞助者或许可者——国际足联进行评价。如果该队服质量较差，则消费者会将矛头指向国际足联，对国际足联作出负面的评价，使其商誉受损。可见，问题的关键还在于，消费者是否会认为商标权人是侵权人商品的质量的保证方，会对侵权人的商品进行质量方面的某种监督和管控。

再来看在地区性儿童联赛队伍队名采用美国职业棒球联赛队伍队名，被诉关联关系混淆侵权的案例。该案例中，商标权人的理由也较为牵强。正如上文所言，考察是否存在商标法需要防范的关联关系混淆，要看消费者是否会认为商标权人是侵权人商品的质量的保证方，会对侵权人的商品进行监督和管控。儿童棒球联赛已经举行了很多届，当地人都已经熟悉，这个小朋友参与的地区联赛的参赛队伍只不过是借用了美国职业棒球联盟球队的队名，以增加趣味性和吸引力。因此，这些当地观众不会认为儿童棒球联赛与美国职业棒球联盟存在关联关系，也不会认为12岁左右小朋友参加的儿童棒球联赛水平会有多高。当他们认为这个联赛很乏味或组织水平较低时，就不会导致观众对美国职棒联盟的评价降低，影响他们观看美国职业棒球联赛的兴趣。可见，地区性的12岁左右小朋友参加的儿童棒球联赛中使用美国职棒联盟球队的队名并不是一种商标侵权行为，其仅仅是为了吸引当地的群众来为小朋友们捧场，或者是儿童棒球联赛的一种自娱自乐，而并非借助于商标权人队名之中的商誉达到增加自己销售利润的目的。当地的观众在看到这些球队的队名时，脑海中也只会浮现出美国职棒联盟队伍的商标，不会产生关联关系方面的混淆。那么，儿童棒球联赛在什么情况下构成商标关联关系混淆侵权呢？本书认为，如果这个儿童棒球联赛中，不仅参赛队伍的队名沿用美国职棒联赛队伍的队名，而且在球队的包装、服饰、各种商品，乃至体育场的布局、设计等，都沿用或模仿美国职棒联赛，就很有可能让观众认为，这是美国职棒联盟赞助或者举办的地区性儿童职业联赛，目的也在于借助美国职棒联盟的影响力，通过举办地区性儿童职业联赛开拓市场，谋取利益。而如果该儿童职业联赛水平较低，组织混乱，则观众就会将这种负面的感受转移到美国职棒联盟身上，对职棒联盟作出负面的评价，使其商标中的商誉受损。可见，在该案中，问题的关键就在于消费者是否会认定美国职业棒球联盟是地区性的儿童职业联赛的赞助者、组织者或推广者。如果这个地区性的儿童棒球联赛仅仅是非商业性质的比赛，只有儿童棒球队的队名与美国职业棒球队队名相同，其目的在于推广棒球运动，让儿童在运动中获得乐趣，则消费者显然不会发生关联关系的混淆。

至于前文所述的电影公司在其投资的电影中使用或出现了商标权人的商标，就被商标权人认为极可能造成消费者关联关系混淆，是一种商标侵权行为，则更显荒唐。电影公司在电影中的片名与商标权人的商标巧合重合，并不意味着该电影就一定经过了商标权人的许可或赞助。消费者在观看该电影时，也不会仅仅因电影片名与商标权人商标相同而误认为该电影受到了商标权人的许可或赞助。如果该影片并不精彩，消费者同样也不会将之归咎于商标权人。两个主体之间是否有赞助、附属、许可等混淆可能性意义上的关联关系，不能仅以电影片名和商标的重合为依据，还应结合其他因素，综合地判断观众是否会真实地相信商标权人是这部电影的投资方或赞助人。同样，电影中只是偶尔的、一闪而过地出现了商标权人的商标，并不能说明消费者就一定会认为该使用经过了商标权人的许可，或认为商标权人赞助了影片的拍摄。相反，现在电影流行植入广告，广告商会通过电影的场景将商标权人的商标展示给观众。这些植入广告设计了特定的情景，让商标权人的商标可以在影片的某一场景中凸显出来。观众这时才很有可能认为，该电影中展示的商标是一种植入广告行为，得到了商标权人的授权或赞助，这就存在发生关联关系混淆的可能。因此，在电影中出现商标权人的商标，并非一定会导致观众发生关联关系混淆。判断观众是否会发生关联关系混淆要以观众的心理认知状态为中心，考察电影中的画面是无意间涉及了商标权人的商标，还是有意植入了商标权人的商标，突出显示了商标权人的商标。

由上可见，关联关系混淆规则逐步扩大其适用范围，甚至将消费者认为的两个主体之间存在的任何关系都纳入其调整范围，不符合混淆可能性的基本法理，背离了商标法的价值取向。对于关联关系混淆规则适用范围的界定，依然要以消费者在面对商标时的心理认知状态为依据，判断消费者识别商标和依据商标进行购物决策是否受到了他人行为的影响。只有在购物过程中，他人在自己的商品之上使用与商标权人商标相同或相似的标识，使消费者对系争主体之间的关联关系作出了错误的认知和判断，认为商标权人对侵权人的商品提供了监督、保证、管控等，并可能基于此错误的判断，依据商标权人的商誉作出错误的购物决策，才会使消费者和商标权人的利益受到损害。他人的行为只有造成消费者发生这种混淆，才应属于关联关系混淆侵权。

我国《商标法》并没有明确规定关联关系混淆规则。但是，司法解释涉及关联关系混淆的规定。《最高人民法院关于审理商标民事纠纷案件适用法律若干问题的解释》第11条中"相关公众一般认为其存在特定联系"，实际上可以理解为相关公众所发生的关联关系混淆。❶ 即便如此，我国立法也并没有明确地界定何为关联关系混淆之中的"特定联系"，更没有明确对关联关系混淆规则进行规定。立法的缺失给司法实践造成了不利的影响。

---

❶ 《最高人民法院关于审理商标民事纠纷案件适用法律若干问题的解释》第11条：（2001年）《商标法》第52条第（1）项规定的类似商品，是指在功能、用途、生产部门、销售渠道、消费对象等方面相同，或者相关公众一般认为其存在特定联系，容易造成混淆的商品。

我国法院在司法实践中，如果认定被诉侵权人构成关联关系混淆，一般也只在判决中简单地说明，案件中相关消费者会认为企业之间存在关联关系，构成关联关系混淆。法院很少去界定关联关系混淆中的"关联关系"究竟指的是消费者认为的企业间的哪些关系，这就可能增加关联关系混淆认定的随意性，不利于实践中关联关系混淆侵权的判定。❶ 为了更好地规制关联关系混淆侵权，笔者建议通过《商标法》相关条例或司法解释对关联关系混淆作出明确的规定，具体条款可设计为：关联关系混淆，指消费者认为系争商标之间存在赞助、许可、附属等关联关系。关联关系混淆侵权是否成立，需要考察消费者是否极有可能会认为商标权人是侵权人商品背后赞助、许可或进行控制的主体。根据该修法建议，并不是消费者对两个主体之间任何关系的联想都构成关联关系混淆，必须是消费者认为一方是另一方的赞助者、许可者或控制者，消费者可能基于这种错误的判断作出购物决策，影响到消费者和商标权人的利益，这样的混淆才是混淆可能性所指的关联关系混淆，他人也只有造成消费者发生这种形态的混淆，才构成关联关系混淆侵权。

---

❶ 在"国旅"商标案中，法院就认为，被告在其网站上对原告中国国际旅行社总社商标"国旅"的使用会使消费者误认为被告的"国旅假期"与原告存在某种关联性，从而产生混淆。因此被告在网站上使用"国旅假期"侵犯了原告的"国旅"注册商标专用权。法院并没有明确解释"关联性"的含义。参见上海市浦东新区人民法院（2007）浦民三（知）初字第186号民事判决书。

第二节 商标初始兴趣混淆规则研析

商标（混淆）侵权的判定标准是混淆可能性，[1] 亦即，由于在后商标的存在，消费者极有可能对商品的来源发生混淆。早期商标法规制的混淆类型相对单一，仅限于消费者在购买之时极有可能发生的来源混淆。在商标权人的推动之下，立法和司法实务逐渐确定，混淆并不限定于消费者购买之时，而可以延伸至消费者购买之前，商品销售之前发生的混淆也应成为商标法规制的对象，这就是商标初始兴趣混淆。[2]

商标初始兴趣混淆指侵权商标造成消费者在购买之前发生商品来源的混淆，造成消费者注意力和购买兴趣发生转移，即便消费者在购买之时将这种混淆排除，消费者仍有可能购买侵权商标标示之商品，使商标权人丧失本应具有的交易机会，造成商标权人损害。美国与欧盟司法实践均承认，他人行为造成消费者发生初始兴趣混淆构成商标侵权。

初始兴趣混淆规则将消费者混淆的判断时点，由购买之时延伸到购买之前，有利于降低消费者的搜寻成本，保护商标权人商誉。然而，初始兴趣混淆规则以消费者在购买之前所发生的混淆

---

[1] 彭学龙："论'混淆可能性'——兼评《中华人民共和国商标法修改草稿》（征求意见稿）"，载《法律科学》2008年第1期。
[2] 彭学龙："商标混淆类型分析与我国商标侵权制度的完善"，载《法学》2008年第5期。

作为判定商标侵权的依据，大大强化了商标权的效力，适用不慎可能会损害其他厂商参与竞争和消费者自由选择商品的权益。由此，在商标法上需要认清初始兴趣混淆的理论基础及其缺陷，严格划定其适用边界。在我国商标法第三次修订的工作中，学界有观点赞同将初始兴趣混淆理论纳入我国商标法，❶ 但这一问题关系到诸多主体利益，需要慎重对待。鉴于此，本节拟从商标初始兴趣混淆的源起出发，揭示其法理基础与缺陷，并以前文混淆可能性的理论基础为依据，界定初始兴趣混淆规则的适用范围，以期为我国商标法相关制度的完善提供参考。

一、商标初始兴趣混淆规则的兴起

传统商标侵权是指他人在相同或类似的商品之上，使用了相同或近似于商标权人商标的标识，使消费者有可能对商品的来源发生混淆。1946 年美国《兰哈姆法》第 32 条第 1 款仅规定未经商标权人同意，使用与他人商标相同或者近似的标识，使购买人就该商品或服务的来源产生混淆或者错误，构成商标侵权。根据该规定，构成侵权的混淆类型仅限于实际的购买者在购买之时所发生的来源混淆。

然而，随着现代经济活动日趋复杂，商标的经济功能愈发强大，其不仅能降低消费者的搜寻成本，激励商标权人维护商标商誉，而且能够作为广告激发消费者的购买欲望，争取更多的交易

---

❶ 彭学龙：“商标混淆类型分析与我国商标侵权制度的完善”，载《法学》2008 年第 5 期；徐聪颖：“论'初始兴趣混淆'的法律规制"，载《时代法学》2010 年第 3 期；邓宏光、周元：“网络商标侵权的新近发展"，载《重庆社会科学》2008 年第 5 期。

机会。因此，商标不仅在购物时发挥作用，而且在购物前后乃至日常生活中都具有重要意义。❶ 随着商标经济功能日趋重要，实践中出现了不同于传统商标侵权的新型搭便车行为：行为人使用商标权人的商标造成消费者在购买之前对商品的来源发生混淆，转移消费者的注意力和购买兴趣，争取到本属于商标权人的交易机会，这便是初始兴趣混淆行为。

  初始兴趣混淆行为的出现，有可能扰乱市场竞争秩序，损害商标权人的商标商誉，增加消费者购物的搜寻成本。商标权人急切地希望立法与司法能够有所行动，打击初始兴趣混淆行为。1962 年，美国国会对《兰哈姆法》进行修订，将 1946 年《兰哈姆法》第 32 条中的购买者与来源等删去，仅规定商标使用的行为"极有可能产生混淆或误认，或造成欺骗"，即构成商标侵权。依据参议院的报告，新法删去购买者的原因，在于明确商标法所保护的混淆主体的范围。亦即，"这一条款事实上与实际的购买者和潜在的购买者有关。将'购买者'删去是为了避免对目前法条用语曲解的可能性"。❷ 除了这一解释之外，立法报告并没有明确法条的修改是否是为扩大商标混淆的类型。由于修法解释的不明确，美国不同的法院对这一修订的理解产生了分歧。一些法院认为该修订是国会意图包括和禁止更广泛的混淆的证据，而另一

---

❶ 彭学龙："商标混淆类型分析与我国商标侵权制度的完善"，载《法学》2008 年第 5 期。

❷ S. Rep. No. 87 - 2107, HR Rep No 1108, reprinted in 1962 U. S. C. C. A. N 2844, 2847（1962）. 转引自 Michael J. Allen, Who Must Be Confused and When? The Scope of Confusion Actionable Under Federal Trademark Law, 81 Trademark Rep. 209, 220（1991）.

些法院仍然将保护限制于购买之时消费者混淆的风险。[1]

由于修法意图不明确,在商标权人的推动之下,一些法院"将它们的考察范围从购买者混淆扩展到了个人的混淆——包括潜在购买者和一般公众成员——这些都没有发生在购买之时。有些法院认为《兰哈姆法》禁止潜在购买者'售前'或'初始'的混淆,即便这种混淆在最终购买之时会消除"。[2] 初始兴趣混淆开始被纳入商标法调整的范围,法院陆续在案件中运用初始兴趣混淆规则,初始兴趣混淆的"潘多拉魔盒"被打开了。

1975年,美国联邦第二巡回法院在Grotrian v. Steinway & Son案中首次适用初始兴趣混淆规则。[3] 该案原告与被告均为相互竞争的高档演奏用钢琴的制造商。其中,德国钢琴制造商使用与美国著名钢琴品牌斯坦威相似的商标斯坦威格。原告向法院起诉,认为被告构成商标侵权与不正当竞争。法院认为,该案混淆侵权的判断时点,并不限于购买之时所发生的真实混淆或潜在混淆。[4] 因此,本案的重点并不在于消费者是否会在购买之时误认为该商品来源于原告或与原告之间存在关联关系。相反,本案的关键在于消费者在接触到被告商标之时,很可能会认为原告与被告之间存在关联关系,进而在这种认识的基础上将被告的商品纳入考虑

---

[1] Anne M. McCarthy, The Post-sale Confusion Doctrine: Why The General Public Should Be Included in The Likelihood of Confusion Inquiry. 67 *fordhan L. Rev.* 3337, 3338 (1998~1999).

[2] Michael J. Allen, Who Must Be Confused and When?: The Scope of Confusion Actionable Under Federal Trademark Law. 81 *Trademark Rep.* 209, 229 (1991).

[3] Grotrian v. Steinway & Son, 523F. 2d 1331 (2d Cir. 1975).

[4] Grotrian v. Steinway & Son, 523F. 2d 1331, 1342 (2d Cir. 1975).

的范围。被告商标之所以能够吸引潜在的消费者，是由于原告商标的商誉。因此，法院认定，即便消费者经过对比，能够分辨出两种钢琴乃不同的品牌，但被告在交易的早期阶段，使购买人发生初始兴趣混淆，吸引购买人购买兴趣的转移，系以不正当手段获取他人商誉，构成商标侵权。有学者认为，该法院重点考虑的是商标权人的商誉，正是建立在商誉保护的基础上，法院认为其他人不能够通过搭便车的方式获取商标权人商誉中的利益。"该法院将初始混淆的问题归纳为后来者搭便车的一种方式，而非对消费者的损害。"❶

在 Grotrian 案之后发生的 Mobil Oil 案，法院再度运用到初始兴趣混淆规则。该案的原告美孚石油公司是世界石油产业巨擘，其商标为人们所熟知的飞马图案。而被告飞马石油公司成立于1981年，是美孚石油的竞争者。美孚石油公司得知飞马公司采用了飞马作为公司名称，向法院起诉，要求认定其构成商标侵权。该案历经两审，最终法院认定被告构成商标侵权。审理该案的联邦第二巡回法院认为，尽管石油市场是复杂和专业的市场，购买人均为专业的石油交易员，对于商品的来源具有高度的注意程度与分辨能力，然而潜在的购买者很有可能会受到误导而对被告的商品发生最初兴趣，这种最初兴趣足以构成商标侵害。因为一位交易员在交易初期可能误认为两者具有关联性，而愿意接听被告的推销电话，被告与购买者接触之时就盗用了他人商标的商誉，

---

❶ Michael Grynberg, The Road not Taken: Initial Interest Confusion, Consumer Search Costs, and the Challenge of the Internet, 28 *Seattle U. L. Rev.* 97, 103 (2004).

而且该商誉对于购买人的决定有重要影响,因此应禁止该行为。❶ 显然,法院认为第三人在与被告进行交易之时,并不会误认为原告与被告之间会有关联关系,不会产生混淆。但是,被告在与潜在购买者接触的初期阶段,却极有可能搭商标权人商誉的便车,吸引潜在购买者的注意力,使潜在的购买者将被告的商品纳入购买的考虑范围。可见在此案中,法院着重考虑的还是对商标权人商誉的保护。

  20世纪末,随着网络技术的发展,网络商标侵权纠纷逐渐增多,法院为了保护商标权人的商誉,开始在诉讼中频繁地使用初始兴趣混淆规则。1999年发生的Brookfield Communications, Inc. v. West Coast Entertainment Corp一案堪称网络环境下商标初始兴趣混淆第一案。❷ 此案的判决在当时引发巨大反响,至今学界和实务界仍对其存有争议。该案的原告布鲁克菲尔德通信(Brookfield Communications)主要经营影视资料库,注册了"MovieBuff"商标,被告西海岸(West Coast)是电影连锁出租店,注册了服务商标"Movie Buff",另外注册了域名"moviebuff.com",计划向公众提供免费搜索电影资料的服务。原告向法院提起诉讼,禁止被告使用该域名,禁止被告在自己网页的元标签(Metatags)中使用"MovieBuff"商标。此案历经两审,最终上诉审第九巡回法院认定,被告在自己网页的元标签中使用原告商标的行为极有可能导致消费者发生初始兴趣混淆,构成商标侵权与

---

❶ Mobil Oil Corp. v. Pegasus Petroleum Corp, 818 F. 2d 254, 259~260 (2d Cir. 1987).

❷ Brookfield Communications, Inc. v. West Coast Entertainment Corp., 174 F. 3d 1036 (9th Cir. 1999).

不正当竞争。该案中的元标签是网页编码中的文字标签，用以说明该网页的内容。网民浏览网页时无法直接看到元标签，但搜索引擎可以依据元标签的文字将网页分类，并依据网民输入的检索关键词与网页中的元标签相匹配，将与关键词有关的网页呈现出来作为搜索结果。法院认为，消费者虽然不会发生来源混淆，但被告将原告商标作为网页元标签使用，会造成消费者初始兴趣混淆。网络的使用者原本要寻找原告的"MovieBuff"，在搜索引擎输入"MovieBuff"后，显示的搜索结果却包括被告主页，而消费者发现该网页也提供类似的资料库服务，就可能会转而接受被告的服务。消费者知道自己浏览的网页并非"MovieBuff"，不会发生来源混淆，但是被告将他人商标作为自己网页的元标签，将原本寻找原告网页的人们，转移到自己的网页，盗用了他人商标的商誉，构成初始兴趣混淆。❶ Brookfield 案之后，法院陆续又在网络环境下的许多商标侵权纠纷中适用了初始兴趣混淆理论。由于网络技术的发展，在许多案件中，被告将原告的商标作为网页的元标签、弹出广告的关键字、搜索引擎的关键字等，这些行为的特点都在于被诉侵权人通过网络技术利用商标权人的商标来吸引消费者注意，使法院在不能够适用传统混淆制度的情况下倚重于初始兴趣混淆理论来解决纠纷。然而，初始兴趣混淆也并非"包治百病"，有学者就担忧地指出，"初始兴趣混淆的扩张可以被视为是一种更大趋势的象征：知识产权人试图努力控制任何使用他

---

❶ Brookfield Communications, Inc. v. West Coast Entertainment Corp., 174 F. 3d 1036, 1062 (9th Cir. 1999).

们受到保护的商标的行为"。[1]

综上，初始兴趣混淆规则在1962年《美国商标法》修订之后开始出现，并在很多案件中被法院所采纳。总结作为初始兴趣混淆典型案例的 Grotrian 案、Mobil Oil 案和 Broolfield 案可以发现，规制初始兴趣混淆的理由均在于第三人利用了商标权人的商标来吸引潜在的消费者，盗用了商标权人商标的商誉，使消费者的注意力发生转移，发生初始状态的混淆，对第三人的商品产生购买的兴趣。尽管消费者在购买时不会发生任何的混淆，然而人们认为，第三人搭了商标权人的便车，对商标权人的损害已经造成。

二、商标初始兴趣混淆规则的依据

初始兴趣混淆规则借助于美国1962年《兰哈姆法》修订而产生，继而被美国多个法院加以适用，形成不同于传统商标侵权理论的侵权判定规则。初始兴趣混淆规则尽管要求消费者在购买之前对商品来源发生混淆，然而随着消费者对商品的观察和了解，混淆在消费者购买之时已不复存在。既然如此，这种存续时间较为短暂，在消费者购物之时已经被排除的混淆，是否应当成为商标法调整的对象呢？规制商标初始兴趣混淆侵权的理论依据究竟是什么呢？

赞同初始兴趣混淆规则的学者与法官认为，将初始兴趣混淆纳入商标法调整的对象是为了更好地保护商标权人的商誉，防止

---

[1] Michael Grynberg, The Road not Taken: Initial Interest Confusion, Consumer Search Costs, and the Challenge of the Internet, 28 *Seattle U. L. Rev.* 97, 138 (2004).

他人搭便车，同时降低消费者的搜寻成本。这就是所谓商誉搭便车理论和节约消费者搜寻成本理论。

商誉搭便车理论认为，商标法的立法目的在于保护商标权人的商誉，防止他人通过仿冒商标权人商标的方式混淆消费者，减损商标权人维护商标商誉的激励。正如兰德斯与波斯纳所言，对商标法最好的解释建立在法律总是试图促进经济效率这一基本假设之上。商标对效率的促进主要表现为降低消费者搜寻成本和激励企业提高商品质量这两个方面。❶ 对于商标权人来说，商誉是其在市场上生存和发展的基本要素。保护商标的商誉，才能创造出诱因，使商标权人维持和提高商品质量。假如商标不受到法律保护，不受禁止的对商标的商誉搭便车的行为将导致商标识别商品或服务来源的功能的减损，降低市场参与者创造和维持高价值商标的诱因。❷ 对初始兴趣混淆理论持赞同意见的人士认为，初始兴趣混淆理论将混淆的判断时点由购买之时提前至购买之前，也是基于防止第三人在交易的初期通过利用商标权人的商标来引起消费者售前的混淆，转移消费者的注意力和购买兴趣，使商标权人受损。在前述 Grotrian 案中，法院就指出可诉的售中混淆并不存在，初始混淆的问题在于后使用者的搭便车，而不是对消费者的损害。❸ 而在 Brookfield 案中，法院也认为仅仅是初始的消费

---

❶ William M. Landes & Richard A. Posner, Trademark Law: An Economic Perspective, 30 *J. L. & Econ.* 265, 265～309（1987）.

❷ William M. Landes & Richard A. Posner, *The Economic Structure of Intellectual Property Law*, Boston: Harvard University Press, 2003, p. 270.

❸ Grotrian v. Steinway&Son, 523F. 2d 1331, 1342（2d Cir. 1975）.

者混淆并没有改变搭别人商誉便车的事实。❶ 学者对此总结认为："如果没有混淆，损害在哪里？通常的答案是商标权人的商誉：后使用者不应当搭先使用者的便车，以获取潜在的消费者。"❷

除了商誉搭便车理论，也有学者从节约消费者搜寻成本的角度论证初始兴趣混淆。节约消费者搜寻成本理论认为，对于消费者而言，商标保护能够确保商标功能的正常发挥，使消费者可以认牌购物，不必在每次购买商品时耗费时间与精力辨识商品的来源，降低搜索成本。因此，商标法的目标就是打击造成消费者混淆的行为。不论混淆的形态如何，发生的时间为何，只要他人的行为导致了消费者发生混淆，使消费者的搜寻成本上升，商标法就需要进行规制。对初始兴趣混淆规则持赞同意见的人士认为，如果任由初始兴趣混淆在市场中横行，则消费者购物的搜寻成本会上升。初始兴趣混淆尽管是消费者在购物之前所发生的短暂的混淆形态，但本质上依然是导致消费者混淆的行为。将规制混淆的时间点从售中提前至消费者购买决定作出之前，可以有效地避免消费者在购买之前发生混淆，降低消费者的搜索成本。如若初始兴趣混淆不受规制，则可以预见，消费者将花费更多的搜索成本来购买商品。亦即，当市场存在初始兴趣混淆的搭便车行为时，消费者为了辨别商标权人与搭便车者提供的商品的不同来源，会花费更多的搜索成本。而当消费者排除混淆，准备寻找并

---

❶ Brookfield Communications, Inc. v. West Coast Entertainment Corp., 174 F. 3d 1036, 1064（9th Cir. 1999）.

❷ Michael Grynberg, The Road not Taken: Initial Interest Confusion, Consumer Search Costs, and the Challenge of the Internet, 28 *Seattle U. L. Rev.* 97, 98（2004）.

购买原本意欲消费的商标权人的商品时，依然需要继续耗费时间与精力，使得搜寻成本升高，部分消费者就很可能会就此放弃，转而接受与商标权人商标相同或类似的搭便车者提供的商品，使商标权人丧失交易机会。可见，无论何种情况，在消费者发生初始兴趣混淆的情况下，消费者都将支出额外的非属必要的搜索成本。初始兴趣混淆理论的赞同者认为，由于初始兴趣混淆会使消费者支出额外的搜索成本，认定售前混淆构成商标侵权，符合商标法保护消费者的宗旨。❶

对于发生初始兴趣混淆之后，消费者的搜寻成本会上升，可能会转而购买侵权人提供的商品，使侵权人获得本属于商标权人的交易机会，麦卡锡教授有着经典的比喻。他认为初始兴趣混淆正如求职者在求职简历中填写不真实的信息而获得宝贵的面试机会。在面试时，虽然求职者向面试主管说明其简历中某些信息系属虚构，但是该求职者已经获得了面试机会，挤占了其他求职者的面试机会，取得了不当的竞争优势。麦卡锡教授认为，求职者凭借此等填写不实信息的行为，引起了面试官的初始兴趣混淆，获得了其他同等条件的求职者所没有的面试机会，也使雇佣者需要花费更多时间确认该求职者真正的学习经历，对于市场竞争的效率确实有所损害。❷ 在前述布鲁克菲尔德案中，法官就初始兴趣混淆也举出了类似的比喻。法官认为，初始兴趣混淆正如位于

---

❶ Michael Grynberg, The Road not Taken: Initial Interest Confusion, Consumer Search Costs, and the Challenge of the Internet, 28 *Seattle U. L. Rev.* 97, 109 (2004).

❷ J. Thomas McCarthy, *McCarthy on Trademarks and Unfair Competition*, Eagan: Thomson/West, 2006, §23: 6.

高速公路七号出口两英里的大片出租店在高速公路上竖起"西海岸出租店：七号出口前方两英里"的指示牌，告诉想到西海岸出租店的潜在消费者，从高速公路七号出口出去前行两英里即可找到该店。但是实际上，西海岸出租店位于八号出口，潜在消费者从七号口出去后发现的是树立误导消费者的标牌并与西海岸出租店具有竞争关系的大片出租店。到达大片出租店的消费者可能不愿意再驶回高速公路寻找西海岸商店，而在大片出租店内消费，从而使西海岸出租店丧失交易机会。❶ 由此，初始兴趣混淆造成了消费者搜寻成本的上升，使消费者的购买兴趣发生转移，有可能导致消费者接受侵权人提供的商品，导致商标权人交易机会的丧失。初始兴趣混淆理论的赞同者认为，随着社会经济竞争形态的发展，市场中各种"挂羊头，卖狗肉"的现象络绎不绝，不仅影响消费者的正常购物，也使商标权人蒙受营业利润的损失。

应当说，商誉搭便车理论和节约消费者搜寻成本理论表明商标法规制初始兴趣混淆具有一定的合理性。实践中，初始兴趣混淆确实极有可能造成消费者搜寻成本的升高，使消费者转而消费搭便车者提供的商品，让商标权人丧失交易机会。从消费者认知心理的角度来看，消费者的购物决策不是完全非理性的选择，而是在诸多因素的影响下作出的。商标、与商标相关的搜寻成本和该商标商品的价格是消费者决策最为重要的参考因素。"一个消费者的购买预算由两部分组成：搜寻成本和购买价格。增加搜寻

---

❶ Brookfield Communications, Inc. v. West Coast Entertainment Corp., 174F. 3d 1036, 1063~1064 (9th. Cir. 1999).

的支出就会降低消费者用于购买的支出。"❶ 在购物过程中，消费者愿意购买某品牌商品的搜寻成本是既定的。如果搜寻成本提高，消费者用于购买商品的支出就要降低。当搜寻成本过高，超出了消费者预期承受的范围时，消费者可能就会放弃消费该品牌商品。初始兴趣混淆是消费者在购买之前发生的混淆，会导致消费者搜寻成本的上升。当消费者了解到其意欲消费的商品并非来自于商标权人，而是来自搭便车者时，搭便车者就获得了转移消费者注意力和购买兴趣的机会。消费者如果不消费搭便车者的商品，就还需要额外付出更多的搜寻成本，去寻找商标权人提供的商品。这时消费者购买到商标权人商品的搜寻成本就会显著增加，包括购买之前由于消费者混淆所发生的搜寻成本和继续寻找商标权人商品的搜寻成本。显然，由于搜寻成本增加，消费者的购物支出就要减少。当继续寻找商标权人商品的搜寻成本和商标权人商品的价格超出了消费者剩余的购物支出预算时，消费者就会放弃购买商标权人的商品。亦即，鉴于搜寻成本和购买预算的限制，消费者会认为与其再付出更多的搜寻成本去寻找商标权人的商品，购买搭便车者的商品更加经济便捷，消费者就会转而消费搭便车者的商品，搭便车者就通过利用商标权人商标的商誉获得利益，而商标权人却丧失了本应获得的交易机会。由此可见，商誉搭便车理论和节约消费者搜寻成本理论在规制初始兴趣混淆方面具有相当的解释力。很多造成消费者初始兴趣混淆的行为需要纳入商标法的规制范围，以维护公平、自由的市场竞争环境。

---

❶ Michael Grynberg, The Road not Taken: Initial Interest Confusion, Consumer Search Costs, and the Challenge of the Internet, 28 *Seattle U. L. Rev.* 97, 109 (2004).

三、商标初始兴趣混淆规则的检讨

商标初始兴趣混淆规则可以规制侵权人对商标权人商标的搭便车行为，使消费者在购物的初始阶段避免混淆，防止消费者购买兴趣的转移。初看起来，商誉搭便车理论和节约消费者搜寻成本理论似乎无懈可击，具有正当性。但是，过于倚重这两种理论，在消费者购买之时不存在混淆的情况下笼统地以消费者购买之前因混淆而发生的"购买兴趣转移"替代"混淆可能性"作为侵权判定的标准，可能会造成初始兴趣混淆规则适用范围的扩大，不利于市场自由竞争的开展。因此，正确适用初始兴趣混淆规则的关键在于认清其缺陷。

前文论及，商标初始兴趣混淆规则的依据在于防止他人搭商标权人商誉的便车，降低消费者搜寻成本。实际上，这两种理论依据细细推敲，都有其局限性，并不能完全为商标初始兴趣混淆理论提供支持。从保护商誉、防止他人搭便车的角度来看，整个商标法的目的都可以归纳为防止他人搭商标权人商誉的便车。但是笼统地谈论保护商誉和搭便车没有任何意义，因为"法律并不一般性地禁止搭便车"。❶ 传统商标法并不以规制搭便车为中心，商标法规制的仅仅是造成消费者混淆的搭便车行为，而其他很多种搭便车的行为，往往是法律允许的自由竞争行为。最为典型的不被商标法视为商标侵权行为的搭便车就是比较广告。在比较广告中，与商标权人竞争的厂商显然通过利用商标权人的商标吸引了消费者的注意力，

---

❶ Michael Grynberg, The Road not Taken: Initial Interest Confusion, Consumer Search Costs, and the Challenge of the Internet, 28 *Seattle U. L. Rev.* 97, 105 (2004).

转移了消费者的购买兴趣。但是为了保护自由的竞争环境，在不造成消费者混淆误认的情况下，商标法并没有认为这种行为构成侵权。实际上，除了商标法明确规定的商标侵权行为，其他的搭便车行为往往有助于商标权人的竞争对手更好地参与竞争，削弱商标权人对市场的控制力。可见，笼统地在商标法中谈论搭便车没有任何意义，某些造成消费者初始兴趣混淆的行为很有可能有益于市场自由竞争而不应当受到商标法规制。

从保护商誉的角度来看，在某些情况下规制初始兴趣混淆确实有助于保护商标权人的商誉，但是商标法也并非以保护商标权人的商誉为中心。往往在某些初始兴趣混淆的情况下，消费者对搭便车者商品的选择完全出自自愿，这就与保护商标权人商誉没有什么关系。由此，初始兴趣混淆并非必然会损害商标权人的商誉，商标权人的商誉是否值得商标法保护还需依个案情形具体判断。前文已经介绍，消费者在初始兴趣混淆之后，是购买商标权人的商品还是搭便车者提供的商品，与消费者的购买预算和购买该商品的搜寻成本密切相关。当搜寻成本较低时，消费者可支配的购买商品的预算就较高，消费者在发生初始兴趣混淆之后还拥有充分的自主选择权，其既可以拒绝消费搭便车者提供的商品，转而寻找并购买商标权人的商品，也可以在充分考量搭便车者提供商品的质量之后接受搭便车者的商品。在此情况下，无论消费者作出何种选择，都出于消费者自愿，与保护商标权人的商誉没有关系。进言之，在消费者拥有决策自主权时，即便消费者最终购买了搭便车者的商品，消费者的购买决定也是出自于搭便车者的商誉，而非商标权人的商誉。"以原告的商誉为起诉的理由是存在问题的，因为在消费者购买之时，并没有多少商标权人的商誉出现。"[1] 尽管在消费者发生初始兴趣混淆的情况下，搭便车者确实转移了消费者的注意力和购买兴趣，然而消费者依然拥有自主决定权，他大可拒绝消费搭便车者的商品，转而购买商标权人的商品。因此，在商标法的语境下笼统地谈论商誉的保护，也没有任何意义。

从降低消费者搜寻成本的角度看，初始兴趣混淆理论认为初始混淆会造成消费者搜寻成本上升，导致其购买搭便车者提供的商品，使商标权人丧失交易机会，其隐含的逻辑思路是：消费者在购物之前发生初始兴趣混淆，将会对搭便车者提供的商品产生购买兴趣，进而作出购买决定。即便消费者在购买之时已经不存在任何混淆，但购买兴趣的转移进而作出的购买决定会让商标权人蒙受交易机会丧失的损失，而搭便车者也会获得本不属于自己的交易机会。由此，初始兴趣混淆理论将消费者在购买之前因混淆而导致的兴趣转移与购买决定相联系，以购买之前兴趣的转移认定消费者最终的购买决定会对商标权人造成损害。实际上，这种逻辑推定并非必然成立。

从消费者角度而言，初始兴趣混淆在某些情况下确实会增加消费者的搜寻成本，导致商标权人交易机会的丧失，但其并非必然增加消费者的搜索成本，损害商标权人和消费者的利益。消费者在购物中，可能会发生初始兴趣混淆。然而，这一混淆形态在消费者购物之时已经不存在，这表明这种混淆只是短暂的、临时性的、能够很快加以排除的混淆形态，其所起的作用仅仅是转移

---

[1] Michael Grynberg, The Road not Taken: Initial Interest Confusion, Consumer Search Costs, and the Challenge of the Internet, 28 *Seattle U. L. Rev.* 97, 107 (2004).

消费者注意力。在这种情况下，消费者是否会继续寻找商标权人的商品要看其后续搜寻成本的高低。从消费者决策的角度考虑，消费者的购买预算由搜寻成本和商品价格所组成，前者升高则后者降低。如果消费者后续的搜寻成本不高，消费者完全可以拒绝购买搭便车者的商品，转而再次搜寻并购买商标权人的商品。在这种情况下，商标权人并不会丧失交易的机会。例如，商标权人商品和搭便车者的商品摆放于同一货架之上，消费者即便发生了初始兴趣混淆，也可以忽略不计的成本转而购买商标权人的商品。可见，消费者并非在一切初始混淆的情况下都会购买搭便车者提供的商品。在搜寻成本没有显著增加的情况下，消费者就拥有充分的自主选择权。当消费者可以自由选择时，消费者即便接受了搭便车者提供的商品，其购物决策也是建立在对商品的来源有了正确认识的基础之上，亦即，消费者可能是在衡量品牌、价格、品质、包装、售后等商品的真实情况后决定不再搜寻商标权人的商品，转而接受搭便车者的商品。这表明消费者作出的购买决定完全符合其购买意愿。在这种情况下，促使消费者最后购买行为人商品的"商标商誉"，应归属于行为人，而非商标所有人。[1]

可见，在消费者完全可以自主决定购买何种商品的情况下，即便有初始状态的混淆，搜寻成本略有上升，消费者也有充分的选择余地，可以转而搜寻其意欲消费的商标权人的商品，也可以接受搭便车者的商品，这种初始阶段的混淆就并没有损害消费者

---

[1] Michael Grynberg, The Road not Taken: Initial Interest Confusion, Consumer Search Costs, and the Challenge of the Internet, 28 *Seattle U. L. Rev.* 97, 106 (2004).

的利益。相反，消费者发生初始混淆之后，如若继续搜寻商标权人商品的成本较高，消费者出于搜寻成本和预算的考虑，就很有可能被迫接受搭便车者提供的商品。于此情形，搭便车者显然利用了商标权人商标的商誉，通过造成消费者购物之前的混淆，将消费者购物的注意力吸引到搭便车者提供的商品之上，而又由于搜寻成本较高，消费者极有可能接受搭便车者提供的商品，造成商标权人交易机会的丧失。在这种情况下，消费者的购物决策因为搭便车者的行为而受到严重影响，导致消费者购买了其本不打算购买的商品。因此，只有在这种情况下，初始兴趣混淆行为才真正损害了商标权人的利益。

值得注意的是，初始兴趣混淆在一定情况下会有利于市场自由竞争，防止商标权人垄断市场，给消费者带来多样化的选择。初始兴趣混淆乃是通过造成消费者初始的混淆达到转移消费者购买兴趣的目的。然而，根据前文对消费者购物决策的分析，既然消费者在购物之时已不存在任何形态的混淆，那么消费者在后续搜寻成本较低的情况下，就拥有自主的决定权，其既可以坚持购买商标权人的商品，也可以选择搭便车者的商品。无论消费者的最终选择如何，其购买决定完全出自其自愿。在这种情况下，搭便车者提供的商品无异于为消费者购物增添了新的选择，使消费者可以对比与衡量搭便车者与商标权人各自提供的商品，作出更符合其意愿的购物决策。举例而言，当消费者在商场意欲购买 A 商标商品时，在柜台的相邻位置却发现了与 A 商标相似的搭便车者提供的 AA 商标商品。由于 A 商标与 AA 商标相近似，消费者发生了初始兴趣混淆，认为 AA 商标来自 A 商标或与之存在关联关系。但是在经过鉴别和对比之后，消费者就分辨出了 A 商标与 AA 商标的区别，排除了混淆。在初始兴趣混淆被排除之后，消费者实际上依然拥有着自由的选择权。消费者经过对比两种品牌发现，AA商标商品的品质、外观等相比A商标商品毫不逊色，价格却更为实惠，因此最终决定购买AA商标商品。在该例中，消费者虽然发生了初始兴趣混淆，但最终的购买决定来自消费者自己对商品来源和质量的判断和决策，而不是因为混淆误认。换言之，一方面，虽然搭便车者的行为造成了消费者短暂的混淆，使消费者的搜寻成本上升，但消费者后续的搜寻成本并不大，消费者既可以拒绝购买搭便车者的商品，转而购买商标权人的商品，也可以选择搭便车者的商品。另一方面，搭便车者在这种情况下又确实提供了具有竞争力的商品，给消费者提供了不同的选择机会，此时的初始兴趣混淆行为在实质上是搭便车者为与商标权人竞争，短暂地对商标权人商标进行模仿，从而赢得消费者注意和购买兴趣，以争取交易机会的行为，这种行为有利于市场自由竞争。这就好比顾客去商场柜台，想要购买耐克的运动鞋，但是柜台店员却拿出阿迪达斯的运动鞋，并说该鞋的质量同耐克的商品一样优良。店员的行为也吸引了消费者的注意和购买兴趣，消费者最终也可能转而购买阿迪达斯的运动鞋。尽管如此，最终消费的决定权仍然掌握在消费者手中。消费者既可以坚持购买耐克的运动鞋，也可以接受柜台店员的建议购买阿迪达斯的运动鞋。无论如何，消费者都掌握着购物的主动权。假如店员建议消费者购买的商品质量低劣，消费者自能明辨来源，拒绝交易。可见，部分初始兴趣混淆不仅不会损害商标权人的商誉，影响消费者的购物决策，反而会增加消费者的选择机会，有利于消费者对比不同企业提供的商品，作出更符合其自身利益的购物决策。

由此可见，初始兴趣混淆理论所持的商誉搭便车理论和节约消费者搜寻成本理论，尽管指明了初始兴趣混淆可能存在的危害，却也有片面之处。它并不能全面地体现出初始兴趣混淆所能够给市场、参与竞争的主体以及消费者所带来的各种影响。只是单纯地以初始混淆之后"购买兴趣的转移"和商标权人交易机会的丧失作为判断混淆侵权的标准，没有观察到消费者在市场中真实的消费意愿和购物决策。可以说，初始兴趣混淆是一把双刃剑，其既可能损害消费者和商标权人的利益、扰乱市场竞争秩序，又可能增加消费者的选择机会、增进市场自由竞争、防止商标权人垄断市场。既然初始兴趣混淆行为利弊兼具，笼统地将其归为侵权显然是不恰当的。商标法应当以消费者真实的购物状态和决策过程为依据，充分考虑消费者搜寻成本的大小，确定在何种条件之下可以规制初始兴趣混淆的行为，以取得社会效益的最大化。

四、商标初始兴趣混淆规则的适用

消费者初始兴趣混淆并不必然导致消费者和商标权人受损。如果初始兴趣混淆规则适用不当，反而会损害其他厂商和消费者的利益。因此，商誉搭便车理论和节约消费者搜寻成本理论并不适宜作为初始兴趣混淆规则的依据。消费者在购物之时，会综合地考虑商标、价格、搜寻成本等因素，作出符合自身利益的购物决策。在消费者搜寻成本不高，消费者能够较为容易地寻找到商标权人商品的情况下，初始混淆对消费者而言无足轻重，这种状态的混淆与其说增加了消费者的搜寻成本，毋宁说增加了消费者多元选择的机会，有利于市场的自由竞争，消费者在这种状态下作出的购物决策也符合其意愿。相反，在搜寻成本较高的情况下，消费者囿于购买预算的限制，就极有可能转而接受搭便车者提供的商品，其识别商标和依据商标进行购物决策就受到了侵权人行为的影响。因此,是否要适用初始兴趣混淆规则,关键是考察消费者在发生初始兴趣混淆之后,其对商标进行识别和依据商标进行购物决策是否受到了影响,导致消费者难以承受后续的搜寻成本而被迫在发生初始兴趣混淆之后作出不符合其原有购买意愿的决策。

首先,发生初始兴趣混淆之后,如果消费者继续购买商标权人商品的搜寻成本较高,初始兴趣混淆行为应当受到商标法的规制。根据前文对混淆可能性理论基础的分析,消费者发生混淆之后,会依据混淆的结果即对商品来源的错误认识进行后续的购物决策,这不仅会导致消费者最终购买的并不是其意欲购买的商品,而且导致商标权人交易机会的丧失。混淆的目的就在于影响消费者识别商标和进行购物决策。对初始兴趣混淆行为的规制,同样应遵循这一原理。在初始兴趣混淆中,商标法需要规制的是影响消费者正常识别商标和依据商标进行购物决策的行为。这些行为通过造成消费者初始状态的混淆,使消费者改变了注意力和购买兴趣,同时又由于后续搜寻成本的影响,使消费者作出正常购物情况下不会作出的购物决策。前文已述,消费者购物的支出由商品的价格和搜寻成本构成。总支出的两个组成部分在消费者支出比例中呈此消彼长的态势。商标之所以受到保护,在于商标能够发挥标识与区分的作用,使消费者无须在每次购物时收集商品信息,鉴别商品来源。由此,商标大幅降低了消费者总支出中的搜寻成本支出。在初始混淆情况下,如果消费者拒绝消费搭便车者提供的商品,则需要继续搜寻商标权人的商品,由于商标权人商品的价格已经确定,如果继续搜寻的成本过高,则必然带来消费者总支出的显著上升,超过消费者心理预期和承受能力。在此情况下,消费者受制于搜寻成本,将极有可能不愿意再次寻找和购买商标权人的商品,转而购买搭便车者的商品。搭便车者将通过消费者初始状态的混淆获得本属于商标权人的交易机会。

以上文布鲁克菲尔德案中法官就初始混淆所作的比喻为例。消费者在高速路上本欲寻找西海岸出租店,却受其竞争者所立"西海岸出租店:七号出口前方两英里"指示牌的影响,发生了初始兴趣混淆。当消费者按指示牌从七号出口驶出后,发现的却是与西海岸出租店竞争的大片出租店,于是消费者就很可能放弃寻找西海岸出租店,转而进入大片出租店中消费。消费者之所以很可能选择接受搭便车者大片出租店的商品,主要是因为不想再花费过多的时间重新搜寻西海岸出租店。亦即,消费者如若想继续寻找商标权人的商店,必定需要重新驶入高速路继续搜寻,搜寻成本太高。即便找到了商标权人的商店,搜寻成本加之商标权人商品的定价,也可能超过消费者的预期支出和承受能力。消费者考虑到重新搜寻的成本之后,很可能会尝试选择搭便车者的商品。因此,在后续搜寻成本较高的情况下,具有理性的消费者并不会选择重新搜寻商标权人的商品,因为再度消耗的搜寻成本太高,不足以衡量品牌商品之间的价值差异。❶ 商标法需要规制的正是这类初始兴趣混淆行为。值得注意的是,有人可能会认为,即便消费者在发生初始混淆后后续的搜寻成本较高,消费者也有可能是基于搭便车者商品的优点而主动购买,既然消费者在这种情况下购买搭便车者的商品是出于自愿,搭便车者的行为就不构成侵权。这种观点固然有其可取之处,但是,在这种情况下,搭

---

❶ Michael Grynberg, The Road not Taken: Initial Interest Confusion, Consumer Search Costs, and the Challenge of the Internet, 28 *Seattle U. L. Rev.* 97, 110 (2004).

便车者几乎没有办法举证证明消费者是出于自愿而购买其商品。因此，在法律上，只能以客观上可以衡量的搜寻成本为标准，推测消费者购买搭便车者的商品是基于自愿还是被迫。如果后续的搜寻成本较高，就可以推知消费者购买搭便车者的商品很可能是出于被迫，如果后续的搜寻成本不高，自然可以推知消费者购买搭便车者的商品是出于消费者的自愿，这就与消费者初始兴趣的混淆没有关系。

其次，当消费者搜寻成本不高时，消费者拥有充分的自主选择权，商标法自无干涉的必要。在搜寻成本不高的情况下，消费者可以在排除初始的混淆之后继续购买原商标权人的商品，由初始混淆导致的搜寻成本和搜寻原商标权人商品的搜寻成本并非难以承受，理性的消费者出于对商标权人商品质量的信赖，还是愿意承担增加的搜寻成本，坚持找到并购买商标权人的商品。商标权人也不会丧失交易机会。如果说在这种情况下消费者依然愿意接受搭便车者的商品，毋宁说这时起决定性作用的乃是搭便车者提供的商品的质量。

对此，1993年美国Nike案作了很好的诠释。在美国Nike案中，销售者销售印有"Mike"字样的T恤，消费者如若粗心，极有可能导致初始状态的混淆，误认"Mike"为全球著名运动品牌耐克（Nike）。然而，法院却断然否定在此情形下耐克商标值得保护。[1] 这是因为，竞争者销售印有"Mike"字样的T恤，诚然会使消费者在浏览商品陈列时会短暂地以为是"Nike"T恤，发生初始兴趣混淆，但是当消费者实际拿起商品仔细检查时，会发

---

[1] Nike, Inc. v. "Just Did It" Enters, 6F.3d 1225, 1231（7th Cir. 1993）.

现是"Mike"商标,从而轻易地排除混淆。而且,对于全球著名运动品牌Nike,其消费群体很容易便能找到销售耐克品牌的专卖店和商场专柜,不会发生搜寻成本显著增加的情形,消费者不熟悉的品牌"Mike"在这种情况下很难撼动消费者对耐克的忠诚度。因此,消费者所发生的这种轻微的、不影响其后续购物决策的混淆,并不需要商标法介入。由于搭便车者没有从耐克身上讨到便宜,市场自发的竞争就自然会使这种搭便车行为慢慢消亡,商标法没有必要进行规制。

再联系上文麦卡锡教授所举在招聘简历中作假的事例。麦卡锡教授认为招聘者在其简历中作假从而赢得面试机会类似于初始兴趣混淆行为,会形成不正当的竞争优势。其实仔细分析,其结论也并不具有普遍性。假如公司招聘并非仅有一次,并且公司为找到优质的员工早有所备,通知了后备面试人员以防不时之需,那么即便招聘者在其简历中作假,造成公司面试官的"初始兴趣混淆",招聘者的行为也很难对他人形成真正的竞争优势。当面试时作假者说明其简历中有不实陈述之时,面试主管可以直接拒绝录用作假者,再行补办面试活动,通知后备人员进入面试。这项工作的成本并不高,但却能够有效地杜绝招聘者作假。在这种情况下,无须法律专门介入来打击作假的行为,仅以市场的自发调整即可杜绝此类现象。

由此可见,初始兴趣混淆并非一定会造成消费者购物决策的转移和商标权人交易机会的丧失。消费者作为理性的购买者会综合衡量消费的成本与获益,作出最符合其利益的判断。在初始混淆发生之后,当搜寻成本较小时,消费者可以作出各种选择,其决策过程出于自愿,商标法自无必要干涉,市场的自由竞争反而可以让消费者获得多元选择机会,便于消费者发现更好的替代商品，其他竞争者也可以努力提高商品质量，借此机会与商标权人竞争。反之，当搜寻成本较高时，消费者的初始混淆使其很有可能不选择商标权人的商品，囿于购买预算的限制转而接受搭便车者的商品，造成商标权人交易机会的丧失。因此，判断商标初始兴趣混淆侵权成立的标准乃是消费者是否因他人的行为发生初始兴趣混淆之后，由于后续搜寻成本的影响，而实质性地改变其购物决策。

更进一步来看，商标法对初始兴趣混淆行为的规制，实际上是在商标权人、消费者以及其他市场竞争参与者之间进行利益的协调与平衡。在初始兴趣混淆中，如果严格保护商标权人的商标，禁止一切搭便车的行为，并不利于市场的自由竞争，而如果对初始兴趣混淆不闻不问，则搭便车者极有可能利用商标权人的商标，在消费者搜寻成本较高的状态下影响消费者的购物决策。可见，商标法既要保护商标权人的商誉，维持商标权的激励效应，又要维持一个开放、自由的竞争环境，将一部分搭便车行为排除在商标权的控制范围之外。

五、商标初始兴趣混淆规则的完善

虽然商标初始兴趣混淆案件多发生于美国，但是随着我国市场竞争的日趋激烈，各种商标搭便车行为层出不穷，混淆侵权形态已呈现多样化的趋势，亟待法律的规范。因此，将商标初始兴趣混淆理论引入我国商标法具有重要的理论和现实意义。

我国对商标侵权行为的规制集中规定于2013年《商标法》第57条。2013年《商标法》改变了2001年《商标法》仅规定在同种或类似商品上使用与他人注册商标相同或近似商标的行为构成侵权,根本不提"混淆"与"混淆可能性"的弊端,❶ 确立了混淆可能性在商标侵权判定中的核心地位,遵循了商标制度的运行机制。但是,《商标法》也未将各种混淆类型如初始兴趣混淆、售中混淆、售后混淆等加以类型化,明确其相关规则的适用。由此,即便以混淆来解释我国2013年《商标法》第57条,此混淆也仅限于消费者购买时的混淆误认,并不涉及消费者在购买前发生的初始兴趣混淆。

由于立法滞后,商标法并不能对市场中出现的商标初始兴趣混淆行为进行有效规制。在中国的大街小巷,随处可见各种专卖店和连锁商店,各种招牌、店铺装潢、服务风格五花八门,让消费者应接不暇。其中,隐藏着许多巧妙的商标搭便车行为,屡遭搭便车者模仿的著名武汉品牌"周黑鸭"便是一例。实践中,即便仿冒品的标识与"周黑鸭"注册商标并不相同或近似,各类非法加盟店也使用近似于"周黑鸭"的灯光装潢、器柜摆设、服务风格。当顾客远距离观察时,足以造成初始状态的混淆误认,而当消费者进店观察,仔细辨别品牌后方能发现其并非正宗的周黑鸭商品,但自己已经受到了搭便车者的误导。此时,如果附近皆无正宗的周黑鸭店铺,消费者就很难再进行搜寻。在搜寻成本偏高的情况下,消费者为尽快买到卤制品,就极有可能接受搭便车者提供的商品,这种现象在一些火车站、汽车站、旅游景点尤为突出。由此,为保护消费者和商标权人利益,在商标法上将混淆误认的形态扩展至消费者购买之前,具有必要性。

目前,我国《商标法》已经完成第三次修订,确立了混淆可

---

❶ 彭学龙:"论'混淆可能性'——兼评《中华人民共和国商标法修改草稿》(征求意见稿)",载《法律科学》2008年第1期。

能性在判断商标侵权中的核心地位。在此基础上，未来《商标法》应当将新近发展的各种混淆形态进行类型化设计，明确其侵权构成要件。具体到初始兴趣混淆，根据上文论述，其侵权构成要件可分解为三项：(1) 主体为仿冒商标权人商标的市场经营者。(2) 市场经营者以相同或相似于商标权人商标的标识标示其商品，使潜在消费者发生购买之前的混淆。此混淆状态经过消费者进一步的检查而被排除，但消费者发生了购买兴趣的转移。(3) 消费者购买兴趣发生转移之后，囿于搜寻成本的制约，将极有可能接受搭便车者提供的商品，造成商标权人交易机会的丧失。

通过这三项要件的规定将可以明确，初始兴趣混淆同样为一种混淆形态，有可能造成相关消费者发生混淆，致使商标权人丧失本应获得的交易机会，应当纳入商标法的调整范围。同时，初始兴趣混淆又不同于售中混淆。初始兴趣混淆为暂时的、可以排除的混淆形态。因此，并非所有的初始兴趣混淆都会造成损害。只有当消费者搜寻成本较高时，消费者购买兴趣的转移才极有可能导致其最终接受搭便车者的商品，此时初始兴趣混淆侵权才成立。

综上，我国未来可在《商标法》相关条例和司法解释中对初始兴趣混淆加以规定，条文可具体设计如下：商标初始兴趣混淆，指由于他人仿冒商标权人商标，使潜在的消费者极有可能发生购买之前的混淆。初始兴趣混淆侵权是否成立，可以参考商标的相似性、商品的类似性、消费者购物时的搜寻成本等因素。在上述建议条款中，前一句是对商标初始兴趣混淆所下的定义。后一句为规制该混淆所需要考量的因素。其中商标的相似性、商品的类似性，无疑是在考察初始兴趣混淆时所需要关注的基本因素，而消费者购物时的搜寻成本，则是认定他人造成消费者发生初始兴趣混淆的行为是否构成商标侵权的关键。

第三节　商标售后混淆规则探析

商标售后混淆规则的建立是商标混淆可能性扩张的又一体现。所谓售后混淆，又称为旁观者混淆，是指当消费者在最初提供商品的环境之外观察该商品，并且与其他相似产品相混淆。[1] 亦即，购买或潜在购买商品的消费者并没有发生混淆，当消费者购买之后，旁观者（observers）在看到该商品时极有可能会发生混淆。可见，售后混淆主要是旁观者、非购买者或一般公众（general public）的混淆形态。售后混淆规则发轫于20世纪中叶，在80年代得到快速发展，被美国许多法院所采纳，极大地强化了商标权的效力。许多学者在论述商标混淆这一问题时，都会涉及售后混淆规则。但是，学界对商标售后混淆的探讨大多停留在表面，未能结合混淆可能性的理论基础对这一制度进行深入分析，这导致了售后混淆规则适用的不明确。有鉴于此，笔者将结合前文混淆可能性的理论基础，对商标售后混淆规则进行评述与反思，以期对其进行正确的定位，明确其适用。

---

[1] Academy of Motion Picture Arts and Sciences v. Creatives House Promotions, Inc., 19 USPQ 2d 1991 (9th 1991). 转引自李明德：《美国知识产权法》，法律出版社2003年版，第305页。

一、商标售后混淆规则的兴起

传统商标混淆可能性所指的混淆是正在购买的或潜在的消费者对商品的来源发生的混淆。美国1946年《兰哈姆法》就规定商标侵权所针对的是购买者对商品的来源发生的混淆误认，而不包括潜在的消费者、旁观者乃至一般公众所发生的混淆。随着商业贸易的发展，实践中逐步出现了让商标权人不悦但是又无法进行有效规制的搭便车方式：他人将与商标权人相同或近似的标识使用在自己的商品之上，但是其商品与商标权人的商品又有所区别，消费者并不会对商品的来源发生混淆误购，但是在消费者购买之后，旁观者或一般社会公众在看到消费者购买的商品上与商标权人商标相同或近似的标识时会发生混淆。这种混淆形态不同于传统上混淆可能性所指的混淆形态。因为购买之中的消费者并不会对商品的来源产生任何的混淆。在传统混淆可能性标准对商品销售之后的消费者混淆无能为力之时，为了规制这种在商标权人看来是搭便车的行为，商标权人以混淆为突破口，认为只要他人行为造成人们的混淆，无论这种混淆是发生在出售前还是出售后，无论是购买之中的消费者还是旁观者发生混淆，都构成商标侵权，这就是售后混淆理论。

最早的售后混淆案例是1955年发生于美国的 Mastercrafters Clock & Radio Co. v. Vacheron & Constantin-Le Coultre Watches, Inc 一案。[1] 该案中，马特卡夫特斯（Mastercrafters）复制了原告享有

---

[1] Mastercrafters Clock & Radio Co. v. Vacheron & Constantin-Le Coultre Watches, Inc., 221 F. 2d 464 (2d Cir.), cert. denied, 350 U. S. 832 (1955).

一定声誉的大气钟，并以较低价格销售。购买马特卡夫特斯仿制的大气钟的消费者清楚地知道他们购买的商品并非来自原告，他们只是购买了外形看起来像原告大气钟的商品。原告认为被告通过仿制的方式对其商标进行搭便车，构成商标侵权，于是诉至法院。地区法院认为，马特卡夫特斯仿制的大气钟在外观、价格、标签等方面都与原告的真品大气钟存在较大的差别，购买该商品的消费者不可能发生混淆，因而不构成侵权。上诉审中，法院却认为，通过一个低劣的商品来替代原商品，导致原告消费者和商誉的损失，是可诉的普通法中的反不正当竞争行为。审理该案的法官认为，有一些购买较便宜的大气钟的购买者是为了获得展示这种钟带来的声誉，当许多客人在购买者的家中时，会误认为这就是享有盛誉的大气钟。马特卡夫特斯的错误就在于使来访的客人很有可能认为这就是真品，这种混淆的可能性使得马特卡夫特斯的行为是可诉的。由此可见，在售后混淆侵权中，原告仿制的目的正在于吸引消费者，消费者也是出于炫耀的初衷才购买原告的廉价钟。原告的行为不正当利用了被告的名声，属于不正当竞争。❶

尽管在司法审判中法院已经运用到了售后混淆规则，然而此时售后混淆规则并未获得广泛的认可。与初始兴趣混淆理论一样，售后混淆理论规则的转折是美国1962年对《兰哈姆法》的修改。1962年，美国修改了《兰哈姆法》第32（1）条商标侵权

---

❶ 彭学龙：《商标法的符号学分析》，法律出版社2004年版，第216页。

条款，将该条中的"购买者就商品或服务的来源"删去。❶ 修改之后，商标侵权被界定为被诉侵权者的使用"极有可能产生混淆或误认，或造成欺骗"。该修订将其中的购买者和来源等字删去，被一些法院解读为对初始兴趣混淆和售后混淆在立法上的认可。"一些法院注意到了侵权检测标准的扩展，认为即便非购买者被欺骗，也构成侵权。第三巡回法院就同意这种观点，认为国会在1962年对《兰哈姆法》的修订，将侵权标准进行了扩展，除购买者在购买之时的混淆，还包括初始兴趣混淆这些在兰哈姆法下可诉的混淆。"❷ 1962年《兰哈姆法》修订之后，1971年发生的Syntex Laboratories, Inc. v. Norwich Pharmacal Company一案首次对《兰哈姆法》的这次修订进行了解释。❸ 该案的原告是产生涂抹在患处的药霜商品的厂商，拥有注册商标"Vagitrol"，被告也生产治疗同一患处的药剂商品，使用了未注册的标识"Vagestrol"。两种药品都是处方药，并且有着不同的使用条件要求。原告认为被告的行为会造成患者混淆，构成商标侵权，诉至法院。被告认为，很明显在该案中这两种药品的购买者并不会发生来源混淆，这是因为使用这些药品的消费者只能通过医师或药剂师获得这些药品。审理该案的法院认为，混淆并不限定在购买者在购买之时

---

❶ Amendment of October 9, 1962, Pub L No 87~772, 76 Stat 773, §17, 15 USC §1067 (1962).

❷ J. Thomas McCarthy, *McCarthy on Trademarks and Unfair Competition*, Eagan: Thomson/West, 2006, §23: 7. 当然，也有很多法院对此持不同的见解，还是将侵权认定的标准严格地限定在购买者在购买之时所发生的混淆。

❸ Syntex Laboratories, Inc. v. Norwich Pharmacal Company, 437 F2d 566, 169 USPQ 1 (CA 2 1971), affg 315 F Supp 45, 166 USPQ 312 (SDNY 1970).

发生的混淆。国会在 1962 年对《兰哈姆法》的修订，明确表明对商标的使用只要可能造成任何形式的混淆、误认或者欺骗，就是非法的，而不仅仅是购买者对来源的混淆。因此，被告的行为构成商标侵权。此案过后，法院多次在案件中认为，国会 1962 年对《兰哈姆法》的修订是对混淆可能性的扩展。

部分法院对立法修订的理解为售后混淆规制的适用铺平了道路，售后混淆规则在 20 世纪 70～80 年代获得了诸多法院的青睐。1978 年发生的 Levi Strauss & Co. v. Blue Bell, Inc 一案就是典型代表。❶ 在该案中，原告是著名的服装品牌，在 1936 年采用了一种独特的商标，该商标包含一种图案，缝制在牛仔裤的后面右边臀部部位的口袋上。被告是蓝色牛仔裤的生产厂商，在其生产的牛仔裤后面右边臀部部位上也缝制了与原告商标图案相同的图案。地区法院认为，原告缝制在牛仔裤臀部的图案已经取得了第二含义，获得了商标权。被告的使用是一种不正当竞争行为，构成商标侵权。被告不服，上诉至第九巡回法院。在上诉审中，被告认为其行为并不会导致消费者就来源发生混淆，因为被告在其生产的牛仔裤上清楚地标示了自己的商标，表明该牛仔裤的生产商是被告。第九巡回法院运用售后混淆理论维持了地区法院的判决。法院认为，被告关注于裤子在销售时的样子，将其论据限制在"销售之中"的条件下。实际上，消费者在购买之后就会将裤子上的标牌等去掉，当穿上牛仔裤后，其他人在看到牛仔裤后的图案时就很可能会发生混淆。可见，法院认为，当旁观者看到购买了被告牛仔裤的消费者后面右臀部位的图案后，会误认为这些消

---

❶ Levi Strauss & Co. v. Blue Bell, Inc, 632 F2d 817, 208 USPQ 713 (CA 9 1980), affg 200 USPQ 434 (ND Calif 1978).

费者穿着的是著名品牌李维（Levi）的牛仔裤。在这种情况下，被告的行为同样构成商标侵权。

1986年，因李维牛仔裤臀部部位的图案再起争端。此时，李维缝制在其牛仔裤后面右边臀部部位口袋上的图案已经成为著名商标。而另一牛仔裤生产商洛伊斯（Lois）也在其生产的牛仔裤臀部部位上缝制了与李维牛仔裤臀部部位商标图案相同的图案。但是洛伊斯认为其已经在牛仔裤上标明了自己的商标，其做法并不构成侵权，遂向法院提起诉讼，要求法院确认其使用方式并不侵犯李维的商标权。[1]地区法院认为，洛伊斯在其商品上标明了自己的商标，使得大多数潜在的消费者在购买之时不会发生来源上的混淆。但是，两个厂商提供的牛仔裤臀部部位的图案相似，会使他人在售后的环境中发生混淆。消费者极有可能会认为洛伊斯和李维之间存在某种联系。据此，地方法院认定洛伊斯侵权成立。洛伊斯不服判决，提起上诉。在第二巡回法院的上诉审中，洛伊斯依然认为其行为不会造成消费者发生混淆，因为洛伊斯在牛仔裤上明确标明了其自己的商标。但是法院认为，不能够如此狭隘地理解混淆，消费者在售后的环境中看到洛伊斯的牛仔裤依然极有可能会发生混淆。据此，判决洛伊斯败诉。

1986年的这一判决与前述1978年的判决如出一辙。在这两个案件中，法院都坚持认为，混淆侵权的构成不需要购买之时的消费者发生混淆，即便不存在销售之中的混淆，当他人的行为使旁观者看到消费者所购买的商品时发生混淆，同样侵害了商标权

---

[1] Lois Sportswear, U.S.A., Inc. v. Levi Strauss & Co., 799 F2d 867, 230 USPQ 831（CA 2 1986），affg 631 F Supp 735, 228 USPQ 648（SDNY 1985）.

人的商标权，构成商标侵权。此后，不仅商标，就连商标权人的商业外观、商品包装乃至于商品的某项独特的设计都纳入了售后混淆规则的保护范围。如果竞争者在竞争之中采用了商标权人的商业外观、包装或独特设计，即便竞争者在其商品上标明了自己的商标，消费者不会在购买时发生混淆，商标权人也会以旁观者会发生混淆为由，通过售后混淆追究竞争者的侵权责任。"售后混淆的理论如同在衣服和时尚领域一样，在其他许多地方得到了频繁地运用。"❶

从上述判例来看，售后混淆案件具有一些共同特点。其一，售后混淆都存在某种形式的对商标权人商标的搭便车行为。往往商标权人的商标已经具有一定的知名度，获得了消费者的认可，而被告通过模仿商标权人的商品，吸引消费者的注意和青睐。为了避免被判定为商标侵权，被告往往会在其商品上标明其自己的商标，以区别于原告商品，这样被告就有理由主张消费者并不会在购买中发生混淆。其二，被告模仿商标权人商品的重要原因在于利用消费者通过著名商标和商品进行展示和炫耀的心理。售后混淆的案件中，消费者之所以知假买假，明知是著名品牌的赝品还购入使用，主要目的就是以较少的花费获得正品具有的那种稀缺、高贵、上流的形象，以向他人展示和炫耀自己的收入、品味、地位等。实际上，如果赝品不具备这种功能，很难想象一般人会花钱购买赝品来替代正品。这就表明，在售后混淆情形中，搭便车者往往是为了利用著名商标稀缺、高贵、上流的形象，吸引那些虚荣心强，又不愿购买或没有能力购买正品的消费者。

---

❶ David M. Tichane, The Maturing Trademark Doctrine of Post-Sales Confusion, 85. *TMR*. 399, 405 (1995).

二、商标售后混淆规则的依据

商标权人之所以利用售后混淆规则，关注于购买者之外的旁观者，有其理论上的依据。其一，商标权人认为售后混淆虽然没有造成购买之时消费者的混淆，但被诉侵权人提供的商品往往在质量上不如商标权人的商品，使得旁观者在发生混淆之后会误认为商标权人的商品质量不过如此或有所下降，这就可能导致其不愿意再购买商标权人的商品，使本来会光顾商标权人商品的顾客流失。其二，由于商标权人的商标往往具有较高的商誉，商品的价格较高，有的消费者无力负担商标权人的商品，便会购买与之类似的仿制的商品，以借用商标权人的商标和商品，表明自己的身份和地位。商标权人认为这种情况下，很多人使用仿制品，会使真品稀缺、高贵的形象和价值受到损害，使那些本会购买正品，以展示其收入、地位的消费者不再愿意购买这些商品。

（一）商誉受损论

商标权人所持的规制售后混淆的理论依据之一是售后混淆会造成旁观者混淆，导致旁观者认为商标权人提供的商品质量不过如此或有所下降，从而不再愿意购买商标权人的商品，使商标权人的商誉受损。"一般公众看到他人使用的假冒名牌产品，可能误认为那是真品而产生混淆。这就会损害名牌产品的名声，使其销售受损。"[1] 商标权人认为，仿制的商品一般在质量、品质、售后服务上并不如其提供的商品。虽然仿冒者会故意制造出一些差异，使得购买之中的消费者并不会发生混淆，但是当消费者购买

---

[1] 孔祥俊：《商标与反不正当竞争法原理与判例》，法律出版社2009年版，第264页。

到仿冒者的商品后，便会去除商品的外包装、仿冒者的商标等，这就极有可能使旁观者看到没有仿冒者商标的商品时，误认为该商品为商标权人提供或与商标权人存在某种关联关系。旁观者会误认为，商标权人的商品质量不过如此或有所下降，远没有宣传或想象中的好，便会在购物时放弃购买商标权人的商品，造成商标权人商标在消费者心目中的评价降低，商品销售量下降。例如，见过赝品劳力士手表并误以为是真品劳力士表的人可能对其质量并未留下深刻印象，以后即便遇到真品也不愿购买。❶ 商标权人的这一理由初看起来似乎具有较强的说服力。根据商标权人的理由，售后混淆与传统的混淆相比，除了发生时间上的不同，其所造成的危害与传统售中混淆比并没有本质的区别。它同样会造成旁观者发生来源或关联关系的混淆。由于发生了混淆，旁观者会误认为仿冒品的提供者为商标权人或与之有关联，而又由于仿冒品的质量不及商标权人的商品，旁观者对商标权人的评价便会降低，导致商标权人的商誉受损。可见，商标权人认为，这种混淆的危害与传统售中混淆的危害相吻合，它们都使得发生混淆的消费者因为仿冒者商品质量的低劣而降低对商标权人的评价，导致商标权人的商誉受到损失。

（二）形象受损论

商标权人支持规制售后混淆的第二个理由是售后混淆会造成仿冒品在市场中大量泛滥，使真品的稀有程度或稀缺、高贵、上流的形象受到损害，导致商标权人的商标在消费者心目中的地位下降。商标权人认为："高档商品的商标所有人特别容易因假冒

---

❶ 彭学龙：《商标法的符号学分析》，法律出版社2004年版，第216页。

而受到损害。"❶ 之所以商标权人的商品屡遭他人搭便车，往往是因为商标权人的商品品质优越、设计独特、形象上层，其商标已经获得了较高的商誉，获得了消费者的青睐。消费者会借助于这些商标标示的商品表达自己的情感、认同、地位、收入等。如劳斯莱斯汽车代表上层、凡蒂尼珠宝代表高贵、劳力士手表代表富裕等。这些商品的售价一般较同类商品要高，并不是普通大众的通常日用消费品，往往具有一定程度的稀缺性。但是，一旦他人仿制了商标权人的商品，就会使一些购买不起正品的消费者有机会以较低的价格购买到仿真的赝品，由此获得由正品带来的高贵、稀缺、上流的形象。如果一些本来比较稀缺、高贵的商品被消费者大量使用，商标权人故意制造出的商品的稀缺、高贵、上流的形象就会被贬损，最终使得这一商品沦为大众商品，使得一些消费者不愿意再支付较高的价格，购买这些商品以显示自己的身份。

形象受损的理由一直被商标权人所强调，在很多关于售后混淆的判决中都有所体现。在 Ferrari S. P. A. Esercizio v. Roberts 一案中，原告法拉利（Ferrari）就认为，如果这个国家到处都是原告所生产的稀缺、独特和独一无二的复古汽车的仿制品，则他们的商品就不再具有独特性。即便人们在路上看到这些仿制的汽车不会发生混淆，法拉利商品与其设计的排他性联系也会被淡化和侵蚀。❷ 在 Rolex Watch U. S. A. v. Canner 案中，被告以较低的价格售卖仿制的劳力士手表，被诉至法院。由于被告仿制的劳力士表

---

❶ Montre Rolex, S. A. v. Snyder, 718 F. 2d 524, 528 (2d Cir. 1983).

❷ Ferrari S. P. A. Esercizio v. Roberts, 944 F. 2d 1235, 1245 (6th Cir. 1991).

以较低的价格销售，绝大部分消费者都知道这是赝品，在购买之时并不会发生混淆。但是法院认定，其他人在看到这么多人带着标有劳力士商标的手表时就会很沮丧，因为劳力士手表变得太普通了，不再是那个享有盛誉的商品。❶ 学者也指出，商标权人这一论调指的是售后混淆"损害了这些商品稀有的形象、排他性和地位这些吸引销售的重要因素。人们会愿意相信一个富有的人可能在一个高档餐馆用餐时会带着劳力士手表，而不愿意认为餐馆里工作的勤杂工人会带着劳力士手表（实际上是便宜的劳力士赝品）"。❷

除上述两点理由外，有的学者还认为，假如对售后混淆不予规制，那么真品和赝品有时就会同时存在，由于市场中鱼龙混杂，真假难辨，有的消费者就可能会担心买到仿制品而不愿意再购买真品，宁可选择其他品牌。"我国实践中曾出现的某名牌产品被假冒后其生产企业希望媒体不要将假冒事件曝光的反常现象，正是出于商标权人对上述后果的担心。"❸ 但实际上，如果真品和赝品同时存在，消费者因害怕上当受骗而不愿意购买真品，实际上就不再是售后混淆的问题，因为当消费者已经分辨不出真假，因害怕买到仿制品而不予购买真品时，就说明消费者在购买之中可能发生混淆，实际上这就是售中混淆的问题，通过适用传统混淆可能性规则就能予以解决。

---

❶ Rolex Watch U. S. A. v. Canner, 645 F. Supp. 484, 495 (S. D. Fla. 1986).

❷ David Ehrlich, When Should Post-sale Confusion Prevent Use or Registration of Marks? 81 *Trademark Rep.* 267, 275 (1991).

❸ 魏森：《商标侵权认定标准研究》，中国社会科学出版社2008年版，第74页。

通过上文分析应可明确，规制商标售后混淆的理由之一是旁观者发生混淆之后，由于仿制品质量并不高而降低对商标权人商品的评价，不再购买商标权人的商品。二是仿制品行销于市，使得真品稀缺、独特、高贵的形象受到损害。从表面上看，这两种理由具有足够的说服力，商标权人确实由于他人的搭便车行为而受到了损害。但是结合混淆可能性理论基础和消费者在面对商标时的心理认知状态来分析，规制售后混淆的这些理由很大程度上站不住脚，售后混淆规则的适用范围有待于重新确定。

三、商标售后混淆规则的批判

（一）商誉受损论之批判

前文已述，规制商标售后混淆的理由之一是旁观者的混淆会导致其认为仿制品的质量不高并将之归咎于商标权人，降低对商标权人的评价，不再购买商标权人的商品。这种理由表面看来似乎符合商标法规制混淆侵权的基本原理。在传统商标侵权中，防范混淆的理由之一即为混淆可能会导致消费者对商标权人的评价降低，使商标权人的商誉处于自己无法掌控的状态。售后混淆的提倡者认为，旁观者的混淆同样可以造成上述损害后果。当消费者购买到了侵权人的商品，旁观者由于发生了混淆，会将侵权人商品品质的低劣归咎于商标权人，从而导致商标权人的商誉受损，消费者在下次也不再会去购买商标权人的商品。即便侵权人的商品品质并不低劣，也会使商标权人的商誉处于其不可控制的状态。

实际上，根据混淆可能性的理论基础，这一损害后果不过是售后混淆赞同者的主观臆断，市场中商品交易的实际情况远非如此简单。根据第二章对混淆危害的分析，消费者发生混淆之后，会依据混淆的结果即对商品来源或关联关系的错误认识进行后续的购物决策，这不仅可能导致消费者最终购买的并不是其所意欲购买的品牌商品，而且导致商标权人交易机会的丧失乃至商誉的损失。因此，混淆侵权影响了消费者正常地识别商标和依据商标进行购物决策，可能导致消费者作出错误的购物决策。如果他人的行为并不会影响消费者在正常购物状态下对商标的识别和购物，则商标法就没有干预的必要。在售后混淆之中，由于消费者在购买之时并没有发生混淆，而仅仅是旁观者在购买之外的时间发生了混淆，因此商标法进行介入是否必要是存在疑问的。首先，售后混淆理论认为，旁观者在观看仿制品之后会认为其质量不过如此或有所下降，从而放弃购买商标权人的商品，导致商标权人交易机会丧失。但问题是，旁观者与商标权人之间是否有直接的交易关系？旁观者是否就是商标权人商品的潜在购买者？第二章已经分析，商标法之所以设立混淆可能性标准，规制混淆侵权行为，是因为混淆影响了消费者识别商标和依据商标进行购物决策，使消费者可能无法购买到他们意欲购买的商品，造成商标权人和消费者利益受损。而通常情况下，只有与可能购买商标权人商品或服务相关的那些消费者，其所发生的混淆才与商标权人的利益密切相关。通常只有这些相关消费者所发生的混淆，才属于混淆可能性标准所指的混淆。❶ 反观售后混淆，商标权人在售后混淆之诉中仅仅证明旁观者会发生混淆，就认为旁观者的混淆

---

❶ 根据第三章的分析，商标混淆可能性所指的混淆一般限制于正在购买商标所标示的商品的消费者或潜在有购买可能的消费者。除此之外，还包括对消费者购物决策有直接影响的主体以及那些与特定商标的商标权人有直接经济上往来和联系的各类主体。

会损害商标权人的利益，这显然是站不住脚的。笼统地谈论社会公众或旁观者所发生的混淆没有任何意义，混淆可能性所指的混淆有其确切的所指，它指的是那些与商标权人商品或服务相关的消费者所发生的混淆。而旁观者混淆的范围太过广泛，包括那些根本不可能购买商标权人商品或对商标权人商品没有兴趣的消费者所发生的混淆。这些人即便发生混淆，也不会购买商标权人的商品，与商标权人没有任何关系，因此不是商标法的保护对象。以旁观者混淆代替传统混淆可能性标准所要求的购买者或潜在购买者的混淆，扩大了商标权控制的范围，将那些根本与商标权人利益没有关系的消费者的混淆纳入商标法的调整范围。

其次，即便旁观者的混淆与商标权人相关，这种混淆是否属于混淆可能性所指的混淆，也存有疑问。旁观者不仅可能与购买商标权人商品的相关消费者没有关系，而且旁观者的注意程度、辨别能力都比不上在购物之中的消费者。第三章已有论述，混淆可能性对消费者的注意程度有所要求，其仅指那些在市场中施加了合理谨慎的注意力，在被告行为的影响下仍然极有可能发生混淆的消费者。司法实践中，法院一般以合理谨慎的消费者来指代施加了合理注意力的消费群体。只有这些消费者在合理谨慎的注意程度之下极有可能会发生混淆，商标法才能够介入。从售后混淆来看，旁观者是否具备这样的特征是值得怀疑的。旁观者一般而言不处于购买商品的过程中，仅是以一个旁观者的身份来看待周围的商品，不可能施加购买者通常会施加的合理谨慎的注意力去辨识商品的真实来源，因而这些人由于注意程度偏低而发生的混淆，并不属于混淆可能性所针对的混淆。上文围绕李维牛仔裤臀部部位图案的讼争，就体现出这一点。在有关李维的两个案件中，其他人仅仅是模仿了李维牛仔裤臀部部位缝制的图案，而在包装、标牌等其他方面，都清楚明白地标明了自己的商标，因此购买者不可能在购买时发生混淆。当购买者将被告的商标标牌去除，穿上该牛仔裤时，其他的旁观者在看到该牛仔裤臀部部位的图案时所发生的认定该牛仔裤来自李维或与李维存在某种关系的混淆，是在注意程度较低的情况下发生的混淆，其并不代表系争商标的相关消费者在购买时也会发生混淆。旁观者仅仅看到了他人牛仔裤上的图案，无法靠近仔细观察，也不会施加普通消费者在购买过程中所施加的注意力，在这种情况下发生的混淆，根本不是混淆可能性标准所针对的混淆。换言之，这种混淆只是一些旁观者在随意、不经意间、无法近距离或仔细观察的状态下发生的混淆，并不能够进入商标法的视野，成为混淆可能性的对象。更关键的是，那些旁观者即便发生了所谓的"混淆"，但是真正处于购买状态时，这些旁观者也依然很可能不发生混淆。因为仿制李维牛仔裤臀部部位图案的厂商还使用了自己的商标，这足以使消费者加以区分，这些在旁观的状态下发生"混淆"的消费者在购物中还是能够准确地购买到李维或其他品牌的牛仔裤。由此可见，所谓旁观者混淆会损害商标权人商誉的理由根本无法用来证明售后混淆规则的正当性。

（二）形象受损论之批判

规制商标售后混淆的第二个依据是指仿冒品在市场中的流行，使得真品高贵、稀有、上流的形象受到损害，导致商标权人商标在消费者心目中的地位受损，使商标的显著性受到削弱。这种论调表面看来具有极强的说服力，但是其与混淆可能性问题并没有任何的关系，实际上是对著名商标进行额外保护的反淡化理论。对售后混淆持赞同意见的法官认为，售后混淆导致大量的仿制品存在于市场，使人们认为真品所具有的那种品味、气质或独特性已经不复存在，这严重损害了商标权人商标的显著性。实际上，在分析混淆的问题时，这些法官逐步转移了视线，将视角从消费者是否会发生混淆误认转移到了商标权人商标自身的价值、吸引力、独特性等是否会受到削弱。客观来说，有的商标权人会人为地制造出商品的稀缺或高贵，只将商品定位于部分消费者以获得稳定的收入来源。如果真品的仿制品大量泛滥市场，起初一般只有少数或部分人能够使用的商品就变得大众化，这会使商标权人塑造品牌的努力和投资付之东流。商标权人为避免这种情况的发生，通过售后混淆规则来打击这种擦边球式的仿冒行为也情有可原。但是需要明确的是，即便需要对商标权人人为制造稀缺或高贵的品牌营销行为进行法律上的承认和保护，也不属于混淆侵权制度涵盖的范围。混淆可能性涉及的是那些市场中混淆消费者，扰乱消费者正常购物过程的行为。而撇开混淆的问题不谈，在售后混淆的语境下谈论仿制品给商标权人商标形象造成的影响，无异于是在混淆的背景下谈论淡化的问题。所以，即便存在损害商标权人商标显著性的问题，也应放置于淡化的语境之下，考察搭便车者的行为是否是淡化侵权，而不是通过售后混淆规则规制这种实际上应属于商标反淡化法去调整的行为。

综上，售后混淆所可能造成的旁观者混淆并不会给商标权人带来严重的损害。一方面是由于旁观者所涵盖的消费者范围较广，既可能包括商标权人商品的潜在消费者，也包括那些对商标权人商品没有购买需求和兴趣的消费者，对于后者而言，其发生的"混淆"并不会对商标权人构成伤害，不属于混淆可能性所指的混淆；另一方面，由于旁观者并不处于购买者的位置，其注意程度较低，所发生的混淆并一定就说明旁观者处于购买者的位置时也会发生同样的混淆。在注意程度比较低的情况下发生的混淆，毋宁说是由旁观者自己的疏忽造成，这就不属于混淆可能性所指的混淆。此外，对于售后混淆提倡者所言的售后混淆会损害商标权人商品的稀缺、高贵或上层的形象，是商标淡化的问题，跟混淆可能性没有任何关系。

经过上文分析可以发现，售后混淆理论表面看起来确实是针对混淆问题，但实则与传统混淆可能性理论相去甚远，违背了商标法之所以规制混淆侵权的基本精神和价值取向。如果任由其发展和适用，会损害其他参与市场竞争的主体和消费者的利益，给市场经济带来很大的负面影响。据此，必须对商标售后混淆规则进行重构，划定其合理的适用范围。

四、商标售后混淆规则的适用

对于售后混淆问题，不应盲目地认为，被告的行为只要会造成消费者混淆，就构成商标侵权。而是应当根据混淆可能性的理论基础，以消费者对商标的心理认知状态为中心，分析售后混淆所可能给消费者和商标权人带来的影响，在此基础上确立商标售后混淆规则合理的适用范围。

商标法要对售后混淆进行准确定位，设计出科学合理的商标售后混淆规则，根本上还是要从混淆可能性的基本法理出发，以消费者对商标的心理认知状态为依据。正如本书第二章所言，混淆可能性作为判定商标侵权的基本标准，其针对的是那些通过仿冒商标权人商标来影响消费者识别商标和进行购物决策的行为。混淆从本质上看是侵权人不正当地利用了商标权人的商标，使消费者对商品的来源或关联关系上发生误判，引起消费者购物决策上的失误，造成其正常地识别商标和依据商标进行购物决策受到影响。商标法之所以要规制这种侵权行为，就是因为它不仅导致消费者搜寻成本上升，无法购买到自己意欲购买的商品，而且会直接损害到商标权人的利益，挫伤商标权人维护和提高商品质量的积极性。对于售后混淆规则来说，售后混淆的适用范围不能够无限扩大，将任何旁观者的混淆纳入混淆可能性的范围，否则就会干涉正常的商业竞争行为，损害消费者获得多样化商品信息和选择机会的利益。据此，售后混淆规则的重构应遵循以下要点。

首先，应当对售后混淆所针对的旁观者进行进一步界定，以归纳出那些确实极有可能造成消费者混淆，并对商标权人利益构成损害的行为，将之纳入售后混淆规则的调整范围。除此之外，被诉侵权人的其他行为则是合法竞争的行为。正如前文的分析，目前所谓旁观者混淆，范围太过宽泛，包括的人群既有那些可能与商标权人发生交易关系，是商标权人商品潜在购买者的消费者，也包括那些不会购买商标权人商品，不属于商标权人商品潜在购买者的一般旁观者。因此，在适用售后混淆规则之时要对这些人群进行区分，只有那些可能购买商标权人商品的消费者所发生的混淆，才是售后混淆规则所应当针对的混淆类型。只有商标权人潜在的消费者在售后的环境下发生了混淆，进而在混淆的影响下进行其后续购物决策，才有可能出现损害商标权人利益情况的发生。最典型的情况就是被告仿制的商品确实质量不如商标权人的商品，如果商标权人潜在的消费者在售后的环境中发生了混淆，就有可能认为商标权人的商品质量有所下降，进而不再会考虑购买商标权人的商品。可见，售后混淆规则要提高其适用标准，只有他人的行为可能造成商标权人的潜在消费者在售后的环境下发生混淆，才构成售后混淆侵权。不仅如此，在售后混淆侵权的判定中，还要考虑到旁观者注意程度的高低。根据混淆可能性的理论基础，只有那些施加了通常的、一般的合理谨慎程度的注意，仍然可能发生的混淆，才可以纳入混淆可能性的范围。据此，那些旁观者中由于随意、漫不经心、注意力较低而产生的混淆，就不能够纳入售后混淆规则的调整范围。最典型的情况就是旁观者在大街上看到他人穿着的牛仔裤，仅仅因牛仔裤臀部部位的图案像某个著名品牌牛仔裤的图案而发生的混淆。在大街上随意一瞥看到他人穿着的衣服而发生的混淆，不仅时间过于短暂，而且是在旁观者注意力较低的状态下发生，对于旁观者后续的购买行为影响很小，因而与商标权人没有直接的利害关系，不属于混淆可能性所指的混淆，不应纳入售后混淆规则的调整范围。此外，还需要注意的是，有的时候仿制品的生产厂家在最初销售时可能售价较低，购买者一般知道自己所购买的是赝品，不容易发生混淆。但是，当该仿制品被购买后又重新投入市场之中，以真品的价格销售，就很可能使一些消费者混淆误购，因此，这时的混淆显然是混淆可能性所针对的混淆形态，需要将之纳入售后混淆规则的调整范围。

综上，在商标权人以售后混淆为由追究被告的侵权责任时，商标权人不仅需要证明可能发生混淆的旁观者中有一部分人是可能会购买商标权人商品的潜在消费者，而且需要进一步证明这些潜在消费者是在施加了合理注意程度的基础上所发生的混淆，而不是在随意、漫不经心、注意力低下的状态下发生的混淆。只有证明商标权人商品的潜在消费者确实极有可能发生混淆，商标权人才可以以售后混淆为由要求被告承担混淆侵权责任。

其次，对于因售后混淆而发生的商标权人商品稀缺、高贵或上层的形象受到损害，实质上属于商标淡化的问题，与售后混淆问题毫无关系，商标权人不能够依据售后混淆规则要求被告承担本属于商标淡化范畴的责任。那么，商标权人商标的显著性因他人仿制而被淡化，是否有权利要求他人赔偿损失呢？实际上，如果依据商标反淡化法，他人的仿制确有可能造成商标权人商标的淡化，那么就需要承担淡化赔偿责任。商标权人在此时应当向法院提起淡化之诉，而非售后混淆之诉。法院也应当依据反淡化法的有关规定，对他人的行为是否有可能淡化商标权人的商标进行判断。根据商标反淡化法的一般理论，商标淡化有着严格的适用范围和证明标准，不仅只有在一国境内的公众中高度驰名的商标才有资格获得淡化保护，而且获得淡化救济还必须举出强有力的证据来证明淡化已经发生或具有发生的极大可能性。因此，为了防止反淡化法戕害市场自由竞争，商标权人在淡化之诉中的举证责任要远远高于混淆之诉。对于售后混淆规则而言，要防止商标权人以售后混淆为由避开淡化之诉的举证责任，通过售后混淆规则追究被告的商标淡化责任，使售后混淆规则沦为商标权人的反淡化保护法。

  我国商标法并没有售后混淆的相关规定，这并不利于制裁售后混淆侵权行为，不利于明确售后混淆规则的适用范围。在未来商标法的修订中，笔者提议可以在商标法相关条例或者司法解释中对售后混淆进行明确的规定。售后混淆规则的条款可作如下设计：售后混淆，是指消费者在购买之时未发生混淆，而在购买之后其他旁观者极有可能发生的混淆。售后混淆侵权是否成立，需要考察他人的行为是否会造成旁观者中的相关潜在消费者在通常的注意程度之下极有有可能发生混淆。根据该建议条款的规定，售后混淆实际上是销售之后其他旁观者所发生的混淆。但是，这并不意味着混淆可能性将其范围从正在购买之中的消费者和潜在消费者扩张至旁观者乃至一般社会公众。相反，在运用售后混淆规则进行混淆侵权判定时，依然要求混淆侵权判定的对象是旁观者中可能与商标权人发生交易关系的潜在消费者。并且，在他人行为的作用下，潜在消费者需要对系争商品施加了一定的合理的注意力后，依然极有可能会发生商品来源或关联关系方面的混淆，他人的行为才构成商标侵权。

本章小结

商标混淆可能性标准确立之后，其范围一直处于扩张之中。关联关系混淆、初始兴趣混淆、售后混淆等各种消费者混淆类型都被纳入到混淆可能性之中。根据本书对混淆可能性理论基础的分析，目前关联关系混淆、初始兴趣混淆、售后混淆相关规则的适用范围并不合理。

关联关系混淆，是指他人的行为导致消费者极有可能认为提供商品的主体之间存在赞助、附属、许可等经济上的关系。但是目前，赞助、附属、许可、联系等词语，法律并未明确界定其含义，造成其语义含混笼统，指向不明，可能导致司法扩大化地解释混淆中的关联关系，将消费者所认为的企业间的任何关系都纳入关联关系混淆规则的调整范围，造成关联关系混淆规则适用的扩大化。实际上，关联关系混淆侵权成立的关键在于，消费者是否会在关联关系的判断中，认为商标权人是侵权人商品背后赞助、许可或进行某种控制的主体。换言之，消费者是否会认为商标权人是侵权人商品质量的保证方，会对侵权人的商品进行质量方面的监督和管控。只有消费者作出商标权人会监督或管控侵权人商品的质量，双方之间存在赞助、附属、许可等关联关系的判断，消费者才会依据商标权人的商誉进行购物决策。因此，只有消费者发生这种混淆，才属于关联关系混淆。

商标初始兴趣混淆指侵权商标造成消费者在购买之前发生了商品来源的混淆，造成消费者的注意力和购买兴趣发生转移，即便消费者在购买之时将这种混淆排除，消费者仍有可能购买侵权商标标示之商品，从而使商标权人丧失本应具有的交易机会，造成商标权人受损。商标初始兴趣混淆规则可以规制侵权人对商标权人商标的搭便车行为，使消费者在购物的初始阶段避免混淆。但是，在消费者购买之时不存在混淆的情况下，笼统地以消费者购买之前因混淆而发生的"购买兴趣转移"替代"混淆可能性"作为侵权判定的标准，可能会造成初始兴趣混淆规则适用范围的扩大。实际上，在发生初始兴趣混淆之后，如果消费者继续购买到商标权人商品的搜寻成本较高，他人造成消费者发生初始兴趣混淆的行为应当受到商标法规制。而当消费者搜寻成本不高时，消费者就拥有充分的自主选择权，无论其购买商标权人的商品或者搭便车者的商品，都出自其自愿，商标法自无干涉的必要。

售后混淆是一种旁观者混淆，指购买或潜在购买商品的消费者并没有发生混淆，而当消费者购买之后，旁观者在看到该商品时极有可能会发生混淆。在适用售后混淆规则时，应当对售后混淆所针对的旁观者进行进一步界定，归纳出那些确实极有可能造成相关消费者混淆，并对商标权人权益构成损害的行为，将之纳入售后混淆规则的调整范围，除此之外被诉侵权人的其他行为则是合法竞争的行为。此外，对于因售后混淆而发生的商标权人商品稀缺、高贵或上层的形象受到损害，实质上属于商标淡化的问题，不属于商标混淆的问题，与售后混淆毫无关系。商标权人不能够依据售后混淆规则要求被告承担本属于商标淡化范畴的责任。

在未来我国《商标法》的修订中，可以在《商标法》相关条例或者司法解释中对这三类混淆规则进行明确规定，具体条款可设计为：

第一条 关联关系混淆，指消费者认为系争商标之间存在赞助、许可、附属等关联关系。关联关系混淆侵权是否成立，需要考察消费者是否极有可能会认为商标权人是侵权人商品背后赞助、许可或进行控制的主体。

第二条 商标初始兴趣混淆，指由于他人仿冒商标权人商标，使潜在的消费者极有可能发生购买之前的混淆。初始兴趣混淆侵权是否成立，可以参考商标的相似性、商品的类似性、消费者购物时的搜寻成本等因素。

第三条 售后混淆，指消费者在购买之时未发生混淆，而在购买之后其他旁观者所极有可能发生的混淆。售后混淆侵权是否成立，需要考察他人的行为是否会造成旁观者中的相关潜在消费者在通常的注意程度之下极有可能发生混淆。

第五章

商标混淆可能性的司法判定

第五章 商标混淆可能性的司法判定

在英、美等国，混淆可能性虽然在19世纪中叶后逐步代替主观欺诈，成为商标侵权判定的标准。但是对于这一问题学界还存在争议，不同国家的立法和司法实践也有着不同的做法。[1] 尽管本书第二章已对混淆可能性的正当性和理论依据进行论述，在理论和实践上还有必要进一步明确混淆可能性在商标侵权判定中的地位。不仅如此，在实践中适用混淆可能性标准，判定系争使用是否构成商标侵权的方法多因素检测法（the multiple factor test）[2] 和消费者调查也存在一些争议，亟待探讨。

本章将以认知心理学原理为依据，对混淆可能性的地位、混淆可能性判定中的多因素检测法和消费者调查进行研究，以使混淆可能性的实务判定更为科学合理。第一节探讨混淆可能性在商标侵权判定中的地位；第二节综述侵权判定中的多因素检测法和消费者调查；第三节到第七节分别论述多因素检测法中的主要考量因素：商标的相似性和商品的类似性、显著性、消费者注意程度、实际混淆、主观意图，明确这些因素在商标侵权判定中的地位和运用。

---

[1] 《日本商标法》就并未明确将混淆可能性规定为商标侵权判定的标准。

[2] 多因素检测法实际上是西方学界和实务界对商标侵权判定方法的称呼，我国并没有多因素检测法的称谓，但实务部门在商标侵权的判定中一般也是通过考察多种因素判断消费者是否会发生混淆。

第一节　混淆可能性在商标侵权判定中的地位

有观点认为，混淆可能性是商标侵权判定的标准。商标权的禁止权范围要以消费者混淆可能性为依据。消费者既然不发生混淆，则商标与商标之间互不相扰，商标法就无须介入。而另有观点认为，混淆可能性并非侵权判定的标准。只要系争双方的标识相同或近似，使用的商品类别相同或类似，被告的行为就构成商标侵权。并且在有的国家，当被告在相同的商品类别上使用与商标权人商标相同的标识时，被告直接构成侵权，并不需要依据混淆可能性来判定。❶ 这两种观点的分歧在于，消费者发生混淆，是否是商标侵权成立的主要前提。亦即，"混淆（或者混淆的可能性）是否适用于所有的商标侵权行为，或者说，混淆是否作为所有商标侵权的构成要件或者法律基础"。❷

---

❶ 1994年《英国商标法》第10条规定：在商业中，在他人核定使用的商品或者服务上使用与其商标相同的标识，构成对于注册商标的侵害。

❷ 孔祥俊：《商标与反不正当竞争法原理与判例》，法律出版社2009年版，第297页。本书"导论"部分已经说明，本书所谈的商标侵权判定标准，仅仅是在传统商标保护，亦即在反混淆保护的语境下研究商标侵权的判定是否要以混淆可能性为中心。显然，笼统地谈论商标侵权的标准，就不仅仅是混淆可能性一个，还包括商标淡化侵权的判定标准等。因此，本书是在传统商标保护的语境下探讨判定商标混淆侵权是否要以混淆可能性为依据。

混淆可能性是否是商标侵权判定标准的观点分歧，看似无关紧要，实则关系到商标侵权判定的实践和商标侵权责任制度的发展方向。为此，本节拟以目前存在的不同观点出发，以认知心理学原理为分析工具，探讨混淆可能性在商标侵权判定中的地位问题。

一、混淆可能性地位的观点分歧

（一）混淆可能性是商标侵权判定的标准

对于混淆可能性是否是传统商标侵权判定的标准，学界目前存在分歧。一种观点认为，混淆可能性是商标侵权判定的标准。而另有观点认为，判定商标侵权并不一定需要借助于混淆可能性。只要系争双方标识相同或近似，并且使用在相同或类似的商品类别上，就构成商标侵权。甚至，在系争双方标识相同，使用的商品类别也相同时，可以直接判定被告侵权成立，无须考察消费者混淆可能性。

前一种观点在美国占据主导。在美国商标法理论中，混淆可能性一直以来就是商标侵权判定的标准，学者很少对此存在争议。美国学者认为，"极有可能造成混淆"（likely to cause confusion）是诉讼和证明的基本要素。对于联邦注册商标侵权的民事诉讼，对于未注册商标、名称和商业外观以及其他种类的反不正当竞争，以及对于联邦注册商标仿冒的刑事之诉，关键都是看一个商标是否"极有可能性造成混淆"。❶ 同样，美国国会即便已经制定了商标反淡化法，但无论是美国学界还是司法界，都严格地

---

❶ Richard L. Kirkatrick, *Likelihood of Confusion in Trademark Law*, New York: Practising Law Institute, 2010, §1:1.

将对于商标的侵害区分为商标侵权（trademark infringement）与商标淡化（trademark dilution）。对于前者，判定的标准是混淆可能性，对于后者，判定的标准是淡化可能性。美国之所以作出如此区分，是因为其认为商标混淆之诉与淡化之诉是完全不同的两类诉讼。商标混淆之诉起源于古老的普通法侵权之诉，属于反不正当竞争法的范畴，因此反对混淆，确保市场中的商标相互区分，是美国商标法的立论之基。如果不存在消费者混淆，则市场上的商标就能够被消费者区分，商标法就没必要介入。而商标反淡化法尽管在美国发展迅速，却依然被视为一种对商标权进行额外保护的制度，并不在商标侵权制度中占据主导地位。相应的，商标淡化并不被认为是商标侵权，而是一种单独的侵权形态。这种观点在美国学者中较为普遍。美国学者基本上在谈到商标侵权时，仅指造成消费者混淆意义上的侵权行为。学者们均无一例外地认定，混淆可能性是商标侵权和反不正当竞争的基石，而将淡化行为单独视为一类对商标的侵害行为，在商标侵权的范畴之外单独论述。❶

在立法方面，美国联邦商标法《兰哈姆法》明确将消费者混淆可能性作为商标侵权成立的前提。1946年美国《兰哈姆法》第32条（a）（1）规定侵权成立的条件是："任何人未经注册人同意（a）在商业贸易中对注册商标进行复制、仿冒、抄袭或有意模仿，并与商品或服务的销售、许诺销售（offering for sale）、运输或广告相联系，极有可能产生混淆或误认或造成欺骗。"❷ 此

---

❶ J. Thomas McCarthy, *McCarthy on Trademarks and Unfair Competition*, Eagan：Thomson/West, 2006，§23：1.

❷ Lanham Act 32, 15 U.S.C.A. 1114（1）.

外,《兰哈姆法》第 43 条（a）（1）规定："任何人在商业上（uses in commerce），在任何商品或服务上或任何商品容器上，使用任何文字、名词、姓名、符号或记号，或任何组合的形态，或任何对原产地不真实的标示，对事实错误的或引人误解的陈述，有下列情形，经任何人认为有因此而遭受损害或有受损害的可能性，有权提起民事诉讼：(A) 有使人对该使用人与他人之间关系产生混淆、误认或造成欺骗，或有使人对其商品、服务或商业活动的原产地产生混淆、误认或造成欺骗，或误认为有赞助、关联关系，或（B）在商业广告或促销中，错误地陈述本人或他人商品、服务或商业活动的性质、特征、质量或原产地来源。"❶ 显然,《兰哈姆法》将消费者混淆可能性作为商标侵权成立的核心要件。

不仅在美国，在一些国际条约中，混淆可能性也是商标侵权的判定标准。《巴黎公约》第 10 条之二（3）规定："下列各项特别应予以制止：1. 具有不择手段地对竞争者的营业所、商品或工商业活动造成混乱性质的一切行为……"该规定要求成员特别禁止以任何方式与竞争对手的营业场所、商品或者工商业活动相混淆的一切行为。Trips 协议第 16 条规定："注册商标所有人应享有专有权，防止任何第三方未经许可而在商业中使用与注册商标相同或近似的标志，去标示相同或类似的商品或服务，以造成混淆的可能。如果已将相同的标志用于相同的商品或服务，则应推定已有混淆之虞。"❷ 从这些规定可以看出，被告的行为只有造成消费者混淆可能性，才构成商标侵权。

---

❶ Lanham Act 43，15 U. S. C. A. 1125.
❷ 黄晖：《商标法》，法律出版社 2004 年版，第 113 页。

我国2013年《商标法》已经明确将混淆可能性规定为商标侵权的判定标准。学者指出，混淆可能性是侵权认定的标准和权利界定的基础。商标权是一种排他权，但是其并非针对词语本身。"如果两种商品或市场足够分离，则两个企业可以同时使用相同的词语做商标。这就意味着，商标所有人的权利边界必须通过'混淆'这一概念才能划定。"❶ 邓宏光教授也认为，商标混淆理论是商标法的基本理论，"防止混淆"是防止可能导致消费者发生混淆的商标使用行为，是以商标混淆的可能性作为商标侵权的主要判断标准。"防止混淆"是保护商标的最佳模式，并能从根本上克服"符号保护"模式的缺陷。❷ 台湾地区学者刘孔中教授对此持相同见解，他指出："商标及商品之近似，并不等于混淆之虞。前者仅是可能导致混淆之虞的原因"，因此，"必须因商标及商品近似而导致相关大众有混淆之虞的结果，商标法才有干涉的必要"。❸ 台湾地区学者曾陈明汝亦强调，混淆可能性在商标侵权判定中具有重要的意义，商标侵权可分为直接侵害与间接侵权，直接侵害以混淆可能性为要件。"所谓直接侵害，系指无法律上之权源而使用相同或近似于他人注册商标于同一商品或类似商品致使消费者对商品之来源发生混淆误认之谓。"❹ 不仅我国

---

❶ 彭学龙：《商标法的符号学分析》，法律出版社2007年版，第190页。

❷ 邓宏光："《商标法》亟需解决的实体问题：从'符号保护'到'防止混淆'"，载《学术论坛》2007年第11期。

❸ 刘孔中：《商标法上混淆之虞之研究》，五南图书出版公司1997年版，第3~4页。

❹ 曾陈明汝：《商标法原理》，中国人民大学出版社2003年版，第96页。

《商标法》已经明确将混淆可能性作为商标侵权的判定标准，我国《商标法实施条例》在第 50 条侵权判定条款中，也加入了"误导公众"的规定。❶ "误导公众"实际上就是指造成消费者混淆。此外，最高人民法院《关于审理商标民事纠纷案件适用法律若干问题的解释》中也规定，在判断商标标识是否近似时，要以是否可能引起消费者混淆为标准。❷ 在司法实践中，我国许多法院在判定商标侵权时，也主要是考量消费者混淆可能性的问题。可见，我国亦有观点认为混淆可能性在商标侵权判定中居于核心地位。

综上，无论国内外，都有观点认为混淆可能性是商标侵权判定的标准，只要消费者能够将不同的商标相互区分，商标法就没有介入的理由。"从商标法理论上来说，防止他人使用商标是手段，保护商标所代表的商誉并防止消费者发生混淆而被欺骗，才是根本的目的。"❸

---

❶ 《中华人民共和国商标法实施条例》第 50 条：有下列行为之一的，属于《商标法》第 52 条第（5）项所称侵犯注册商标专用权的行为：（1）在同一种或者类似商品上，将与他人注册商标相同或者近似的标志作为商品名称或者商品装潢使用，误导公众的。

❷ 《关于审理商标民事纠纷案件适用法律若干问题的解释》第 9 条：《商标法》第 52 条第（1）项规定的商标近似，是指被控侵权的商标与原告的注册商标相比较，其文字的字形、读音、含义或者图形的构图及颜色，或者其各要素组合后的整体结构相似，或者其立体形状、颜色组合近似，易使相关公众对商品的来源产生误认或者认为其来源与原告注册商标的商品有特定的联系。

❸ 邓宏光："《商标法》亟需解决的实体问题：从'符号保护'到'防止混淆'"，载《学术论坛》2007 年第 11 期。

(二) 混淆可能性并非商标侵权判定的标准

尽管以混淆可能性作为商标侵权的判定标准不乏支持者，仍有观点认为，商标侵权的判定并不需要以混淆可能性为依据。只要商标已经注册，注册人就获得了商标权，他人将与其商标相同或近似的标识使用在与其商品相同或类似的商品之上，就构成了商标侵权。这种观点实际上在以往中国的立法与司法中都有所体现。

认为混淆可能性并不是商标侵权判定标准的观点认为，我国商标法实行的是注册制，因此，只要商标合法获准注册，就获得了商标权，有权排斥他人对该商标的使用。我国 2001 年《商标法》第 51 条规定：“注册商标专用权，以核准注册的商标和核定使用的商品为限。”在对第 51 条的解释中，有观点就认为：“注册商标的专用权，是指商标注册人在核定使用的商品上专有使用核准注册的商标的权利，它是一种法定的权利。"❶ 既然获准注册之后的商标权是法定权利，那么只要他人使用了商标权人的商标，就进入了商标权人法定权利的范围，构成商标侵权，而混淆可能性则并非必备的要件。因此，未经商标注册人的许可，在同一种商品或者类似商品上使用与其注册商标相同或者近似的商标的，就属于侵犯注册商标专用权的行为。混淆可能性并不是商标侵权成立的必备要件。我国有法官将这种观点归纳为："商标只要经注册合法获得，即可受到商标法的保护，至于商标权人对于

---

❶ 《商标法》商标专用权保护第 51 条释义，载 http：//cfg.fabao.cn/falvfagui/sfwj/n214193786.shtml。

商标的实际使用情况并不影响侵犯注册商标专用权的认定。"❶

在中国的司法实践之中,受2001年《商标法》第51条侵权判定条款的影响,有法院在商标侵权判定中就没有考虑混淆可能性的问题,认为被告只要将与商标权人商标相同或相似的商标使用在相同或类似的商品之上,就构成商标侵权。例如,在2002年山西方山县老传统食品公司诉山西杏花村汾酒厂一案中,原告在酒类商品上已经注册了"家家"商标,而被告也在其酒类商品上使用了原告已经注册的商标"家家",原告将被告诉至法院。但是,原告虽然注册"家家"商标,但从未投入市场之中加以使用。在这种情况下,法院依然判决被告构成商标侵权,并要求被告将其在"侵权期间"的利润8 368 867.57元赔偿给原告。在判决中,法院并没有强调消费者混淆可能性的问题,而是认为:"汾酒公司在老传统公司已经注册'家家'商标的情况下,仍然在其北方牌白酒上使用'家家'酒名称,侵犯了商标注册人老传统公司的专用权,其行为属侵权,依法应承担民事责任。"❷ 可见,法院在该案中认为,只要未经许可使用了他人的注册商标,就属于侵权行为,混淆可能性并不需要被考虑。同样的判决思路体现在2009年黑龙江满汉楼公司诉福建长乐市满汉楼大酒店一案中。在该案中,营业地处于黑龙江省的原告在其餐饮服务中注册了"满汉楼"及图组合注册商标。而被告也在福建省长乐市经营一家名为"满汉楼"的大酒店。原告认为被告的行为构成商标侵权和不正当竞争。在二审福建省高院的审理中,法院认为,黑

---

❶ 芮松艳:"商标侵权案件中混淆可能性的认定",载《中国专利与商标》2011年第3期。

❷ 山西省吕梁地区中院〔2002〕吕民二初字第17号民事判决书。

龙江满汉楼饮食有限公司享有的"满汉楼"及图组合注册商标专用权合法有效，依法应受法律保护。长乐市满汉楼大酒店在其店门正中位置悬挂"满汉楼"三个字牌匾，已超出企业名称适当简化的范围，属于将上诉人注册商标相同的文字在相同的服务上突出使用的行为，应认定构成商标侵权，被上诉人应承担停止侵权、赔偿损失的法律责任。❶ 在该案的判决中，法院也并未充分考虑消费者是否会发生混淆的情况，而是根据被告使用了原告注册商标的情况直接判定被告的行为构成侵权。

除了上述观点外，还有一种观点认为，当被告将与商标权人商标相同的标识使用在与商标权人商品相同的商品类别上，亦即当系争双方使用的商标相同、商品类别亦相同时，被告的行为直接构成商标侵权，不需要考察混淆可能性的问题。而当行为人将与商标权人商标相同的标识使用在与商标权人商品相类似的商品类别上，或将与商标权人商标相似的标识使用在与商标权人商品相同或者相类似的商品类别上时，需要考虑混淆可能性问题。这实际上就是认为，当系争双方商标和商品类别都相同时，可以直接判定侵权，不需要考察消费者混淆可能性。而当系争双方商标相同、商品类似，或商标相似、商品相同，或商标相似、商品类似时，则需要考察消费者混淆可能性。持这种观点的理由在于，我国 2001 年《商标法》第 52 条第 1 款明确规定在相同或者类似商品上使用与商标权人注册商标相同或者近似的商标属于商标侵权行为。但是我国立法为了将混淆可能性融入该条款，商标法的司法解释《关于审理商标民事纠纷案件适用法律若干问题的解释》第 9 条第 2 款和第 21 条又分别对 2001 年《商标法》第 52

---

❶ 福建省高级人民法院〔2009〕闽民终字第 148 号民事判决书。

条第 1 款中的"商标近似"和"商品或服务类似"进行了解释：所谓的商标近似和商品或服务类似，都是指系争主体的商标和所使用的商品或服务类别容易造成消费者混淆误认，因而构成商标近似和商品或服务类似。❶ 这样就将混淆可能性的判断融入到了对商标相似和商品类似的判断中。因此，当系争双方使用的商标相同和商品相同时，没有混淆可能性适用的余地，而当系争双方使用的商标相同、商品类似，或商标相似、商品相同，或商标相似、商品类似时，就需要根据商标法司法解释的规定，看商标的近似和商标或服务的类似是否容易引起消费者混淆误认，这实际上就适用了混淆可能性标准。同样，在 2013 年《商标法》中，第 57 条第 1 款规定："有下列行为之一的，均属侵犯注册商标专用权：（一）未经商标注册人的许可，在同一种商品上使用与其注册商标相同的商标的……"这一条文在系争双方商标相同、商品相同时，直接认定被诉人构成商标侵权，也并未规定混淆可能性。因此，该观点认为，我国商标法实行的是二元商标侵权判定标准，亦即，一部分侵权（系争双方使用的商标相同、商品类

---

❶ 《最高人民法院关于审理商标民事纠纷案件适用法律若干问题的解释》第 9 条第 2 款：《商标法》第 52 条第（1）项规定的商标近似，是指被控侵权的商标与原告的注册商标相比较，其文字的字形、读音、含义或者图形的构图及颜色，或者其各要素组合后的整体结构相似，或者其立体形状、颜色组合近似，易使相关公众对商品的来源产生误认或者认为其来源与原告注册商标的商品有特定的联系。第 11 条：《商标法》第 52 条第（1）项规定的类似商品，是指在功能、用途、生产部门、销售渠道、消费对象等方面相同，或者相关公众一般认为其存在特定联系、容易造成混淆的商品。类似服务，是指在服务的目的、内容、方式、对象等方面相同，或者相关公众一般认为存在特定联系、容易造成混淆的服务。商品与服务类似，是指商品和服务之间存在特定联系，容易使相关公众混淆。

似，或商标相似、商品相同，或商标相似、商品类似时）以混淆可能性为认定标准，一部分侵权（系争双方使用的商标相同和商品相同时）不以混淆可能性为认定标准。

之所以存在上述观点，还是因为很多国家的法律都规定，当系争双方使用的商标相同、商品类别也相同时，被告的行为直接构成商标侵权，并没有规定混淆可能性这一要件。例如，欧盟《商标指令》第5条第1项规定："注册商标授予所有人专用权。所有人有权禁止任何第三人在商业活动中未经其同意在使用：（a）与注册商标相同，且使用在相同的商品或者服务商的任何标识；（b）因其与注册商标相同或者近似，所使用的商品或者服务相同或者类似，其使用可能会在公众中造成混淆，包括与注册商标产生联系的可能性的标识。"1994年《英国商标法》第10条第1～2项规定："在商业中，在他人核定使用的商品或者服务上使用与其商标相同的标识，构成对于注册商标的侵害。"《加拿大商标法》第19～20条也规定，在相同商品或者服务上使用与注册商标相同的商标的行为，不要求提供混淆的证据。在印度，如果两个商标非常近似，就可以直接认定构成侵权，不再要求证明混淆可能性。❶ 根据这些立法例，当系争双方使用的商标相同和商品相同时，不需要适用混淆可能性，而当系争双方使用的商标相同、商品类似，或商标相似、商品相同，或商标相似、商品类似时，才需要适用混淆可能性。于是，至少从这些立法例来看，商标侵权判定也并非一定要参照混淆可能性标准。

综上，目前对于混淆可能性是否是商标侵权判定标准的问

---

❶ 孔祥俊先生对上述立法例有详细的论述。孔祥俊：《商标与反不正当竞争法原理与判例》，法律出版社2009年版，第300～309页。

题，一方认为商标侵权判定要以混淆可能性为主要依据，当不存在混淆可能性时，商标法没有介入的必要。而另一方则认为，商标侵权判定并不一定以混淆可能性为主要依据，当行为人将与商标权人商标相同或近似的标识使用在与商标权人商品相同或类似的商品类别上，就构成商标侵权，无须考察混淆可能性的问题。而当系争双方使用的商标相同、商品类别相同时，被诉侵权人的行为直接构成商标侵权，与混淆可能性没有关系。本书认为，要对混淆可能性进行准确的定位，厘清其在商标侵权判定中所扮演的角色，还是要依据混淆可能性的理论基础，考察在商标侵权判定中适用混淆可能性标准的理论依据。

二、混淆可能性地位的界定依据

本书第二章已经对混淆可能性设立的正当性和理论依据进行了研究。依据第二章的观点，商标并不是不包括任何意义的符号。相反，商标是由人类可感知的外在刺激形式即商标标识与消费者大脑记忆中存储的以该商标所代表的信息所组成。正是因为这样一种两元的结构，商标才能够将商品提供者的信息传递给消费者，使消费者了解到商品的来源从而方便购物。因此，只要市场中的商标能够相互区分，没有人从事混淆消费者的行为，消费者就能够在市场中正常地识别商标和依据商标进行购物决策，商标就能够正常地发挥其标示来源的功能，成为消费者购物的指针。无论是商标权人还是消费者，都不愿意看到市场中的商标无法相互区分。商标混淆会使他们的利益直接受到损害。商标权人的市场份额将被仿冒者分享，商标权人的商誉会因为侵权者提供的质量低劣或不稳定的商品而受到损害。消费者也会因为误买误购，购买到自己所不愿意购买的商品。可见，商标侵权实际上侵犯的是商标标示来源功能的正常发挥，侵犯的是商标最为核心的标示来源功能。当标示来源的功能遭受到侵犯，商标激励品质功能和广告宣传功能就会丧失，商标的所有功能就无法正常地发挥。

对于混淆可能性是不是需要在商标侵权判定中贯彻始终，也需要结合上述理论进行分析。商标的本质告诉我们，商标不是针对商标外在符号形态本身的财产权，"将商标权视为总括性的权利或者与版权或者发明专利相类似是完全错误的。商标权人与它们没有关系"。❶ 商标权与专利权、版权都存在区别。专利权是针对符号所代表的技术信息的权利，而版权则是控制符号所代表的作品信息的权利。一旦他人未经许可使用了这些符号，符号所代表的技术或作品信息就被他人非法利用。因此，专利权和版权控制的就是他人以特定方式利用符号的行为。而商标权则不是商标权人控制商标符号形态的权利，并不是说任何人只要使用了商标权人的商标符号，就构成侵权。其他人只有攫取了商标权人商标中的商誉，利用商标权人的商誉提供仿冒的商品，影响消费者正常地识别商标和依据商标所代表的信息进行购物决策，可能导致消费者购买到侵权商品，商标权人对商标的权利才会受到侵犯。可见，商标的主要使命只是让消费者明白商标所标示的商品的来源及相关信息。当市场中的商标能够相互区分，消费者能够正常地识别商标，并依据商标所代表的商品信息进行购物决策时，商标标示来源的功能就能够正常发挥，商标权人就不应当禁止他人对其商标的使用。毋宁说，这种情况下其他人对商标的使用只是

---

❶ United Drug Co. v. Theodore Rectanus Co., 248 U.S. 90, 98, 39 S. Ct. 48, 63 L. Ed. 141（1918）.

利用了商标权人商标的符号外形，而非商标权人商标符号外形所代表的商品信息。他人的使用也就不是对商标权人商标的非法利用。"当商标以不欺骗公众的方式被使用时，我们看不出为什么要禁止他人使用商标来传递真实的信息，商标不是禁忌。"❶

基于上述分析，消费者对商标的心理认知状态应当是判断被诉行为是否构成商标侵权的关键。只有消费者具有混淆可能性，其识别商标和依据商标所代表的信息进行购物决策受到了影响，商标法才有介入的必要。因为这时消费者已经无法依赖于商标购物，商标权人也无法通过商标表明自己的身份，整个市场将陷入不同提供者的商品无法有效区分的境地，商标法的价值和规范意旨将无法实现。正是因为这样，混淆可能性才被规定为商标侵权判定的标准。而如果要舍弃混淆可能性，将商标的相同或者相似、商品的相同或者类似作为商标侵权的判定标准，不仅不符合混淆可能性的基本法理，与商标法的价值和规范意旨相背离，其适用也会导致商标侵权案件审判不公平结果的出现，不利于对商标权人和消费者的保护。

三、混淆可能性地位的合理界定

（一）混淆可能性地位的界定

根据上述原理，消费者混淆可能性是判断商标法是否需要介入、被告的行为是否构成商标侵权的依据。如果不坚持这一原则，以商标的相同或者相似、商品的相同或者类似作为商标侵权判定的依据，会导致实践中出现不公平的判决结果，与混淆可能

---

❶ Prestonettes, Inc. v. Coty, 264 U. S. 359, 68 L. Ed. 731, 44 S. Ct. 350 (1924).

性的基本原理相违背。

系争商标的相同或者相似、商品的相同或者类似，仅仅表明双方在商标和商品两个要素上有部分或全部特征相同，有可能会影响消费者对商标的识别，导致消费者对商标所标示的商品来源发生错误判断。但是，系争商标和商品某些或全部特征的一致，并不意味着消费者就会发生混淆，并不代表消费者对商标的识别和依据商标所代表的信息进行购物决策会受到影响。消费者作为市场中的理性人，并不是智力低下或毫无分辨能力。消费者有其自己的判断力和辨别力，在市场环境中会依据各种因素对商标的来源作出自己的判断。以商标和商品这一判断要素直接推断被告的行为构成商标侵权，没有考虑到消费者正常的对商标的心理认知反应，没有确认消费者对商标的识别和依据商标所代表的信息进行购物决策是否会受到影响。而如果消费者是否发生混淆都并不明确，商标法的介入和判定被告构成商标侵权就缺乏正当性。

正如第二章所言，混淆使消费者误认为眼前的侵权标识是商标权人的商标或与之存在关联关系，使消费者正常的识别商标和依据商标所代表的信息进行购物决策受到影响，可能购买到侵权人的商品。只有消费者有发生这种混淆的极大可能性，商标权人和消费者的利益才会受到伤害，商标法的价值和规范意旨才无法落实。如果消费者没有可能发生这种混淆，或只有发生的较小的可能性，则以商标的相同或者相似、商品的相同或者类似判定被告构成商标侵权就不当地扩大了商标权的控制范围，使被告本应合法的商标使用行为变为"非法"。在这种情况下，一方面消费者能够正常地识别商标，商标标示来源的功能能够正常地发挥，商标权人并没有任何损失，商标法的价值和规范意旨能够实现；另一方面，被告的行为又被所谓"商标的相同或者相似、商品的相同或者类似"标准硬生生地被判定为"侵权",不能够再使用其选定的商标,这无疑对被告正常地参与市场竞争构成重大影响,不利于市场自由竞争,与商标法的价值和规范意旨相背离。因此,在市场上商标能够相互区分的前提下,不适宜简单地依据商标相同或者相似、商品相同或者类似这两个因素判定被告的行为构成商标侵权。

分析前文所举的案例,可以得出同样结论。在2002年山西方山县老传统食品公司诉山西杏花村汾酒厂一案中,既然原告对其拥有的注册商标"家家"从未投入市场使用,则消费者的大脑中就不存在以原告"家家"商标为中心的认知网络,消费者也就不可能将"家家"这一商标识别为来自原告,不可能发生混淆。在这种情况下,被告对"家家"的使用显然不会侵犯到原告的任何权利。因为消费者在看到"家家"标识时,只会因为接触过被告所生产的"家家"酒而联想到被告,将"家家"识别为被告的商标。消费者并不会发生混淆,认为被告生产的"家家"酒来自于原告。可见,原告虽然注册了该商标,但从未使用,该"商标"实际上也就没有取得效力。我国《商标法》对此也明确规定,注册商标连续3年不使用的可以撤销其注册。❶ 基于此,法院不考虑消费者混淆可能性,仅仅以商标相同或者相似、商品相同或者类似就作出侵权判决,会造成不公平的结果,使从未使用过的商标取得商标权,排斥正当经营的从业者使用该标识。

同样,在黑龙江满汉楼公司诉福建长乐市满汉楼大酒店一案

---

❶ 《商标法》第49条第2款规定:注册商标成为其核定使用的商品的通用名称或者没有正当理由连续3年不使用的,任何单位或者个人可以向商标局申请撤销该注册商标。

中，原告在其餐饮服务中注册了"满汉楼"及图组合注册商标。而被告也在福建长乐市经营一家名为"满汉楼"的大酒店，并且在店内牌匾上突出使用了"满汉楼"三个字。从表面看来，似乎被告使用了原告的注册商标，构成侵权无疑，但实际上问题并非如此简单。首先，原告黑龙江满汉楼公司仅仅在哈尔滨市进行经营，并未超出哈尔滨市扩大其经营范围，该公司也没有向法院提出其商标在其他地域范围享有一定声誉的证据，而被告远在福建省长乐市经营。两者地域相隔较远，相关消费者群体发生重叠的概率较小。其次，被告在其酒店所悬挂的"满汉楼大酒店"以"满汉楼"牌匾在书写的字体、颜色方面都与原告商标的中文部分存在较大的差距。最后，被告长乐市满汉楼大酒店也是正常依法经工商登记的企业，"满汉楼"是其字号。被告有权合理地在店内展示其字号。根据这些案情，问题的焦点就应当是消费者是否会在福建长乐市满汉楼大酒店消费时认为该酒店属于黑龙江满汉楼公司或者与其存在关联关系。从双方的经营地域、两个酒店所针对的消费者群体、原告商标影响的程度、被告使用的方式来看，消费者很有可能并不会将两者混为一谈。尽管在上诉审福建高院的审理中，福建高院认为被告在其牌匾上突出使用了"满汉楼"三个字，构成商标侵权，然而市场中远隔千里的两个酒店的消费者群体是否极有可能混淆这两个主体所提供的服务，实在值得疑问。

由此可见，如果仅仅依据注册商标享有注册商标专有权，他人只要在相同或者类似的商品类别上使用了与他人注册商标相同或者相似的标识就构成了侵权，虽然分析起来直接明了，但过于将问题简单化，可能会导致在消费者没有发生混淆的情况下被告被判定为侵权，需要承担侵权责任。因此，法院不能够机械地适用法律，而是应当考虑具体案情的不同，根据案件的情况权衡各种因素，考察消费者是否极有可能发生混淆，从而作出正确的判决。只有消费者极有可能发生混淆，被告承担侵权责任才有正当性。

(二) 混淆可能性观点的评析

根据上文论述，在商标侵权的判定中，消费者对商标的心理认知状态应当是判定被告是否构成商标侵权的依据，消费者是否极有可能对系争商标发生混淆，是商标侵权判定的关键。因此，混淆可能性应是商标侵权的判定标准。

对于混淆可能性的定位，有一些具体的争议问题还需要回应。首先，前文有述，在很多国家包括中国的商标法法中，都规定了如果被诉侵权人在与商标权人商品相同的商品类别上，使用了与商标权人商标相同的标识，亦即满足商标相同、商品相同的条件时，被诉侵权人直接构成商标侵权，不需要考察混淆可能性。只有在系争双方所使用的商标相同、商品类似，或商标相似、商品相同，或商标相似、商品类似时，才规定需要适用混淆可能性标准，看消费者是否会发生混淆。这似乎预示着在双方使用的商标相同、商品相同的情况下就不需要适用混淆可能性标准。应当说，在系争双方商标相同、商品相同的情况下，直接规定被诉侵权人的行为构成商标侵权是各国立法与实践普遍的做法。Trips 协议也对此进行了确认。Trips 协议第 16 条规定：如果已将相同的标志用于相同的商品或服务，则应推定已有混淆之虞。❶ 但是，这并不意味着放弃混淆可能性标准，而只是立法对特定情况下对证明消费者是否极有可能发生混淆这一举证责任的

---

❶ 黄晖：《商标法》，法律出版社 2004 年版，第 113 页。

简化。实际上，Trips协议第16条规定的是"推定已有混淆之虞"，这就表明商标侵权还是要以混淆可能性为标准，尽管在商标相同、商品类别相同的情况下可以推定侵权成立，然而只要证据确凿，还是可以推翻这种"推定"。显然，当商标权人和被诉侵权人所使用的商标相同、商品类别亦相同的情况下，被诉侵权人就完全抄袭和复制了商标权人商标和商品的特征，这样对于消费者的感觉器官来说，商标和商品这两个重要的外在因素都相同，消费者很容易就会将外界的侵权标识识别为商标权人的商标，发生混淆。因此法律直接规定在商标相同、商品类别相同的情况下被告的行为构成侵权，简化了原告的举证责任，有利于提高诉讼的效率。但是，即便双方的商标和商品相同，从理论上说，消费者还是有可能区分出这两种商品的不同来源，从而避免发生混淆。例如，如果商品的价格十分昂贵，购买此类商品的消费者就可能会为了避免经济上的风险进行更加细致入微的调查，或者请专业鉴定人进行评测鉴定，这样就可能避免混淆。对于该类商品来说，反而不容易发生消费者混淆的情况。❶ 只是，在商标相同、商品相同的情况下，出现消费者不发生混淆这种情况的可能性十分之小。从这个意义上说，在系争双方商标和商品都相同的情况下，法律可以简化举证责任，直接规定在这种情况下被诉侵权人的行为极有可能造成消费者混淆。但是这并不意味着，

---

❶ 当然，这种情况下，即便购买者不容易发生混淆，也不能保证该商品在售后的环境下，或者流入二手市场中，不会使其他的旁观者或购买者发生混淆，这就可能构成售后混淆，对此，后文还将专门论述。同时，该项行为还需要考察其是否可能构成商标淡化侵权。因此，这种行为并非一定就是合法的行为。但是从混淆侵权判定的角度看，考察的标准应当是看消费者是否会发生混淆可能性标准所针对的混淆形态。

法律承认在特定情况下被告的行为构成侵权与混淆可能性没有任何关系，实际上这只是商标法简化原告举证责任的措施。因此，由商标相同、商品相同直接推导出商标侵权的成立，并不意味着在双方商标相同、商品相同的情况下排除了混淆可能性标准的适用。

其次，目前中国所实行的是严格的商标注册制。《商标法》第3条规定注册商标专用权受法律保护；第4条规定要获得商标专用权，需要申请商标注册；❶ 第56条规定注册商标专用权以核准注册的商标和核定使用的商品为限。根据上述条文的规定，中国商标法实施的是一种"近乎绝对的注册取得模式"。❷ 商标注册取得模式，并不是没有优点。商标注册有助于明确商标权的范围，向社会进行公示，以其确定该注册商标在全国范围内的注册效力，使商标权人对其商标可以获得的排斥力有着明确的预期。原则上，经过注册的商标就在全国范围内取得了商标权人在符合商标法规定的条件时，可以排斥他人在中国的范围内对其注册商标的使用。但是，这就存在一个疑问，如果成立商标侵权不仅要求系争双方商标相同或者相似、商品类别相同或者类似，还要求消费者有发生混淆的可能性，是否会减弱商标注册人通过注册所取得的在全国范围内的商标权效力？是否会影响商标使用人将其商标进行注册的积极性？

---

❶ 《商标法》第3条：经商标局核准注册的商标为注册商标，包括商品商标、服务商标和集体商标、证明商标；商标注册人享有商标专用权，受法律保护。第4条：自然人、法人或者其他组织在生产经营活动中，对其商品或者服务需要取得商标专用权的，应当向商标局申请商标注册。

❷ 彭学龙："寻求注册与使用在商标确权中的合理平衡"，载《法学研究》2010年第3期。

本书认为，在商标侵权的判定中适用混淆可能性标准，与注册商标所有人就其注册商标在全国范围内所享有的权利并不会发生冲突，注册商标所有人的商标经过注册，就会在全国的地域范围产生注册商标专有权，享有排他的效力。但是，这并不意味着不需要再适用混淆可能性标准。正如前文所述，商标权和版权、专利权并不相同。版权和专利权有其确定的范围边界，只要他人未经许可使用了他人的作品和专利，除非法律有明确的免责规定，否则就构成侵权。而商标权则不一样，商标权是商标权人对其商标所有享有的专有使用和排他的权利，商标则是由商标的外在符号形态和该符号形态所代表的有关信息所组成。商标权人的权利内容就是自己使用该商标向消费者传递其信息，也禁止他人以混淆消费者的方式利用其商标所代表的信息。如果他人利用商标权人商标的行为并没有造成消费者混淆，则其没有不正当地攫取商标权人商标中的信息，也就不构成侵权。因此，在商标法中贯彻执行混淆可能性，并不会对商标权人在其商标注册之后就其商标所享有的商标权效力产生不利影响。遵循混淆可能性标准，而不单单依据商标的相似性和商品的类似性这两个判断因素，并不会对注册商标权人对其商标所享有的注册商标专有权产生冲击，不会使商标权人商标注册的预期利益落空。

　　据此，笔者认为，2013年修订的《商标法》明确将混淆可能性确定为商标侵权判定的标准，符合商标法的基本法理，相较于2001年《商标法》的立法而言，这种改变值得肯定。同时，2013年《商标法》之所以在系争商标相同、商品相同的情况下直接认定侵权成立，并非是对混淆可能性的抛弃，而是为了简化司法判定程序，减轻商标权人的举证负担，遵从国际立法惯例。因此，这只是在符合特定条件时的一种推定，并不意味着在这种情况下放弃对混淆可能性的考察。

综上，混淆可能性是在主观欺诈标准被摒弃之后所实行的又一商标侵权判定标准，目前在国内外立法和司法实践之中得到了广泛运用。但是对于混淆可能性的地位问题，依然存在争议。本书也仅仅是根据混淆可能性的理论依据，对混淆可能性的定位提出自己的观点。实际上，这一问题可以演化为，在商标侵权的判定中，混淆可能性与商标的相似性和商品的类似性这两个因素之间的关系问题。亦即，如果认为商标的相似性和商品的类似性仅仅是混淆可能性判定中所需要考察的因素，则商标侵权判定的标准就是混淆可能性。而如果认为混淆可能性和商标的相似性、商品的类似性是两个相并列的判定标准，则混淆可能性就不再是商标侵权判定所必然要考察的对象。[1] 对于这一问题，还是要以混淆可能性的理论依据为依托，以落实商标法的价值和规范意旨为目的，方能得出恰当的答案。

第二节 混淆判定中的多因素检测法与消费者调查

为了更好地判定商标侵权，实践中逐步归纳出了用以判定混淆可能性的方法——多因素检测法和消费者调查。多因素检测法

---

[1] 本章第三节还将专门分析商标相似性和商品的类似性在消费者心理认知中所起的作用，厘清混淆可能性与商标的相似性和商品的类似性这两个因素之间的关系。

是传统商标侵权判定方法，而消费者调查是近年来涌现出的商标侵权判定的新方法。本节将对多因素检测法和消费者调查的概况、理论依据、多因素检测法和消费者调查之间的关系展开讨论，以期能为商标侵权判定中正确地运用这两种方法提供建议。

一、混淆可能性判定中的多因素检测法

（一）多因素检测法概述

多因素检测法，是由用以判定消费者是否极有可能发生混淆的基本考量因素所组成的商标侵权判定方法。"商标法在传统上总结出一系列的基本因素，用以决定混淆可能性的存在与否。"❶一般认为，这些考虑因素包括：商标的相似性（similarity of the marks）、商品的类似性（产品的相关性，product relatedness）、商标权人商标的显著性（strength of the senior mark）、实际混淆（actual confusion）、被告的主观意图（the junior user's intent）、消费者的注意程度（degree of care of the consumers）等。欧盟《商标指令》指出，混淆可能性的认定取决于多种因素，特别是取决于商标的市场知名度，使用的标识与注册的标识之间形成的联系，商标与标识以及所使用的商品或者服务之间的近似或者类似的程度。❷同样，美国法院在实践中也总结出了一套判定混淆可能性的方法，通过对商标的相似性、商品的类似性、商标权人商

---

❶ J. Thomas McCarthy, *McCarthy on Trademarks and Unfair Competition*, Eagan: Thomson/West, 2006, §23: 18.

❷ First Council Directive of 21 December 1988 to approximate the Laws of the Laws of The Member States relating to Trade Marks, 89/104/EEC. 转引自孔祥俊：《商标与反不正当竞争法原理与判例》，法律出版社 2009 年版，第 285 页。

标的显著性、实际混淆、被告的主观意图等方面的考察，评估消费者是否会发生混淆。我国《商标法》虽然并没有所谓多因素检测法的称谓，但是无论是立法还是实务，都在混淆可能性的判定中涉及了多因素检测法。我国2013年《商标法》第57条明确将多因素检测法中的商标的相似性和商品的类似性作为商标侵权的判定要素。❶ 在我国司法实践中，法院认定消费者混淆也需要综合考虑多种因素。"在商标侵权涉及的混淆可能性的认定中，需要根据案件情况，在综合考虑商标的显著性、商品的关联程度、标识本身在客观上的近似性、是否有实际混淆的证据、销售渠道以及所涉商品的功能、用途、价格、质量等多种因素，作出裁量。"❷ 由此可见，多因素检测法在世界各国商标侵权判定的实践中都得到了运用。

实务中，多因素检测法运用最为成熟的是美国。早在1938年，美国侵权法重述就对混淆可能性判定中需要考量的基本因素进行了归纳。这些因素分为9项，分别是：（1）行为人的商品、服务或营业会被其他人误判的可能性；（2）行为人可能将其营业扩展到与其他人相竞争的行业的可能性；（3）行为人的商品或服务与他人的商品或服务有着共同的消费者或使用者的程度；（4）行为人的商品或服务与他人的商品或服务是否通过相同的渠

---

❶ 《商标法》第57条："有下列行为之一的，均属侵犯注册商标专用权：（一）未经商标注册人的许可，在同一种商品上使用与其注册商标相同的商标的；（二）未经商标注册人的许可，在同一种商品上使用与其注册商标近似的商标，或者在类似商品上使用与其注册商标相同或者近似的商标，容易导致混淆的。"

❷ 孔祥俊：《商标与反不正当竞争法原理与判例》，法律出版社2009年版，第295页。

道销售；（5）行为人的商品或服务与他人的商品或服务在功能上的关系；（6）商标或商业名称的显著性；（7）购买行为人商品或服务以及他人商品或服务时购买者对商标施加的通常的注意程度；（8）行为人使用标识的时间；（9）行为人采用和使用标识的意图。❶ 司法实践中，美国法院也对混淆可能性判定中可以考量的因素进行了总结。在 1961 年第二巡回法院审理的 Polaroid（宝丽来）案中，法院据以判定混淆可能性的因素包括：（1）商标的显著性；（2）两个标识之间的相似性程度；（3）商品的竞争性程度；（4）实际混淆；（5）原告营业扩展（bridge the gap）的可能性；（6）被告采用其标识的主观意图；（7）被告商品的质量；（8）购买者的注意程度。❷ 这就是宝丽来因素（Polaroid factors）。在 1973 年的 DuPont（杜邦）一案中，法院归纳出了杜邦因素。这些因素包括：（1）主体商标在外形、声音、意义、商业印象的相似性或非相似性；（2）商品或服务性质的相似性或非相似性；（3）已经建立的，可能还要继续的商业渠道的相似性或非相似性；（4）购买者购物时的环境，例如，冲动 vs 小心，谨慎的购买；（5）在先商标的名声（销售、广告、使用的时间）；（6）将相似商标使用于类似商品的数量和性质；（7）任何实际混淆的性质和程度；（8）两个商标共同使用而没有发生实际混淆的时间长度和状况；（9）一个商标使用或没有使用在多样的商品类别上；（10）申请者和在先商标所有人之间的市场接触程度；（11）申请者有权排除其他人使用其商标于其商品上的程度；（12）潜在混

---

❶ Restatement of torts § 731 (1938).

❷ Polaroid Corp. v. Polarad Elecs. Corp., 287 F. 2d 492, 495 (2d Cir. 1961).

淆程度；(13) 其他因素。❶ 在1979年，Sleekcraft（斯里克卡夫特）一案中，法院也归纳出了用以判定混淆可能性的多项因素，即斯里克卡夫特因素：(1) 商标权人商标的显著性；(2) 商品的相似性；(3) 标识的相似性；(4) 实际混淆的证据；(5) 使用的市场渠道；(6) 商品的类型以及购买者可能施加的注意程度；(7) 被告选择商标的意图；(8) 商品线扩展的可能性。❷此后，1983年Lapp（兰普）一案中，第三巡回法院也列举出了用以判定商标侵权的因素，称之为兰谱因素（Lapp）。这些因素是：(1) 所有人商标和被诉侵权标识相似的程度；(2) 所有人商标的强度；(3) 消费者进行购买时的注意力；(4) 被告使用这种商标而没有造成实际混淆的时间长度；(5) 被告使用该商标的意图；(6) 事实混淆证据；(7) 不相互竞争的商品，是否通过相同的商业渠道销售，或通过相同的媒体宣传；(8) 主体进行销售的对象群体相一致的程度；(9) 因为功能的相似性，商品在消费者心目中的关系；(10) 其他的因素，表明消费者可能会认为在先所有人会生产被告市场的商品，或很有可能扩展至这一市场。❸ 根据司法实践的发展，美国1995年反不正当竞争第三次重述规定了混淆可能性判定可以考量的基本因素：(1) 相互冲突的标识之间相似的程度； (2) 营销方法和销售渠道的相似性；(3) 潜在购买者的特征与其施加的注意程度；(4) 在先商标的显著性；(5) 当商品或服务并不相互竞争时，潜在购买者认为在先

---

❶ In re E. I. DuPont DeNemours & Co., 476 F. 2d 1357 (C. C. P. A. 1973).

❷ AMF Inc. v. Sleekcraft Boats, 599 F. 2d 341 (9th Cir. 1979).

❸ Interpace Corp. v. Lapp, Inc., 721 F. 2d 460 (3d Cir. 1983).

使用者会扩展到在后使用者销售领域的可能性；（6）当商品或服务在不同的地域销售时，在先使用的标识在在后使用者的销售领域内为人所知晓的程度；（7）在后使用者的主观意图；（8）实际混淆的证据。❶

根据上文，美国的法院和立法建议都规定有不同的判定混淆可能性考量因素。其中，有几个因素是实务中判定混淆可能性时所要重点考察的因素，包括商标的相似性、商品的类似性、商标的显著性、消费者注意程度、实际混淆、被告的主观意图。而其他的因素，或者可以归类为这几个主要因素之中，或者与混淆可能性的判定并无直接联系。如宝丽来因素中的第三项商品的竞争性程度，实际上就是判定系争双方的商品类别是否相同或相似。第五项原告营业扩展的可能性，实际上指的也是消费者是否会认为原告与被告的商品类别具有一定的相似性，而主观地认为商标权人会将业务拓展至被告的营业领域，认为被告的商品是由原告生产或与原告存在联系。因此，这两个因素可以归入商品的类似性这一因素之中进行考察。而宝丽来因素中的第七项被告商品的质量，现在被认为已经不再是混淆可能性判定的考量因素。这是因为，无论被告商品质量如何，如果商标相同或者相似，使用在相同或类似的商品之上，就可能导致消费者发生混淆。被告商品的质量往往在购买时并不能够为消费者所查明，而是在使用中才逐步显现出来，因此，消费者在购买之时关注的是商标和商品外在的特征，被告商品的质量并不会在消费者发生混淆之中起到重要作用。同理，1973年杜邦因素中的第三项商业渠道的相似性或非相似性，实质上就是判断系争双方是否在相同或类似的商业渠

---

❶ Restatement (Third) of Unfair Competition § 20~23 (1995).

道中销售，导致消费者认为两者提供的商品为相关商品，因此这一因素实际上就是商品的类似性因素。而第十项申请者和在先商标所有人之间的市场接触程度，实际上可以归入商品的类似性因素之中。这是因为，如果商品类别相同或相似，自然申请者和商标所有人之间的商品会直接在市场上竞争或共存，当系争商标相同或相似时，更有可能造成消费者混淆误认，故而这项因素可以归入商品的类似性因素中。

之所以有些因素在商标侵权判定中较为重要，是因为这些因素往往会对消费者的认知产生重大影响，更容易导致消费者混淆。例如，商标和商品这两个因素作为消费者感觉器官所首先能够感受到的外在刺激，对消费者识别商标会产生重大影响。因而无论国内外，都将其作为判定混淆可能性的主要考量因素。此外，商标的显著性、消费者注意程度等因素，也会在法院的侵权判定中占据重要地位。由此可见，尽管各个法院在判断混淆可能性时所用的考量因素并不完全相同，但一些重要的考量因素，包括商标的相似性、商品的类似性、商标权人商标的显著性、消费者的注意程度、实际混淆、被告的主观意图，都被纳入多因素检测之中，成为实践中判定商标侵权经常会被考察的因素。

在这些因素中，前四个因素是市场因素（market factors），后两个因素并非市场因素。❶ 前四个因素是对市场环境中极有可能造成消费者混淆的因素进行的归纳。商标、商品、商标权人商标的显著性以及消费者的注意程度，都是消费者在市场中极有可能发生混淆的重要影响因素。而被告的主观意图是从被告主观上是

---

❶ J. Thomas McCarthy, *McCarthy on Trademarks and Unfair Competition*, Eagan: Thomson/West, 2006, §23: 19.

否有侵权的恶意去推断混淆可能性是否会发生,其并非影响消费者的市场因素。同样,实际混淆是从市场上是否已经有消费者发生了混淆这种侵权结果出发,来判断被告行为是否构成商标侵权,它并非影响消费者作出商品来源判断的市场因素。所以,被告的主观意图和实际混淆并非市场中影响消费者认知的因素,其只是与消费者混淆的发生有密切的关系,是混淆可能性判定中的非市场因素。

(二) 多因素检测法的认知心理学基础

多因素检测法是目前法院所主要使用的判定混淆可能性的方法。虽然不同的法院对不同的考量因素所有偏爱,但是基本的考量因素并没有变化。实际上,多因素检测法中的多个因素,是对可能影响到消费者对商标认知的各种因素的归纳,是对消费者在市场中对商标认知心理的评估,因此,发掘多因素检测法中各个因素蕴含的消费者认知原理,确定各个因素被纳入多因素检测法的理论依据,是归纳科学合理的多因素检测法适用方法的重要途径。

正如本书反复强调的,消费者是商标法的关键。消费者决定了一个标识是否具备显著性,决定了混淆和淡化是否存在。显著性、混淆、淡化这些商标法中的基本范畴,在本质上均是对消费者在面对商标时的心理认知状态在法律层面上的界定和概括。就混淆可能性而言,只有他人行为极有可能造成消费者对系争商标发生了来源或关联关系方面的混淆,才构成商标法上的侵权。从消费者认知的角度来看,就是由于他人不正当地模仿了商标权人的商标,造成消费者将侵权人的标识误认为是商标权人的标识或与之存在关联关系,使消费者激活了大脑中存储的商标权人商标的认知网络,提取出商标权人商标的相关信息作为购物决策的依

第五章　商标混淆可能性的司法判定

据。消费者在商标权人商标所代表的信息的影响下，基于对商标权人的信任或好感，可能就会发生购物决策上的失误，购买到实际上与商标权人没有任何关系的侵权商品。

在商标侵权案件中，判断被告行为是否构成侵权，最主要的就是看消费者是否会因为被告的行为而发生混淆这种错误的认知状态。对此，法官并不能够主观地猜测和臆断，法官必须考察相关的市场环境因素，去判断环境因素是否会影响消费者的认知。"决定商标侵权的关键在于是否有混淆可能性。这需要关注于目标消费者的心理状态（state of mind）"。❶ "真实评估消费者的混淆，必须试着重塑购买决定是如何作出的环境。法院不应当试着去决定它会作出什么，而是一个理性的购买者在市场的环境中会作出什么。"❷ 显然，混淆作为消费者心理认知方面的失误，不会无缘无故地发生。在市场上商标泾渭分明，能够相互区分时，消费者作为市场中的理性人，能够正常地识别商标，提取大脑中存储的商标代表的相关信息，并以之作为购物决策的依据。只有他人以不正当的方式模仿商标权人商标的特征，才可能导致消费者出现混淆误购。因此，消费者发生混淆的主要原因在于市场环境的变化，使其赖以作为购物依据的环境特征发生了变化，导致消费者作出错误判断。正是基于这种考虑，法官归纳出了通过多种存在于市场的因素来判断消费者是否极有可能发生混淆的方法。

---

❶ J. Thomas McCarthy, *McCarthy on Trademarks and Unfair Competition*, Eagan：Thomson/West, 2006, §23：110.

❷ Calvin Klein Cosmetics Corp. v. Lenox labs., Inc., 815 F. 2d 500, 504 (8th Cir. 1987). 转引自 Richard L. Kirkatrick, *Likelihood of Confusion in Trademark Law*, New York：Practising Law Institute, 2010, §2：2.

亦即，通过多个可能影响到消费者对商标的认知的因素，对消费者在市场中面对商标的心理认知状态进行评估。多因素检测法中的多个考量混淆可能性的因素，就是对可能影响到消费者对商标认知的因素的归纳，是一种对影响消费者认知的市场环境的模拟。如果没有这种检测方法，混淆可能性的判定就会完全变为裁决者的主观判断，使商标案件的判决毫无任何规律可循。可见，多因素检测有科学合理的一面，它归纳出了那些可能影响消费者认知的因素，避免了依赖于个体对混淆可能性的感觉，否定了法官在法庭中对商标进行简单比较的做法，有利于克服司法的非理性。❶

前文已经介绍，多因素检测中较为重要的六个因素是商标的相似性、商品的类似性、商标的显著性、消费者注意程度、实际混淆、被告的主观意图。前四个因素是直接影响到消费者认知的市场因素。后两个是非市场因素，但是实际上也与消费者的心理密切相关。实际混淆表明的是消费者已经发生混淆的心理认知状态，而被告的主观意图指的是侵权人是否有追求消费者发生混淆的主观恶意，这两个因素都与消费者混淆相关，都可以用来判定混淆可能性是否会发生。

在直接影响消费者认知的市场因素中，商标的相似性和商品的类似性是最为重要的两个因素。对于消费者来说，商品上的商标是主要的购物决策依据，消费者会通过眼睛等感觉器官接收商标这种外界的刺激，传入大脑中，依据被识别出的商标来提取大脑中存储的与该商标有关的信息，作出购物决策。因此，商标会

---

❶ Richard L. Kirkatrick, *Likelihood of Confusion in Trademark Law*, New York: Practising Law Institute, 2010, §2: 4.

直接决定消费者的认知。而侵权人利用的也正是这一点，他们往往会通过模仿商标权人的商标来造成消费者判断的失误。商品类别则是消费者在购物时所主要参考的环境因素。对于消费者熟悉的商标而言，消费者总是预期该商标会出现在特定的商品类别之上，这就是情景效应。亦即，消费者在对特定商标进行识别时，会根据该商标周围的环境因素来推导出一些信息，帮助其识别该商标。例如，对于"ca"，将之放于不同的环境，人会将之识别为不同的单词。如将"ca"放置于宠物店，人会将之识别为"cat"；放置于汽车店，又会识别为"car"。这些事例表明了环境因素对人的识别具有重要的影响。同样，在购物环境中一提到耐克，消费者就想到运动类产品。因此，侵权人往往会在与商标权人使用的商品类别相同或有些关联的商品类别上使用侵权标识，以使消费者更容易发生混淆。商标的显著性和消费者注意程度也同样与消费者的认知相关联。

商标的显著性代表的是某一个商标在消费者心目中的形象或地位。从消费者认知的角度来看，消费者如果已将一个特定的商标与其所代表的商品信息相联系，则商标便会作为消费者大脑长时记忆中的节点在消费者后续的消费过程中发挥作用。如果某一商标是享有较高声誉的商标，则这个商标就会在消费者的大脑中占据庞大的认知网络，使消费者在接触到任何与该商标有关的信息时就能够激活该网络，获得大量有关该商标的信息。当侵权人的侵权对象为显著性较强的商标时，消费者就更可能将眼前的侵权标识误认为是商标权人的商标。而消费者的注意程度则直接决定消费者在面对商标时是否极有可能发生混淆。当消费者的注意程度较高时，消费者就可能发现两个标识或其标示的商品之间的不同，从而避免混淆。而当消费者在随意、漫不经心或匆忙的状态下购物，其注意程度就较低，就更容易发生混淆。

由此可见，多因素检测法中的因素都与消费者面对商标时的心理认知状态有密切的关系，是可能影响到消费者发生混淆的重要原因。多因素检测的科学性正在于它是对影响消费者心理认知的因素的概括。基于这种考虑，对于如何在混淆可能性的判定中运用多因素检测法，也要以消费者认知为基本依据，对多因素检测法中的重要因素进行分析。遗憾的是，目前人们对多因素检测法还存在较大分歧，对各种考量因素在混淆可能性判定中所起的作用和如何运用还缺乏清晰的认识。

(三) 多因素检测法的不确定性

多因素检测法尽管增强了商标侵权案件审理的科学性和可预测性，但是在适用方面还存着很大的不确定性。各个法院在适用多因素检测法时，对不同的因素有着各自的偏爱，难以达成统一意见，这就使案件的结果难以预测，影响到商标侵权案件审判的稳定性。

首先，多因素检测法之所以存在可预测性较差、不同法院做法不一致的弊端，根本原因在于商标侵权案件判定的特殊性。正如前文所言，消费者是商标法中的关键。只有消费者对两个相似的商标标示的商品或服务的来源或关联关系发生错误的认识，商标的混淆才发生。因此，对于混淆可能性的判定，实际上就是要从消费者的心理认知出发，看消费者是否会对两种系争商品提供者之间的关系发生错误的认识。而要弄清楚这一点，谈何容易！消费者对商标的心理认知状态只有其自己最为清楚，况且，在实务中判定消费者是否存在混淆可能性，是以相关商品所涉及的消费者群体作为一个整体进行考察，看这一部分消费者群体中是否有超过一定比例的消费者会发生混淆，这更给侵权的判定增加了难度。可见，商标侵权判定具有特殊性，它不像物权法中物权侵权的判定，侵权与否的界限十分分明，甚至不像版权法中版权侵权的判定，还可以对两个作品进行比较，以判定是否构成实质性相似。商标侵权判定必须对消费者面对系争商标时是否会发生混淆进行判断，而人们目前尚无有效的方法能够准确无误地把握消费者的内心认知。这就给商标案件判决增添了不确定性，使得商标侵权判定具有难以预测、争议较大的特点。多因素检测法尽管是进行商标侵权判定的有效方法，但是显然也难以摆脱商标侵权判定特殊性的困扰。

其次，多因素检测法并不是直接探知消费者对商标心理认知状态的方法，❶ 它只是通过能够影响到消费者认知的环境因素和客观存在的因素，去推测、评估消费者是否极有可能发生混淆。多因素检测法中商标的相似性、商品的类似性、商标权人商标的显著性、消费者的注意程度等，都是影响到消费者心理认知的环境因素，而实际混淆和被告的主观意图，则是从现实中存在的因素去推断混淆可能性是否存在。被诉侵权人的行为如果符合多因素检测法之中的一个或多个因素，只能说明这些因素倾向于影响消费者的认知，使消费者极有可能发生混淆。然而，这些因素在客观上是否真的影响到了消费者，确实会导致消费者混淆，并无从得知。可见，多因素检测法与混淆可能性的存在之间并不存在

---

❶ 实际上，没有任何方法可以准确地探知到消费者内心对商标的真实的认知状态。即便是在心理学实验中，实验的环境也与真实的市场环境有一定的差别。在商标混淆可能性的判定中，我们可以运用的方法也只不过是通过对影响消费者认知的各种因素的考察，对消费者的心理认知状态进行推测。我们可以更为科学地探知消费者内心对商标的真实想法，但永远不可能完全准确地掌握消费者真实的心理认知状态。

直接的因果联系。多因素检测法中的多个因素,仅仅是推断混淆可能性是否存在的依据,而非一定表明消费者在客观上会发生混淆。因此,多因素检测法是商标侵权的间接判断方法,而非直接揭示被诉侵权人行为与消费者混淆之间因果联系的方法。正是因为多因素检测法的这种特点,使其判定的方式、因素的适用、判定的结果都会存在争议,缺乏可预测性。

最后,目前学界对多因素检测法中用以判定混淆可能性存在与否的各个考量因素还缺乏合理的认识和定位,对各个因素如何在侵权判定中加以适用缺乏统一的认识。对于多因素检测法的适用,国内外学界一般是介绍其基本的情况,将几种重要的因素列举出来,说明其具体含义,很少深入地对每一个适用因素进行探讨,明确其在混淆可能性判定中的地位和适用方法。学界对多因素检测法研究的不足也影响到了立法和司法实务。在立法中,"多因素检测并没有具体体现在任何法条之中"。[1] 除了明确商标侵权的判定标准是混淆可能性,各国立法都没有对多因素检测法作出明确和完整的规定,指明多因素检测法的适用原则、适用方法、每一因素在混淆可能性判定中所处的地位以及其适用的方法。这就使得法院在商标侵权的判定中,对多因素检测法有不同的认识,对不同的因素有着不同的适用方法,使得多因素检测法的适用不具有稳定性和可预测性。其情形正如巴顿碧比教授所言:"(多因素检测法中)有一些因素会被重复适用,然而也存在巨大的分歧——不仅仅是哪些因素被适用,也包括它们如何被适用。有一些法院会对一些特定的因素有偏好,但这些因素恰恰会

---

[1] Richard L. Kirkatrick, *Likelihood of Confusion in Trademark Law*, New York: Practising Law Institute, 2010, §2: 4.

被其他法院所忽略。"❶

首先,多因素检测法在适用原则上就存在着冲突。在混淆可能性的判定中,究竟是不是都需要适用多因素检测法,考察全部因素来判定侵权的存在与否,还是直接依据商标的相似性、商品的类似性等个别因素就可以直接作出判决,法院间存在分歧。对于系争商标使用在相互竞争的商品之上,第二巡回法院就认为不需要进行多因素的考察,多因素的考察只在商品类别不同时进行。❷ 麦卡锡教授指出,美国第二巡回区的一些法院在商标相同、商品之间竞争的情况下,就直接认定了侵权,并没有进一步适用多因素检测法。❸ "一些法院认为,只要相似的商标被使用在了竞争性的商品上,混淆可能性就是存在的。只有在非竞争性的商品上,才使用(多因素检测法)所有的因素。"❹ 亦有法院认为,根本没有必要对多因素检测法中的所有因素进行考察。多因素检测法并不是记分牌,看是否有一方赢取了更多的因素。商标权人获得胜诉,也不需要证明所有的因素,甚至多因素中的多个因素。❺ 美国联邦巡回法院就认为,商标的相似性是最为重要的因

---

❶ Barton Beebe, An Empirical Study of theMultifactor Tests for Trademark Infringement, 94 *Cal. L. Rev.* 1581, 1583 (2006).

❷ Richard L. Kirkatrick, *Likelihood of Confusion in Trademark Law*, New York: Practising Law Institute, 2010, §2: 7.

❸ J. Thomas McCarthy, *McCarthy on Trademarks and Unfair Competition*, Eagan: Thomson/West, 2006, §24: 32.

❹ Richard L. Kirkatrick, *Likelihood of Confusion in Trademark Law*, New York: Practising Law Institute, 2010, §2: 7.

❺ Richard L. Kirkatrick, *Likelihood of Confusion in Trademark Law*, New York: Practising Law Institute, 2010, §2: 5.

素，可以压倒其他一切因素。此外，商标的名声（fame）也很关键。因此，法院不需要去考察（多因素检测法中）所有的因素。❶

有的法院则持相反见解，其认为无论系争商标使用的商品类别是否相同，都需要对多因素检测法中的所有因素进行考察。例如，第七巡回法院就认为，即便相同的商标使用在相似的商品类别上，如果整体的证据显示并没有混淆可能性，则就没有侵权的存在。❷ 有的法院指出，要在审判中对多因素检测法中的所有因素进行"完全的、细致地分析"。"对每一个因素进行深入的评估，并且，在案件中如果某一个因素是不适用的，必须要说明原因。"❸ 第三巡回法院就要求，初审法院"在某个特定的案件中，如果发现（多因素检测）中的特定因素是不适用的或没有用的，法院必须说明为什么不使用这些因素的原因"。❹ 这实际上就是要求法院对多因素检测法中的所有因素进行考察，不适用的因素需要说明原因，不能简单地予以不适用。

其次，对于多因素检测法中较为重要的六个因素即商标的相似性、商品的类似性、商标的显著性、消费者注意程度、实际混淆、被告的主观意图，不同法院也都有着不同的观点和做法，这些都直接影响到了案件的审理结果。例如，对于实际混淆这个因素，各个法院就有着不同的看法。有的法院认为实际混淆的证据

---

❶ J. Thomas McCarthy, *McCarthy on Trademarks and Unfair Competition*, Eagan：Thomson/West, 2006, §24：43～24：44.

❷ Richard L. Kirkatrick, *Likelihood of Confusion in Trademark Law*, New York：Practising Law Institute, 2010, §2：7.

❸ J. Thomas McCarthy, *McCarthy on Trademarks and Unfair Competition*, Eagan：Thomson/West, 2006, §24：32.

❹ Kos v. Andrx, 369 F. 3d 700, 711 (3d Cir. 2004).

十分重要，是"最为重要的因素"（most important factor），是"最好的"（best）、"最具有说服力的证据"（most persuasive evidence）。这种看法导致实践中一些法院认定了一些重要的实际混淆的证据之后，就推断混淆可能性成立。❶ 最为推崇实际混淆证据的是第五巡回法院。他们认为，在混淆可能性的证明中没有比实际混淆证据更具有决定性或实质性意义的了。即便只有极少的实际混淆证据，也足以证明混淆可能性的存在，除非有压倒性数量的证据才能反驳这种实际混淆的证据。❷ 法院对实际混淆的证据偏爱有加，主要是因为如果市场中出现了实际混淆，则混淆可能性肯定就是存在的。"实际混淆是证明混淆可能性的有力证据，实际的消费者发生混淆的证据强有力地表明，设想出来的理性消费者同样会被欺骗。"❸ 尽管如此，对于实际混淆依然有不同的意见，有多个法院都表示，商标的相似性才是决定混淆可能性的决定性因素。❹ 还有学者认为，"最重要的因素是原告商标的显著性，商标的相似性，和被告的意图。无论如何，实际混淆只是决

---

❶ Richard L. Kirkatrick, *Likelihood of Confusion in Trademark Law*, New York: Practising Law Institute, 2010, §2: 6.

❷ Michael J. Allen, The Role of Actual Confusion Evidence in Federal Trademark Infringement Litigation, 16 *Campbell L. Rev.* 19, 21~22 (1994).

❸ Mark D. Robins, Actual Confusion in Trademark Infringement Litigation: Restraining Subjectivity Through A Factor-Based Approach to Valuing Evidence, 2 *Nw. J. Tech. & Intell. Prop.* 117, 122 (2003~2004).

❹ Mark D. Robins, Actual Confusion in Trademark Infringement Litigation: Restraining Subjectivity Through A Factor-Based Approach to Valuing Evidence, 2 *Nw. J. Tech. & Intell. Prop.* 117, 122 (2003~2004).

定混淆可能性诸多因素中的其中之一。"❶ 实际上，很多的法院都认为商标的相似性是多因素中最重要的因素。"正是商标的相似性才会驱使消费者发生混淆。"❷ 可见，对于实际混淆，意见分歧十分之大。对于商标的相似性、被告的主观意图、商品的类似性、商标的显著性、消费者注意程度等，不同的法院也都有着不同的看法。甚至可以说，多因素检测法中的每一个因素在适用的过程中都存在不同的声音，意见难以一致，这显然影响到了混淆可能性最终的判定，造成混淆可能性的判定结果难以预测。

实际上，从多因素检测法自身来看，多因素检测法并非直接探知消费者对商标心理认知的方法，它只是通过影响消费者认知的各种因素去推测和评估消费者是否极有可能发生混淆。如果通过对一些因素的考察，能够很大程度上证明消费者混淆的存在，则混淆可能性的判定工作就已经完成。因此，商标侵权判定并不要求法官对多因素检测法中的所有因素逐一进行判断。只要某些因素能够推断出消费者混淆可能性的存在，多因素检测法就完成了其使命。因此，法官需要根据案情的不同适用具体的因素来判定混淆可能性。"在各参酌因素的斟酌上，犹如个别案件因案情不同，在各参酌因素的强弱要求上可能会有所不同一样，各条款也可能因其立法意旨的不同，所着重的参酌因素也有所不同，自

---

❶ Mark D. Robins, Actual Confusion in Trademark Infringement Litigation: Restraining Subjectivity Through A Factor-Based Approach to Valuing Evidence2 *Nw. J. Tech. & Intell. Prop.* 117, 123 (2003~2004).

❷ Mark D. Robins, Actual Confusion in Trademark Infringement Litigation: Restraining Subjectivity Through A Factor-Based Approach to Valuing Evidence2 *Nw. J. Tech. & Intell. Prop.* 117, 122 (2003~2004).

可依其需要而为参酌。"❶ 从这个意义上说，多因素检测法运用中更为关键的是对一些重要的考量因素的适用。

在我国，《商标法》除了将商标的相似性和商品的类似性规定为判定商标侵权的标准之外，对于其他考量因素并没有涉及，更没有明确多因素检测法在商标侵权判定中的地位。我国法院过去在商标侵权判定中，主要是依据2001年《商标法》第52条和《关于审理商标民事纠纷案件适用法律若干问题的解释》，考察商标的相似性和商品的类似性这两个基本要素。有些法院在案件审理中，也会对商标的显著性、❷消费者注意程度等因素进行考察，❸尽管如此，我国的司法审判还未形成制度化的多因素检测法运用规则和方法。可见，我国对多因素检测法的重要性还认识不够，对多因素检测法中重要的考量因素在商标侵权判定中的地位和适用还缺乏清晰界定，这就有必要明确多因素检测法的地位，对多因素检测法中重要考量因素进行分析，确定各个因素在商标侵权判定中的地位和适用方法，谋求多因素检测法适用的稳定性。根据我国的立法与司法现状，我国商标法首先应确立多因素检测法在商标侵权判定中的地位，明确规定多因素检测法可用于判定商标侵权，其次对多因素检测法中重要的考量因素进行界定，在《商标法》条例或司法解释中对多因素检测法和其中重要考量因素的运用作出具体规定。本章第三至第七节将对多因

---

❶ 我国台湾地区"混淆误认之虞"审查基准第4条，载 http://www.110.com/fagui/law_12416.html。

❷ 北京市高级人民法院〔2011〕高民终字第2578号民事判决书。

❸ 王迁：《知识产权法教程》，中国人民大学出版社2009年版，第491页。

检测中的六项重要因素进行研究，重在明确其在商标侵权判定中的地位和适用，使多因素检测法的运用更为合理。

二、混淆可能性判定中的消费者调查

除了多因素检测法外，在诉讼中还有消费者调查可以用以证明消费者是否会发生混淆。诉讼中的消费者调查，也叫市场调查，是指通过对特定对象的访谈、调查、提问，记录和统计特定对象对某一问题的回答，了解其对该问题所持的观点，用以在诉讼中证明某些主张的方法。"先进国家的商标实务即经常透过市场调查（market survey）认定混淆之虞。"❶美国和德国自20世纪50年代开始就通过消费者调查来了解消费者对商标的认知状况，"市场调查法已是相关诉讼上最重要的工具之一"。❷在我国，商标诉讼中也有案件涉及了消费者调查。❸

尽管消费者调查已被司法所接受，成为诉讼中证明消费者混淆的方法，但是学界对消费者调查的研究依然不足。消费者调查的正当性是什么？消费者调查的证明效力有多大？消费者调查与多因素检测法之间的关系如何？这些问题都需要进一步澄清。

（一）商标消费者调查概述

商标消费者调查，是指当事人委托市场调查专家通过发放调查问卷、电话采访、网络调查等手段向相关消费者群体征集能反

---

❶ 刘孔中：《商标法上混淆之虞之研究》，五南图书出版公司1997年版，第105页。

❷ 同上。

❸ 张爱国："商标消费者调查的正当性研究——从49份商标侵权纠纷民事判决书谈起"，载《知识产权》2011年第2期。

映消费者对某种商标标识认知心理状态的一种社会调查活动。[1]"商标诉讼中,调查证据通常用于证明混淆可能性和商标淡化,因为调查是对潜在购买者主观精神联系和反应的估算(Gauges)。"[2] 在美、德等国,消费者调查最初并不为法院所接受。"在20世纪中期之前,法院对于接受调查证据或确定其证明力都较为犹豫。"[3] 美国最初将消费者调查作为一种传闻证据。传闻证据是证人所陈述的并非其亲身经历的事实以及证人未出庭作证时向法庭提出的主张。根据诉讼法的有关规定,传闻证据并不具有证明力。随后,1960年出台的美国《延期案件审理建议程序手册》和1975年出台的《美国联邦证据法》为消费者调查在商标诉讼中的采用扫清了障碍。在1960年的美国《延期案件审理建议程序手册》中,明确列举出了具有证明力的调查所需要考察的七个条件,承认了符合法律规定的调查可以作为证据。而1975年的《联邦证据法》第803(3)条也规定,证言如果陈述的是证明人当时的一种精神的、心理的、感觉的或者身体的状态(如意图、打算、动机、构思、精神感受、痛苦或者身体健康状态),

---

[1] 张爱国:"商标消费者调查的正当性研究——从49份商标侵权纠纷民事判决书谈起",载《知识产权》2011年第2期。

[2] Robert H. Thornburg, Trademark Surveys: Development of Computer-Based Survey Methods. *John Marshall Review of Intellectual Property Law*, Vol. 4, Issue 1 (Fall 2004), pp. 92.

[3] Sandra Edelman, Failure to Conduct a Survey in Trademark Infringement Cases: a Critique of The Adverse Inference, 90 *Trademark Rep.* 726, 726 (2000).

则可以不受传闻证据规则的排除。❶

由于多因素检测法存在缺陷，加之实务中商标权人通常无法提出消费者实际混淆的证据，在统计学和社会调查方法的帮助下，对消费者进行调查，了解消费者对相关商标的认知，成为判断消费者是否会发生混淆的有力工具。随着消费者调查的逐步科学化和规范化，符合证据法规定的消费者调查也日渐得到法院的认可。目前，调查证据已被广泛地应用于商标诉讼之中，用来证明消费者是否会发生混淆。甚至，在一定的条件下，商标权人没有进行消费者调查，法院还会推定商标侵权不成立。"事实上，如果没有引入调查，许多法院都会在混淆可能性的问题上作出对原告不利的推定。"❷ 在美国，有学者做过统计，原告在诉讼中提交消费者调查证据的情况下，法院认定侵权成立的比例是76%，而原告不提交消费者调查证据时认定侵权成立的比例只有51.8%。由此可见消费者调查的重要性。"德国联邦法院自20世纪80年代开始，因为上诉法院欠缺问卷调查而撤销其判决之情形，亦呈日渐增加之趋势。"❸ 这实际上有将进行消费者调查的举证责任分配给商标权人的趋势。

实务中，常用的消费者调查方式包括商场拦截式调查（mall-intercept surveys）、中心地点调查（central location surveys）和电

---

❶ 杜颖：”商标纠纷中的消费者问卷调查证据"，载《环球法律评论》2008年第1期。

❷ Sandra Edelman, Failure to Conduct a Survey in Trademark Infringement Cases: a Critique of The Adverse Inference, 90 *Trademark Rep.* 726, 727 (2000).

❸ 刘孔中：《商标法上混淆之虞之研究》，五南图书出版公司1997年版，第117页。

话调查（telephone surveys）。[1] 商场拦截式调查是目前运用较多的调查方式，指的是调查者确定好地域后，对来往的消费者进行现场交流和询问。商场拦截式调查的关键在于选定相关的消费者群体。如果被调查者并非系争商标涉及的消费者，这种调查形成的结论就缺乏说服力。因此，在商场拦截式调查中，调查者需要选定调查的商场，确定调查对象的大致性别、年龄，使得调查的对象尽可能是购买商标权人商品的潜在消费者。尽管如此，商场拦截式调查还是可能调查到与商标权人商标不相关的消费者。除商场拦截式调查外，中心地点调查在实践中也有所运用。中心地点调查不同于商场拦截式调查的随机访问，中心地点调查是确定所要调查的消费者群体，然后统一在固定的地点对被调查者进行访问，了解其对相关商标的认知和看法。因此，中心地点调查一定程度上克服了商场拦截式调查可能会涉及不相关的消费者群体的弊端，可以较为准确地划定需要调查的消费者群体。随着技术的发展，电话调查是新出现的消费者调查方式。电话调查相较于商场拦截式调查和中心地点调查而言成本更低、执行更为便捷。因而在实践中"作为有效的混淆可能性或第二含义证据在商标诉讼中得到了广泛的认可和承认"。[2] 但是，电话调查的关键也在于确定电话访问的对象，划定与所调查的商标相关的消费者群体。此外，电话调查无法将涉嫌侵权的商标或商标权人商标的图案直接呈现给消费者，而只能通过调查执行者用语言去描述，这是电话

---

[1] Robert H. Thornburg, Trademark Surveys: Development of Computer-Based Survey Methods, 4 *J. Marshall Rev. Iniell. Prop. L.* 91, 95 (2004).

[2] Robert H. Thornburg, Trademark Surveys: Development of Computer-Based Survey Methods, 4 *J. Marshall Rev. Iniell. Prop. L.* 91, 96 (2004).

调查存在的最大缺陷。实际上，这三种调查方式都有其优缺点，难言哪一种方法一定优于另一种。因此，调查方式都仅仅是对消费者对商标认知的一种"询问"和"探究"，只能一定程度上反映出消费者对商标的认知状态，无法完全直接反映出消费者对商标的认知。根据案件的具体情况和需要，划定合适的被调查的消费者群体范围和调查的数量，采用不同的调查方法，应是较为恰当的选择。

（二）商标消费者调查的正当性

商标侵权判定以消费者是否极有可能发生混淆为依据。从认知的角度来看，混淆是指他人未经许可仿冒了商标权人商标的全部或主要特征，造成消费者认知判断的错误，使消费者对商品的来源或关联关系发生错误的认识，影响其购物决策。由此，商标侵权判定的关键因素是消费者，商标侵权判定与传统民事权利以及版权、专利权侵权判定的不同之处也就在于，前者需要考察消费者对商标的认知状况。

商标侵权判定需要考察消费者对商标的认知状况决定了商标侵权审理存在着很大的难度和不确定性。在司法审判中，法官不可能深入到消费者的内心，了解消费者对商标的心理感受。许多法官会凭借个人的感受和体验，对商标是否会造成消费者混淆作出判断。甚至，"当法院认为侵权成立时，法院会说购买者是合理、谨慎的，而当法院认为侵权不成立时，又会认为购买者是容易上当受骗的"。[1] 为了解决商标侵权判定难度较大的问题，实践中逐步形成和发展出了多因素检测法。多因素检测法对可能影响

---

[1] J. Thomas McCarthy, *McCarthy on Trademarks and Unfair Competition*, Eagan：Thomson/West，2006，§23：92.

到消费者认知的各种因素进行了归纳，是推测消费者认知状态的有效方法。通过运用多因素检测法，法官在一定程度上就能够推断出消费者是否会发生混淆。这就避免了依赖个体对混淆可能性进行直觉判断，摒弃了法官在法庭中对商标进行简单比较的做法，有利于克服司法的非理性。❶ 但是多因素检测也有其局限性，多因素检测毕竟也只是从影响消费者认知的各种因素出发，推测消费者对商标的认知，它也不能够准确地反映出消费者的认知状况。甚至，除了实际混淆这一因素之外，多因素检测法中的其他因素基本上没有直接说明消费者对商标的认知状况。从这个意义上讲，多因素检测只是一种间接的，围绕可能影响到消费者认知的各种因素进行混淆可能性判定的方法。

多因素检测法的局限性决定了它不能完全解决商标侵权判定中的问题。"在商标法上混淆之虞的认定上，吾人尤其迫切需要一个可以客观认定相关大众认知的科学方法，以改善目前实务上颇为严重的主观及独断弊端。"❷ 为了解决商标侵权判定可预测性较差、主观性较强的问题，消费者调查逐步出现。消费者调查在商标诉讼中的运用一定程度上弥补了多因素检测法的不足，具有其自身的特点和优势。如果说多因素检测法只是围绕可能影响到消费者认知的各种因素去推断消费者混淆是否会发生，那么消费者调查就是直面消费者对特定商标的认知，试图通过直接访问相关消费者来得到第一手

---

❶ Richard L. Kirkatrick, *Likelihood of Confusion in Trademark Law*, New York: Practising Law Institute, 2010, §2: 4.

❷ 刘孔中:《商标法上混淆之虞之研究》，五南图书出版公司1997年版，第104页。

的关于消费者认知的信息。消费者调查的这种特点使其迥然有别于传统的多因素检测法，在证明消费者是否极有可能发生混淆方面具有优势。

正如前文所强调，消费者在商标法之中占据重要的地位。商标的形成是消费者对外界的某一符号进行接触、识别，存储在大脑中，将其确定为商标的心理认知过程。商标的本质是人类感觉器官可以感知的，以特定公共性形式存在（即以符号形态存在）的与特定商标权人相关的信息。商标法上的基本范畴如商标的显著性、商标混淆和商标淡化，从本质上看都是对特定消费者群体对商标心理认知的概括。在最理想的状态下，如果在商标侵权诉讼中能够探知到消费者面对商标时的心理反应，就能够准确地判断出消费者是否会发生混淆。但是，实践中并不存在直接探知消费者内心世界的方法，人们只有通过一定的手段来推测消费者的心理反应。消费者调查之所以具备科学性，就在于其能够通过访问相关消费者，了解消费者对商标的真实感受，在此基础上推断出相关消费者群体对特定商标的认知。目前，随着调查方法的逐步完善，统计学、社会学等学科的不断发展，消费者调查的科学性和规范化程度也在不断提高。抽样技术、问卷调查、统计技术、计算机和网络技术，都被运用于消费者调查，使得消费者调查的准确性和精确性大幅度提高。消费者调查已经可以相对准确地反映出被调查相关群体的认知状况。学者就指出，目前随着计算机技术的普及和调查精确性的提高，已经可以在大选结束前预测出全国性选举的结果。调查和结果已经成为现代生活的事实，是政治家、市场人员了解选民和消费者意愿的重要途径。对于商标消费者调查来说，法官也越来越倚重这种证据。[1] 可见，消费者调查无论在理论方面还是客观技术方面都已经具备了运用于商标侵权判定的条件，有其自身的特点和优势，值得法官在商标案件审理中加以考虑。

(三) 消费者调查与多因素检测法的关系

多因素检测法和消费者调查都是商标侵权的判定方法，这就有必要讨论多因素检测法和消费者调查之间的关系，以明确两者在商标侵权判定中的地位。

根据前文的研究，多因素检测法是混淆可能性的间接判定方法。多因素检测法归纳了一些可能会影响到或能够推断出消费者认知状态的因素，如商标的相似性、商品的类似性、商标的显著性等，通过考察这些因素对消费者是否会发生混淆进行判定。但是，多因素检测法并非直接探知消费者对商标心理认知的方法，这就为可能的偏差埋下了隐患。消费者调查相对于多因素检测法来说，对消费者认知状态的考察更为直接和直观。它通过对相关消费者的调查，了解消费者对商标的感受，通过调查收集各种数据来推断消费者是否极有可能发生混淆。但是，消费者调查同样也是混淆可能性的间接判定方法，它也存在固有的缺陷，可能导致判断结果与消费者实际的认知状态不符合。毕竟，消费者调查只是通过问卷、电话、商场拦截等方式对消费者群体认知的调查询问，它并不能直接探知到消费者内心的认知状态。正是由于是一种调查和询问，消费者调查对调查的地点、调查的人群、调查的方法、问卷的设计等，都有较高的要求，如果在这些方面出现偏差或错误，则很有可能导致消费者调查的结果与实际情况不

---

[1] Lawrence E. Evans, Jr., David M. Gunn, Trademark survey, *Vol.* 79 *TMR.* 1, 1 (1989).

符，不利于对混淆可能性的判断。可见，消费者调查也并非探究消费者对商标认知的直接方法，它也是一种间接的判定方法，有其固有的缺点。

　　由于多因素检测法和消费者调查都有其各自的特色和缺点，两者在混淆可能性的判定中应处于相互补充、相互配合的地位，不可相互替代，也不存在孰优孰劣和效力上的大小。多因素检测法是传统的侵权判定方法，有着较长的适用时间，在司法实践中积累了大量的经验，在混淆可能性的判定上具有重要的地位和意义，在以后的司法审判中仍然要坚持。而消费者调查是新兴的商标侵权判定方法，相对于多因素检测法而言更能反映出相关消费者对商标的认知状态，但是其出现的时间较晚，目前仍处于发展之中，相关制度还有待于完善。在司法审判中，两种方法可以同时考虑，法院不应拘泥于某一种方法。如果在案件中，原告或被告提出了消费者调查的证据，法院应当对该证据进行审核，确定该证据是否具备证明效力，通过对多因素检测法和消费者调查证据的综合运用，判定消费者是否会发生混淆。在证据的效力上，多因素检测法和消费者调查证据不存在优劣之分，不能够认为多因素检测法的相关证据一定优于消费者调查证据，也不能够认定一旦有了消费者调查证据，就不用再考虑多因素检测法。实际上，多因素检测法中商标的相似性、商品的类似性、商标的显著性等因素，依然是判断混淆可能性的重要因素，而消费者调查如果采用了正确的调查方法和问卷设计，同样具有较强的证明力。法院在商标侵权判定中应当综合地运用多因素检测法和消费者调查，不单独依赖于某一项证据，客观地评估多因素检测法和消费者调查的证据，作出合理的判决。

(四)商标消费者调查的设计

消费者调查虽然是探究消费者认知状态的方法,但对调查的范围和人群、调查的方法、问卷的设计等都有要求,以免消费者调查的主观性过强,流于形式。因此,消费者调查的关键在于设计科学合理的调查方法,探究相关消费者真实的认知状态。法院在商标诉讼中也应对消费者调查的设计进行审查,确定消费者调查证据的证明力。

在调查的范围方面,消费者调查需要确定调查的人群,选取适合的调查者。"确定和选取合适的范围被认为是调查的关键。"❶ 正如本书对混淆可能性范畴的研究,混淆可能性对混淆的主体有所要求。在主体方面,商标混淆可能性所指的混淆一般限于正在购买商标所标示的商品的消费者或潜在有购买可能的消费者。除此之外,还包括对消费者购物决策有直接影响的主体以及与特定商标的商标权人有直接经济上往来和联系的各类主体。因此,只有这些主体在识别商标和依据商标进行购物的过程中所发生的混淆,才是混淆可能性所针对的混淆。对消费者调查而言,也只有对这些主体进行调查,所取得的调查资料才能够真实地反映出相关消费者对商标的认知状况。例如,对于某些商标所标示的商品,其所针对的消费者群体具有特殊性,如特别针对男性的商品和针对女性的商品,或主要针对28~40岁年龄段的中青年消费者。这时,在消费者调查中,就要调查这些相关性别或年龄的消费者,避免将此范围之外的消费者也纳入调查范围之中。美国Chattanooga Manufacturing一案中,法院就认为,系争商标所涉及

---

❶ Robert H. Thornburg, Trademark Surveys: Development of Computer-Based Survey Methods, 4 *J. Marshall Rev. Iniell. Prop. L.* 91, 97 (2004).

的商品是女性服饰，因此对包含了男性被访者的消费者调查报告不予认可。[1] 再比如，对于某些儿童玩具，就需要调查儿童对商标的认识。因为儿童往往是看过广告之后告诉父母想要购买某个品牌的玩具。尽管是父母付钱购买，但往往儿童才是玩具商品的真正购买者。由于儿童注意力和辨别力较低，容易发生混淆，侵权人很可能利用这一点。因此，对于涉及儿童玩具等儿童用品的商标案件，消费者调查也需要考察儿童对商标的认知。

在调查的方法方面，消费者调查需要采用合理的方法，针对正确的被调查者人群。一般而言，消费者调查主要有两种调查方法：配额采样（Quota sample）和概率采样（Probability sample）。所谓配额采样，就是调查者根据调查的范围，选取被调查者进行访问。调查者可以根据自己的判断在已经划定的范围内任意地选取被调查者。实际上，配额采样就是调查者任意地根据自己的喜好和判断，在既定的范围内选取被调查者进行访问。本书前文所述的商场拦截式调查，就是一种配额采样调查。这种方法有其缺陷，由于是任意选择被调查者，被调查者在整个被调查人群中是否具有代表性就存在疑问，因此这种调查并不能保证调查结果一定符合消费者真实的认知状态。概率采样是相对于配额采样而言的，概率采样采用了统计学采样技术，通过计算，以一定的概率随机选取被调查者，使调查群体中每一个消费者被抽中的概率相等，使被调查者相对于整个调查群体而言具有一定的代表性。例如，在电话调查中，通过电脑技术随机选取消费者名单中的消费者作为被调查者。正是因

---

[1] Chattanooga Manufacturing v. Nike, Inc., 140 F. Supp. 2d 917, 928 (N. D. Ill. 2001).

为概率采样依据了一定的调查技术，使得被调查者更能够代表整个相关群体，被调查者对商标的认知状况也能反映出整个相关消费者群体的认知状况。

在调查的问题设计上，消费者调查应采用合适的提问方式，避免向被调查者提出带有诱导性或误导性的问题。在美国，调查的问题设计方式有词语联想式调查（Word Association Survey）和埃克森式调查（Exxon Survey）。这两种调查代表着不同的问题设计思路。词语联想式调查出现较早，其提问的方式一般是向被调查者展示被诉侵权商标，问被调查者看到该商标后能联想到什么。例如，询问被调查者：当我提出"X"商标时，你能够想到什么？消费者可能会回答，看到这种标识会联想到商标权人的商标。因此，这种提问本意是想考察消费者在看到被诉侵权标识"X"时是否会将其误认为是商标权人的商标或与之存在关联关系。但是这种问题设计实际上并不能调查出消费者是否会发生混淆。消费者即便看到"X"商标后会联想到商标权人的商标，也不能说明消费者发生了混淆。有可能消费者在看到"X"商标之后，确实会联想到商标权人的商标，但是并没有对这两个标识发生混淆。可见，这种提问方式并不科学，不宜在实践中采用。埃克森式调查是埃克森石油公司在侵权案中提出，弥补了词语联想式调查的缺陷。在埃克森一案中，被诉侵权人采用了与埃克森商标"EXXON"相似的"TEXON"商标，埃克森公司诉至法院，并提交了消费者调查的证据。在该消费者调查中，埃克森公司向被调查者展示了被诉侵权商标"TEXON"，并提出了四个问题要求被调查者回答。（1）当看到这个标识时你首先想到的是什么？（2）你为什么会这样想？（3）当你看到这个标识的时候，首先想到的公司是什么？（4）你为什么会这么想？[1] 这一提问设计不同于词语联想式调查提问的地方在于，它不仅调查消费者看到被诉侵权标识后会联想到哪一个标识，并且进一步询问消费者为什么会作出这样的联想，这样就能够进一步探知消费者究竟是因为混淆而作出这样的联想，还是因为其他原因作出的联想。因此，埃克森式调查问题的设计避免了词语联想式调查存在的问题，能够调查出消费者对商标的真实的认知状态，更为科学合理。在该案中，法院也接受了埃克森的调查，认为它反映出了相关消费者的认知状态，认定被告的行为构成侵权。

目前，我国法院在侵权判定中，主要是采用多因素检测法，通过对商标的相似性、商品的类似性、商标的显著性等因素的分析，对商标侵权与否作出裁判。这种方法虽然简便易行，通过考察系争商标相关事实即可作出判决，但缺乏对消费者心理认知的考察，可能会作出与市场真实状况和消费者真实认知状态不相符合的判决，导致被告本不构成侵权的行为被判定为商标侵权。可见，仅依靠多因素检测法来进行商标侵权判定，并不利于混淆可能性的查明。

在我国，目前商标侵权判定的立法依然停留在对商标的相似性、商品的类似性相关规则进行解释和完善的阶段，并没有将消费者调查引入，没有对消费者调查证据的性质、效力、在商标侵权判定中的适用等问题进行规定。在司法实践中，法院也很少采纳或运用消费者调查证据进行案件审理。我国学者张爱国曾经就消费者调查在我国商标审判司法实践中的运用进行过实证研究。

---

[1] Lawrence E. Evans, Jr., David M. Gunn, Trademark surveys, Trademark surveys, *Vol.* 79 *TMR.* 1, 11 (1989).

他所收集的4 237份商标侵权判决中,只有49份判决运用了消费者调查,只占其中的1.1%。❶ 这表明消费者调查在我国商标司法审判中的运用率极低。消费者调查在我国商标司法审判中运用率低的直接原因在于我国商标法制度并没有对消费者调查进行规定,没有确立消费者调查在我国商标审判中的地位,而更深层次的原因则在于,人们对消费者调查的定位还存在不清晰的认识,对消费者调查运用的正当性存在疑问。实际上,根据本书的分析,消费者调查是消费者混淆可能性判定的有力工具,是多因素检测法的有益补充,法院通过对多因素检测法和消费者调查证据的综合运用,更有利于对消费者是否会发生混淆进行判断。据此,我国未来商标法修订应当规定消费者调查,明确消费者调查证据在商标审判中的地位,使其与多因素检测法相配合,共同作为我国商标侵权的判定方法。在修法时,商标法可对消费者调查作出如下规定:消费者调查,可用于证明商标的显著性和消费者混淆可能性。有关消费者调查证据的证明力和具体适用问题,可以通过商标法条例或司法解释予以进一步完善。

综上,多因素检测法和消费者调查都是探知消费者认知状态的工具。通过有效地运用多因素检测法和消费者调查,可以获得有关消费者认知的情况,有利于在商标审判中判断消费者是否极有可能发生混淆。我国商标法在后续的修订中,应当确立多因素检测法和消费者调查的地位,在商标法条例或司法解释中明确规定多因素检测法和消费者调查的基本使用规则,使得消费者调查和多因素检测法能够相互配合、相互补充,共同作为司法审判中

---

❶ 张爱国:"商标消费者调查的正当性研究——从49份商标侵权纠纷民事判决书谈起",载《知识产权》2011年第2期。

消费者混淆可能性的判断工具。本章第三节至第七章将通过认知心理学原理，结合前文混淆可能性的理论基础，逐一探讨多因素检测法中较为重要的六项考量因素，明确这些因素在混淆可能性判定中的地位和适用。

第三节　混淆可能性中的商标与商品

在混淆可能性的判定中，商标的相似性和商品的类似性是多因素检测法中两个重要的考量因素。商标的相似性是指两个系争商标相同或相似。商品的类似性是指商品在功能、用途、生产部门、销售渠道、消费对象等方面相同和类似。由于商标和其所标示的商品是消费者在市场中首先能够接触到的外在信息，商标的相似性和商品的类似性对消费者的认知有着重大的影响，是混淆可能性判定中最为重要的两个因素。

尽管商标的相似性和商品的类似性在商标侵权判定中具有重要意义，但是学界在涉及商标的相似性和商品的类似性的问题时，一般仅对这两个因素的概念、立法现状、判定的基本方法等进行介绍。关于商标相似性和商品类似性在侵权判定中的地位、适用依据、两者与混淆可能性之间的关系等，依然有待于明确。

基于此，本节拟从消费者心理认知出发，对混淆可能性判定中的商标相似性和商品类似性进行研究，明确这两大因素的地位、理论基础和适用，使其更好地服务于混淆可能性的判定。本节第一部分论述商标的相似性，第二部分讨论商品的类似性，最后对商标相似性和商品类似性与混淆可能性的关系进行分析。

一、混淆可能性中的商标

(一) 商标相似性概述

商标的相似性，是混淆可能性判定中最为重要的考量因素之一。"原告与被告商标的相似性虽然不是唯一的标准，但往往是最重要的要素。"[1] 一般而言，他人如果想通过商标侵权的方式获利，往往首先需要抄袭和模仿商标权人商标的全部或主要特征，借此混淆消费者。侵权人所使用的侵权商标与商标权人商标在外观、形态、文字等方面越为接近，在其他因素不变的情况下，消费者越可能发生混淆。因此，商标的相似性直接影响到消费者对商标来源的判断，是判定消费者混淆的最为重要的因素之一。

实务中，商标的相似性在侵权判定中具有举足轻重的作用。"数据明显地表明，商标的相似性因素到目前为止在多因素检测中是最重要的因素。"[2] 甚至，法院在看到系争主体的商标相同或非常相似之后，就倾向于认定被诉侵权者的行为构成商标侵权。有法院就认为，商标的因素是"决定性的（dispositive）"，是"支配性的（controlling）"。[3] "在认定双方的商标'dentyne ice'和'ice breakers'如此的不相似之后，我们没有必要再进行宝丽来因素的检测（多因素检测法的一种）。"[4] 还有法院认为，商标

---

[1] 李明德：《美国知识产权法》，法律出版社2003年版，第301页。

[2] Barton Beebe, An Empirical Study of the Multifactor Tests for Trademark Infringement, 94 *Cal. L. Rev.* 1581, 1623 (2006).

[3] Kaufman & Fisher Wish Co. v. F. A. O. Schwarz, 184 F. Supp. 2d 311, 323 (S. D. N. Y. 2001).

[4] Nabisco, Inc. v. Warner-Lambert Co., 220 F. 3d 43, 48 (2d Cir. 2000).

的相似是运用多因素检测法的前提，"为了对外在因素进行考察，两个标志必须有一些程度的相似"。❶ 此外，有学者虽然并不认为这个因素具有决定性，但是也肯定了它的价值："商标的相似性是每个法院都会运用到的分析因素，如果说这个因素不结合其他因素来看还不具有证明力价值，那么这个因素也是最重要的考量，因为混淆的根基在于商标的相似性。"❷ "很难想象法官会在商标不相似的情况下认定消费者极有可能会混淆它们。"❸

尽管商标的相似性在侵权判定中占据重要地位，但商标的相似性与消费者混淆之间并没有直接和必然的联系，并不表明系争双方的商标达到某种相似程度之后，消费者就一定会发生混淆，被诉侵权人的行为就一定构成侵权。消费者的混淆是消费者对商标来源的误判，是一种心理认知状态。商标的相似性是商标外观接近的程度，商标在达到某种相似程度之后，可能会导致消费者混淆。但是消费者混淆是否会发生还受到其他因素的影响。如果商标权人商标的显著性较强，被诉侵权人将侵权标识使用在与商标权人商品相同或相类似的商品类别上，则消费者更可能发生混淆，被告要构成商标侵权，对商标相似性程度的要求就并不高。如果商标权人商标的显著性较弱，被诉侵权人将侵权标识使用在与商标权人商品有一定区别甚至不相关的商品类别上，则消费者发生混淆的可能性就较小，相应的

---

❶ Sun-Fun Prods., Inc. v. Suntan Research & Dev., Inc., 656 F. 2d 186, 189 (5th Cir. 1981).

❷ Richard L. Kirkatrick, *Likelihood of Confusion in Trademark Law*, New York: Practising Law Institute, 2010, §4: 1.

❸ Barton Beebe, An Empirical Study of the Multifactor Tests for Trademark Infringement., 94 *Cal. L. Rev.* 1581, 1623 (2006).

被告要构成商标侵权,对商标相似性程度的要求就较高。可见,商标的相似性与混淆存在密切的联系,但商标相似并不必然表明混淆的发生。"通常来说,商标越相似,混淆越可能发生。如果商标相同,尤其是在先商标固有显著性较强,则情况就对在后使用者不利,即便商品或服务不相竞争或者缺乏联系。"❶ 麦卡锡教授也指出,由于竞争的不同,对商标相似性程度的要求会发生变化。"证明混淆所要求的商标相似性程度会随着双方商品和服务的不同而变化。当商品或服务直接竞争时,相似性程度的证明要求要比商品不类似时要低。"❷ 因此,商标的相似性并没有固定的判断标准,而只能够在个案之中进行判断,在判断商标之间的相似性之后,法院还要依据市场中的其他因素,才能更准确地判断出消费者是否会发生混淆。

(二) 商标相似性的消费者心理认知基础

商标相似性因素之所以在商标侵权判定中具有重要意义,根本原因在于商标相似性与消费者对商标的心理认知有着紧密的联系。

本书已述,根据认知心理学基本原理,消费者在面对商标这种外在刺激时,会对该商标进行模式识别。人在进行模式识别之前,会主动对刺激信息进行形状、大小、结构等方面的前期加工,将刺激信息中不重要的信息消除,同时对刺激信息中过大的、过小的刺激信息进行调整,然后再与大脑中已有的信息进行

---

❶ Richard L. Kirkatrick, *Likelihood of Confusion in Trademark Law*, New York: Practising Law Institute, 2010, §4: 2.

❷ J. Thomas McCarthy, *McCarthy on Trademarks and Unfair Competition*, Eagan: Thomson/West, 2006, §23: 20. 50.

匹配。据此，在模式识别中，对消费者的判断起重要作用的就是商标的特征，包括商标的形状、结构、图案、文字等。消费者会对这些特征进行概括，形成对某一商标的"总体印象"。同时，存储在人大脑中的信息容易遗忘，人只能记住商标大致的和主要的特征。这样，消费者在市场中需要对某一商标进行识别时，只是以外界商标的主要特征与大脑中所存储的商标的主要特征进行对比。当侵权人使用与商标权人商标相同或者相似的标识时，消费者一般注意到的是侵权人标识的主要特征，而消费者大脑中存储的恰恰也是商标权人商标的主要特征。这样，侵权人使用的标识从消费者的角度来看就与商标权人的商标相同或相似，消费者就很有可能将侵权人使用的标识与大脑中存储的商标权人的商标相匹配，误认为眼前呈现的侵权人的标识就是商标权人的商标或者与其存在关联关系。

基于此，商标的特征在消费者对商标的识别中占据重要的地位。侵权人如果要以混淆消费者的方式获得非法利益，首要的途径就是仿冒商标权人商标的全部或主要特征。如果侵权人的商标与商标权人的商标不具备一定的相似性，则侵权人即便主观上有侵权的恶意，其行为也很难让消费者发生混淆。所以，侵权商标与商标权人商标具有某种程度的相似性可以说是所有商标侵权行为都具备的特征。并且，侵权人往往需要仿冒商标权人商标的主要特征。亦即，消费者在认知中一般只会注意到商标的主要特征，形成"总体印象"。而消费者记忆中的商标也主要是该商标的主要特征。所以，侵权人并不需要仿冒商标权人商标的全部特征，而只需要模仿那些主要的，能够为消费者注意和重视的特征，这些特征就可能足以导致消费者发生混淆。"吾人对冲突之商标为通体观察时，受限于认知能力，自然会对其中之主要部分

(Dominant part)多所留意,商标之主要部分也因此决定商标之整体印象。"❶ 实践之中,商标侵权判定中存在商标近似判定的"通体观察原则"和"比较主要部分原则"。❷ 所谓通体观察,是指商标是否近似,主要可从其外观、读音及观念在交易上所呈现之整体印象判定。而不得将其组成部分任意割裂,故应先对商标之全体进行通体观察。比较主要部分原则则是指,商标是否近似,要看商标的主要构成部分,亦即,给消费者造成的整体的印象。❸ 这些实践中的做法,实际上都是对消费者认知特点的回应。正因为如此,商标的相同或近似,才成为商标侵权判定中最为重要的因素。

二、混淆可能性中的商品

(一) 商品类似性概述

商品的类似性,或称产品的相关性,是混淆可能性判定中需要考量的另外一个重要因素。一般认为,如果他人将与商标权人商标相同或相似的标识使用在与商标权人商品相同或类似的商品类别上,消费者就更可能发生混淆。而如果他人使用的标识相同或相似于商标权人的商标,但却使用在与商标权人商品不相同或不相类似的商品类别上,则消费者发生混淆的可能性就会降低。因此,商品的类似性能够影响消费者对商标来源的认知,在混淆可能性的判定中起到重要作用。在多个国家的商标法中,商品的

---

❶ 刘孔中:《商标法上混淆之虞之研究》,五南图书出版公司1997年版,第35页。

❷ 同上书,第33~34页。

❸ 同上书,第34~35页。

类似性都与商标的相似性一道，作为商标侵权判定中最为重要的因素被列举出来。❶ 实务中，商品的类似性也与商标的相似性一样，是法院最常用到的考量因素。但是，不同法院对于商品类似性的态度还是有一定的差别，这也影响到该因素在混淆可能性判定中的运用。有法院认为商品类似性的地位"极其重要，也许仅次于（商标的）相似性"，❷ 甚至有法院将之称为多因素检测中"最为重要的考察"。❸ 但也有持不同观点者，认为其已经"不再那么重要"。❹ 实际上，学者做过统计，如果商标相似，当商品的类别相同时，商标权人的胜诉率会很高。"商品的类似性程度会显著地影响测试的结果。"❺ 在我国，长久以来《商标法》都将商标的相似性和商品的类似性列举为商标侵权判定的标准，商品的类似性成为除商标的相似性之外用以判定商标侵权的最为重要的因素。一旦被诉侵权人被认定为在相同或类似的商品上使用了与商标权人商标相同或近似的标识，就很可能被判定为商标侵权。

---

❶ 我国2013年《商标法》第57条第2项就明确将这两个因素列出。参见第57条："有下列行为之一的，均属侵犯注册商标专用权：（二）未经商标注册人的许可，在同一种商品上使用与其注册商标近似的商标，或者在类似商品上使用与其注册商标相同或者近似的商标，容易导致混淆的。"

❷ Playmakers, LLC v. ESPN, Inc., 297 F. Supp. 2d 1277, 1282 (W. D. Wash. 2003).

❸ Homeowners Group, Inc. v. Home Mktg. Specialists, Inc., 931 F. 2d 1100, 1109 (6th Cir. 1991).

❹ Vitarroz Corp. v. Borden, Inc., 644 F. 2d 960, 967 (2d Cir. 1981).

❺ Barton Beebe, An Empirical Study of the Multifactor Tests for Trademark Infringement., 94 *Cal. L. Rev.* 1581, 1632 (2006).

所谓商品的类似性，是指在混淆可能性的判定中，系争商标所标示的商品其类别"是否在某些方面相关（Related），容易导致公众错误地认为一个商标使用者的商品来自于另一方或受另一方赞助"。❶ 我国商标法较为强调商品的类似性，在商标法律规范中多次提及商品的类似性问题。2013年《商标法》第57条第2款就规定，未经商标权人许可，在同一种商品上使用与其注册商标近似的商标，或者在类似商品上使用与其注册商标相同或者近似的商标，容易导致混淆的，构成商标侵权。该条款直接将商品的类似性与商标侵权的判定相联系。《最高人民法院关于审理商标民事纠纷案件适用法律若干问题的解释》第11条也对商品或服务的类似性进行了详细的解释。❷ 在欧盟，商品的类似性同样是判定商标侵权的重要标准之一。《欧盟商标指令》第5条第1项规定："注册商标授予所有人专用权。所有人有权禁止任何第三人在商业活动中未经其同意在使用：（a）与注册商标相同，且使用在相同的商品或者服务上的任何标识；（b）因其与注册商标相同或者近似，所使用的商品或者服务相同或者类似，其使用可能会在公众中造成混淆，包括与注册商标产生联系的可能性的标

---

❶ Richard L. Kirkatrick, *Likelihood of Confusion in Trademark Law*, New York: Practising Law Institute, 2010, §5: 1.

❷ 《最高人民法院关于审理商标民事纠纷案件适用法律若干问题的解释》第11条："商标法第52条第（1）项规定的类似商品，是指在功能、用途、生产部门、销售渠道、消费对象等方面相同，或者相关公众一般认为其存在特定联系、容易造成混淆的商品。类似服务，是指在服务的目的、内容、方式、对象等方面相同，或者相关公众一般认为存在特定联系、容易造成混淆的服务。商品与服务类似，是指商品和服务之间存在特定联系，容易使相关公众混淆。"

识。"据此，商品或服务的类别问题，也是欧盟考虑商标侵权成立与否的重要因素，如果系争双方商标相同商品类别相同，可以直接认定侵权，而如果系争双方的商品类似，则需要看是否会造成消费者混淆可能性。在美国，商品的类似性也是判定混淆可能性最为重要的因素之一。但是在早期，美国商标法要求被告必须将原告的商标使用在与原告商品直接竞争（directly competitive）的商品之上，才可能构成商标侵权。直到 1905 年，美国还要求商标侵权必须发生在"本质上相同的描述性财产"之上，亦即要求商品类别基本相同，他人对商标权人商标的使用才可能构成侵权。这种情形在 1945 年《兰哈姆法》中得以改变，1945 年《兰哈姆法》明确提出相关商品的概念，表明即使行为人将与商标权人商标相同或近似的标识使用在与商标权人商品没有直接竞争关系的领域，如果消费者认为两个主体之间存在关联关系，行为人同样构成侵权。至此，商品的类似性在美国不再是侵权判定的阻碍，成为商标侵权判定所需要考虑的重要因素之一。

（二）商品类似性的消费者心理认知基础

系争案件中双方商品的相同或类似，是除商标相同或近似外影响消费者是否发生混淆的最为重要的因素。这是因为，商标和商品是消费者首先能够感知的外在刺激。消费者在购物过程中，主要依据其感觉器官看到的商标和商品来判断该商品的来源。因此，商品的类似程度会影响到消费者对商标的识别。

从商业环境上讲，商品类似性的重要性是随着商业实践的发展而逐步显现出来的，是消费者根据商业实践的变化不断调整其认知的结果。根据 1905 年《美国商标法》的规定，商标侵权必须发生在"本质上相同的描述性财产"之上，亦即商标侵权只限于他人在直接与商标权人竞争的或类别基本相同的商品上使用商标权人的商标。商标侵权的成立要求系争双方商品的类别基本相同，与19世纪时期的商业贸易环境以及消费者对此的认知有很大的关系。在当时，由于交通运输业不发达，商品的提供者并没有采取多元化的经营方式，将自己的品牌由一个商品类别扩展到其他领域。因此，即便行为人将商标权人的商标使用在了与商标权人商品并不直接竞争的商品类别上时，消费者也不会认为行为人的商品来自于商标权人或与之存在关联关系。正是因为消费者已经习惯于商品提供者固定在一个商品类别领域经营，商品的类似性并不会影响消费者对商标的识别。但是随着商业实践的发展，商品的提供者逐步开始扩展经营领域，利用其已有的商标开拓新的类别的商品市场，充分利用已有商标的商誉。此外，商标权人还将其商标许可给多个厂商使用在多种不同的商品上，这些商品之间并不具有竞争性，甚至不具有共同的特点，商标也不再标示某一个具体和特定的生产商。消费者逐渐熟悉了商标权人的这种经营手法。这样，市场环境的变化促使消费者对商标的识别进行了调整，当行为人将商标权人的商标使用在与商标权人商品并不直接竞争的商品类别上时，消费者就很有可能因为商品类别之间存在的相似性而误认为商标权人已经扩展了经营的领域，或者已经许可他人使用其商标，进而由这种相似性推断出该商品是商标权人所提供或与商标权人存在关联关系，导致发生混淆。可见，从大的环境上讲，商业环境的变化和消费者对商标权人商标认知的转变，一定程度上决定了消费者是否可能会对类似商品之上的系争商标发生混淆。

从微观层面分析，商品这一因素会从环境（context）方面影响消费者对商标的认知，使消费者更容易确信在类似的商品类别上出现的与商标权人商标相同或相似的标识是商标权人的商标。

在认知心理学上，环境对人的心理认知有着巨大的影响，这就是"情景效应"。"有很多的因素影响着对眼前信息进行误读或错误识别的可能性。两个最重要的因素就是对情景的期待和周围的环境（surrounding context）"。❶ 人经常从周围的环境中推导出信息，作为识别外在刺激的依据。因此，在对某一刺激进行识别时会受到周围环境因素（environmental factors）的影响。❷ 亦即人在对某一刺激进行识别时，并不只是单独对该刺激进行信息加工，从大脑中提取相应的信息。人在认知时，也同时对该刺激周围的各种环境因素进行信息加工，从周围环境中推导出相关信息，用于识别刺激。前文曾举例，对于"ca"，将之放置于不同的环境，人会将之识别为不同的单词。比如，当站在一个邮局门口或者站在一幅地图前面，一个人就可能倾向于把"ca"解释为"California（加利福尼亚）"。相反，如果站在一个汽车店里，一个人就可能将"ca"解释为"car（汽车）"，而在宠物店门口，则会将之解释为"cat（猫）"。❸ 这就表明了邮局、地图等环境因素对人识别"ca"具有重要的影响。同样，在消费者对商标的识别中，商品的类别也发挥着类似的作用。消费者往往会从商品的类别上去推测眼前的商标究竟来自于哪一个企业。具体来说，消费者在购物时看到某一商标，会检索大脑中已经存储的信息来识别该商标。

---

❶ Jacob Jacoby, The Psychological Foundations of Trademark Law：Secondary Meaning, Genericism, Fame, Confusion and Dilution, 91 *Trademark Rep.* 1013，1038（2001）.

❷ Context effects, http：//en. wikipedia. org/wiki/Context_ effects.

❸ Jacob Jacoby, The Psychological Foundations of Trademark Law：Secondary Meaning, Genericism, Fame, Confusion and Dilution. , 91 *Trademark Rep.* 1013，1038（2001）.

这时，该商标所标示的商品的类别，会辅助消费者识别该商标。例如，消费者已经熟悉了在运动鞋类、运动服类商品上看到耐克商标，只要消费者看到运动鞋、运动服这类商品，上面又带有经典的钩状的标识，消费者基本上就会将钩状图案识别为耐克商标，从而激活大脑中以耐克商标为中心的认知网络，提取出耐克商标所代表的有关信息指导其购物。因此，耐克商标标示的运动鞋类、运动服类商品，会作为一种环境因素对消费者识别商标构成影响。

环境能够帮助人识别事物，环境也能使人对事物作出错误的判断。因为人们已经习惯了同样的事物出现在其通常会出现的环境中。只要看到了熟悉的环境，人往往就愿意推测出该环境下经常出现的某一事物也同样会出现，但是事实可能并不如此。消费者在购物之中也会受到环境的影响，这种影响可能帮助消费者正确和快速地识别商标，也可能被侵权人所利用，通过制造与商标权人商品销售相似的环境使消费者发生混淆。在市场中，侵权人往往会将商标权人的商标使用在相同或类似的商品类别上，目的就是为了让消费者在熟悉的环境中发生错误的判断。例如，侵权人将耐克商标用于皮鞋上。由于耐克商标经常被用于运动鞋，消费者已经习惯了在运动鞋类商品上看到耐克商标。这时，当消费者看到皮鞋和皮鞋上的仿冒的耐克商标时，就会联想到耐克商标经常会出现在与皮鞋类商品相类似的运动鞋类商品上。消费者在这样的环境中就很可能认为，皮鞋与运动鞋是相关商品，既然耐克公司的商标经常出现在运动鞋上，皮鞋上相同或相似的标识也应该是耐克公司的商标。消费者会认为耐克公司已经拓展了经营的领域，也生产并销售耐克皮鞋了，或者，消费者觉得耐克公司本来就生产皮鞋，只是自己以前并没有发现。在熟悉的环境的影响下，消费者就很容易作出错误的判断，发生混淆。可见，侵权人为了从他人商标中获得非法利益，不仅会模仿商标权人商标的特征，而且会将其侵权标识使用在与商标权人商品类别相同或相类似的类别上，以仿造出相类似的商标使用环境，使得消费者受到环境的影响，更容易发生混淆。

由上可知，商业贸易实践方式的转变和购物环境，会对消费者的认知产生深远影响。一方面，商标权人利用其商标拓展经营领域，将其商标许可给他人使用，都让消费者更倾向于认为商标权人扩展了经营的领域，侵权人所提供的与商标权人商品类别相似的商品来自于商标权人或与商标权人存在关联关系。另一方面，商品类别本身的相似性也会创制出一种熟悉的环境，通过环境的影响，使消费者更容易将侵权人的标识误认为是商标权人的商标或与商标权人存在关联关系。商品类别的相同或相似，由此也成为影响消费者是否发生混淆的重要因素。

三、商标和商品与混淆可能性的关系

（一）商标、商品与混淆关系可能性的认识误区

商标的相似性和商品的类似性，是商标侵权判定中重要的考量因素。甚至，有的法院认为，只要满足商标的相似性和商品的类似性两个条件，被告的行为就构成侵权。那么，商标和商品因素究竟在混淆可能性的判定中处于何种地位呢？本节将分析商标因素和商品因素在消费者认知中所起的作用，进一步厘清商标和商品因素与混淆可能性的关系。首先介绍目前有关商标相似性和商品类似性的观点，再对其进行评论。

商标的相似性和商品的类似性是商标侵权判定中重要的考量因素。许多国家和地区的商标法在规定侵权判定时，都规定了商

标的相似性和商品的类似性这两个因素。《英国商标法》第10条将侵权行为规定为：在贸易过程中在与商标权人的相同或类似的商品或服务上使用了与注册商标相同或近似的标记。❶《日本商标法》第37条第1款规定的侵权行为为：在指定商品或指定服务上使用与注册商标相近似的商标，或在与指定商品或指定服务相类似的商品或服务上使用注册商标或与其相近似的商标。❷《德国商标法》第14条规定："（1）根据第4条获得商标保护的所有权人应拥有商标专用权。（2）未经商标权利人同意应禁止第三方在商业活动中①在同种商品或服务上使用与该商标相同的任何标志；②在同种或类似商品或服务上，使用与该商标相同或近似的任何标志，并且在相关公众中存在混淆的可能，包括该标志和该商标之间产生联系的可能。"由上可见，目前世界上很多国家和地区的立法都将商标的相似性和商品的类似性规定为商标侵权判定的重要考量因素。

虽然商标的相同或相似、商品的相同或类似在商标侵权判定中居于重要地位，但是目前无论是立法和司法，在对待商标相似性和商品类似性这两个因素上都存在着误区，这些误区导致其适用会出现不公平的结果，不利于商标侵权纠纷的解决。

商标相似性和商品类似性存在的最大问题在于其与混淆可能性之间的关系定位不准。目前，商标相似性和商品类似性与混淆可能性之间的关系定位混乱。无论是英美法系还是大陆法系，对商标相似性和商品类似性与混淆可能性之间的关系问题都缺乏清

---

❶ 胡开忠：《知识产权法比较研究》，中国人民公安大学出版社2004年版，第475页。

❷ 同上书，第474页。

晰的认识。就美国来看，在美国商标法理论中，商标侵权判定的标准是混淆可能性。只有消费者极有可能发生混淆，商标侵权才成立，而商标相似性和商品类似性都只不过是判定消费者是否会发生混淆的因素，这几乎已经成为美国商标法文献中的经典表述。"混淆可能性是普通法商标侵权和联邦法商标侵权中的基本规则，是普通法和制定法商标侵权的基石。对联邦注册商标的侵权主要是看被告的使用是否极有可能造成混淆或者造成错误，或者欺骗。"❶ 美国司法实践之中，"绝大部分法院，在依据联邦法和州法分析侵权之诉时，都只会运用到混淆可能性标准。亦即，在联邦法和州法之下，侵权的标准都是是否有混淆可能性。"❷ 尽管混淆可能性标准在美国已经确立其地位，但是在商标相似性、商品类似性与混淆可能性的关系方面，美国还是有观点相互矛盾。在美国商标法判例和相关文献中，有所谓商标"混淆性近似（confusingly similar）"一词。根据麦卡锡教授的观点，所谓商标的混淆性近似，存在不同的含义。有人将之指为两个商标同时使用将会造成混淆，构成侵权。商标不存在混淆性近似则是指两个商标同时使用不会造成混淆，因此不构成混淆性近似。除此之外，有的情况下，法院在用到混淆性近似一词时，是指商标本身的相似性程度，而非指消费者发生混淆。❸

实际上，上述对商标相似和混淆可能性的混用体现出美国并

---

❶ J. Thomas McCarthy, *McCarthy on Trademarks and Unfair Competition*, Eagan: Thomson/West, 2006, §23: 1.

❷ J. Thomas McCarthy, *McCarthy on Trademarks and Unfair Competition*, Eagan: Thomson/West, 2006, §23: 1.50.

❸ J. Thomas McCarthy, *McCarthy on Trademarks and Unfair Competition*, Eagan: Thomson/West, 2006, §23: 4.

没有对商标的相似性和混淆之间的关系作出清晰的界定。就混淆性近似的前一种含义而言,既然两个商标会造成混淆,则商标侵权判定的任务已经完成,直接描述为系争商标容易造成混淆就可以了,而无须称之为商标"混淆性近似",将问题的落脚点又放在商标近似之上。而在混淆性近似的后一含义中,法院是用混淆来描述商标本身的相似性程度,意指这两个商标本身很相似,极有可能造成消费者混淆。因此,在描述商标相似的程度时,美国法院是以混淆来描述商标近似的程度,于是有"混淆性近似"的说法。例如,在 Giant Food 一案中,法院就认为:"如果商标本身构成混淆性相似,快餐店的消费者就很可能相信原告拥有、占有或提供了该服务。"[1] 这种观点以混淆来描述商标近似的程度,从逻辑上是成立的。亦即,两个商标由于太近似了,近似的程度很高,导致消费者混淆。这里面暗含的思路就是由于商标的相似性导致混淆。相反,以混淆的成立来反推认定两个商标构成混淆性相似,则混淆了商标与混淆可能性之间的关系。既然混淆已经得以判断,何来最终的结论是商标的相似。可见,对于混淆性近似中,商标与混淆可能性之间的关系,美国观点不一。美国法院判决的逻辑思路也存在含混之处。有学者就指出,"'混淆地近似'一词,系以'混淆地'描述近似程度,也就是'近似到让人将两者图样/名称搞混'之意。但在美国的商标法实务上,'混淆地近似'一词有时用于说明商标近似程度,有时却与'混淆误认之

---

[1] Giant Food, Inc. v. Nation's Foodservice, Inc., 710 F. 2d 1565, 1570 (Fed. Cir. 1983).

虞'混用而无清楚的区分。"❶

不仅如此，在商品类别与混淆可能性的关系方面，美国有关观点也存在含糊之处。正如前文的分析，美国有相关商品（related goods）的规则。亦即，商品类别的相同或者类似，会影响混淆可能性的认定。当他人将商标权人的商标使用在与商标权人所使用的商品类别相类似的商品上时，一样可能因造成消费者混淆而构成侵权。但是，在认定商品的类别是否构成相似时，美国又出现了商品类别和混淆可能性之间关系混乱的表述。一方面，商品的类似性是美国法中判定混淆可能性的因素之一，许多巡回法院都将其列为多因素检测法中的重要考量因素。另一方面，美国很多学者包括法院都通过是否造成消费者混淆来反推商品是否类似。亦即，如果极有可能造成消费者混淆，则系争双方所使用的商品类别是类似的，如果不可能造成消费者混淆，则商品的类别就不是类似的。"商品是相关的，并不是因为其内在的商品性质，而是因为购买者有可能相信这些商品有可能来自其他公司，或受其赞助，或与之关联。"❷ 这显然是相互矛盾的两种观点。由此可见，虽然美国法上已将混淆可能性确定为商标侵权判定的标准，但在实践中，对于商标相似性、商品类似性和混淆可能性的关系，还是存在着认识上的模糊。

---

❶ 陈宏杰："从欧美商标审查实务观点看混淆误认之虞参酌因素的运用"，载《智慧财产权月刊》第139期。

❷ 美国司法实践中，以消费者是否可能发生混淆来判断商品的类似性的案例有很多，这表明了美国法院也不是很清楚商品的类似性和消费者混淆可能性之间的关系。甚至包括美国商标法权威麦卡锡教授都认为，只有消费者可能发生混淆，商品才是相关的。J. Thomas McCarthy, *McCarthy on Trademarks and Unfair Competition*, Eagan: Thomson/West, 2006, §24: 24.

第五章 商标混淆可能性的司法判定

不仅在美国，在欧洲，这种观点相互矛盾的现象也同样存在。根据《欧盟商标指令》第 4 条第 1 项和第 5 条第 1 项的有关规定，注册商标所有权人有权阻止他人未经同意注册或使用与注册商标相同或者近似的标识，使用在相同或者类似的商品上，且对于公众存在混淆的可能性。❶ 根据该规定，《欧盟商标指令》将混淆可能性确立为商标侵权判定的主要依据，商标的相似性、商品的类似性应为判定混淆可能性是否存在的考量因素。但是，在具体实践中，欧盟又根据消费者是否混淆来推定商标是否相似、商品是否类似。亦即，商标相似、商品类似的问题，要根据消费者是否发生混淆来确定，而确定了商标相似、商品类似的问题之后，最终的目的又在于确定混淆可能性，这就陷入了循环论证的逻辑混乱之中。欧盟对此解释为，对于商品或服务的类似性，需要通过混淆可能性来进行解释。即"没有混淆，就不存在商品或服务类似，或者说，所谓商品类似就是指存在混淆的可能"。❷ "商品或服务的类似性要通过混淆可能性来解释。"❸ 同样，对于商标的相似性问题，必须要考虑混淆可能性是否存在，通过混淆可能性来解释商标的相似性。"商标的相似性必须通过混淆可能性来解释，也就是说，互相冲突的商标必须表明商品或服务来自

---

❶ 孔祥俊：《商标与反不正当竞争法原理与判例》，法律出版社 2009 年版，第 268 页。

❷ 黄晖：《驰名商标和著名商标的法律保护》，法律出版社 2001 年版，第 139 页。

❸ The Manual concerning Opposition, Part 2 Chapter 2B I 1.2, http://oami. europa. eu/ows/rw/resource/documents/CTM/legalReferences/partc ＿ simi＿ of＿ g＿ services. pdf.

于相同的或在经济上有关联的主体。"❶ 由此可见，欧盟同样没有厘清商标的相似性、商品的类似性与混淆可能性之间的关系。

  在我国，对于商标的相似性、商品的类似性与混淆可能性之间的关系，也缺乏清晰的界定。我国有学者主张，商标的相似性、商品的类似性仅仅是混淆可能性判定的因素之一。"不管是商标近似性还是商品类似度，与混淆之虞都不存在直接的因果关系。实际上，就商标侵权案件而言，一旦就是否存在混淆之虞的问题已经解决，法官就可据以作出判决，根本不必再去探究商品或商标的近似性。"❷ "商标及商品之近似，并不等于混淆之虞，前者仅是可能导致混淆之虞的原因。前者并不必然导致相关大众混淆之虞。"❸ 而在我国立法中，由于长期以来未将混淆可能性确定为商标侵权的判定标准，导致我国司法解释将混淆可能性融入对商标的相似性、商品的类似性的分析之中，明显与上述观点相矛盾。我国《商标法》司法解释《关于审理商标民事纠纷案件适用法律若干问题的解释》第 9 条第 2 款和第 11 条在对 2001 年《商标法》第 52 条第 1 款中的"商标近似"和"商品或服务类似"的解释中就认为，商标近似和商品或服务类似，都是指其容

---

  ❶ The Manual concerning Opposition, Part2 Chapter 2C I, http://oami.europa.eu/ows/rw/resource/documents/CTM/legalReferences/partc_simi_of_g_services.pdf.

  ❷ 彭学龙：《商标法的符号学分析》，法律出版社 2007 年版，第 275 页。学界持此观点的还包括：邓宏光："《商标法》亟需解决的实体问题：从'符号保护'到'防止混淆'"，载《学术论坛》2007 年第 11 期。

  ❸ 刘孔中：《商标法上混淆之虞之研究》，五南图书出版公司 1997 年版，第 3 页。

易造成消费者混淆。❶ 亦即，司法解释认为，只有消费者构成了混淆，系争主体的商标才是近似的，商品或服务才是类似的。如果消费者不会发生混淆，则系争主体的商标不是近似的，商品或服务不是类似的。很明显，这种观点与欧盟在实践中的观点相类似。

综上，商标的相似性、商品的类似性与混淆可能性之间的关系依然较为模糊。有观点认为商标的相似性和商品的类似性是混淆可能性的判定因素之一，前者为因，后者为果。亦有观点以混淆可能性来解释商标的相似性和商品的类似性，前者为因，后者为果。那么，究竟应当如何界定这两者之间的关系呢？实际上，解决该问题的关键还是分析商标和商品这两个因素在消费者对商标的心理认知中所起的作用。

（二）商标、商品与混淆可能性关系的恰当界定

为了厘清商标相似、商品类似与混淆可能性之间的关系，需要明确商标和商品这两个因素在消费者识别商标的过程中所发挥的作用。

---

❶ 《最高人民法院关于审理商标民事纠纷案件适用法律若干问题的解释》第9条第2款：商标法第52条第（1）项规定的商标近似，是指被控侵权的商标与原告的注册商标相比较，其文字的字形、读音、含义或者图形的构图及颜色，或者其各要素组合后的整体结构相似，或者其立体形状、颜色组合近似，易使相关公众对商品的来源产生误认或者认为其来源与原告注册商标的商品有特定的联系。第11条：商标法第52条第（1）项规定的类似商品，是指在功能、用途、生产部门、销售渠道、消费对象等方面相同，或者相关公众一般认为其存在特定联系、容易造成混淆的商品。类似服务，是指在服务的目的、内容、方式、对象等方面相同，或者相关公众一般认为存在特定联系、容易造成混淆的服务。商品与服务类似，是指商品和服务之间存在特定联系，容易使相关公众混淆。

商标和商品两个因素在消费者识别商标中扮演着重要的角色。商标对于消费者来说是外在的刺激，通过其图案、色彩、文字等作用于人的感觉器官，让消费者感知和识别，使消费者获得该商标所代表的有关信息，便于消费者进行购物。商标的特征，是消费者据以判断商标所标示的商品的来源的主要手段。正是因为商标的特征是消费者识别商标的主要依据，模仿商标的这些特征，仿制出与商标权人商标相同或相似的标识，成为侵权者让消费者发生混淆的主要方式。如果侵权人的标识没有模仿商标权人商标的特征，与商标权人的商标不相同也不相似，消费者就可以直接对商标予以区别，很难发生混淆。

商品的类别也是消费者的外在刺激，不同的商品类别，如鞋、衣服、饮料等，都通过其特征作用于人的感觉器官，使人了解到商标所使用的具体商品类别，通过这些商品类别来帮助消费者更准确地识别商标。在市场中，商标权人的商标总是与特定的具体商品类别相联系，消费者已经习惯了在某一商品类别上看到其熟悉的商标，或者在看到熟悉的商标时也习惯于看到该商标一贯所使用的商品类别。因此，商品这一因素会从环境方面影响消费者对商标的认知，使消费者更倾向于认定在相类似的商品类别上出现的与商标权人商标相同或相似的标识会是商标权人的商标。侵权人会利用消费者这种认知的特点，将与商标权人商标相同或相似的标识使用在与商标权人商品相同或相类似的商品类别之上，创造出与商标权人商品销售环境相同或相似的环境。消费者在看到熟悉的商品类别时，就很可能因为这种熟悉的环境，更加确定该商品类别上出现的标识就是商标权人的商标或与之存在关联关系，从而发生混淆。正是基于此，商标和商品类别才成为侵权人主要的模仿对象。侵权人只有模仿了商标和商品的类别，才能更有效地欺骗消费者，使消费者上当受骗。

由此可见，侵权人模仿商标权人商标和商品的主要或全部特征，其目的不在于模仿本身，而在于通过模仿创造出商标相似和商品类似的环境，使消费者对商标所标示的商品的来源发生错误的判断，影响其购物。侵权人的目的在于使消费者发生混淆，而对商标权人商标和商品的模仿仅仅是手段。据此，商标的相似性、商品的类似性两个因素，是相对于消费者的外在刺激，在消费者识别商标中起着帮助消费者识别的作用。系争双方两个商标的特征越近似，系争商标所使用的商品类别越类似，消费者发生混淆的可能性就会越大。而如果仅仅商标相同或相近似，但商标所使用的商品类别完全不一样，则商品类别创造出的完全不同的"环境"就会提醒消费者注意商标所使用的商品类别不同，消费者就很可能根据这种商品类别的区别识别出标识的不同来源，避免混淆的发生。因此，"真正形成商标冲突的最主要原因，也是最终的衡量标准乃在于相关消费者是否会混淆误认。至于商标的近似及商品/服务的类似，应该是在判断有无'混淆误认之虞'时，其中的两个参酌因素。"[1] 商标的相似性和商品的类似性是导致消费者极有可能发生混淆的重要因素，它们通过作用于消费者的认知，影响消费者对商标的识别，是消费者发生混淆的原因。当然，消费者之所以发生混淆，不仅受到商标和商品因素的影响，还受到其他市场因素的影响。"观诸实际使用商标于商品/服务市场时，是否会产生混淆误认之情事，尚会受到商标及商品/

---

[1] 我国台湾地区"混淆误认之虞"审查基准第 2 条，载 http：//www.110.com/fagui/law_12416.html。

服务以外的一些因素所影响。"❶ 但是，正确的逻辑不能颠倒，商标和商品是引发消费者发生混淆的原因，是侵权人模仿的重要目标，亦即，侵权人通过模仿商标权人的商标和商品，制造出商标相同或相似、商品相同或类似的环境来达到混淆消费者的目的。而商标的相似性和商品的类似性因素又并不必然使消费者发生混淆，消费者是否发生混淆还要看侵权人模仿的程度，以及其他因素对消费者的影响。"仅仅判断出商品及服务类似及商标近似，并不当然导致混淆误认之虞。如果商品及服务低度类似，但商标高度近似，且在先商标有高度识别性时，可能会被认定由混淆误认之虞；而即使商标相同，如果商品及服务低度类似，且在先商标只有一般程度或低度之识别性，就可能会被认定没有混淆误认之虞；即使在先商标享有高度识别性，混淆误认之虞仍要依商品及服务类似程度及商标近似程度来决定。"❷ 可见，商标相似性、商品类似性，是混淆可能性的发生原因，但混淆可能性的产生，并不必然由商标相似性、商品类似性所导致。

那么，为什么在许多国家和地区的立法与司法实践中会对商标和商品与混淆可能性之间的关系出现不同的看法呢？可能的原因在于，商标和商品两个因素与混淆可能性之间的联系过于紧密，往往会存在相互对应的情形，导致人们不能厘清两者之间的关系。具言之，系争双方商标相同或相似、商品相同或类似，很有可能就会导致消费者在购物之中发生混淆误判。这样，就可能

---

❶ 我国台湾地区"混淆误认之虞"审查基准，前言1，载 http://www.110.com/fagui/law_12416.html。

❷ 陈宏杰："从欧美商标审查实务观点看混淆误认之虞参酌因素的运用"，载《智慧财产权月刊》第139期。

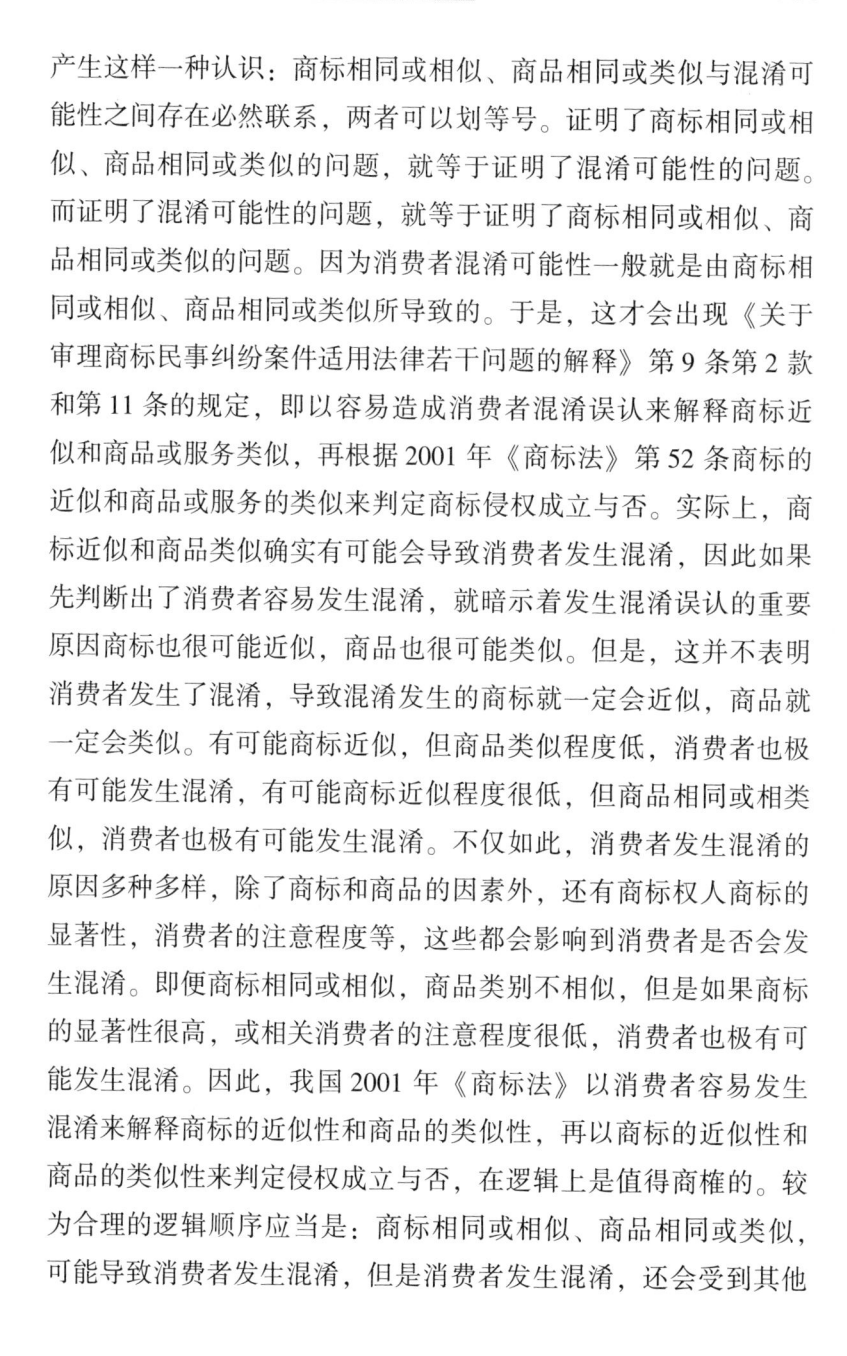

产生这样一种认识：商标相同或相似、商品相同或类似与混淆可能性之间存在必然联系，两者可以划等号。证明了商标相同或相似、商品相同或类似的问题，就等于证明了混淆可能性的问题。而证明了混淆可能性的问题，就等于证明了商标相同或相似、商品相同或类似的问题。因为消费者混淆可能性一般就是由商标相同或相似、商品相同或类似所导致的。于是，这才会出现《关于审理商标民事纠纷案件适用法律若干问题的解释》第9条第2款和第11条的规定，即以容易造成消费者混淆误认来解释商标近似和商品或服务类似，再根据2001年《商标法》第52条商标的近似和商品或服务的类似来判定商标侵权成立与否。实际上，商标近似和商品类似确实有可能会导致消费者发生混淆，因此如果先判断出了消费者容易发生混淆，就暗示着发生混淆误认的重要原因商标也很可能近似，商品也很可能类似。但是，这并不表明消费者发生了混淆，导致混淆发生的商标就一定会近似，商品就一定会类似。有可能商标近似，但商品类似程度低，消费者也极有可能发生混淆，有可能商标近似程度很低，但商品相同或相类似，消费者也极有可能发生混淆。不仅如此，消费者发生混淆的原因多种多样，除了商标和商品的因素外，还有商标权人商标的显著性，消费者的注意程度等，这些都会影响到消费者是否会发生混淆。即便商标相同或相似，商品类别不相似，但是如果商标的显著性很高，或相关消费者的注意程度很低，消费者也极有可能发生混淆。因此，我国2001年《商标法》以消费者容易发生混淆来解释商标的近似性和商品的类似性，再以商标的近似性和商品的类似性来判定侵权成立与否，在逻辑上是值得商榷的。较为合理的逻辑顺序应当是：商标相同或相似、商品相同或类似，可能导致消费者发生混淆，但是消费者发生混淆，还会受到其他因素的影响。消费者发生了混淆，表明商标很可能相同或相似、商品很可能相同或类似，但并不必然如此。在其他因素的作用下，即便不满足商标相同或相似、商品相同或类似的要求，也可能导致消费者发生混淆。亦即，商标和商品两个条件，仅是判断消费者混淆可能性的考量因素，而非必然决定消费者混淆的发生。

根据上文的分析，所谓"混淆性相似""混淆性类似"，恰当的解释应当是商标相似、商品类似，达到足以造成消费者发生混淆的程度，构成混淆性相似或混淆性类似。之所以在相似和类似之前加上"混淆性"这样的称谓，是以造成消费者发生混淆的结果，来描述商标相似的程度和商品类似的程度。亦即，这里的混淆性相似、混淆性类似，表明的均是商标和商品相似和类似的程度，这种程度是足以造成消费者发生混淆的程度。进而言之，实务中判断商标和商品两个因素，主要是看商标相似和商品类似是否达到了一定的程度，可能由于过于接近而造成消费者混淆。商标相似性、商品类似性，是程度的问题，而非是或非的问题。法院应以商标的相似性程度、商品的类似性程度来表达商标和商品的问题，通过商标和商品相似、类似的程度来判断消费者是否极有可能发生混淆。如果考察了影响消费者的各种因素之后，法院认为消费者不会发生混淆，则可能的原因是商标相似的程度较低，或者商品类似的程度较低，使其并不会影响消费者对商标的正常识别。如果法院认为消费者可能会发生混淆，则可能的原因就是商标相似的程度较高，商品类似的程度较高，这时法院就可以认为系争双方的商标和商品构成"混淆性相似"和"混淆性类似"，但是情况并不必然如此，也可能是因为其他的因素造成消费者发生混淆。例如，可能系争主体的商品类别完全不一样，但是由于商标权人商标显著性较强，消费者还是发生了混淆。这时候，难道还一定要求法院认定系争主体的商品构成"混淆性类似"吗？事实是，这里的商品根本无法构成"混淆性类似"，因为商品类别在客观上是完全不相关的类别，所以无法称之为"混淆性类似"。更何况，法院如果根据某些因素的判断，得出了消费者极有可能发生混淆的结论，则侵权判定的任务已经完成，没有必要再去认定商标和商品是否是"混淆性相似"和"混淆性类似"。混淆已经得到证明，侵权判定的任务已经完成，而商标相似和商品类似只是证明混淆的手段之一。可见，我们在混淆可能性的判定中，可以使用"混淆性相似"和"混淆性类似"这样的用词，但其表明的是商标相似和商品类似的程度已经足以造成消费者混淆。亦即，在这种情况下，只是用"混淆"来描述系争主体商标和商品相似和类似的程度，而非表明如果消费者极有可能混淆，系争商标就构成混淆性相似，商品类别就构成混淆性类似。

　　根据上述分析，商标的相似性、商品的类似性，应当在商标侵权判定中占据重要的地位，是法院据以判断混淆可能性的主要考量因素，但并不决定商标侵权的成立与否。可见，我国2001年《商标法》第52条侵权判定条款中以商标的相似性、商品的类似性来判定商标侵权的规定是值得商榷的。"尽管两个商标非常近似，并非必然引发混淆可能性的问题，近似本身不是判定的标准，关键在于近似是否有可能导致混淆。"❶ 商标的相似性、商品的类似性，都是影响消费者对商标进行识别和是否发生混淆的外界因素，前者为因，后者为果。2013年《商标法》已经按照本

---

❶ 李明德：《美国知识产权法》，法律出版社2003年版，第300页。

书所述的商标相似性、商品类似性与混淆可能性之间的逻辑顺序，将混淆可能性确定为商标侵权判定的标准，将商标和商品两个因素规定为混淆可能性判定的因素之一，这种立法符合商标法的基本原理，无疑是正确的。不仅如此，2013年《商标法》为了简化司法判定程序，减轻商标权人的举证负担，遵从国际立法惯例，规定在系争商标相同和商品相同的情况下，直接推定相关消费者存在混淆可能性，被诉侵权人商标侵权成立。这一立法也较为合理。但是需要注意的是，这只是一种推定，并不意味着在这种情况下完全放弃对混淆可能性的考察。

综上，商标的相似性和商品的类似性，是影响消费者混淆的重要因素。然而，商标的相似性、商品的类似性，并不必然表明消费者会发生混淆。同样，在实务中判断消费者是否极有可能发生混淆误认，需要考察系争双方商标的相似性和商品的类似性问题，但这并不意味着需要以消费者混淆来解释双方商标的相似性和商品的类似性，再以双方商标的相似性和商品的类似性推导出消费者是否会发生混淆。在商标侵权判定中，商标的相似性和商品的类似性两个因素，是判定混淆可能性的重要因素，但不决定商标侵权的成立与否，混淆可能性才是商标侵权判定的标准。即便如此，混淆可能性的成立，也并不一定表明系争双方的商标相同或相似、商品类别相同或类似。相应的，"混淆性近似"和"混淆性类似"，也只是以消费者混淆的结果来描述系争商标近似、商品类似的程度，其并非表明，如果消费者极有可能混淆，系争主体的商标就构成"混淆性近似"、商品类别就构成"混淆性类似"。

第四节 显著性与混淆可能性

显著性在混淆可能性的判定中得到了广泛运用，是除商标和商品这两个因素之外最重要的侵权判定考量因素。"（商标）强度[1]是几乎所有法院多因素检测中都运用到的因素，在某些情况下是最重要的因素。（商标）强度的程度是用以决定是否存在混淆可能性的因素之一。"[2] 甚至，显著性决定了商标权的范围。"商标越强，相应的保护范围就越大，商标越弱，获得的保护就越小。商标的强度在决定商标的保护范围方面十分重要。"[3]

尽管显著性是侵权判定中需要考量的重要因素，但是对于显著性，一些基本的问题依然模糊不清。显著性的本质是什么？为什么需要运用显著性来进行商标侵权判定？显著性之中，固有显著性和获得显著性在商标侵权的判定中起到何种作用，应如何适用？这些问题关系到显著性在商标侵权判定中的运用，亟待学界回应。下文拟结合认知心理学基本原理，对显著性的概念进行分析，在此基础上明确固有显著性和获得显著性在商标侵权判定中的作用，使显著性因素在混淆可能性的判定中得到更为合理的运用。

---

[1] 商标强度（Mark strength）实际上指的就是商标的显著性。

[2][3] Richard L. Kirkatrick, *Likelihood of Confusion in Trademark Law*, New York: Practising Law Institute, 2010, §3: 1.

一、显著性的概念

显著性是商标保护的灵魂。[1] 是商标法正常运行的枢纽。[2] 甚至，商标强度乃至保护范围也在很大程度上取决于其显著性。[3] 但是对于显著性，学界的界定并不全面。为了明确显著性在混淆可能性判定中的作用，本小节首先对显著性的概念进行探讨。

许多学者对显著性的概念进行了界定。曾陈明汝教授认为："商标之显著性乃为商标表彰自己商品以与他人商品相甄别之固有属性。"[4] 黄晖教授认为："商标的显著性也叫做商标的识别性或区别性，具体是指该标志使用在具体的商品或服务时，能够让消费者觉得，它应该或者实际与商品或服务的特定出处有关。"[5] 彭学龙教授将显著性界定为：商标标示商品出处并使之区别于其他同类商品的属性。[6] 美国学者柯克帕特里克则认为，显著性是指商标有区别性地指出了商品的来源或起源，将该商品与其他商

---

[1] 黄晖：《驰名商标和著名商标的法律保护》，法律出版社 2001 版，第 11 页。

[2] Barton Beebe, The Semiotic Analysis of Trademark Law, 51 *UCLA L. Rev.* 621（2004）.

[3] 彭学龙：《商标法的符号学分析》，法律出版社 2007 年版，第 101 页。

[4] 曾陈明汝：《商标法原理》，中国人民大学出版社 2003 年版，第 131 页。

[5] 黄晖：《商标法》，法律出版社 2004 年版，第 56 页。

[6] 彭学龙：《商标法的符号学分析》，法律出版社 2007 年版，第 108 页。

品标示和区分。❶ 美国判例将显著性界定为："商标标示商品来自于一个具体的，哪怕是匿名的来源的能力（Tendency）。"❷ 观察上述观点，学者都是从商标功能的角度对显著性进行了界定。商标具有标示来源、激励品质和广告宣传的功能。显著性作为商标的固有属性，从商标的功能角度来看，就是商标标示商品来源，并与其他商品相区分的属性。但是，学者也意识到，"商标功能并非一成不变，而是处于不断演变的过程中，'标示'与'区别'只是其最原始的功能，要准确界定显著性的概念，就必须将商标现有和将有的一切功能都包含在内。"❸ 而由于商标的功能处于演变中，以商标的功能来界定显著性成为不可能完成的任务。本书认为，商标作为消费者购物的主要依据，所发挥的功能与消费者的认知密切相关。商标的显著性体现了商标的功能属性，而商标的功能属性又体现为商标对消费者心理认知的影响。因此，商标的显著性可以从消费者对商标的心理认知角度进行诠释。

从认知心理学角度而言，商标表明的是某一个标识经过消费者认知的处理之后，消费者将其作为商标对待，使该标识发挥出商标的功能。正如第二章的分析，商标并非先天自然生成，商标是从市场经济中逐步产生的。对于某个图案或文字，消费者并不会一开始就将之作为商标对待，这个图形或文字也不会传递商标的信息。只有消费者在记忆中建立起以特定商标为中心的认知网

---

❶ Richard L. Kirkatrick, *Likelihood of Confusion in Trademark Law*, New York: Practising Law Institute, 2010, §3: 1.

❷ Paddington Corp. v. Attiki Imps. & Distrib., Inc., 996 F. 2d 577, 585 (2d Cir. 1993).

❸ 彭学龙：《商标法的符号学分析》，法律出版社2007年版，第108页。

络，消费者在下次遇到该标识后才能够将其识别为商标，从大脑中提取出该商标所代表的相关信息，指导其购物。当某一标识与特定企业及其商品相联系，在消费者记忆中形成特定的认知网络时，该标识才演化为商标，具备了商标才有的显著性。

通过认知心理学扩散激活理论，可以更深刻地理解商标在消费者心理上所起的作用。根据扩散激活理论，人的长时记忆系统由各种信息构成，信息与信息之间由节点相联系，节点与节点相连构成认知网络。当个体遇到刺激时，与之匹配的储存在长时记忆中的某些概念节点就会被激活，消费者就获得了这一节点的信息。同时，激活的能量还会通过该节点的连线扩散到另一个节点，激活另一个节点，使消费者获得另一节点的信息。激活的能量还会继续扩散，激活更多的节点，使消费者获得这些节点的信息。扩散激活的过程，是引发个体回忆的过程，激活的能量越大，被激活的节点就越多，人就能获得大量的信息。其中，人所熟悉的或印象深刻的事物，通常在记忆中占据庞大的认知网络，一旦被激活，其能量就能够传递得比较远，激活更多的节点，使人获得大量的信息。我们平时都有这种感受，如果提到某个不是很熟悉的人，一般我们仅是知道这个人的存在，但是并不会联想到很多关于该人的信息，情感反应也较为平淡。而如果是我们的亲戚或熟悉的朋友，一旦被提到，我们就会联想到大量关于该亲戚或朋友的信息，同时情感反应也较为强烈。这就是说，对于熟悉的人，我们大脑中存储的关于此人的节点信息很多，构成了庞大的认知网络。一旦节点被激活，这种激活能量非常大，能够扩散激活更多的节点，使人获得大量有关这个人的信息。上述扩散激活理论对于商标也同样适用。商标就是人大脑中的节点，商标所代表的商品信息，消费者购物的感受、评价等，都被消费者存储在节点之中。消费者在市场中遇到某商标，识别出这一商标，该商标对应的节点就会被激活，使消费者获得该商标所代表的相关信息。而市场中那些具有较高声誉的商标，在消费者的记忆中就拥有以商标为中心节点，由大量节点所构成的认知网络。当消费者在市场中遇到该商标时，商标节点就会被激活，由于激活能量很大，商标节点被激活后能够迅速扩散并激活与之相连的多个节点，消费者就会获得大量的有关该商标的相关信息，同时情感反应也较为强烈。

具体到显著性，商标的显著性与消费者面对商标时的心理认知有直接的联系。商标法中所谓显著性，即商标的属性，首先就是指商标所具备的标示来源的能力。一个标识只有在消费者的大脑中占据一席之地，形成商标节点，围绕商标节点将商标所代表的信息存储起来，该标识才真正成为商标。我们说商标具有显著性，就是指消费者会将一个标识识别为商标，把其当成商标来对待，使消费者在市场中遇到该商标后能够识别出该商标，激活该商标在消费者大脑中对应的节点，使消费者获得节点中的信息。尽管消费者可能并不清楚该商标标示的商品具体是来自于哪一个企业，但是通过扩散激活，消费者能够很快获得该商标所代表的相关信息，从而将不同企业的商品相区分。商标的显著性正在于告诉消费者，商标所标示的商品来自于何处，与其他企业的商品有何区别。

显著性不仅表明商标具备标示来源的基本能力，还表明这种能力有强弱之分。这种强弱之分表明不同的商标在消费者心目中具有不同的地位，使消费者发生不同的心理反应。强商标，即显著性较强的商标，是市场中享有声誉，得到消费者认可的商标。"名声（fame）是商标强度的顶峰，可以获得最大的保护范围。"❶ 这些商标之所以显著性较强,从认知心理学角度来看,正是因为它在消费者的记忆中形成了庞大的由商标为中心节点组成的认知网络。一旦消费者在市场中遇到享有声誉,显著性较强的商标,消费者大脑中的商标节点就能够被迅速激活,激活的能量会迅速扩散,激活大量周围节点,使消费者获得大量该商标的信息,也使消费者有强烈的情感反应。例如,耐克商标是美国著名的运动品牌。当消费者在市场中看到耐克商标时,消费者大脑中耐克商标这一节点就被激活。不仅如此,大量有关耐克商标的节点也会被激活。消费者会收到很多关于耐克的信息,包括耐克的来源,耐克的商品类别,以前购买耐克商品的体验,别人对耐克的评价,某位明星经常穿着耐克鞋和耐克服饰,甚至自己的某位亲友是位耐克迷等。消费者在获得这些信息之后,也会产生强烈的情感反应,对耐克商标激起好感。强商标之所以显著性较强,就是因为消费者大脑中存储了强商标的大量信息,以节点的形式组成了庞大的认知网络。一旦强商标被激活,扩散的能量就非常之大,能让消费者意识到大量有关该商标的信息。"需要记住的是,商标的显著性越强,它对公众意识的影响越大。"❷ 与强商标相对应的弱商标,实际上就是指这个商标在消费者心目中并没有形成较大的认知网络,显著性较弱。当消费者在看到弱商标时,由于弱商标的节点中存储的信息较少,与之相联系的节点也较少,在消费者的记忆中并不占据重要的位置。当弱商标被激活后,消费者就只能得到较少的信息,消费者的情感反应也较为平淡。甚至,刚刚进

---

❶❷ Richard L. Kirkatrick, *Likelihood of Confusion in Trademark Law*, New York: Practising Law Institute, 2010, §3: 2.

入市场的商标,由于显著性还比较弱,消费者对其并不熟悉,可能仅仅知道它是商标,但是对这个商标其他方面的情况一无所知。可见,"商标越弱,它在相关公众中的印象就越弱,被记住的可能就越小。"❶

根据上文论述,商标的显著性实际上就是商标影响消费者心理的能力,是向消费者传递信息,使消费者获取商标所代表的信息的能力。其中,显著性较强的商标由于在消费者记忆中占据庞大的认知网络,其激活能力较强,在被激活后能使消费者获得大量有关该商标的信息,而显著性较弱的商标并没有在消费者的记忆中形成庞大的认知网络,其激活能力较弱,在被激活后消费者只能获得少量有关该商标的信息。可见,显著性的强弱,代表了商标影响消费者心理能力的强弱。用商标法的术语来说,就是表明了商标标示和区分能力的强弱。

此外,有学者在研究商标显著性时提出了"出处显著性"和"区分显著性"的区分。"出处显著性"表示商标标示商品出处的属性,与符号的意义相对应;而"区分显著性"是指商标与其他商标区别开来的能力,与符号的价值相对应。❷ 实际上,商标的显著性是标示和区分能力的整体。标示能力表明商标标示特定出处的能力。一方面,商标的显著性越强,商标标示特定出处的能力也越强。这是因为,强商标在消费者记忆中的认知网络较大,强商标被激活后能够产生较大范围的扩散激活,使消费者获得大

---

❶ Richard L. Kirkatrick, *Likelihood of Confusion in Trademark Law*, New York: Practising Law Institute, 2010, §3: 3.

❷ 彭学龙:《商标法的符号学分析》,法律出版社2007年版,第162~163页。

量有关强商标的信息。这样,强商标标示其特定来源的能力也就更强。另一方面,显著性越强,商标的区分能力也越强。这也是因为,显著性较强的商标在消费者记忆中拥有庞大的认知网络,存储了大量有关于该商标的信息。这样,消费者更为熟悉强商标,强商标与其他商标的对比和区别就更为强烈。换言之,消费者掌握了大量有关强商标的信息,这样就能明确强商标与其他商标的不同之处,强商标区别他人商标的能力也就越强。而强商标的区分能力越强,实际上就是表明该商标具有较强的标示来源的能力,能够使消费者很快地获得大量有关强商标的信息,准确快速地识别该商标的来源。可见,商标所谓标示和区分的能力是一个整体,无法将其截然地分开,它们都表明一个商标对消费者心理的影响能力。商标具有较强的标示和区分的能力,表明该商标在消费者记忆中拥有庞大的认知网络,消费者对该商标更为熟悉,这样,该商标标示来源,将特定来源与其他来源相区别的能力自然更强。

综上,根据商标显著性的认知心理学解读,本书将商标的显著性概括为:商标标示与区分商品特定来源,向消费者传递信息,使消费者获取商标所代表的信息的能力。其中,标示和区分密不可能,标示能力越强,代表该商标区别于其他商标的能力越强,反之亦然。同时,显著性从本质上看是一种影响消费者心理认知的能力,一种激活消费者认知过程,使消费者获得信息和产生情感反应的能力。既然显著性是一种标示与区分特定来源的能力,它就与混淆可能性的判断存在密切的联系,影响着消费者对商标的识别。商标法上,显著性又有固有显著性和获得显著性之分,它们在混淆可能性判定中的作用也并不相同,下文将对此展开研究。

二、显著性与混淆可能性的关系

显著性影响到消费者对商标的认知，与混淆可能性的判定具有密切关系，被认为是除商标和商品因素之外判定消费者是否会发生混淆的重要因素。"商标越强，在其他因素不变的情况下，混淆可能性越可能发生。"[1]

消费者作为市场中的理性主体，在购物中会对商标进行识别，通过确定商标的来源获得该商标代表的相关信息，用以指导购物。侵权人会利用消费者认知的特点，故意仿冒商标权人商标的特征，让消费者对商标发生识别错误。不仅如此，侵权人往往会选择那些具有一定知名度、享有声誉的商标或驰名商标。这些商标往往具有较强的显著性。在其他条件不变的情况下，显著性的强弱会直接影响到消费者对商标的识别。对于较强显著性的商标，侵权人对其的仿冒更容易造成消费者发生混淆，而侵权人利用的也正是这一点。

根据前文的分析，商标是人记忆中的节点。消费者在市场中遇到某商标，通过对该商标的识别，该商标对应的节点就会被激活，使消费者获得该商标所代表的相关信息。消费者将某标识视为商标，代表该商标具备了显著性。当消费者记忆中存储大量有关某一商标的信息，形成庞大的认知网络时，代表这一商标具有较强的显著性。商标显著性的强和弱对消费者心理的影响是截然不同的。具有较强显著性的商标由于其在消费者记忆中的节点较多，认知网络较大，该商标被激活后，能产生较大范围的扩散激活，消费者就会获得大量有关强商标的信息，消费者的情感反应

---

[1] Gray v. Meijer Inc., 295 F. 3d 641, 646 (6th Cir. 2002).

就更为强烈,而弱商标的情况正与之相反。这样,由于商标的显著性较强,消费者能够以更快的速度获得大量有关商标的信息,并以记忆中商标权人商标的这些信息为依据,去解释和诠释外界的标识。在强商标的作用下,消费者主观上会更期待外界的标识与商标权人商标的特征相匹配,从而忽视侵权标识和商标权人商标之间的差别,为混淆的发生埋下隐患。这里,消费者心理的"预期"起到了很大的作用。

认知心理学研究表明,预期影响了人们对事物的识别。人们在解释外界事物时,总是带着记忆中已有的知识去理解。比如,眼前有一种动物,人们以前并未见过这种动物,这时,预期就影响了人们对眼前这种动物的识别。这只动物的外形像一匹马,人们就会激活大脑中有关马的知识,并运用马的知识去解释眼前的这种动物。尽管人们并不确定这种动物是否是马,但是由于记忆中最像这种动物的是马,人们就更倾向于将这种动物认定为马。实际上,它可能是驴,或者鹿,这就可能导致人们混淆。可见,人已有的关于某事物的知识,会形成人对眼前某一相类似的事物的"预期",将眼前的事物解释为记忆中已有的事物。我国有学者也意识到了这种心理现象,称之为"形不足而意有余"。亦即,如果我们非常熟悉某个人或某件事,则即便只看到该人或事的一个局部,由于记忆中的某个人某件事的节点被激活,我们也会用某个人某件事去解释眼前该人或事的局部。我们的大脑会自动对其加以复原,使之最终呈现出完整的形象。对商标的认知也是如此,商标显著性和知名度越高,大脑的修复能力越强,发生联系并进而造成混淆的可能性也就越大。[1] 只要看到"海尔"文字商

---

[1] 黄晖:《商标法》,法律出版社2004年版,第129页。

标，我们脑海中就会浮现出两个小兄弟的形象，进而形成该商标的完整图案。[1]

再以驰名商标耐克为例，消费者在记忆中已经拥有了耐克商标的大量信息，形成了庞大的认知网络。一旦消费者看到耐克标识，就会迅速激活记忆中的耐克商标节点，获得大量的有关耐克商标的信息。当侵权人采用与耐克商标相同或相似的标识时，由于耐克商标的显著性很强，一旦侵权标识与耐克商标的主要特征相吻合，消费者就会激活记忆中的耐克商标，用记忆中存储的耐克商标的信息来判断和识别外界的侵权标识是否是耐克商标。对于消费者来说，由于是用记忆中已有的耐克商标的信息去判断外界的标识，这种判断就融入了消费者的主观色彩，形成了消费者的预期。在耐克商标强显著性的影响之下，消费者更容易看到外界标识中和耐克商标相符合的特征，而忽视标识间细微的差别，于是消费者会更倾向于将外界的标识识别为耐克商标。可见，"预期和环境会让记忆不仅仅填补丢失的部分，还包括忽略那些与自己想法相悖的信息，甚至'改写'刺激。"[2] 也正因如此，消费者对于显著性很强的商标才更容易发生混淆。

现实中，有一种观点认为，商标的显著性越强，消费者记忆中拥有的关于这个商标的信息就越多，消费者就拥有充分的识别商标的依据，越可能发现外界侵权标识与商标权人商标之间的差

---

[1] 彭学龙：《商标法的符号学分析》，法律出版社 2007 年版，第 222 页。

[2] Jacob Jacoby, The Psychological Foundations of Trademark Law: Secondary Meaning, Genericism, Fame, Confusion and Dilution, 91 *Trademark Rep.* 1013, 1039 (2001).

别，从而避免混淆。这种观点并不符合消费者认知的原理。正如第二章所述，首先，消费者记忆中的商标只是某种经过抽象之后的模型，只保留了商标中的主要特征，而且经过记忆的遗忘，消费者不可能精确地记住商标权人商标的所有特征，只能以商标大致的特征来判定外界标识。其次，消费者的预期又会影响到消费者对标识的判断。亦即，商标的显著性越强，消费者就会受到强商标显著性的影响，用记忆中强商标的信息去解释外界标识，并主观上"期待"外界标识与记忆中的商标特征相吻合。这样，消费者就可能不会注意到外界侵权标识与商标权人商标之间的细微差别，反而在商标权人强商标的影响下，倾向于认为外界的侵权标识就是商标权人的商标，发生混淆。因此，商标的显著性越强，消费者越容易发生混淆，而非越不容易发生混淆。

综上，显著性的强或弱影响到消费者对商标的识别，因此，显著性与消费者是否发生混淆具有内在的联系，是混淆可能性判定的重要考量因素。相对于那些显著性程度不高的商标，具有较高显著性的商标更容易使消费者发生混淆。"当一个标识在消费者中享有广泛的认知度时，消费者推定它标示先前某个熟悉的使用者的可能性就会增加，而如果新的使用者与在先使用者并无联系，这就增加了混淆的可能性。"[1]

三、显著性在混淆可能性判定中的作用

（一）固有显著性在混淆判定中的作用

显著性有强弱之分，显著性的强或弱可以通过固有显著性或

---

[1] Richard L. Kirkatrick, *Likelihood of Confusion in Trademark Law*, New York: Practising Law Institute, 2010, §3: 2.

获得显著性这两个方面进行判断。固有显著性和获得显著性是商标法对显著性的分类。所谓固有显著性，指的是"商标标志不能被合理地理解为是对其所附着商品的描述或装饰，消费者会自动将这种标志视为商品出处的表征，因而，可以直接注册为商标"。❶而商标贴附于商品之上，投入市场之中所产生的显著性，被称之为获得显著性（acquired distinctiveness），又称为"第二含义"（secondary meaning）。有的商标是描述性标识，不具有固有显著性，但是将该商标投入市场之后，如果商标具备了标示来源的含义，就取得第二含义，具有获得显著性。传统商标法理论及实践表现出了对固有显著性商标的青睐，在商标侵权的判定中给予固有显著性更多的考虑，实际上，根据认知心理学原理，这种做法并不合理。

传统商标法理论将商标区分为五类，即臆造商标、随意商标、暗示商标、描述性商标与通用名称。❷臆造商标，是由非现有的文字、词汇所构成的无特定含义的商标。如美国的施乐（Xerox）、戴尔（Dell），中国的海尔（Haier）。随意商标由社会中现有的词汇构成，但是这些词汇与商品的特点没有联系。如用于皮鞋和衣服的"鳄鱼"。暗示商标也是由社会中的常用词汇构成，它与商品没有直接、明显的联系，但以隐喻、暗示的手法提示商品的某一属性或特点。如用于车辆的"悍马"。描述性商标则是直接描述商品特点的词汇，它们会被消费者认为是对商品特

---

❶ 彭学龙：《商标法的符号学分析》，法律出版社 2007 年版，第 121 页。

❷ Abercrombie & Fitch Co. v. Hunting World, Inc., 537 F.2d 4 (2d Cir. 1976).

征的描述，无法被直接识别为商标。如"真好喝"用于饮料商品，"坚固"用于木地板。通用名称则是通常用于称呼某种商品的名称，如以"电视机"称呼电视。实践中，前三类商标具有固有显著性，可直接注册并获得商标法的保护，而描述性商标只有具备"第二含义"即具备获得显著性之后才可进行商标注册并受到保护，通用名称则一般无法得到商标注册与保护。

在商标侵权的判定中，固有显著性常被视为判定消费者是否会发生混淆的标准之一。"（显著性）范围也被用于分析混淆可能性，确定受保护商标的强度。"❶ 法院通常会认为，诸如臆造商标、随意商标，由于和所标示的商品不存在直接的联系，消费者会自动将他们识别为商标，这些商标在市场中就应当获得更宽的保护范围。而暗示商标、描述性商标，通常与所标示的商品具有一定的联系，则对其保护的范围就会缩小。"法院赋予臆造商标和随意商标更宽的、更有力的保护，而给予那些确定或描述商品或他们的特征的词汇所组成的商标更窄的保护或不保护。"❷

给予臆造商标、随意商标更强的保护，在系争商标是臆造商标或随意商标时倾向于认定消费者更可能发生混淆，具有一定的合理性。以臆造商标为例，臆造商标往往是杜撰出的词汇，字典里没有出现，人们日常生活中也并不存在。因此，这种词汇在消费者最初看来并不包括任何含义，就是一个纯粹的符号。但是，将这种符号附着在商品之上投入市场，消费者只要一看到商品上的这种符号，就很可能将之视为商标。而其他人只要使用了这种

---

❶ Richard L. Kirkatrick, *Likelihood of Confusion in Trademark Law*, New York: Practising Law Institute, 2010, §3: 4.1.

❷ Ibid.

商标，消费者就更容易联想到商标权人的商标，更可能发生混淆。"如果一个商标是臆造的或随意的，并没有指示它所标示的商品的本质，由于这种商标选择的任意性，消费者在市场中看到不同的商品上贴附有该商标，就会认为它们来自于同一来源。"❶ 例如，某一商标是 MOATA，很显然，这个商标是杜撰出来的，现实中没有这个词汇。如果这个词汇贴附于商品的显著位置，消费者在第一次见到该词汇时就可能将之视为商标。这种商标由于是臆造词汇，消费者对其会有一定的印象，但也由于是臆造词汇，消费者一般对这个词汇字母的排列顺序并不会有清晰的记忆。如果他人在商品上使用了 MOTAA、MOAAT、OMATA 等词汇，消费者就可能在看到这一商标时联想到商标权人的商标 MOATA。由于这一词汇是臆造词汇，很难有不同的厂商巧合地选择这一商标，因此，消费者很有可能将之与商标权人的商标 MOATA 联系，从而发生混淆。臆造词汇的唯一性和独特性也使其成为商标垄断权的理想标记。❷ "商标越不寻常，越是臆造和随意，两个独立的主体就越不可能都选择了这一商标。"❸

然而，根据认知心理学原理，在混淆可能性的判定中，固有显著性并不起重要的作用。固有显著性，是指某一标识在被选为商标，投入市场之后，消费者就会理所当然地直接将之视为商标，它实际上指的是一个标识所具备的成为商标的潜质。亦即，

---

❶ Richard L. Kirkatrick, *Likelihood of Confusion in Trademark Law*, New York: Practising Law Institute, 2010, §3: 4.1.

❷ 吴汉东主编：《知识产权法》，中国政法大学出版社 2003 年版，第 231 页。

❸ Richard L. Kirkatrick, *Likelihood of Confusion in Trademark Law*, New York: Practising Law Institute, 2010, §3: 4.1.

某一个标识一旦投入市场，它就会直接被消费者视为商标，发挥商标的作用。而描述性标识、通用名称，因为和商品的联系过于紧密，消费者在看到这些标识时，往往只会认为这些标识是说明性的，而并非是标示来源的商标。实际上，如果具备固有显著性的标识刚刚投入市场，消费者对这个标识还一无所知，记忆中就并不存在有关该标识的任何信息。只是由于该标识贴附于商品的显著位置，并且与商品的特征不存在直接的联系，消费者会直接将之识别为商标，这种具备固有显著性的标识也就可以直接获准注册。可见，商标具备固有显著性并不表明消费者的记忆中就有了关于该商标的节点和认知网络，并不代表消费者的记忆中就存储了该商标所代表的信息。相反，具备固有显著性的标识仅仅表明，一旦该标识贴附于商品之上投入市场，消费者会直接将该标识识别为商标。但是，消费者可能还没有在记忆中存储有关该商标的任何信息。消费者可能仅仅知道，这个标识只是一个商标。该标识只有投入市场之后，消费者经过一段时间的了解、接触，才会渐渐熟悉并在记忆中以该商标为节点建立认知网络，存储有关该商标的信息。这样，这个商标才开始在消费者心目中占据一席之地。

由此可见，"标章可能在概念上为强，但因少有广告及销售量低，而在市场上为弱"。[1] 固有显著性虽然在消费者混淆可能性的判定中起到一定的作用，但是这种作用并不大。商标一旦贴附于商品之上投入市场之中，重要的是如何在激烈的市场竞争中生存下来，为消费者所认识和青睐。这样，商标就必须在

---

[1] 王敏铨："美国商标法之混淆之虞及其特殊样态之研究"，载《智慧财产权月刊》2006年第94期。

消费者的记忆中占据有利的地位，而不是仅仅让消费者知道，这个标识是一个商标。当消费者开始慢慢熟悉某一商标，在记忆中建立起以该商标为中心的认知网络时，这个商标的获得显著性就在慢慢增加，其对消费者的影响也会慢慢变大，而固有显著性的影响则会慢慢减少。一个固有显著性很强的臆造或随意商标，可能在投入市场之后，消费者对其认知度并不高，很多消费者并不知道该品牌。这样的商标被别人使用，就可能并不会造成消费者混淆。相反，一个固有显著性很弱甚至不具备固有显著性的商标，可能在投入市场之后获得了很高的声誉，在消费者群体中享有广泛的认知度，具有很强的显著性。这样的商标被别人使用，就极有可能造成消费者混淆。可见，所谓固有显著性，仅仅是潜在的、由人为拟定的一种显著性，它实际上不代表某一个商标在消费者记忆中的地位。它对消费者的影响也一般限制在消费者是否会将之识别为商标的层面，一旦该商标投入市场，在混淆可能性的判定中，固有显著性就不再占据主要的地位。法院在混淆可能性的判断中，要考虑到固有显著性在消费者识别商标中所起的这种有限的作用，不能仅因为系争商标是固有显著性较强的臆造商标或随意商标，就倾向于认定消费者极有可能发生混淆。

(二) 获得显著性在混淆判定中的作用

获得显著性是指商标在市场中实际地发挥标示与区分来源的能力。与拟制的固有显著性不同，获得显著性是真正的显著性，它代表了商标真实的在市场中标示与区分来源的能力。获得显著性才是真正的显著性，是在市场中实际发挥作用的显著性，绝不是什么拟制。而一向为人们所看重的固有显著性却与真正的显著

性相去甚远，至多只是获得显著性的有利条件。❶

根据认知心理学原理，获得显著性之所以是真正的显著性，是因为它真实地反映或者对应着一个商标在消费者记忆中所占据的地位和对消费者心理的影响能力。正如前文所述，商标的显著性有强弱之分，代表商标在消费者心目中的不同地位，使消费者发生不同的心理反应。显著性较强的商标，在消费者的记忆中拥有庞大的认知网络，一旦消费者在市场中遇到这种商标，消费者记忆中存储的这个商标的节点就会被迅速激活，使消费者获得大量该商标的信息，消费者的情感反应也较为强烈，而显著性较弱的商标则与此相反。可见，这里显著性较强，实际上指的就是商标现实具备的获得显著性，而非固有显著性。一个臆造商标或随意商标，固有显著性是较强的，但是如果该商标不投入市场，或者虽然投入市场，但是并没有多少消费者知道该商标，消费者的记忆中并没有存储多少这个商标的信息，则这个商标的获得显著性就较弱。

正因为获得显著性真实地反映或者对应着一个商标在消费者记忆中所占据的地位和对消费者的影响能力，使其成为混淆可能性判定中需要重点考量的对象。"商标强度的第二含义，名声，或者'获得显著性'，与消费者混淆相关。如果一个商标在市场中被长久、突出和大量使用，则消费者就很可能认为其来自于先前的使用。一个商标在先的使用使其拥有广泛的消费者认知度，易使消费者将后使用者的使用识别为在先熟悉的使用者，如果后使用者在事实上与先使用者并无联系，这就增加了消费者发生混

---

❶ 彭学龙：《商标法的符号学分析》，法律出版社 2007 年版，第 160~162 页。

淆的可能。"[1] "越独特、越著名的标章，在消费大众心中所造成的印象越强，所以越可能在大众的心中，与较广范围的商品或服务结合。"[2] 我国台湾地区混淆误认之虞审查基准也指出，"识别性越强的商标，商品/服务之消费者的印象越深，他人稍有攀附，即可能引起购买人产生混淆误认。"[3] 可见，真正对消费者识别商标起到重要作用的是获得显著性。在其他条件不变的情况下，商标权人商标的获得显著性越强，消费者混淆发生的可能性越大，而如果获得显著性越弱，则消费者混淆发生的可能性越小。如果系争商标权人的商标显著性很强，则对商标相似性、商品类似性的要求就较低，而如果系争商标权人商标的显著性较弱，则对商标相似性和商品类似性的要求都会提高。

获得显著性是相关消费者对商标的认知情况，只有相关消费者的认知状况才是衡量获得显著性高低的标准。但是相关消费者的认知状况并不好直接进行测量，实践中主要依据直接证据和间接证据来证明商标的获得显著性情况。所谓直接证据，就是指熟知某个产业状况的消费者个人或专家出庭提交的获得显著性证言，还有企业所进行或委托他人进行的关于商标显著性的消费者调查等。但是这些证据面临着是否具备证明力的问题，是否会被法院所采纳，还要看这些证据是否符合民事诉讼法证据规则的有

---

[1] Virgin Enters. Ltd. v. Nawab, 335 F. 3d 141, 148（2d Cir. 1）转引自 Richard L. Kirkatrick, *Likelihood of Confusion in Trademark Law*, New York：Practising Law Institute, 2010, §3：4.2.

[2] 王敏铨："美国商标法之混淆之虞及其特殊样态之研究"，载《智慧财产权月刊》2006年第94期。

[3] 我国台湾地区"混淆误认之虞"审查基准第5条，载http：//www.110.com/fagui/law_ 12416.html。

关规定。在诉讼中，法院需要重点考察消费者个人或专家提交的证据是否具有一定的代表性，是否能够代表系争商标的相关消费者群体，以及消费者调查是否是在公平、中立的环境下进行。所谓间接证据，就是指一些间接的能够了解涉案商标获得显著性的数据、材料等。这些间接证据主要包括商标使用的时间、使用的地域范围、商标所标示的商品的销售数量、商标投入的广告费用和广告宣传的力度、第三方媒体对商标所属企业及其商品的评价、消费者对该商标所标示的商品的喜爱程度等。这些证据尽管并不直接考察消费者对商标的认知状况，但是通过对这些证据的了解，在一定程度上能够推断出商标在市场中实际具备的显著性，值得法院考虑。

我国法院在商标案件的审理中，也注意到了显著性在商标侵权判定中的重要意义。在南京利源"百家湖"一案中，被告金兰湾公司使用了原告注册的"百家湖"标识。法院在案件审理中认为消费者不会发生混淆，其中的原因之一即是，南京地区的普通公众对"百家湖"的第一印象首先是地名或湖名，根据再审阶段的随机调查了解，知道"百家湖"商标者极少，说明"百家湖"至少在争议发生之前知名度不高或没有，其显著性较弱或不存在。❶ 在北京嘉裕长城葡萄酒一案中，最高人民法院也指出，本案讼争的商标"长城"或"长城牌"文字部分因有着较高的使用频率而具有较强的识别力，在葡萄酒市场上与中粮公司的葡萄酒形成了固定的联

---

❶ 江苏省高级人民法院〔2002〕苏民三终字第056号民事判决书；江苏省高级人民法院〔2004〕苏民三再终字第001号民事判决书。关于本案也可参见孔祥俊：《商标与反不正当竞争法原理与判例》，法律出版社2009年版，第294页。

系。因中粮公司"长城"或"长城牌"文字部分具有的驰名度和显著性，足以使相关公众将使用含有"长城"文字的"嘉裕长城及图"商标的葡萄酒与中粮公司的长城牌葡萄酒产品相混淆。❶ 在北京 xyc 杏叶村一案中，北京市高级人民法院同样认为，由于"xyc 杏叶村"与著名酒类品牌"杏花村"相似，鉴于"杏花村"具有较高的知名度，消费者容易对两者发生混淆。❷

可见，我国法院在商标侵权判定中也会考虑商标的显著性问题，根据系争商标显著性的强弱来判定消费者是否会发生混淆。从我国立法上看，我国《商标法》主要在商标注册和商标权取得、驰名商标保护方面对显著性进行了规定。在商标注册和取得方面，我国法律要求商标注册必须具有固有显著性，或者经过使用获得第二含义。这样的商标才能得到我国商标法的保护。❸ 在驰名商标保护方面，我国《商标法》规定了认定驰名商标的考量因素。❹ 这实际上就规定了如何在案件中判断商标是否具备了较

---

❶ 最高人民法院〔2005〕民三终字第 5 号民事判决书。关于本案也可参见孔祥俊：《商标与反不正当竞争法原理与判例》，法律出版社 2009 年版，第 250 页。

❷ 薛红深："混淆还是联想——也评'xyc 杏叶村'商标确权案"，载《中国工商管理研究》2005 年第 11 期。

❸ 《商标法》第 11 条："下列标志不得作为商标注册：（一）仅有本商品的通用名称、图形、型号的；（二）仅仅直接表示商品的质量、主要原料、功能、用途、重量、数量及其他特点的；（三）缺乏显著特征的。前款所列标志经过使用取得显著特征，并便于识别的，可以作为商标注册。"

❹ 《商标法》第 14 条："认定驰名商标应当考虑下列因素：（一）相关公众对该商标的知晓程度；（二）该商标使用的持续时间；（三）该商标的任何宣传工作的持续时间、程度和地理范围；（四）该商标作为驰名商标受保护的记录；（五）该商标驰名的其他因素。"

强的已经达到"驰名"程度的显著性,为驰名商标的跨类保护提供依据。此外,《关于审理商标民事纠纷案件适用法律若干问题的解释》第10条也涉及显著性问题:"人民法院依据商标法第52条第(1)项的规定,认定商标相同或者近似按照以下原则进行:……(3)判断商标是否近似,应当考虑请求保护注册商标的显著性和知名度。"由于我国商标法以商标的相似性和商品的类似性作为侵权判定的标准,该条文实际上就要求司法机关在商标侵权的判定中要考虑系争商标的显著性这一因素。❶ 尽管我国相关司法解释涉及显著性的问题,但是我国立法层级较高的《商标法》在侵权判定方面并没有对显著性加以规定,这与显著性在混淆可能性判定中所起的重要作用不相符合,不利于法院在商标侵权案件司法审判中正确地适用显著性这一因素进行侵权判定。鉴于显著性的重要性以及固有显著性和获得显著性之间的区别,本书建议对《商标法》侵权判定条款进行修订,明确将显著性规定为法院在侵权判定中需要考量的因素之一,将之纳入多因素检测法之中,并通过《商标法》条例或司法解释的形式明确规定法院在商标侵权判定中需要重点考察商标权人商标的获得显著性,而非固有显著性。同时,还要在《商标法》条例或司法解释中规定获得显著性的具体判断方法。

综上,显著性问题是商标法的基础理论问题,也与混淆可能性的判定密切相关。要准确界定显著性在商标侵权判定中的作

---

❶ 然而该条文在逻辑上是值得商榷的。本书在前文已经做过分析,商标的相似性和商品的类似性只是判定混淆可能性需要考量的因素,而非商标侵权的判定标准。同理,显著性也是判定混淆可能性需要考量的因素,而非判定商标的相似性和商品的类似性的考量因素。

用,需要了解混淆可能性与消费者心理认知之间的联系。正是消费者的心理认知特点,决定了显著性会影响到消费者对商标的识别。通过对显著性的分析可以发现,固有显著性不过是一种拟制的显著性,并不代表消费者真实的对商标的认知状况,毋宁说,固有显著性只表明了一个商标最一开始会被消费者识别为商标,至于它是否会对消费者识别商标构成实际的影响,还要看该商标在市场中所获得的显著性,这种显著性才是混淆可能性判定中需要考量的关键因素。无论如何,对显著性的判断都离不开对相关消费者心理认知的考察,只有消费者才能决定商标显著性的强与弱,决定商标的命运。

第五节 消费者注意程度与混淆可能性

消费者注意程度,是指消费者在购物过程中对商标以及与商标相关的商品、商业环境等所施加的辨别力。消费者自身注意程度的高低会影响到其是否发生混淆。如果消费者的注意程度较低,在购物中较为匆忙、随意,其更容易发生混淆。反之,如果消费者的注意程度较高,在购物中较为仔细、认真,则其可能会发现不同厂商的不同之处,从而避免混淆。可见,消费者的注意程度会影响到消费者对商标来源的判断,是混淆可能性判定中需要考虑的因素之一。

尽管消费者的注意程度与消费者是否发生混淆密切相关,但是学界还未能对消费者的注意程度进行深入的研究,实务中对消费者注意程度在混淆可能性判定中的地位和运用也有不同的观点和做法。甚至，法院会先判断混淆可能性的存在与否，再确定消费者的注意程度以自圆其说。"当法院认为侵权成立时，法院会说购买者是合理、谨慎的，而当法院认为侵权不成立时，又会认为购买者是容易上当受骗的"。❶ 这种做法显然颠倒了消费者注意程度与混淆可能性判定之间的关系，不利于发挥消费者注意程度在混淆可能性判定中的作用。碧毕教授对此也不无遗憾地承认："商标法没有关注消费者理论，尤其是消费者的注意程度。"❷

基于这种状况，本节将对消费者注意程度展开讨论。首先，界定消费者注意程度的概念；其次，借助于认知心理学原理，确定消费者注意程度的判定标准；最后，探讨消费者注意程度在混淆可能性判定中的运用。

一、消费者注意程度的观点分歧

（一）消费者注意程度的重要性

在混淆可能性的判定中，消费者注意程度是考量因素之一。消费者的注意程度是指消费者在购物过程中对商标及与商标相关的对象所施加的辨别力。在购物中，不同的消费者面对商标时的注意程度是不同的。在商标法文献中，用以描述消费者注意程度的词语有很多，如"谨慎小心的""小心的""小心对比的""不注意的""匆忙的""冲动的""很容易被欺骗的"等。❸ 前三种

---

❶ J. Thomas McCarthy, *McCarthy on Trademarks and Unfair Competition*, Eagan：Thomson/West, 2006, §23：92.

❷ Barton Beebe, Search and Persuasron m Trademark Law, 103 *Mich L Rev.* 2020, 2025 (2005).

❸ J. Thomas McCarthy, *McCarthy on Trademarks and Unfair Competition*, Eagan：Thomson/West, 2006, §23：91.

描述表明了消费者在购物中施加了较高的注意程度，对商标及相关对象进行了仔细的辨别。而后四种描述则表明消费者在购物时施加了较低的注意程度，行为随意或心不在焉，没有充分辨识商标及其相关对象。显然，"消费者注意程度越高，他们就会越仔细地对待搜寻和购物决策。"❶ "通常来说，通常的注意力越低，越容易混淆，反之亦然。"❷ 如果消费者的注意程度较高，消费者就可能发现商标及其相关对象之间的差别，从而避免混淆。而如果消费者的注意程度较低，则其可能就发现不了商标权人商标与侵权人仿冒标识及相关对象之间的差别，从而发生混淆。因此，消费者的注意程度直接影响到消费者是否会发生混淆。

根据混淆可能性的含义，商标法中判定混淆可能性是否成立，主要是看购物之中的相关消费者，在施加了合理谨慎的注意力的情况下是否极有可能发生混淆。所谓合理谨慎的注意力，实际上就是对相关消费者注意程度的抽象和概括。法院通常会在案件的判决中考虑相关消费者的注意程度，将之纳入多因素检测的环节。早在1878年的McLean一案中，美国最高法院就认为，混淆的判定就是看其他使用者的标识是否极有可能混淆施加了通常注意力的普通购买者。❸ 甚至有法院认为，"消费者具备较高的注意程度会超过其他所有因素，当消费者是职业的或高度注意力

---

❶ Barton Beebe, An Empirical Study of the Multifactor Tests for Trademark Infringement, 94 *Cal. L. Rev.* 1581, 1642 (2006).

❷ Richard L. Kirkatrick, *Likelihood of Confusion in Trademark Law*, New York: Practising Law Institute, 2010, §6: 2.

❸ McLean v. Fleming, 96 U. S. 245, 24 L. Ed. 828 (1878).

的，就会最终避免发生混淆的可能。"❶ 通常在案件审理中，原告或被告为了获得胜诉，也会极力在诉讼中证明，系争商标所涉的消费者在购物中会施加某种程度的注意力，从而导致或避免混淆。例如，在一个涉及猜谜杂志的案件中，被告就否认混淆可能性的存在，主张猜谜者（消费者）的注意程度较高，会理解词语的意思，注意到标识之间的区别。但是学者认为，当事人的观点仅仅是种主张，并非证据。"法院一般并不会在对消费者注意程度的猜测中有偏见，诉讼方却通常会去推测和断言，但缺乏证据的支持。"❷

（二）对消费者注意程度的不同观点

法院在司法实践中用以判断消费者注意程度的标准是"合理谨慎的消费者"。合理谨慎的消费者，是对与特定商标相关的消费者的总称，是对消费者面对某一特定商标时所施加的注意力的抽象和概括。这种谨慎程度是一般情况下购买特定商品的相关消费者所通常和普遍会施加的注意程度。但是在实践中，不同人士对合理谨慎的消费者的界定五花八门，对于施加何种注意程度的消费者可以纳入混淆可能性的范围，也有不同的理解。"无论是法院还是学者都没有认真地归纳出一个分析的框架，可以用以分析在一个具体的购买行为中什么样的条件会影响到（消费者）的

---

❶ Thomas R. Lee, Glenn L. Christensen, Eric D. DeRosia, Trademarks, Consumer Psychology, and the Sophisticated consumer. *Emory Law Journal*, Vol. 57, Issue 3（2008）, pp. 581.

❷ Richard L. Kirkatrick, *Likelihood of Confusion in Trademark Law*, New York：Practising Law Institute, 2010, §6：2.

注意力。"❶ 有的法院认为，通常的消费者是"无知的、不思考的和容易轻信的"或"匆忙的、不注意的和容易上当受骗的"。❷ 而有的法院则认为，通常的消费者"既不是专家也不是傻瓜"，"而是对手中的商品缺乏特殊的鉴别能力，但是会以非专业人员的常识和判断采取通常的措施"。❸ 除此之外，还有其他法院将合理谨慎的消费者描述成"具备合理区分力的""合理注意程度的""并非粗心和愚蠢的""随便的，有时不注意的"等。❹ 在学术界，学者对于消费者在购物之中的注意程度也是莫衷一是。有人将商标法之中的消费者比喻为傻瓜，暗指其注意力低下，容易发生混淆。而也有观点认为消费者并非傻瓜，相反消费者是自治的独立主体，并不会那么简单地就上当受骗。❺

不仅对合理谨慎的消费者有不同的理解，对于何种注意程度的消费者发生的混淆才需要商标法介入，人们也存在不同的认识。有法院认为，专家或者"十分谨慎的购买者"的混淆明显是侵权的，而仅仅是"漠不关心的或粗心的购买者"的混淆并不是

---

❶ Thomas R. Lee, Glenn L. Christensen, Eric D. DeRosia, Trademarks, Consumer Psychology, and the Sophisticated consumer, 57 *Emory L. J.* 575, 575 (2008).

❷ Florence Mfg. Co. v. J. C. Dowd & Co, 178 F. 73, 75 (2d Cir. 1910).

❸ Umted States v. 88 Cases, More or Less, Conta ~ nmg B ~ reley's Orange Beverage, 187 F 2d 967, 971 (3d Cir 1951).

❹ J. Thomas McCarthy, *McCarthy on Trademarks and Unfair Competition*, Eagan: Thomson/West, 2006, §23: 92.

❺ Barton Beebe, Search and Persuasron m Trademark Law. *Michigan Law Review*, 103 *Mich L Rev.* 2020, 2042 (2005).

侵权。❶ 学者认为，消费者在购物中一般会施加充分的注意力，因而其发生混淆的可能比预想的要小。❷ 漠不关心或粗心的消费者发生的混淆就并不重要。与此相反，有法院认为，法院不应当将混淆可能性的证明标准规定得太高，那些无知的、不思考的，或者容易轻信的、没经验的、易受骗的购买者所发生的混淆，同样属于混淆可能性的范围。因为，"法律并不是为了保护专家，而是为了公众，公众中的大部分都是那些无知的、不思考的和容易轻信的，这些人在做购物决定时并不会停下来去分析，而是受到（商品）外观和通常印象的影响"。❸

"尽管人们对合理谨慎的购买者有着截然不同的描述，没有任何一方试图为其观点寻找经过广泛检验的理论或经验上的基础。"❹ 不同法院对消费者注意程度的不同理解，反映出司法实践中宽严不一的司法政策和判决尺度。有的法院从商标权人的利益出发，力求规制市场上发生的各种混淆形态，将那些所谓"不思考的""无知的""容易轻信的"消费者所发生的混淆纳入混淆可能性的范围，扩大了商标法的规制范围，强化了商标权的效力。而有些法院则认为，商标权保护并不意味着要调整任何消费

---

❶ J. Thomas McCarthy, *McCarthy on Trademarks and Unfair Competition*, Eagan: Thomson/West, 2006, §23: 92.

❷ Rochelle Cooper Dreyfuss, We Are Symbols and Inhabit Symbols, So Should We Be Paying Rent? Deconstructing the Lanham Act and Rrghts of Publicity, 20 *Colum-Vla J L & Arts.* 123, 154 (1995).

❸ Florence Mfg. Co. v. J. C. Dowd & Co., 178 F. 73 (2d Cir. 1910).

❹ Thomas R. Lee, Glenn L. Christensen, Eric D. DeRosia, Trademarks, Consumer Psychology, and the Sophisticated consumer, 57 *Emory L. J.* 575, 577 (2008).

者所发生的混淆，对于个别或部分消费者由于粗心大意、购物随意散漫而发生的混淆，并不表明被告的行为就是侵权行为，否则就会过度强化商标权的效力，不利于市场的自由竞争。可见，人们在消费者注意程度问题上分歧较大，给混淆可能性的判定增加了不确定性。

二、消费者注意程度的判定原理

（一）消费者注意程度的判定前提

实际上，简单地将那些注意程度较低的，"不思考的""无知的"或"容易轻信的"消费者排除在商标反混淆保护的范围之外，或者将所有注意程度或高或低的消费者都纳入到反混淆保护的范围之内，均未能考虑到消费者在市场中的实际状态，违背了商标法中消费者注意程度的基本原理，可能导致商标权的保护不力或过度保护。要正确地在混淆可能性的判定中适用消费者注意程度，需要理解消费者注意程度的有关原理，明确"合理谨慎的消费者"的判定原理。

商标法之所以要关注消费者注意程度，是因为消费者注意程度直接关系到消费者是否会发生混淆。但是，混淆可能性所指的混淆并非任何人发生的任何形态的混淆。根据商标法的价值和规范意旨，混淆可能性所指的混淆仅仅是那些施加了合理谨慎的注意力的消费者对商标来源或关联关系作出错误判断，进而影响其购物决策的混淆形态。这是因为，商标法作为调整市场行为的法律规则，涉及一般的通常的市场中主体的利益关系，只能以一般的通常的消费者群体为参照，看那些施加了通常的具有普遍意义的注意力的消费者群体是否会发生混淆。只有施加了通常的合理的注意力的消费者，才最能代表特定商标相关的消费者群体的认知状况。因此，商标法不保护那些注意力极端低下，或者根本不关心自己所购商品的商标的消费者。这些消费者即便发生了混淆，也不属于商标法保护的对象。亦即，参与市场竞争的主体，没有义务去保证所有的消费者都不会发生混淆。市场中可能总是存在注意力程度极端低下，或对商标漠不关心的消费者，他们的混淆并不能代表特定商标相关消费者群体的认知状况。同样，商标法也不会仅仅关注于那些具有高度注意力，对购买任何商品都进行详细观察和对比的消费者或购买某一特定商品时具有高度鉴别能力的专家。这些人即便不可能发生混淆，也并不意味着其他并不具备高度注意力和鉴别能力的消费者能够避免混淆。从这个意义上说，商标法所顾及的是一般消费者群体，而非保护个别的或特定的消费者。据此，混淆可能性所指的混淆是一般的相关消费者群体在施加通常的注意力的情况下所发生的混淆，它既不可能无限扩大涵盖的范围，将一切消费者所发生的混淆纳入其范围，也不可能仅仅关注那些具有高度注意力和鉴别能力的消费者所发生的混淆。这是我们正确理解消费者注意程度，准确判定"合理谨慎的消费者"的前提。

(二) 消费者注意程度的判定原则

根据上文所述，立法或司法不能够简单地将那些注意程度较低的，"不思考的""无知的"或"容易轻信的"消费者排除在商标反混淆保护的范围之外，或者将所有注意程度或高或低的消费者都纳入反混淆保护的范围。消费者的注意程度应是对特定商标相关消费者所施加的通常的、一般的注意力的抽象和概括。这种在相关消费者群体中具有代表性的注意程度才是所谓"合理谨慎的消费者"的注意程度。

"合理谨慎的消费者"，通常在司法中为法院所引用，用以描述系争案件中通常的一般的消费者所施加的注意程度。这种注意程度是购买商品的普通消费者通常所能够施加的注意程度。民法之中有所谓"理性人"或"善良家父",指的是一般情况下普通人所应具有的注意、协助或照顾的程度,用以判断案件中的个人是否尽到了一般理性人或善良家父所应当尽到的义务。同样,商标法中的合理谨慎的消费者也是对与特定商标所标示的商品有关的消费者群体在购买该商品时注意力的抽象和概括。它既不代表专家高度的注意程度,也不代表注意力极端低下或对商标漠不关心的消费者的注意程度,而是消费者通常会施加的注意程度。因此,在判断合理谨慎的消费者的注意程度时,裁判者要考虑消费者购物中所涉及的商标、商品等环境和消费者在市场中所处的位置,推测相关消费者群体所一般可能施加的注意力。

通常来说,那些价格低廉的、一次性使用的或者会经常替换的小商品,合理谨慎的消费者所施加的注意程度就会比较低。因为这些商品无关紧要,价格较低,通常消费者在购买之时就会比较随意。这时大部分消费者可能都是"不思考的""无知的"或"容易轻信的"。在对混淆可能性进行判定时就要考虑到合理谨慎的消费者所施加的比较低的注意程度。而如果购买别墅、汽车等,由于这些商品价格较高,在生活中具有重要地位,通常的消费者会施加更高的注意程度,合理谨慎的消费者的注意程度就要提高。这时那些"不思考的""无知的"或"容易轻信的"的消费者,反而不属于合理谨慎的消费者的范围,仅仅是少量或个别消费者的注意程度,就不能够代表通常的消费者注意程度。可见,对合理谨慎的消费者的注意程度进行界定,只能根据具体案件,从消费者所处的购物环境出发,分析通常的消费者所可能施加的注意程度。"事实的发现者必须将自己放置于普通购买者的

位置，而普通消费者的情况每个案件都会有所不同。"❶

三、消费者注意程度的判定标准

（一）消费者注意程度的影响因素

既然合理谨慎的消费者是对与特定商标所标示的商品有关的消费者群体在购买该商品时注意力的抽象和概括，那么，对注意程度的分析就要考察相关消费者在当时的购物环境之中所可能会施加的注意程度，这就涉及影响消费者注意程度的因素。

消费者作为理性人，会通过识别商标来购买自己中意的商品。"通常来说，品牌名称对绝大部分消费者来说是相关的。"❷ 消费者在购物过程中对商标以及商标相关对象的注意程度并不表现为统一的水平，往往会受到各种因素的影响，呈现出高低各异的特点。一般来说，如果一个消费者所要购买的商品价格较低，或者是一次性使用、种类可替换的商品，或者消费者购买商品的时间有限，在匆忙的状态下购物，则消费者在识别商标的过程中就会仅使用少量的或少部分的认知努力，其施加的注意程度就不高。由于注意程度不高，消费者就可能发现不了两个商标之间存在的差异，导致混淆。而如果消费者所要购买的商品价格昂贵，对消费者而言十分重要，消费者就会在识别商标的过程中花费较多的时间、使用较多的认知努力，则消费者施加的注意程度就会

---

❶ Richard L. Kirkatrick, *Likelihood of Confusion in Trademark Law*, New York: Practising Law Institute, 2010, §6: 2.

❷ Thomas R. Lee, Glenn L. Christensen, Eric D. DeRosia, Trademarks, Consumer Psychology, and the Sophisticated consumer, 57 *Emory L. J.* 575, 584 (2008).

较高，不易对商标发生混淆。"有充足的激励（Motivation）时，人们就会施加认知的努力。实际上，消费者是认知的吝啬者，只有在有充足的激励时，才会施加认知的努力。"[1] 因此，判断消费者所可能会施加的注意程度，需要以具体案件为依据，看案件中是否存在影响消费者注意程度的因素。

目前，在消费者注意程度方面研究较为深入的文献是托马斯·R.李（Thomas R. Lee）、格伦·L.克里斯坦森（Glenn L. Christensen）、埃里克·D.德罗萨（Eric D. DeRosia）合作发表的《商标、消费者心理和消费者注意程度》一文。在该文中，三位学者通过运用认知心理学，界定了影响消费者注意程度的因素。作者认为对消费者注意程度起关键作用的是激励和能力（ability），两者缺一不可。"对于个体施加认知努力而言，激励和能力都是必要非充分条件。如果缺乏激励或者能力，个体在进行决策的任务时将会施加较少的认知努力。"[2]

所谓激励，是指是否有条件或因素来刺激、激发、促使人们施加更高的注意程度。在日常生活中，人们往往只愿意作出一般的通常的努力，只有在一定因素或条件的激励下才愿意付出更多注意力，作出更大的努力。对于识别商标也是如此，只有在一定条件或因素的激励之下，消费者才可能在特定的购物过程中对商标及其相关对象施加较高的注意程度。学者认为，对消费者注意

---

[1] Thomas R. Lee, Glenn L. Christensen, Eric D. DeRosia, Trademarks, Consumer Psychology, and the Sophisticated consumer, 57 *Emory L. J.* 575, 586~587（2008）.

[2] Thomas R. Lee, Glenn L. Christensen, Eric D. DeRosia, Trademarks, Consumer Psychology, and the Sophisticated consumer. 57 *Emory L. J.* 575, 587（2008）.

程度有直接影响的激励因素可以分为卷入程度（level of involvement）和个人特质（intrapersonal traits）。❶ 个人特质指的是某些人就喜欢比其他人思考得更多，这些人会从思考中获得乐趣，愿意付出更多的注意力。❷ 因此，这些人在购物的时候肯定会施加更多的注意程度。但是，这些愿意去思考，乐于付出更多注意力的消费者并不在相关消费者群体中具有代表性，这更多地与个人的性格和喜好有关。这些人不容易发生混淆并不意味着其他相关消费者也不会发生混淆。因此，与个人性格和喜好相关的个人特质并不应当作为合理谨慎的消费者注意程度判定的因素。实际上，激励因素中最重要的是卷入程度。

消费者卷入程度，也称为消费者认知卷入（cognition involvement），是20世纪60年代消费心理学家提出的心理学理论，它主要指消费者主观上感受品牌、商品、消费过程或者消费环境与其自身的相关性。对于高卷入度（high involvement）的商品，消费者一般会施加更高的注意程度，主动了解该商品的性能、价格、服务等。在购买时较为理性，会在审慎分析的基础上作出决策。而对于低卷入度（low involvement）的商品，消费者为追求认知成本的最小化，不会施加太多的注意力，往往根据自己对某品牌直接的情感反应，在随意、漫不经心的状态下完成消费。可见，商品与消费者的关联度会影响消费者对商品的认知，关联度越

---

❶ Thomas R. Lee, Glenn L. Christensen, Eric D. DeRosia, Trademarks, Consumer Psychology, and the Sophisticated consumer. 57 *Emory L. J.* 575, 589 (2008).

❷ Thomas R. Lee, Glenn L. Christensen, Eric D. DeRosia, Trademarks, Consumer Psychology, and the Sophisticated consumer. 57 *Emory L. J.* 575, 593 (2008).

高，消费者的学习越主动，认知效果越好。❶ 亦即，关联度越高，卷入程度越高，消费者的注意程度越高，关联度越低，卷入程度越低，消费者的注意程度越低。

学者认为，影响到消费者卷入程度的因素包括物理风险（physical risk）、经济风险（financial risk）、时间风险（time risk）和社会风险（social risk）。❷ 物理风险，指该商品关乎消费者的生命、安全、健康等，如药品、医疗器械、救生设备等。经济风险，是指该商品相对于消费者的收入来说价格较高。如价格较高的珠宝、名贵手表、汽车、住房。时间风险，是指该商品需要使用很长时间，消费者一般不会在短期内更换。如需要长期使用的汽车、家用电器。社会风险，是指商品对于消费者的社交、人际关系至关重要。如送礼的礼品。

对于具有物理、经济、时间和社会风险的高卷入度商品而言，往往价位较高，风险较大，关乎消费者人生健康和切身利益，消费者在选购这些商品时一般会收集各方面信息，对不同的商品进行观察和对比，施加更高的注意力，以求购买到理想的商品。这样，理性的消费信息加工和消费决策在高卷入度商品中成为主要的认知模式，消费者在施加高度的注意程度之下，就可能避免混淆。而对于低卷入度商品，一般为日用生活用品，消费者在购买中往往较为匆忙、不会施加太高的注意力。在此情形下，

---

❶ 佘贤君：《激活消费者心理需求》，机械工业出版社2011年版，第61页。

❷ Thomas R. Lee, Glenn L. Christensen, Eric D. DeRosia, Trademarks, Consumer Psychology, and the Sophisticated consumer. 57 *Emory L. J.* 575, 592 (2008).

消费者由于时间限制、信息局限或者缺乏动机，往往有着较少的认知资源，主要是依靠诸如情绪冲动（Emotional impulse）的启发法（Heuristics）来作出购物决策。❶ 在购买低卷入度商品时，由于注意程度较低，消费者就更可能会发生混淆，造成误买误购。"如果商品比较贵，合理谨慎的购买者就不会随意地购买，而只会在细心的考虑之后（购买）。"❷ "一件商品的价值越大，一般消费者就会更为小心，购买汽车的消费者相比较购买一团麻线的消费者无疑会花更多的精力来考察不同的商品。"❸ 可见，对某一类商品进行具体分析，就能够一定程度上推测出消费者在购买该类商品时的卷入程度，判断出购买该类商品所谓合理谨慎的消费者所施加的注意程度。

除了激励之外，能力在消费者施加的注意程度方面也占有重要的地位。所谓能力，是指消费者在具备激励因素的前提下是否有资源和有条件实际地施展出注意力。正如学者所言，激励并非必备的条件，消费者要施加高度的注意程度，还需要有能力。❹ 这里的能力包括是否有施展注意力的机会、环境、时间、精力等。例如，消费者即便在购买昂贵的商品时有提高注意力的激

---

❶ Laura R. Bradford, Emotion, Dilution, and The Trademark Consumer, 23 *Berkeley Tech. L. J.* 1227, 1263～1264（2008）.

❷ J. Thomas McCarthy, *McCarthy on Trademarks and Unfair Competition*, Eagan：Thomson/West, 2006, §23：96.

❸ McGregor-Doniger, Inc. v. Drizzle, Inc., 599 F. 2d 1126, 1137（2d Cir. 1979）.

❹ Thomas R. Lee, Glenn L. Christensen, Eric D. DeRosia, Trademarks, Consumer Psychology, and the Sophisticated consumer, 57 *Emory L. J.* 575, 595（2008）.

励，但要实施这种激励之下的注意程度，还需要具备实施的条件。如果昂贵的商品是在一个环境嘈杂、秩序混乱的购物环境之中销售，则消费者即便有施加高度注意程度的激励，也可能由于分心而没有能力施加高度的注意力，从而更可能发生混淆。再比如，在电视购物和网上购物的环境中，消费者由于无法对商标和商品实物进行细致的观察对比，即使具备了较高注意程度的激励，也可能由于环境的制约而无法施加高度的注意力，导致其更可能发生混淆。这就表明，对具体案件中消费者的注意程度进行判断，不仅需要考察消费者是否具备实施某种注意程度的激励因素，还要看消费者是否会受到各种客观因素的制约，限制其注意力的实施。

（二）消费者注意程度的实际判定

正如前文所言，消费者注意程度的高低，需要从"激励"和"能力"这两大因素着手，考察消费者是否有实施某种注意程度的激励和能力。如果有某一个因素不具备，则消费者就可能不会实施较高的注意程度。

激励和能力虽然都是消费者注意程度的决定因素，但其在消费者注意程度之中扮演着不同的角色。激励这一因素更多的是看消费者是否会主观上调动自己的积极性，施加更高的注意程度。例如，如果商品的价格较高，或者关乎于生命或财产安全，则消费者在主观上就会更积极地去观察商标及其标示的商品。而能力因素则是消费者在客观上是否具备实施某种程度的注意力的条件。如果消费者仅仅是自己主观上愿意去实施较高的注意程度，但在客观上不具备实施这种注意程度的环境、能力、时间等，则消费者在购物中实际施加的注意程度就并不会太高。基于此，对消费者注意程度的判定，需要首先分析激励因素，再看能力因素是否允许消费者实施其主观上所愿意实施的注意程度。

前文已述,就激励程度而言,主要需要考虑物理风险、经济风险、时间风险和社会风险。当消费者意欲购买的商品具备其中的某种风险或全部风险,则消费者在主观上就处于高卷入度状态,为了避免这些风险,消费者就愿意和有激励去施加高度的注意力,从而更可能避免混淆。在司法实务之中,较为常见的激励因素是经济风险。亦即,商品价格的高低会影响到消费者所愿意施加的注意程度。"法院长久以来就认为,消费者的注意力受到价格的影响。"❶ 麦卡锡教授对此指出:"在购买昂贵的商品时,合理谨慎的消费者标准就上升为了'有识别力的购买者（Discriminating purchaser）'标准。"❷ 实际上,正是因为商品的价格较贵,消费者需要承担一定的经济风险,消费者处于高卷入状态,注意程度才有了提升。这就为消费者避免混淆创造了条件。反之,"当商品的价格相对较低,符合冲动型购买时,混淆可能性的风险就增大了。"❸ 麦卡锡教授继而列出了许多被归为"昂贵的商品（Expensive goods）",消费者会施加更高注意程度的商品,

---

❶ Thomas R. Lee, Glenn L. Christensen, Eric D. DeRosia, Trademarks, Consumer Psychology, and the Sophisticated consumer, 57 *Emory L. J.* 575, 603 (2008).

❷ J. Thomas McCarthy, *McCarthy on Trademarks and Unfair Competition*, Eagan: Thomson/West, 2006, §23: 96.

❸ Thomas R. Lee, Glenn L. Christensen, Eric D. DeRosia, Trademarks, Consumer Psychology, and the Sophisticated consumer, 57 *Emory L. J.* 575, 603 (2008).

包括高档住房、昂贵的汽车、赛车、高档地毯、电子检测仪器等。❶ 与之相反的是一些价格低廉，消费者通常在冲动或随意的情况下购买的商品，包括面包、杂志、零食、厨房用具等。在购买这些商品时，消费者并不会对商标施加较高的注意力，混淆就更可能发生。

虽然商品的价格是判断消费者注意程度的重要指针，但商品的价格较高并不意味着消费者一定会施加较高的注意程度，反之，商品的价格较低也不意味着消费者一定会施加较低的注意程度。影响消费者注意程度的因素有激励因素和能力因素，商品的价格仅仅是对消费者施加更高注意程度的一种激励，消费者施加何种水平的注意程度还需要结合其他因素。

首先，价格的高与低是相对的，还要看购买某些特定商品的消费者群体的普遍的购买能力。有些商品虽然价格昂贵，但在一些高收入的消费者人群眼里，这些商品的价格可能并不高。这些高收入群体在购买这类商品时可能也并不会施加较高的注意程度。因此，在判断消费者施加的注意程度是否会受到商品价格的影响时，要参照消费者通常的收入水平。其次，在一些案件中，尽管商品的价格较高，消费者可能主观上愿意施加较高的注意程度，但是由于客观条件的制约，消费者客观上不具备施加较高注意程度的能力，可能在实际购物中只能施加较低的注意程度。例如，有些商标侵权案件涉及的商品是珠宝。本来珠宝是较为贵重的商品，消费者一般愿意施加较高的注意力，但有可能珠宝是通过电视购物或网上购物平台进行销售，消费者即便愿意施加较高

---

❶ J. Thomas McCarthy, *McCarthy on Trademarks and Unfair Competition*, Eagan：Thomson/West, 2006, §23：97.

的注意程度，也无法在购物决策作出之时接触到实物，对商品上的商标、商品本身、包装等进行细致的观察和对比，这就很可能造成消费者最终的注意程度并不会太高。这种情形很明显是由于购物环境的限制造成消费者无法实施本应施加的较高的注意程度。最后，在有的案件中，尽管商品的价格较低，消费者基于其他的风险，也可能施加较高的注意程度。麦卡锡教授对此指出："即便商品并不昂贵，法院有时也会依据特定购买者的特征，将合理谨慎的消费者的标准提高至有识别力的标准。"❶ 例如，尽管某些商品价格较低，但关涉到人的生命和健康安全，消费者在购买时也会施加较高的注意程度，以避免物理风险。再比如，消费者基于社交的考虑，需要送某些礼品给重要的客人，此时可能商品的价格较低，但消费者为了避免社会风险，在选购该种商品时也会更为谨慎。

不仅在分析经济风险时需要运用上述思路，在涉案商品具有物理风险、时间风险和社会风险时，也需要综合"激励"和"能力"两个因素进行综合判断。在符合"激励"因素，消费者在购买特定商品具有物理、时间和社会方面的风险时，消费者受制于自身"能力"的局限，也不一定会施加较高的注意程度。

四、消费者注意程度的规则完善

（一）消费者注意程度在商标侵权判断中的地位

对消费者的注意程度进行判定，最终的目的在于确定消费者是否存在混淆可能性，以决定被告是否构成商标侵权。如何在混

---

❶ J. Thomas McCarthy, *McCarthy on Trademarks and Unfair Competition*, Eagan: Thomson/West, 2006, §23: 98.

淆可能性的判定中具体地运用消费者注意程度这一因素，需要首先明确消费者注意程度与商标侵权判断的关系。

无疑，消费者的注意程度影响到消费者是否极有可能发生混淆。但是，注意程度与混淆可能性之间并非存在必然的因果联系。正如前文所述，消费者是否存在混淆可能性是一个复杂的判断过程，商标的相似性、商品的类似性、商标的显著性、消费者注意程度等都会对消费者的心理认知产生作用，一定程度上影响消费者对商标的识别。而消费者注意程度仅仅是影响消费者对商标进行识别的多种因素中的一种，它不可能完全决定消费者是否会发生混淆，而只能在有限的范围内影响消费者。

正是基于这种考虑，在运用注意程度这一因素时，要结合其他的因素对混淆可能性进行综合的判断。即便在某些案件中，消费者由于具备了"激励"和"能力"，会施加较高的注意程度，也并不意味着消费者一定会避免混淆。麦卡锡教授就指出，"即便相关的购买者是由注意力较高的专家组成，也不必然表明'专家'不会对相似的商标发生混淆。"❶ 例如，即便消费者具备较高的注意程度，但是被告使用了与商标权人商标完全一样的标识，并使用在完全相同的商品类别上，这就完全可能导致消费者发生混淆误认，而不论消费者会施加多高的注意程度。美国1977年发生的Habitat Design Holdings一案就突出地体现出这一点。在该案中，被告在家具和灯具上使用了原告在瓷器和玻璃器具上使用的商标。尽管法院认为，由于被告销售的家具和灯具较为昂贵，消费者会施加较高的注意程度，但是法院认为这一因素并不起决

---

❶ J. Thomas McCarthy, *McCarthy on Trademarks and Unfair Competition*, Eagan: Thomson/West, 2006, §23: 103.

定性的作用。因为两者的标识是相同的，消费者即便有较高的注意程度，也极难区分不同的标识。❶ 同样，在 Kiki 一案中，被告将与原告商标相同的标识使用在女性紧身衣上，第二巡回上述法院也认为，至少在原告和被告商标相同的情况下，消费者注意程度这一因素起的作用就会很小。❷ 对此，麦卡锡教授也持相同的见解，他认为："当其他的因素强有力地支持混淆可能性时，即便职业购买者施加高度的注意力，也不能证明不存在混淆。"❸ 同样，柯克帕特里克也认为："混淆可能性的降低仅仅是种推测，事实也可能转向相反的推测，注意力高并不一定会排除混淆可能性。"❹

由此可见，消费者注意程度并不决定消费者是否会发生混淆，消费者是否会发生混淆受到多种因素的影响，消费者注意程度仅仅是其中的因素之一。

（二）消费者注意程度相关规则的完善

在我国，消费者注意程度也是商标侵权判定的考量因素之一。我国《商标法》司法解释《最高人民法院关于审理商标民事纠纷案件适用法律若干问题的解释》实际上对侵权判定中的消费者注意程度有所涉及。该解释第 10 条规定："人民法院依据商标

---

❶ Habitat Design Holdings Ltd. v. Habitat, Inc., 436 F Supp 327, 332 (S D N Y 1977).

❷ Kiki Undies Corp. v. Promenade Hosiery Mills, Inc., 411 F 2d 1097, 1101 (2d Cir 1969).

❸ J. Thomas McCarthy, *McCarthy on Trademarks and Unfair Competition*, Eagan: Thomson/West, 2006, §23: 103.

❹ Richard L. Kirkatrick, *Likelihood of Confusion in Trademark Law*, New York: Practising Law Institute, 2010, §6: 5.

法第52条第（1）项的规定，认定商标相同或者近似按照以下原则进行：（一）以相关公众的一般注意力为标准。"由于我国商标法以商标的相似性和商品的类似性作为侵权判定的标准，该条文实际上就规定了法院在商标侵权的判定中要考虑系争消费者的注意程度，以相关公众一般的注意力为标准。在司法实践中，我国法院在商标侵权判定中对消费者注意程度也有所考虑。例如，在深圳香榭里花园一案中，深圳某房地产公司在深圳开发了名为"香榭里花园"的楼盘，并注册了香榭里商标。而上海某房地产公司在上海也开发了名为"香榭里花园"的楼盘。深圳公司认为上海公司侵犯了其商标权，遂诉至法院。法院在审理中就认为，在不动产买卖中，消费者的注意程度较高，会关注楼盘的品质、周边环境、开发商的实力和信誉等，而且商品房的销售要签订书面合同。因此，消费者不会产生混淆。❶ 可见，法院在该案中将消费者的注意程度作为了商标侵权判定的主要考量因素，认为商品房对于消费者来说，是价格较高的商品，具有较大的经济风险，消费者在这种情况下就会施加更高的注意力，从而会避免混淆。在南京利源"百家湖"一案中，被告金兰湾公司使用了原告注册的"百家湖"标识。法院在审理该案中也认为，一般说来，商品的价值越高，消费者购买时就越谨慎，产生误认的可能性就越小。相关公众在选购商品房时更为谨慎。因此，金兰湾公司为销售商品房之需使用"百家湖"之地名，不会使相关公众对该商

---

❶ 参见上海市第一中级人民法院民事判决书（2003）沪一中民五（知）初字第170号。王迁教授对本案有较为详细的点评。王迁：《知识产权法教程》，中国人民大学出版社2009年版，第491页。

品的来源产生混淆和误认。❶ 尽管我国司法实践中已经对消费者注意程度这一因素有所运用，但是我国《商标法》侵权判定的条款中却并没有规定消费者注意程度，这并不利于法院在司法实践中利用消费者注意程度进行商标侵权的判定。笔者建议对此进行修订，将消费者注意程度明确规定为混淆可能性判定的考量因素之一，纳入多因素检测法之中。同时，在商标法条例或司法解释中明确规定影响消费者注意程度的因素，对消费者注意程度的判断和适用作出细致的规定，以便于法官利用消费者注意程度进行商标侵权的判定。

综上，消费者自身注意程度的高低会影响到其是否会发生混淆，当消费者所施加的注意程度较低时，消费者更可能发生混淆，而当相关消费者所施加的注意程度较高时，消费者更可能避免混淆。在对消费者注意程度进行判断时，可以参考消费者心理认知方面的"激励"和"能力"两大因素是否具备。消费者只有在"激励"因素的促进下，同时客观上具备注意力提高的"能力"，才能施加较高的注意程度。同时，混淆可能性的判定又是一个综合各种考量因素，对消费者面对商标时的认知状态进行判断的过程。消费者的注意程度即便较高，也并不能完全左右消费者是否会发生混淆。因此，消费者注意程度是影响消费者认知的因素之一，它并不必然表明消费者混淆可能性的存在与否。

---

❶ 江苏省高级人民法院〔2002〕苏民三终字第 056 号民事判决书；江苏省高级人民法院〔2004〕苏民三再终字第 001 号民事判决书。关于本案也可参见孔祥俊：《商标与反不正当竞争法原理与判例》，法律出版社 2009 年版，第 294 页。

第六节　实际混淆与混淆可能性

在商标法中，被告要构成商标侵权，商标权人需要证明被告的行为极有可能造成消费者混淆，但是并不需要证明消费者发生了实际混淆。然而，如果商标权人能够证明相关消费者在市场中发生了实际混淆（Actual confusion），则更能说服法官相信，相关消费者存在着混淆可能性。因此，在混淆可能性的判定中，实际混淆是重要的考量因素之一。

所谓实际混淆，是指是否有任何人因为系争双方商标的相似性而在事实上对被告商品的来源发生了混淆。❶ 在实务中，商标权人为了获得胜诉，往往会向法院举证证明消费者在市场中发生了实际混淆，以使法院相信，既然有消费者已经发生混淆，那么相关消费者当然存在着混淆可能性。实际上，很多法院对实际混淆的证据也颇为重视，认为实际混淆的证据"最具说服力"❷ 是"最好的证据"❸ "也许是混淆可能性判定中最重要的因素"。❹ 尽

---

❶ Michael J. Allen, The Role of Actual Confusion Evidence in Federal Trademark Infringement Litigation, 16 *Campbell L. Rev.* 19, 20 (1994).

❷ Alliance Metals, Inc. v. Hinely Indus., 222 F.3d 895, 907 (11th Cir. 2000).

❸ Original Appalachian Artworks, Inc. v. Toy Loft, Inc., 684 F.2d 821, 832 (11th Cir. 1982).

❹ Safeway Stores, Inc. v. Safeway Discount Drugs, Inc., 675 F.2d 1160, 1166 (11th Cir. 1982).

管如此，还是有持不同见解者，认为"在商标侵权诉讼中，即便有证据证明发生了实际混淆，也并非决定性的"。❶ "实际混淆的证据仍需要具体情况具体分析。"❷ 除了对实际混淆的地位存在争议外，对于实际混淆在混淆可能性判定中的运用，不同实际混淆证据在侵权判定中的效力，不同的法院也是意见不一。

为了更好地在混淆可能性的判定中运用实际混淆这一因素，增加商标侵权判定的科学性，本节拟对实际混淆进行探讨。首先，从商标侵权判定标准的角度分析混淆可能性和实际混淆这两大因素，指出混淆可能性是侵权判定的标准，而实际混淆则是混淆可能性判定中需要考虑的因素。其次，对实际混淆的地位和所能发挥的作用进行研究。最后，总结实务观点和做法，探讨实际混淆在侵权判定中的运用。

一、实际混淆与商标侵权判定的标准

商标侵权判定的标准是混淆可能性，而非实际混淆，这恐怕并没有多大的疑问。但是，为何商标法要将混淆可能性作为侵权成立与否的标准，而非将实际混淆作为标准呢？实际上，要对实际混淆进行准确定位，明确其具体运用，首先需要了解实际混淆为什么没有成为商标侵权判定的标准。

混淆可能性是商标审查的基本尺度，也是侵权认定的标准。商标权人能否在商标侵权之诉中获得救济，主要是看被告的行为

---

❶ 彭学龙：《商标法的符号学分析》，法律出版社2007年版，第205页。

❷ 孔祥俊：《商标与反不正当竞争法原理与判例》，法律出版社2009年版，第277页。

是否极有可能导致消费者混淆。因此，商标法并不要求商标权人在商标侵权之诉中举证证明消费者发生了实际混淆，而只需要证明消费者存在混淆可能性，至于现实中消费者是否真的发生了混淆，法院并不去探究。那么，为什么商标法将混淆可能性作为侵权判定的标准，而不是将消费者的实际混淆作为侵权判定的标准？有学者认为，商标法之所以将混淆可能性确定为商标侵权的标准，是因为需要"将混淆扼杀在'可能'状态"。❶ "将混淆之虞作为判断所选择或拟注册商标是否会侵害在先商标的标准则能实实在在地将商标侵权控制在萌芽状态。"❷ 亦即，仅仅有消费者发生混淆的可能性，就构成商标侵权，可以要求他人停止侵害，排除他人使用，防患于未然。混淆可能性发挥的这种作用类似于传统物权法中物上请求权的功效。物上请求权，是以物权为基础的一种独立的请求权。当物权受到侵害时，物权人即有除去该等妨害的请求权。包括请求侵权人停止侵害、排除妨碍、消除危险、返还财产等。❸ 物上请求权可以在侵权行为处于萌芽状态之时要求他人承担停止侵害等责任，与商标混淆可能性在消费者极有可能发生混淆时进行介入发挥着相类似的功能。

然而，商标法将混淆可能性确定为侵权判定的标准，绝不意味着其主要的功能是防患于未然，意图将商标侵权扼杀于"萌芽状态"。实际上，商标法也完全可以将侵权判定的标准设定为实

---

❶ 彭学龙：《商标法的符号学分析》，法律出版社2007年版，第189页。

❷ 同上。

❸ 魏振瀛：《民法》，北京大学出版社、高等教育出版社2000年版，第209页。

际混淆。同时为了防患于未然,设置类似于物上请求权的商标权请求权。当他人的一些行为极有可能造成消费者混淆误认,有危害到商标权人利益的可能性时就予以介入,要求他人承担停止侵害等责任,这同样可以达到将商标侵权扼杀于"萌芽状态"的效果,而不需要放弃实际混淆的要件,特别设计出混淆可能性标准。可见,商标法舍弃实际混淆,将混淆可能性作为商标侵权判定的标准,其主要的意图并不在于将混淆扼杀在"可能"的状态。当然,正如学者所言,"尽管混淆之虞有别于侵权之虞,但将'混淆之虞'作为侵权认定标准同样能在一定程度上发挥妨害防止请求权的作用。"它客观上起到了跟物上请求权相类似的效果。[1]

实际上,商标法舍弃实际混淆,而将混淆可能性作为商标侵权的判定标准,根本的原因在于商标侵权判定的特殊性。一方面,商标侵权要以消费者是否发生混淆为主要的判断依据。如果消费者能够辨别出不同商标的来源,则不存在侵权人欺骗消费者的可能。被告的行为就没有造成商标法上的损害后果,商标侵权就不会存在。但是另一方面,正如本书反复强调的,消费者混淆又需要探究消费者对商标的心理认知,看消费者是否对两个相似的商标标示的商品的来源或关联关系发生错误的认识。"决定商标侵权的关键在于是否有混淆可能性。这需要关注于目标消费者的心理状态(state of mind)"。[2] 从认知心理学角度来说,就是他

---

[1] 彭学龙:《商标法的符号学分析》,法律出版社2007年版,第189页。

[2] J. Thomas McCarthy, *McCarthy on Trademarks and Unfair Competition*, Eagan: Thomson/West, 2006, §23: 110.

人是否不正当地仿冒商标权人的商标，造成消费者将侵权人的标识误认为是商标权人的商标或与之存在关联关系，使消费者发生购物决策的失误，购买到实际上与商标权人没有任何关系的侵权商品。但是，要在商标侵权诉讼中证明消费者已经发生混淆，是十分困难的。混淆在本质上是消费者对商标的心理认知状态，商标权人无法采取有效的措施去探究消费者的心理状态。同时，由于消费者与商标权人并不存在直接的联系，许多消费者在发生混淆，购买到侵权商品后也不会联系商标权人进行举报和投诉，甚至根本不知道自己购买的是侵权商品。而且，如果侵权人刚刚将侵权商品推向市场，"当被诉的侵权销售规模还比较小时，要求任何实际混淆的证据对商标权人并不公平。"[1] 因此，在商标侵权诉讼中，商标权人很难举证证明消费者在市场中已经实际发生了混淆。假如商标法将实际混淆确定为商标侵权的判定标准，那么商标权人就很难获得法律的有效救济。

由此可见，舍弃实际混淆，而将混淆可能性确定为商标侵权判定标准的根本原因就在于商标侵权判定的特殊性。正因为判定被告是否构成商标侵权，要探究消费者在认知上是否发生混淆，而商标权人又无法准确探知到消费者对商标的心理认知状况，因此，实际混淆的证据较难取得，要求商标权人举证证明消费者在市场中发生了实际混淆实在是勉为其难。与其如此，不如将侵权判定的标准降低为混淆可能性。在发生混淆可能性时就视为被告的行为造成现实的危害，构成商标侵权。实际上，当商标权人能够举证证明被告的行为造成了消费者的混淆可能性，市场上侵权

---

[1] J. Thomas McCarthy, *McCarthy on Trademarks and Unfair Competition*, Eagan：Thomson/West，2006，§23：12.

人的商品就很有可能已经造成消费者的混淆，法律只是不要求商标权人去证明这种实际存在的混淆，商标权人只要能够证明消费者存在混淆可能性，被告就构成商标侵权。

二、实际混淆在混淆可能性判定中的地位

实际混淆尽管没有成为商标侵权的判定标准，但其依然在混淆可能性的判定中发挥着一定的作用。然而，对于实际混淆在混淆可能性判定中的地位和作用，人们还存在分歧。有的法院认为实际混淆的证据"最具说服力"[1]是"最好的证据"[2]"也许是混淆可能性判定中最重要的因素"。[3] 而有的法院却仅将其作为判定混淆可能性存在的因素之一，认为"在商标侵权诉讼中，即便是有证据证明发生了实际混淆，也并非决定性的"。[4] 鉴于此，本小节将对实际混淆的地位展开讨论，以期能明确实际混淆在混淆判定中的作用。

（一）实际混淆地位的基本观点

尽管实际混淆并不是商标侵权的判定标准，但是毫无疑问，如果原告能够在诉讼中证明消费者在购物中发生实际混淆，就很有可能使法官相信，被告的行为确实极有可能造成消费者混淆。

---

[1] Alliance Metals, Inc. v. Hinely Indus., 222 F.3d 895, 907 (11th Cir. 2000).

[2] Original Appalachian Artworks, Inc. v. Toy Loft, Inc., 684 F.2d 821, 832 (11th Cir. 1982).

[3] Safeway Stores, Inc. v. Safeway Discount Drugs, Inc., 675 F.2d 1160, 1166 (11th Cir. 1982).

[4] 彭学龙：《商标法的符号学分析》，法律出版社2007年版，第205页。

有的法院就特别青睐实际混淆的证据，认为这种证据既然表明消费者已经发生混淆，混淆可能性也就无须再证明。美国不正当竞争第三次重述就表现出对实际混淆证据的偏爱，其认为，"实际混淆的存在直接表明在市场环境中两个实际使用的标识之间的相似性足以导致混淆。令人信服的实质上的实际混淆证据通常是决定性的（Decisive）。"❶ 麦卡锡教授也认为，"任何实际混淆的证据都对混淆可能性具有很强的证据力。无论法院在混淆可能性证据缺乏的时候有多自信，他或她都必然至少要考察一下实际混淆的证据。"❷ 实践中，有许多法院十分看重实际混淆证据的证明力。美国第五巡回法院就认为，没有比实际混淆证据更能说明混淆可能性问题实质的证据了。即便是很少的实际混淆的证据也足以证明混淆可能性，除非有压倒性数量的证据才能否定这种证据。❸ 第二巡回法院也在判决中表明，"混淆已经实际发生的证据在证明混淆可能性发生方面是令人信服的"。❹ "实际混淆的存在表明了消费者的混淆可能性，这是不言而喻的。"❺ 第六巡回法院也认为，"实际混淆的证据无疑也是混淆可能性的证据"。❻ 与此

---

❶ Restatement (Third) of Unfair competition § 20 comment. b (1995).

❷ J. Thomas McCarthy, *McCarthy on Trademarks and Unfair Competition*, Eagan: Thomson/West, 2006, §23: 13.

❸ World Carpets, Inc. v. Dick Littrell's New World Carpets, 438 F. 2d 482, 489 (5th Cir. 1971).

❹ Morningside Group Ltd. v. Morningside Capital Group, L. L. C., 182 F. 3d 133, 141 (2d Cir. 1999).

❺ Virgin Enterprises Ltd. v. Nawab, 335 F. 3d 141, 151 (2d Cir. 2003).

❻ Daddy's Junky Music Stores, Inc. v. Big Daddy's Family Music Center, 109 F. 3d 275, 184 (6th Cir. 1997).

同时，尽管有些法院认为实际混淆证据在证明混淆可能性方面比较重要，但并不起决定性的作用。第八巡回法院就认为，"尽管实际混淆的证据并不必然能够证明混淆可能性的存在，但也许是证明混淆可能性的最为有效的方式。"❶ 同样，第十巡回法院也指出，"尽管并不必然会在商标侵权诉讼中获胜，但市场中发生的实际混淆的证据可能表明混淆可能性。"❷ 联邦法院更是直截了当地认为："实际混淆的证据对于混淆可能性当然具有高度的证明性，但并非决定性的。"❸

不仅有观点认为实际混淆证据能够证明混淆可能性的存在，而且有法院认为，如果商标权人无法举出实际混淆的证据，则恰恰说明消费者不存在混淆可能性，被告的行为就不构成侵权。这更从反面加强了实际混淆证据的证明效力。麦卡锡教授就指出，"一些法院较为看重实际混淆不存在的证据，认为这是未来混淆可能性不存在的证据。"❹ 实践中，有的诉讼方也采取了这种策略，"引导事实的裁判者从实际混淆不存在之中推导出混淆不可能发生。"❺ "有些法院也表明在某些情况下缺乏实际混淆的证据

---

❶ Hubbard Feeds, Inc. v. Animal Feed Supplement, Inc., 182 F.3d 598, 602（8ᵗʰ Cir. 1999）.

❷ Sally Beauty Co., Inc. v. Beaytyco, Inc., 304 F.3d 964, 974（10ᵗʰ Cir. 2002）.

❸ In re Majestic Distilling Co., 315 F.3d 1311, 1317（Fed. Cir. 2003）.

❹ J. Thomas McCarthy, *McCarthy on Trademarks and Unfair Competition*, Eagan: Thomson/West, 2006, §23: 18.

❺ Richard L. Kirkatrick, *Likelihood of Confusion in Trademark Law*, New York: Practising Law Institute, 2010, §7: 7.

就推定混淆可能性不存在。"❶

实际上，这种观点有其合理的一面。如果系争商标在市场上共同存在一段时间之后，消费者依然没有发生混淆误认，就说明消费者已经能够正常地区分两个商标，被告也就不存在侵权的问题。美国第一巡回法院就认为，原告不能够在诉讼中提出实际混淆的证据，就表明市场中根本不可能发生混淆可能性。"当这些商标在市场中共存一段时间后，依然缺乏实际混淆的证据，就说明并没有什么混淆的可能性。"❷ 有其他法院也持相类似的看法，认为若当事人在相同地理区域内的市场并行使用已达一段相当长的时间，而无真正混淆之事例，可推论无混淆之虞。❸ 在1999年的Nabisco案中，法院就认为，"如果消费者在足够长的一段时间内在市场中接触到两个系争的相似的商标，而并没有通过调查或实际混淆的报告发现存在实际混淆，就明显地表明后使用者的商标并没有造成实质上的混淆可能性。相反，如果一些实际混淆的例子已经存在，就表明了混淆可能性继续存在的极大可能。"❹ 同样，"如果后使用者的商标还没有出现在市场上，就没有机会在市场中表现出混淆，则在逻辑上可以肯定的是没有实际混淆的'具体的个案'会发生，这样，'实际混淆'的因素就不在考虑范

---

❶ Richard L. Kirkatrick, *Likelihood of Confusion in Trademark Law*, New York: Practising Law Institute, 2010, §7: 7.

❷ Pignons S. A. de Mecanique de Precision v. Polaroid Corp., 657 F. 2d 482, 490 (1st Cir. 1981).

❸ 王敏铨："美国商标法之混淆之虞及其特殊样态之研究"，载《智慧财产权月刊》2006年第94期。

❹ Nabisco, Inc. v. PF Brands, Inc., 191 F. 3d 208, 228 (2d Cir. 1999).

围之内，因为与它没有相关性。"[1]

实际混淆证据不仅能够增加商标权人在诉讼中获胜的概率，有学者还认为，实际混淆证据的存在也能够说明原告的商标获得了第二含义，[2] 这对于描述性的商标来说尤为重要。根据商标法显著性的基本理论，商标可以分为臆造商标、随意商标、暗示商标、描述性词汇和通用名称。其中，臆造商标、随意商标和暗示商标具有固有显著性，商标权人不必证明其商标获得了第二含义，而描述性词汇不具有固有显著性，商标权人要主张其商标权，需要首先证明该描述性词汇已经具备第二含义，消费者将其识别为商标。而在侵权诉讼之中，如果商标权人的商标是描述性词汇，商标权人又能够举出实际混淆的证据，则就表明其商标具备了显著性，获得了第二含义。"实际混淆的证据与原告的描述性标识是否获得第二含义和保护性是相关联的。"[3] 这是因为，只有商标权人的描述性标识具备了显著性，获得了第二含义，消费者才将之视为商标，而只有商标权人的标识成为商标，才可能遭致侵权人的仿冒，导致消费者混淆。因此，当商标权人能够举证证明市场中的消费者已经发生实际混淆，就恰恰说明其商标已经成为侵权人牟取非法利益的对象，"这些被混淆的人必然将原告

---

[1] Nabisco, Inc. v. PF Brands, Inc., 191 F. 3d 208, 228 (2d Cir. 1999).

[2] Michael J. Allen, The Role of Actual Confusion Evidence in Federal Trademark Infringement Litigation, 16 *Campbell L. Rev.* 19, 22 (1994).

[3] Michael J. Allen, The Role of Actual Confusion Evidence in Federal Trademark Infringement Litigation, 16 *Campbell L. Rev.* 19, 22 (1994).

的商标与原告相联系,实际混淆才能存在"。❶

综上,目前业内的基本观点认为,实际混淆在混淆可能性的判定中居于重要的地位,甚至能够决定混淆可能性的成立。同样,如果商标权人无法举证证明实际混淆的存在,往往法院会推定消费者混淆可能性的不存在。此外,实际混淆还是商标权人证明商标获得第二含义的有力证据。

(二) 实际混淆的地位界定

对于实际混淆在混淆可能性的判定中究竟起到何种作用,不能依靠直觉进行判断,而必须结合实际案件,对实际混淆证据予以客观对待。笔者认为,对于实际混淆的定位需要关注消费者对商标的心理认知状态,亦即从消费者的角度去考虑市场中实际发生的混淆是否预示着消费者混淆可能性的存在。

正如前文所言,消费者是理解商标法的关键。商标法中的重要范畴如显著性、混淆、淡化等,都与消费者对商标的心理认知有关。混淆可能性实际上是对消费者心理状态的描述。对于实际混淆证据来说,其反映的是消费者在市场中确实发生了无法区分两个标识的情况。因此,原告如果在诉讼中提出了消费者实际混淆的证据,姑且不论该实际混淆证据的数量和消费者混淆的程度,只要法院核实了原告实际混淆证据的真实性,亦即,消费者的实际混淆证据具备证据的基本要求,这实际上就说明,市场中确实有消费者因为被告的行为而发生了认知上的错误,则消费者混淆可能性就有可能是存在的。正是基于这一点,很多法院在诉讼中才对实际混淆证据青睐有加,甚至有法院会认为就算是少量

---

❶ Michael J. Allen, The Role of Actual Confusion Evidence in Federal Trademark Infringement Litigation, 16 *Campbell L. Rev.* 19, 22 (1994).

的个别的实际混淆的证据也足以说明消费者极有可能发生混淆。可见,实际混淆证据在混淆可能性的判定中具有一定的重要性,它可以一定程度上反映出消费者认知的状态。

然而,实际混淆证据的重要性并不能够被夸大,对于在诉讼中提出的实际混淆证据,究竟在混淆可能性判定中占据什么样的地位,还需要根据案情进行判定,不能够仅仅依据消费者实际混淆的证据就一律推定混淆可能性的存在。例如,实践中有商标权人可能会举出个别消费者误买误购的实例,以此来证明相关消费者发生了实际混淆。但是,这种证据是否能够证明消费者存在混淆可能性是存在疑问的。本书第三章在界定混淆可能性的范畴时曾经讨论过,混淆可能性标准对消费者发生混淆的程度有要求,混淆可能性中的混淆需要相当范围或数量的消费者极有可能发生混淆。同时,混淆可能性也对消费者的注意程度有要求,仅指那些施加了合理谨慎的注意力,仍然极有可能发生混淆的相关消费者。因此,诉讼中商标权人所举出的个别消费者在购买中发生混淆的实例,可能仅仅是因为极个别消费者注意力低下,没有对相关商标施加合理的注意而导致的,这就不符合混淆可能性对消费者需施加通常的合理谨慎的注意力的要求,不属于混淆可能性所指的混淆。此外,还有可能发生实际混淆的消费者太少,相对于整个相关消费者群体来说所占比例过小,无法代表该商品相关消费者群体的整体认知状况,这也不属于混淆可能性所指的混淆。可见,"孤立的或者偶尔的实际混淆的例子通常被认为不足以证明有大量的潜在消费者极可能发生混淆。"❶ 实际混淆的证据并不

---

❶ Richard L. Kirkatrick, *Likelihood of Confusion in Trademark Law*, New York: Practising Law Institute, 2010, §7: 7.

一定表明系争商标相关的消费者会发生混淆。法院在对实际混淆证据进行审查时，要考虑实际混淆的消费者能否代表整个相关消费者群体的认知状况。

如果原告在商标诉讼中无法提出实际混淆的证据，应当如何判定混淆可能性呢？上文的分析也同样适用。消费者实际混淆的证据，既可能表明市场中消费者存在混淆可能性，也可能因为不符合混淆可能性的要求，不能代表系争商标所涉及的消费者群体的认知状况，无法证明混淆可能性的存在。同样，即使原告在诉讼中无法提出实际混淆的证据，也不一定就表明市场中的消费者不可能对系争商标发生混淆。那种认为原告不能够在诉讼中提出实际混淆的证据，就表明市场中不可能发生混淆的观点过于绝对化。实际上，原告在诉讼中提不出实际混淆的证据，可能有各种原因，并不表明市场中的消费者不会发生混淆。首先，当系争商标所标示的商品价格较为低廉时，消费者通常会施加较低的注意程度，这就难免对商品的来源或关联关系发生混淆，而发生混淆后由于商品的价格较低，消费者也可能不会在意或意识不到，或者即使知道了也不会去联系商标权人或向有关部门投诉，这样商标权人就很难获得消费者实际混淆的证据。"当商品比较便宜时，实际混淆证据的缺乏并不必然表明没有混淆可能性。"[1] 其次，当原告和被告的商品在市场上共同存在的时间较短，或者被告的商品与原告的商品并不在同一个销售渠道销售，消费者也可能由于被告商品并未大量地在市场上销售而没有接触到被告的商品，不会发生任何实际的混淆。这时在诉讼中要求原告提出实际混淆的

---

[1] J. Thomas McCarthy, *McCarthy on Trademarks and Unfair Competition*, Eagan: Thomson/West, 2006, §23: 18.

证据就勉为其难。最后，即便原告和被告的商品在市场中共同存在了很长一段时间，消费者能够接触到原告和被告的商品，消费者也可能在发生混淆之后没有向商标权人或有关部门进行投诉，甚至可能没有意识到自己发生了混淆，在这种情况下，商标权人也很难收集到消费者发生实际混淆的证据。可见，对商标权人无法提出实际混淆的证据，要结合具体案情进行分析，不可以依此直接推断市场中不存在消费者混淆可能性。在原则上，商标法并不要求商标权人提出实际混淆的证据，当然也就不能够从商标权人无法提出实际混淆证据的情况直接推导出混淆可能性不存在。实际上，很多法院确认商标权人无法提出实际混淆证据这种情况之后，一般都会结合原告与被告商品共存于市场中的时间、原告与被告商品的价格等因素去判定，考察实际混淆证据的缺乏是否是对混淆可能性不存在的有力证明。如果原告与被告的商品共存于市场中的时间足够长，消费者还没有发生实际的混淆，就可能暗示消费者已经正确地区分了原告与被告的商标，不容易对系争商标发生混淆。

关于实际混淆证据的存在是否能够说明原告的商标获得第二含义，也要结合具体的案情去判定。前文已经论述，实际混淆证据的存在，并不能直接推定出消费者混淆可能性的存在。法院还需要结合具体的案情对实际混淆证据在混淆可能性判定方面的证明力进行考察。同理，实际混淆的证据也无法直接推定原告的商标获得了第二含义，法院也需要结合具体的案情对实际混淆的证据进行考察。如果有消费者确实发生了混淆，但这种混淆是零星的、个别的，或者是基于消费者自身的疏忽，这就无法代表相关消费者群体对系争商标的认知状况，不能表明相关消费者都会将原告的标识视为商标，表明原告商标获得了第二含义。反之，如果双方的商标在市场上共存了足够长的时间，消费者实际混淆的证据也并非零星的、个别的现象，这就可以说明，原告的商标获得了第二含义。

综上，对于实际混淆在混淆可能性判定中的地位，应当客观对待之。不应过分夸大实际混淆在混淆可能性判定中的作用，也不应否定其重要性。法院在混淆可能性的判定中运用实际混淆证据，不能够简单地由实际混淆证据的有或无推导出混淆可能性的存在或不存在，对于实际混淆证据还需要结合具体的案情去判断。

三、实际混淆在混淆可能性判定中的运用

实际混淆在混淆可能性判定中具有一定的作用，可以帮助法官来判断消费者是否极有可能发生混淆。在侵权判定之中具体运用实际混淆证据，需要注意一些问题，主要涉及实际混淆证据的种类、实际混淆证据对相关人群的要求、实际混淆证据的数量要求。

（一）实际混淆证据的种类

首先，对实际混淆证据的重视不代表"任何人所发生的任何类型的实际混淆都很重要"。[1] 就实际混淆证据的种类而言，司法实践中对不同的实际混淆证据有着不同的处理方式，其证明力也有所不同。实务中最为看重的实际混淆证据是消费者对系争商品的误买误购。"最好的实际混淆的证据是因为商标的相似性，造

---

[1] Richard L. Kirkatrick, *Likelihood of Confusion in Trademark Law*, New York: Practising Law Institute, 2010, §7: 3.

成个人购买了一方的商品,却认为他购买的是另一方的商品。"❶ "最直接的实际混淆的损害类型是错误地购买到一方的商品而非另外一方。"❷ 这是因为"与混淆相关的是那些影响'购买和销售商品或服务'的情形"。❸ 混淆可能性所针对的就是消费者在购物中是否极有可能对不同商品的来源发生混淆。既然现实中已经有消费者发生了误买误购的实例,就说明消费者混淆可能性的存在。"当考虑实际混淆的证据时,关键是实际上是否有消费者从原告处被转移到了被告处。"❹ 但是,对实际混淆的证据还应具体分析,看该消费者的混淆是否能够代表系争商标相关消费者群体的认知状况。如果只是零星或个别消费者的误买误购,或是因为注意力低下而误买误购,则其证明力就要大打折扣。其次,除了消费者发生误买误购的证据外,还有一种证据类型也可以用以证明混淆可能性,这就是消费者因为发生混淆而误拨误打电话,因混淆而投递了错误的邮件等。亦即,消费者本打算通过电话或邮件联系商标权人,但是由于发生了混淆,却最终联系到了侵权人,反之亦然。❺ 这类证据对于混淆可能性也有一定的证明力,

---

❶ Michael J. Allen, The Role of Actual Confusion Evidence in Federal Trademark Infringement Litigation, 16 Campbell L. Rev. 19, 36 (1994).

❷ Richard L. Kirkatrick, Likelihood of Confusion in Trademark Law, New York: Practising Law Institute, 2010, §7: 5.

❸ W. W. W. Pharmaceutical Co. v. Gillette Co., 984 F. 2d 567, 574 (2d Cir. 1993).

❹ Taj Mahal Enters., Ltd. v. Trump., 745 F. Supp. 240, 249 (D. N. J. 1990).

❺ 相反的情形在市场中也会发生,亦即消费者本欲联系侵权人,却错误地联系上了商标权人。商标权人才会发现,消费者一直将侵权人视作真正的"商标权人"。

但效力大不如消费者误买误购的证据。有的法院认为，消费者误打电话、误递邮件的证据需要与其他可以信赖的，具有证明力的实际混淆证据相配合，才可以被采纳。甚至在一些案件中，法院拒绝承认误拨电话作为可信赖的双方商标发生实际混淆的证据。❶这是因为，消费者误打电话、误递邮件可能是出于自己的粗心大意。因此，这种证据的证明力有所降低。在实践中还要看消费者误打电话、误递邮件是否是在施加了合理注意程度的前提下因为发生混淆而作出的行为。

还有一类实际混淆的证据比较特别，这就是消费者调查所获得的消费者混淆证据。原告为了证明市场中的消费者会发生混淆，可能会采取消费者调查的方式，将消费者在调查中所发生的混淆作为实际混淆的证据。实际上，消费者调查并不是真正意义上的实际混淆证据，它仅仅是调查者模拟真实的市场环境，对消费者所进行的访谈和提问，它并不代表消费者在真正的市场环境中就一定会发生混淆。"调查证据并不是真正的实际混淆证据，法院是否会对其进行考虑是存在疑问的。调查证据也并不是实际混淆的实例，他们不代表真实的消费者在市场之中所经历的实际混淆。"❷ 因此，原则上法院不应将消费者调查证据作为实际混淆的证据。但是，法院可以将消费者调查证据作为判定混淆可能性的考量因素之一。法院在对待这类证据时，主要还是要审查原告所实施的消费者调查是否符合调查证据的

---

❶ Michael J. Allen, The Role of Actual Confusion Evidence in Federal Trademark Infringement Litigation, 16 *Campbell L. Rev.* 19, 34 (1994).

❷ Michael J. Allen, The Role of Actual Confusion Evidence in Federal Trademark Infringement Litigation, 16 *Campbell L. Rev.* 19, 55 (1994).

有关要求，是否能够真实地反映出市场中相关消费者的认知状况。

(二) 实际混淆证据的对象

实际混淆证据对于混淆的人群也有所要求。对于混淆可能性而言，并非所有人发生的混淆都会被纳入其范围，混淆可能性所指的混淆是那些损害商标权人和相关消费者利益的，影响到商标法价值实现的混淆形态。据此，商标混淆所涉及的主体就是一个以消费者为主，包括其他相关主体的广义概念。其不仅限于真正购买或可能购买特定商标所标示的商品的消费者，还包括那些能够直接影响和左右消费者购买特定商标所标示的商品的主体以及与特定商标的商标权人有直接经济往来和联系的主体。这些主体包括直接影响消费者决策的主体，在市场中与商标权人有直接经济关系的借贷人、出租者、投资者、经销商、批发商、零售商等。相关消费者之外的其他主体之所以被纳入到混淆可能性的范围之中，是因为这些主体与商标权人有直接的关系，他们所发生的混淆影响了商标权人和消费者利益的实现。如孩子发生混淆，会直接影响父母为其购买玩具的行为。由于父母并不了解玩具的品牌，往往会在孩子的要求下购买玩具，而孩子又极易对玩具上的商标发生混淆，这就可能导致父母购买到侵权玩具。同样，借贷人、出租者、投资者、经销商、批发商等发生的混淆，会直接影响到这些主体的市场交易行为，造成上述混淆主体在选择投资、购买等经济决策时在混淆的基础上作出错误的判断。因此，只有这些主体在市场中所发生的混淆才可以被认为是有证明力的实际混淆证据。实务中，"大部分法院都认为，分销商，如零售商或者其雇员就标有商标的商品发生的混淆是有效的实际混淆证据。"❶ 有学者就指出："尽管这些证据并没有直接表明消费者的实际混淆，零售商和分销商，以及他们的雇员，无疑也是标有商标的商品的消费者。更重要的是，如果职业的购买者如零售商都因一方的商标发生混淆，则拥有较少知识和分辨力的终端消费者更可能被混淆。"❷

除了上述主体之外，有一些主体发生的实际混淆的证据，与混淆可能性就并不存在直接的联系，这些主体所发生的混淆不一定就表明相关消费者可能会对商标发生混淆。这些情况包括新闻媒体及其工作人员对系争商标发生混淆，由于混淆作出了错误的报道以及商标权人的朋友、认识的人或亲戚在发表的言论中对系争商标所发生的混淆等。新闻媒体及其工作人员如果在报道中对商标出现混淆，并不一定表明商标权人的相关消费者也会发生混淆。因为新闻媒体和工作人员有可能不是商标权人的相关消费者。而且，新闻媒体在发生混淆之后，也可以通过事后道歉、澄清的方式来更正自己的错误。商标权人的朋友、认识的人或亲戚在发表的言论中对商标发生了混淆，也并不一定表明商标权人的相关消费者会在市场中极有可能发生混淆，这些人也可能并不是商标权人的相关消费者。因此，这两类实际混淆的证据还需要结合具体的案情进行分析，其与混淆可能性之间并不存在直接联系。

---

❶ Michael J. Allen, The Role of Actual Confusion Evidence in Federal Trademark Infringement Litigation, 16 *Campbell L. Rev.* 19, 45 (1994).

❷ Michael J. Allen, The Role of Actual Confusion Evidence in Federal Trademark Infringement Litigation, 16 *Campbell L. Rev.* 19, 46 (1994).

(三) 实际混淆证据的数量

不仅不同种类的实际混淆证据会影响其在混淆可能性判定中的证明力，实际混淆证据的数量也影响到混淆可能性的判定。有的法院认为，原告只要在诉讼中提出少量的实际混淆证据就能够在侵权判定中占据一定的优势。因为实际混淆的证据并不好获得。而有的法院则认为，原告如果仅仅提出个别的或少量的实际混淆证据，并不具有很强的说服力，对混淆可能性的判定没有什么影响。❶ 也有法院认为，对实际混淆证据的量化本身就较为困难，因为这些实际混淆的证据并不是对整个消费者群体的完整调查。"原告通常并不能提出所有的实际混淆的证据，只能够提出一些可以被其发现的证据。"❷ 实际上，对实际混淆证据的数量不应有统一的要求，而应结合具体的案情去判断。首先要判断的是原告所提出的实际混淆证据的种类，一般而言，消费者在市场中所发生的误认误购是最佳的实际混淆证据，而其他种类的实际混淆证据其证明力则有所下降。其次，在将实际混淆证据进行分类的基础上，需要进一步对实际混淆证据的数量进行考察，看实际混淆证据是否能够代表系争商标相关消费者群体的整体认知状况。对于实际混淆证据的数量，立法和司法也不应当确定统一的标准，而应结合原告获得实际混淆证据的难度决定实际混淆证据的证明力。例如，如果涉案商标价格较为低廉，则原告获得实际混淆证据的难度显然会加

---

❶ Michael J. Allen, The Role of Actual Confusion Evidence in Federal Trademark Infringement Litigation, 16 *Campbell L. Rev.* 19, 51 (1994).

❷ Michael J. Allen, The Role of Actual Confusion Evidence in Federal Trademark Infringement Litigation, 16 *Campbell L. Rev.* 19, 53 (1994).

大，因为由于商品的价格较低，消费者一般发生混淆后不易察觉，即便发现自己买了侵权商品，消费者也可能不会向商标权人和有关部门报告，这样商标权人获得实际混淆证据的难度就较大。因此，对于实际混淆证据的数量，应结合实际混淆证据的种类、实际混淆证据是否能够代表相关消费者群体的认知状况来考察，不宜设置统一的标准。

综上，在对混淆可能性进行判定的多因素检测法中，实际混淆是可以考量的因素之一，在商标侵权的判定中发挥着一定的作用。但是，消费者存在实际混淆并不必然意味着消费者混淆可能性的存在。法院不能够仅仅依据原告提出的实际混淆证据就判定被告侵权成立。相反，法院在运用实际混淆证据时，要结合具体的案情，分析实际混淆证据的种类、实际混淆所涉及的主体以及实际混淆证据的数量，评估原告所提出的实际混淆证据是否能够代表系争商标相关消费者群体的认知状况，这样才能在混淆可能性的分析中作出正确的判断。在未来我国商标法的修订中，也有必要规定实际混淆，将之纳入多因素检测法之中，并通过商标法条例或司法解释明确其具体适用。

第七节　主观意图与混淆可能性

在多因素检测法中，被告的主观意图是混淆可能性判定时可以考量的因素之一。所谓被告的主观意图，在商标法中主要是指被告在主观上追求消费者发生混淆的想法和目的。这种主观上的意图反映到行为上就是被告会采取一定的措施，通过复制或模仿

商标权人的商标，造成消费者混淆。可见，"被告造成消费者混淆的恶意这项证据与混淆可能性相关联。"❶

虽然被告的主观意图与混淆可能性的判定具有联系，但是，对于被告的主观意图在混淆可能性的判定中居于何种地位，在实务中如何运用被告的主观意图这一证据来判定混淆可能性，各方分歧较大。有的法院主张，被告的主观意图在混淆可能性的判定中具有重要意义，只要证明被告具有主观侵权的恶意，则混淆可能性就能够被推定存在。❷ 有的法院对此却持反对意见，认为被告的主观意图仅仅是混淆可能性判定中可以考虑的因素之一，证明了被告的恶意并不代表就一定存在混淆可能性。❸ 不仅如此，对于何种主观意图才构成被告主观的恶意，实践中也存在着不同的观点。例如：被告单纯地采用与原告商标相同或高度相似的标识是否表明恶意？被告在明知原告商标存在的情况下依然采用原告的商标是否是恶意？被告在被原告警告之后继续坚持使用原告的商标是否是恶意？这些问题都关系到主观意图在混淆可能性判定中的运用，亟待探讨。

基于此，本节拟对混淆可能性判定中的主观意图进行分析，以明确主观意图的地位和适用方法。本节第一部分论述主观意图在商标侵权判定中运用的历史，关注立法与司法中主观意图地位的转变；第二部分给予主观意图以明确的定位，确定其在混淆可

---

❶ J. Thomas McCarthy, *McCarthy on Trademarks and Unfair Competition*, Eagan: Thomson/West, 2006, §23: 108.

❷ My-T Fine Corp. v. Samuels, 69 F. 2d 76, 77 (2d Cir. 1934).

❸ Richard L. Kirkatrick, *Likelihood of Confusion in Trademark Law*, New York: Practising Law Institute, 2010, §8: 3.2.

能性判定中的作用和地位；最后一部分探讨在实务中如何判定主观意图。

一、主观意图在混淆可能性判定中的衰落

在不同的历史阶段，主观意图在混淆可能性的判定中起着不同的作用。在混淆可能性还未被确立为商标侵权判定的标准时，主观意图一直在侵权的判定中居于核心地位，是商标侵权判定的标准，决定了商标侵权是否成立。"商标侵权源自于普通法，是恶意侵权的分支，具有欺诈被告的意图曾经被认为是商标侵权的核心要件。"[1] 正如第一章所述，19世纪中叶之前，英、美国家主要通过普通法和衡平法对商标进行保护。在这一阶段，无论是普通法和衡平法，都将被告主观上是否具有欺诈的意图作为侵权是否成立的要件。原告要获得商标法的救济，必须在诉讼中证明被告具有主观的欺诈意图。如果被告没有恶意攫取商标权人商誉的意图，本着诚实守信的精神行事，即便其造成消费者混淆，被告的行为也不构成侵权。这就表明，当时的立法偏向于将商标侵权认定为是一种不正当竞争行为，立法重在惩处那些不诚信的、扰乱市场竞争秩序、恶意侵占他人经营果实的侵权人。对于无意间造成消费者混淆的经营行为，立法认为其没有扰乱市场竞争秩序，因而缺乏规制的正当理由，在当时不将其认定为侵权行为。

随着市场经济的发展，商标逐渐被视为商标权人的私有财产，被告的主观意图在商标侵权判定中的核心地位开始受到挑战。人们逐渐意识到，商标的功能在于区分，只有消费者不发生

---

[1] J. Thomas McCarthy, *McCarthy on Trademarks and Unfair Competition*, Eagan: Thomson/West, 2006, §23: 104.

混淆，商标的功能才能正常发挥，商标权人才能放心地投资于生产经营，消费者才能够认牌购物。据此，被告的主观意图不再在商标侵权的判定中占据核心地位，开始让位于混淆可能性。立法开始将商人对其商标的权利法定化，设定排他性的商标权；同时，法院也开始抛弃普通法上商标侵权的主观欺诈要件，将混淆可能性确立为商标侵权判定的依据。从19世纪末期到20世纪初，美国法上逐步区分了商标侵权与不正当竞争，开始将商标区分为具有固有显著性的技术性商标与不具备固有显著性的非技术性商标。对前者的侵权是商标侵权，对后者的侵权为传统不正当竞争行为。对于商标侵权的成立，主观意图是不需要具备的，只要被告的行为极有可能造成消费者混淆，商标侵权就成立，而对于非技术性商标的侵害，当时被认为是不正当竞争行为，原告要获得救济，需要证明被告主观上具有恶意。"如果原告的商标并不具有固有的显著性，则给予独立的反不正当竞争法的保护，原告需要证明被告有欺骗或混淆购买者的意图。"❶ 此后，将商标法上的侵权区别为商标侵权和不正当竞争，并适用不同证明标准的做法开始受到质疑，并为司法所抛弃。人们逐步认识到，"即便商人诚信经营，当使用与其他销售者的商标相近似的标识时，其行为也可能造成购买者混淆。"❷

　　进入20世纪，主观意图在商标侵权判定中已不再重要。"商标法的政策取向转为保护消费大众免于混淆之虞，商标法转为注

---

❶　J. Thomas McCarthy, *McCarthy on Trademarks and Unfair Competition*, Eagan：Thomson/West, 2006, §23：105.

❷　J. Thomas McCarthy, *McCarthy on Trademarks and Unfair Competition*, Eagan：Thomson/West, 2006, §23：104.

意购买人对标章的反应的客观事实，而非侵害者的主观动机。"[1]主观意图已不具备早期在英、美侵权法中的显赫地位，不再决定商标侵权是否成立，而仅仅作为混淆可能性判定过程中可以考虑的因素之一发挥作用。亦即，主观意图由原先的侵权判定标准降格为侵权判定中可以考虑的因素，不再作为侵权成立必须要满足的要件。在1995年美国不正当竞争重述中，就体现出了这种变化。1995年美国不正当竞争重述第22条认为："使用另一个人的商标、商业名称、集体商标或证明标识，极有可能造成混淆，构成侵权，而不论行为者是否知道其他人的先使用，或试图造成潜在购买者混淆。因此，对行为者施加责任不再要求试图去欺骗的证据。"[2]

由此可见，随着理论与实践的发展，商标侵权的判定标准已经由主观意图逐步变为了混淆可能性，主观意图降格成了混淆可能性判定中可以考虑的因素之一。这主要是因为，"商标侵权的唯一标准是混淆可能性，这主要是购买者可能会发生的反应的事实问题，而非被告销售者大脑的主观状态。"[3]

二、主观意图在混淆可能性判定中的地位

(一) 主观意图的观点分歧

尽管主观意图已经不再是商标侵权判定的标准，而是商标侵

---

[1] 王敏铨："美国商标法之混淆之虞及其特殊样态之研究"，载《智慧财产权月刊》2006年第94期。

[2] Restatement (Third) of Unfair competition § 22, comment b (1995).

[3] J. Thomas McCarthy, *McCarthy on Trademarks and Unfair Competition*, Eagan：Thomson/West, 2006, § 23：107.

权判定中的考量因素，但是对于主观意图这一因素究竟在商标侵权判定中居于何种地位，起到什么样的作用，各方依然存在分歧。有法院认为，一旦被告主观上侵权的恶意被证实，就可以顺理成章地推导出混淆可能性的存在，而有的法院则认为，原告即便证明了被告主观上存在恶意，也无法直接推导出混淆可能性的存在。

"法院长久以来对意图这一因素在多因素检测中应当和实际上扮演何种角色存在分歧。"❶ 实践中有法院认为，被告的主观意图在混淆可能性的判定中具有重要意义，只要证明被告具有主观侵权的恶意，则混淆可能性就能够被推定存在。早在1934年的My-T Fine一案中，法官就指出，"当（意图欺骗）出现时，我们认为它产生了程序上很重要的结果；后来者有意复制他的竞争者的外观已经导致其至少必须证明他的努力是白费的。（恶意）的意图就能够推断出消费者会被混淆。"❷ 1981年的Harlequin案中，法院也申明，"有意模仿的证据是相关的，因为法律已经推定，有意造成的相似性可能导致混淆。"❸ 同样，Mobil Oil案中法院也认定，有意的复制能够推导出混淆可能性的产生。❹ "意图复制本身就创造出了可辩驳的混淆可能性推论。"❺ "试图从原告的商业

---

❶ Barton Beebe, An Empirical Study of the Multifactor Tests for Trademark Infringement, 94 *Cal. L. Rev.* 1581, 1626 (2006).

❷ My-T Fine Corp. v. Samuels, 69 F.2d 76, 77 (2d Cir. 1934).

❸ Harlequin Enters. v. Gulf & W. Corp., 644 F.2d 946, 949 (2d Cir. 1981).

❹ Mobil Oil Corp. v. Pegasus Petroleum Corp., 818 F.2d 254, 258 (2d Cir. 1987).

❺ Bauer Lamp Co. v. Shaffer, 941 F.2d 1165, 1172 (11th Cir. 1991).

声誉中获取利益这种意图本身就足以推导出混淆性相似。"❶ 不仅如此,有法院还认为,在主观的恶意被确定之后,混淆可能性就是被推定的,故而,证明侵权不存在的举证责任就转移至被告方。如第二巡回法院就认为,一旦被告被证明有意地通过欺骗的方式进行商业实践,就能推定被告造成了公众混淆,因此,只要有这种行为的表现,举证责任就转移至被告,由其来证明消费者混淆不存在。❷

与上述观点相反,有的法院并不将主观意图视为混淆可能性判定中的重要因素,而仅仅将之定位为与混淆可能性判定有关的因素,甚至不认为主观意图会影响到混淆可能性的发生。例如,有法院就表示,"意图造成混淆的证据具有重要性,但是它并不能推导出混淆,将混淆的举证责任转移至另外一方。"❸ "意图只是相关的因素,可能推测出商品之间的混淆性相似,但我们必须记住,被告的意图仅是混淆可能性判定的因素之一。"❹ 显然,这些法院承认了主观意图对于判定混淆来说具有一定意义,但是其证明力还不足以强大到直接推定混淆可能性存在的地步,并且也不适宜将本应由商标权人承担的证明混淆可能性的举证责任转移至被告。据此,有法院拒绝采用由故意复制推定出混淆可能性的规则,法院认为故意复制只是诸多决定混淆可能性和侵权的因素

---

❶ Frehling v. Int'l Select Grp., 192 F. 3d 1330, 1340 (11th Cir. 1999).

❷ J. Thomas McCarthy, *McCarthy on Trademarks and Unfair Competition*, Eagan: Thomson/West, 2006, §23: 111.

❸ Kendall-Jackson Winery Ltd. v. E. & J. Gallo Winery, 150 F. 3d 1042, 1052 (9th Cir. 1998).

❹ Bd. of Supervisors for La. State Univ. Agric. & Mech. Coll. v. Smack Apparel Co., 550 F. 3d 465, 481 (5th Cir. 2008).

之一，这种证据只具有相关性（relevant）而不具备决定性（determinative）。❶ 亦即主观意图只是用以判定混淆可能性存在与否的因素，如果行为人存在主观的恶意，仅仅表明其有可能造成消费者混淆，而非一定表明混淆可能性的存在。

由上可见，对于主观意图的定位一直有着不同的观点和做法。将主观意图视为最重要的因素，甚至决定性的因素，就是将主观的意图与混淆可能性的成立相关联，以主观上恶意的存在与否决定混淆可能性是否存在。而将主观意图视为判定混淆相关的因素之一，就是将主观的意图视为混淆可能性判定的因素之一，对其予以适当考虑，而非直接推定混淆可能性存在。对主观意图定位的不同，影响到混淆可能性的判定，为此，我们需要分析不同的观点，对主观意图予以合理的定位。

（二）主观意图的定位：基于消费者心理认知

认为主观意图可以推导出混淆可能性存在的观点，具有一定的合理性。被告在其主观上追求消费者发生混淆的意图的支配下，往往会采取一些容易造成消费者混淆的行为。实践中，人不是毫无目的性的动物，人的本性在于趋利避害。人从事的任何行为，都受到了自身主观意图和目的的影响。从侵权法的基本原理来看，主观意图在侵权法中占据着重要的地位。"过错既是一种心理状态，又是一种行为活动，行为人进行某种行为时的心理状态必然通过其具体行为体现出来。"因此，"判断一个人有无故意或者过失，总是和一定的行为联系在一起的，并以其行为为其前

---

❶ J. Thomas McCarthy, *McCarthy on Trademarks and Unfair Competition*, Eagan: Thomson/West, 2006, §23: 111.

提和条件。"❶ 正是基于人的主观意图与其外在行为的联系，持主观意图决定混淆可能性观点的人们认为，人的主观的追求消费者发生混淆的恶意会支配其行为，导致其会采取搭便车的方式，仿冒商标权人的商标，这就很可能会导致消费者在市场中发生混淆。正是这种恶意意图，使得侵权人采取的侵权行为很有可能得逞，获得其所追求的消费者混淆的结果。因此，恶意的意图会直接影响其侵权行为，而侵权行为又与消费者的混淆存在密切联系，从侵权人主观的恶意就能够推导出消费者极有可能发生混淆，落入侵权人的圈套之中。学者认为，"当在先使用者的商标是著名商标，而在后使用者知道这一点，则恶意就能从选择相同的标识被推导出来，因为后使用者采用这个标识的意图就是为了从在先使用者的商誉中获益。被告被推定意图实现他们行为的结果。"❷ 可见，当新进入市场的主体复制了竞争者的商业外观，他的意图就是使消费者相信，他们的商品来自于竞争者，从竞争者的商誉中获益。从这种恶意的复制就可以推导出新进入市场者会成功，有造成混淆的可能。❸

实际上，尽管被告的主观意图与消费者混淆可能性之间具有一定的联系，但仅仅以被告主观上是否具有恶意去推断消费者是否会发生混淆还依据不足。从消费者认知的角度考虑，被告的主观意图实际上与消费者发生混淆并无直接的因果关系，被告的主

---

❶ 魏振瀛：《民法》，北京大学出版社、高等教育出版社 2000 年版，第 691 页。

❷ J. Thomas McCarthy, *McCarthy on Trademarks and Unfair Competition*, Eagan: Thomson/West, 2006, §23: 114.

❸ Richard L. Kirkatrick, *Likelihood of Confusion in Trademark Law*, New York: Practising Law Institute, 2010, §8: 3.2.

观意图无法决定消费者是否会发生混淆。

根据第二章的论述，商标的功能在于简化消费者购物过程中的心理认知过程，将相关商品的各种特征、属性和相关信息凝结在可感知的商标之上，通过外在的商标对消费者感官的刺激，激活消费者长时记忆中的以该商标为中心的认知网络，使消费者获得该商标所代表的信息，指导其购物。消费者发生混淆则表明消费者正常的识别商标和依据商标所代表的商品信息进行购物决策受到影响，可能导致消费者作出错误的购物决策。消费者之所以会产生这种认知上的错误，是由于消费者在购物时处于市场环境之中，受到市场中各种环境因素的影响，消费者只有依赖于厂商商品的商标、商品类别、商业外观、店铺装潢等，才能识别出商品的来源。因此，商标的相似性、商品的类似性、商标的显著性等都是市场上能够影响消费者认知的因素，会直接影响到消费者对商标的识别。正是基于这种考虑，这些因素才被纳入到多因素检测法之中，成为混淆可能性判定的重要考量因素。与之相反，被告的主观意图并不是一种市场环境因素，其不会直接影响到消费者的认知。被告在主观上进行侵权的恶意实际上只能体现在其模仿商标权人商标及其商品的程度上，通过商标和商品等因素才能影响到消费者。因此，被告主观的恶意与消费者混淆是一种间接关系，被告主观的恶意只有通过改变影响消费者认知的某些市场因素，如商标的相似性、商品的类似性等来影响到消费者，才能最终达到混淆消费者的目的。从这个意义上说，根据被告的主观恶意直接推断出混淆可能性的存在就缺乏科学性。尽管被告的意图和目的确实是让消费者混淆，但是消费者是否真的在市场中发生混淆，还要看影响消费者认知的各项市场环境因素是否会起到作用。

如果消费者在市场环境中并不会发生混淆，则被告的主观意图就没有起到应有的作用，其实施的行为就没有影响到消费者对商标的识别。

由此可见，被告主观上的意图可能会通过行为影响到消费者，但这种影响只是一种间接的影响，一种通过其外在行为来作用于消费者心理认知的影响，真正作用于消费者的是其所感知到的包括商标、商品、在先商标的显著性等各种市场环境因素。这些环境因素才是决定消费者是否会发生混淆的重要因素。因此，被告主观上的恶意既可能造成消费者混淆，也可能不会造成消费者混淆，消费者是否会发生混淆，还要看其他的因素对消费者的认知是如何起作用的。换言之，主观的意图只是衡量混淆可能性是否存在的因素之一，但是绝非判定混淆可能性存在与否的决定性因素。

三、主观意图在混淆可能性判定中的证明

（一）主观意图在混淆判定中的意义

主观意图尽管只在混淆可能性的判定中发挥一定的作用，是认定混淆可能性的因素之一，但在实务中证明被告在主观上具有故意或过失的意图，还是具有重要的意义。

根据侵权法基本原理，一般侵权行为在原则上实行过错责任原则，只有在法律有明确规定之时，才实行无过错原则。这里的过错责任和无过错责任，都是在损害赔偿的意义上而言的。亦即，行为人的行为构成侵权，其主观上有过错的，需要承担损害赔偿责任，主观上没有过错的，不需要承担损害赔偿责任，但是依然构成侵权，需要承担停止侵害、赔礼道歉等侵权责任。同理，对于商标侵权也是一样，被告的行为是否构成商标侵权，主要是看

消费者是否极有可能发生混淆。如果消费者极有可能发生混淆，则被告构成商标侵权。如果消费者不发生混淆，则被告不构成商标侵权。而被告的主观意图，只与被告构成商标侵权之后是否需要承担损害赔偿责任有关。当被告主观上没有故意和过失，即便构成商标侵权，也不需要承担损害赔偿责任。反之，当被告主观上有过错，如果构成商标侵权，就要承担商标侵权的损害赔偿责任。

可见，主观意图的第一个重要的意义就在于原告是否能获得损害赔偿。亦即，当被告在主观上对消费者发生混淆存在追求或放任的心态，或者存在过失，则需要对原告的损害承担损害赔偿责任。而如果被告并不存在这种故意或过失，即便被告的行为造成了消费者混淆，原告也只能要求被告承担停止侵权、赔礼道歉等民事责任。

主观意图的第二个重要意义与混淆可能性的判定相关。主观的意图是衡量混淆可能性是否成立的因素之一。当能够查证被告在主观上并没有造成消费者混淆的恶意时，被告构成侵权的可能性就降低，混淆可能性的成立就需要参考其他的因素。当原告能够证明被告在主观上具有这种恶意时，法院可能就会认定被告主观上的恶意很可能会导致消费者发生混淆，原告在商标侵权诉讼中获胜的可能性就将增大。当然，是否极有可能发生混淆可能性，还要考虑到商标的相似性、商品的类似性等其他相关因素的影响，并不能仅仅依靠被告主观上的恶意就作出混淆可能性存在，被告构成商标侵权的判断。

（二）主观意图在混淆判定中的证明

虽然主观意图并不对混淆可能性的判定起到决定性的作用，但如果在诉讼中能够证明被告在主观上的意图，则对于原告的胜诉和获得损害赔偿的救济而言都具有重要的意义。目前在实务中对主观意图的证明，还存在着不同的做法，因而有必要对主观意图的证明进行探讨。

1. 主观意图在混淆判定中的含义

当原告提起诉讼，认为被告的行为构成商标侵权时，被告的主观意图可能有多种形式，被告既可能是出于混淆消费者，搭商标权人商誉便车的侵权意图，也可能是无意之间选择了与商标权人商标相同的标识，并没有意识到可能会造成消费者混淆，还可能是明知道原告的商标，但是认为自己的使用并不会构成侵权而执意使用。在实践中，有观点认为，只要被告明知道自己采用的标识与原告商标相同或相似而继续采用，就构成主观上的恶意。实际上，这种观点过于武断。有的被告虽然知道其采用的标识与商标权人的商标相同或相似，但主观上并没有追求消费者发生混淆的意图，或者有一定的依据认为自己的使用并不会造成消费者混淆，这种主观意图与侵权的成立就并无多少联系。因此，对于混淆可能性判定具有重要意义的意图，指的是被告在主观上具有的可谴责性和可归责性的意图，亦即被告在主观上存在使消费者发生混淆，借助于消费者的混淆获得非法利益的意图。这种意图对于判定混淆可能性的存在才具有意义。正如前文的分析，人的主观的追求消费者发生混淆的恶意会支配其行为，导致其会采取搭便车的方式，仿造商标权人商标及其商品的主要或全部特征，以更易于消费者发生混淆的方式行事，这就很可能导致消费者发生混淆。正是基于这种考虑，只有那些具有恶意的，积极追求消费者发生混淆的意图，才能够成为混淆可能性的判定依据。对此，麦卡锡教授也指出："唯一与混淆可能性问题相关的意图类型是意图造成混淆。"[1]

2. 主观意图的具体判定

主观意图在具体判定方面，还存在一些争议问题。首先，被告采用的商标与原告的商标相同或极为相似，是否就表明被告主观上具有侵权的恶意。在这个问题上，一直存在不同观点。有的法院认为，如果被告采用的商标与原告商标过于相似，则被告在主观上就存在恶意。[2] 这是因为，原告的商标往往会具有一定的独特设计和与众不同之处，被告的商标如果和原告商标相同或极为相似，则明显是为了搭原告商标的便车。实际上，即便被告与原告的商标相同或极为相似，也无法推定出被告的主观意图是为了混淆消费者。被告在很多的情况下是出于合法的目的来选用自己的商标。被告的真实意图可能是为了在不构成混淆的情况下采用与商标权人商标具有相似性的标识，与商标权人展开竞争。也可能是因为原告的商标具有一定的描述性意义，而被告也在其商标中加入了这些描述性的意义。因此，对于被告意图的判定不能够仅仅依据被告采用的标识与原告商标相同或极为相似这一表面的事实。

其次，被告在明知道自己采用的标识与原告商标相同或相似，依然采用该标识，是否构成主观上的恶意。有时被告明知道原告的商标存在，依然采取了与原告商标相同或近似的标识，这时有的法院便会认为被告的行为构成主观上的恶意，至少具

---

[1] J. Thomas McCarthy, *McCarthy on Trademarks and Unfair Competition*, Eagan: Thomson/West, 2006, §23: 110.

[2] J. Thomas McCarthy, *McCarthy on Trademarks and Unfair Competition*, Eagan: Thomson/West, 2006, §23: 119.

有过错。法院的理由在于，有许多商标可供选择，为什么被告偏要选择与原告商标相同或相似的标识。"有些时候，错误的意图可以从后使用者明知在先使用者仍将极为相似的商标使用在类似的商品或服务上推测出来，后使用者有可以选择任何商标的自由，但却'碰巧'选择了与原告商标混淆性相似的标识。"❶ 实际上，如果仅仅因为被告明知原告商标的存在就认定被告具有恶意，则对于被告来说未免严苛。被告确实可能知道原告商标的存在，但是从被告明知道原告商标的存在本身，并不能推测出被告的主观意图是否是为了混淆消费者。认定被告具有主观上追求消费者发生混淆的意图，还需要从案件的其他方面进行综合判定。例如，原告的商标是否是知名的商标，具有较强的显著性，享有较高的市场声誉。被告除了模仿商标权人的商标之外是否还采用了与原告商品的外观设计或外包装相同或相似的包装、与原告商品相同或相似的促销方式和销售渠道等。只有将被告的其他行为与被告明知原告商标存在而依然"我行我素"的行为联系起来，才能够综合地判定被告是否具有主观上追求消费者发生混淆，牟取不正当利益的意图。

最后，当被告采用与原告商标相同或相似的标识后，原告对被告发出禁止侵权的警告，被告依然采用该标识，是否构成主观恶意。这个问题实际上与前面的问题在本质上是一样的。有的法院就认为，被告被警告后依然坚持自己的行为，构成了主观上的恶意。实际上，即便原告对被告发出了禁止侵权的警告，也不能够轻易地推断出被告在主观上存在恶意，因为被告

---

❶ J. Thomas McCarthy, *McCarthy on Trademarks and Unfair Competition*, Eagan: Thomson/West, 2006, §23: 115.

很有可能认为，其选用的商标及商品与原告的商标和商品有明显的区别，并不会造成消费者混淆。或者被告认为，原告的目的在于通过恐吓迫使被告放弃原有的经营选择，压制被告参与市场竞争。"仅仅知道使用标识的潜在问题并不必然表明主观恶意。其他的因素，例如，没有进行充分的调查，需要和主观的指导结合起来才能表明侵权的意图。"❶ 因此，并不能简单地依据被告被原告警告后依然坚持自己的行为就认定被告在主观上具有混淆消费者的意图。由此可见，对主观意图进行判定，并不能够仅仅依据被告使用与原告商标相同或相似的标识这一表面事实，而应当全面综合地考察被告的商业行为，看其是否有搭商标权人商誉便车，牟取不正当利益的意图。

综上，主观意图与消费者混淆可能性的存在具有一定联系。但是，行为人主观上具有恶意，并不表明其行为在客观上会造成消费者混淆。因此，主观意图仅仅是混淆可能性判定中需要考虑的因素之一，但其并非决定性的因素。我国商标法应明确规定主观意图这一因素，将之纳入多因素检测法之中。我国法院在商标侵权的判定中，可以对被告的主观意图进行考察，但是并不能仅凭被告的主观意图去推断消费者混淆可能性的存在与否。

---

❶ Richard L. Kirkatrick, *Likelihood of Confusion in Trademark Law*, New York: Practising Law Institute, 2010, §8: 3.5.

第五章 商标混淆可能性的司法判定

本章小结

在商标侵权的判定中，消费者对商标的认知状态是判定被告是否构成商标侵权的依据，消费者是否极有可能对系争商标发生混淆，是商标侵权判定的关键要素。因此，混淆可能性应是商标侵权的判定标准。商标的相似性、商品的类似性，是判定消费者是否存在混淆可能性的因素。但是，在系争双方商标和商品都相同的情况下，立法可以简化举证责任，直接推定在这种情况下被诉侵权人的行为极有可能造成消费者混淆，构成商标侵权。但这只是一种推定，并不意味着完全放弃对消费者混淆可能性的考察。

在实践中，适用混淆可能性标准，判定系争使用是否构成商标侵权的方法主要是多因素检测法和消费者调查。所谓多因素检测法，是指在商标侵权的判定中所使用的，由用以判定消费者是否极有可能发生混淆的基本考量因素所组成的商标侵权判定方法。这些考虑因素主要包括商标的相似性、商品的类似性、商标权人商标的显著性、实际混淆、被告的主观意图、消费者的注意程度。诉讼中的消费者调查，也叫市场调查，是指通过对特定对象的访谈、提问，记录和统计特定对象对某一问题的回答，了解特定对象对该问题所持的观点，用以在诉讼中证明其主张的方法。

在混淆可能性的判定中，商标的相似性和商品的类似性占据着重要的地位，是多因素检测法中最重要的两个因素。但商标的相似性、商品的类似性与消费者混淆之间并没有直接和必然的联系。除了商标的相似性、商品的类似性之外，在混淆可能性的判定中，显著性有着重要的地位。其中，固有显著性并不占据主要的地位。获得显著性是真正的显著性，在其他条件不变的情况下，商标权人商标的获得显著性越强，消费者混淆发生的可能性越大。从消费者自身来看，消费者的注意程度会影响到消费者对商标来源的判断，是混淆可能性判定中的重要考量因素之一。在判断合理谨慎的消费者的注意程度时，裁判者要考虑消费者购物中所涉及的商标、商品等环境和消费者在市场中所处的位置，揣测相关消费者群体所可能施加的注意力。在混淆可能性的判定中，实际混淆证据也具有一定的重要性。但是，实际混淆证据的重要性并不能够被夸大，对于在诉讼中提出的实际混淆证据的证明力，还需要根据案情结合实际混淆证据的具体情况进行判定。在多因素检测法中，被告的主观意图也是混淆可能性的考量因素之一。在实务中判断被告主观上是否有恶意，主要是看被告在主观上是否存在着使消费者发生混淆，借助于消费者的混淆误购获得非法利益的意图。

第六章

商标混淆可能性的立法完善

第六章 商标混淆可能性的立法完善

混淆可能性是商标法中的重要范畴，本书从混淆可能性的历史演化着手，对混淆可能性的理论基础和具体判定展开了探讨，希望通过对混淆可能性的研究，为我国商标法相关制度的完善提供参考。本章是本书的总结性章节，将回顾和总结前面几章的基本观点，并联系我国商标法立法，分析我国现有商标法的不足，提出相应的修法建议。

第一节 混淆可能性的依据与立法完善

第二章对商标混淆可能性设立的正当性和理论依据进行了研究。根据第二章的研究结论，商标法需要将混淆可能性确立为商标侵权判定标准的正当性和理论依据为：（1）商标的形成、结构、本质和功能；（2）商标混淆的机制和危害；（3）商标法的价值和规范意旨。商标的形成、结构、本质和功能是混淆可能性的设立基础和理论依据之一。商标的形成、结构和本质表明，商标是由人类感觉器官能够感知的外在刺激形式即商标标识，可被激活的消费者大脑记忆中存储的该商标标识代表的相关信息组成。商标的基本功能在于标示来源，使消费者能够正常地识别商标，依据商标所代表的信息进行购物决策。在消费者混淆的状态下，商标标示来源的功能就会丧失。这是将混淆可能性作为商标侵权判定标准的重要基础。商标混淆的机制和危害是混淆可能性的设立原因和理论依据之二。商标混淆的本质特征在于，由他人的侵权行为所导致的，消费者无法正常地识别商标和依据商标所代表的相关信息进行购物决策的状态。在混淆的状态下，商标权人和消费者的利益都会受到损害。这是将混淆可能性作为商标侵权判定标准的主要原因。商标法的价值和规范意旨是混淆可能性的设立原则和理论依据之三。商标法的价值是公平之下的竞争自由。商标法的规范意旨是通过设立混淆可能性标准，规制市场中极有可能造成消费者混淆的行为，激励商标权人投资于商标，降低消费者购物的搜寻成本。同时，将混淆可能性界定在一定的范围之内，防止商标权损害自由竞争。这是设立混淆可能性标准的基本原则。

  商标法之所以需要设立混淆可能性标准，规制造成消费者混淆的市场行为，就是为了确保商标标示来源的基本功能能够正常的发挥，避免商标混淆危害的发生，使商标法的价值和规范意旨能够实现。商标法之所以需要设立混淆可能性标准，就是为了确保消费者能够正常地识别商标和依据商标所代表的信息进行购物决策。商标混淆可能性标准所指的混淆，也正是这种由于侵权人的行为所造成的相关消费者无法正常地识别商标和依据商标所代表的相关信息进行购物决策的状态。只有他人的行为造成了相关消费者发生这种状态的混淆，才可以纳入混淆可能性的范围，他人的行为才构成商标侵权。

  联系我国现行立法来看，我国目前的商标法并没有涉及商标的形成、结构、本质、功能以及商标混淆的本质和危害，也并未明确规定商标法的价值和规范意旨。《商标法》仅第1条规定了商标法的立法目的，第3条规定了注册商标的概念和分类。[1] 根

---

[1] 2013年《商标法》第1条规定：为了加强商标管理，保护商标专用权，促使生产、经营者保证商品和服务质量，维护商标信誉，以保障消费者和生产、经营者的利益，促进社会主义市场经济的发展，特制（转下页）

据这两个条款的规定，联系笔者对混淆可能性理论依据的研究，我国现有《商标法》在立法目的和商标的定义和保护方面还存在以下问题，需要改进。

首先，我国新修订的《商标法》延续以往立法，依然将"加强商标管理"放置于立法目的的首位，突出强调对商标的管理职能，不符合商标法的价值和规范意旨。根据笔者的分析，混淆可能性应当是商标侵权判定的标准。商标法之所以将混淆可能性确定为商标侵权判定的标准，就在于商标混淆妨碍了商标功能的正常发挥，影响了消费者的购物选择、损害了商标权人的利益，危及商标法价值和规范意旨的实现。商标法的价值和规范意旨就在于规制市场中的商标混淆行为，保护消费者免受混淆的影响，保证市场竞争的自由和公平。据此，保护商标权，反对和规制混淆侵权，应当成为商标法立法的首要目的。我国2013年《商标法》将"加强商标管理"放置于商标法立法目的的首位，颠倒了商标法价值的序位，不利于商标法价值和规范意旨的落实。

其次，我国2013年《商标法》第3条延续以往立法，只对注册商标进行了定义和分类，没有揭示出商标的本质，不利于商标权保护制度的建构。根据本书商标形成、结构、本质和功能的研究结论，混淆可能性是商标侵权的判定标准。商标法之所以设立混淆可能性标准，就是因为当特定标识被厂商使用，消费者将之识别为商标之后，该标识之上就产生了商标权，侵权人就可能以造成消费者混淆的方式非法使用该商标，商标法就需要对该商标进行保护，防

（接上页）定本法。第3条第1款规定：经商标局核准注册的商标为注册商标，包括商品商标、服务商标和集体商标、证明商标；商标注册人享有商标专用权，受法律保护。

止消费者混淆。从这个意义上说，无论是注册商标还是非注册商标，只要消费者将其识别为商标，该商标在市场中就发挥了商标标示来源的功能，商标法就需要对其进行保护。所不同的只是，未注册商标由于并未注册，没有进行公示，其效力范围具有局限性，一般仅限于相关消费者群体将之识别为商标的地域范围之内。而注册商标由于进行了注册，进行了公示，其效力范围及于中国全境。因此，2013年《商标法》立法不应当在总论部分第3条的规定中就突出强调注册商标和注册商标专有权，而应当在该条文中明确商标的概念以及保护的基础，确定未注册商标和注册商标在商标法中同样享有受到保护的地位。这样才符合商标形成、结构、本质和功能的基本原理，才能为《商标法》后文规定商标注册、申请、保护以及商标侵权判定等相关制度奠定基础。2013年《商标法》依然未能澄清商标的本质，在立法条文中突出强调注册商标和注册商标所享有的专用权，不强调商标的本质属性和功能，这正是垃圾商标注册泛滥，商标侵权判定只关注商标是否注册而不考虑商标是否使用等问题产生的根源。

据此，笔者建议对我国《商标法》立法目的和商标的定义和保护作出完善，可以将《商标法》第1条修订为："为了保护商标权和保障消费者利益，维护市场竞争的公平和自由，促进社会主义市场经济的发展，特制定本法。"将第3条第1款修订为："商标是由文字、图形、记号或立体形状或其组合所构成。商标应标示商品或服务的来源，以与他人的商品或服务相区别。"第2款修订为："经商标局核准注册的商标为注册商标，包括商品商标、服务商标和集体商标、证明商标；商标注册人享有注册商标专用权，受法律保护。未注册商标在其使用的地域范围内产生一定影响，受法律保护。"

建议修订条文第1条将保护商标权和保障消费者利益放置于商标法立法目的的首位，体现了商标法的中心任务是确保市场中的商标能够相互区分，防止消费者发生混淆，这是商标侵权判定的基石，也是混淆可能性标准赖以存在的前提。建议修订条文第3条第1款根据第二章的研究结论，对商标进行了定义，明确商标的基本功能是标示商品或服务的来源，与其他的商品或服务相区别，这就明确了商标的本质和功能以及混淆可能性的理论依据，将商标混淆可能性的理论依据写入了商标法，为整个商标侵权判定制度奠定理论基础。第2款前半部分与原《商标法》条文相同，后半部分依据商标的本质，商标法的价值和规范意旨，增加了对未注册商标进行保护的规定，明确未注册商标在其使用的地域范围内同样受到商标法的保护，为未注册商标在特定条件下可以阻止他人在先抢注以及未注册商标在原有范围内继续使用提供了法律依据。

第二节 混淆可能性的地位与立法完善

商标侵权侵犯的是商标功能的正常发挥，侵犯的是商标最为核心的标示来源功能。当标示来源的功能受到侵犯，商标的激励品质功能和广告宣传功能就会丧失，商标的所有功能就无法发挥。正是基于这种考虑，商标法需要确立侵权判定的混淆可能性标准，打击造成消费者混淆的侵权行为，防止消费者发生混淆，确保商标功能的正常发挥。对此，联系我国商标法的规定，有如下几个方面的问题需要注意。

首先，我国 2013 年《商标法》第 57 条将混淆可能性作为商标侵权判定的标准是值得肯定的。商标权不是商标权人控制商标符号形态的权利。其他人只有攫取了商标权人商标中的商誉，利用商标权人的商誉提供侵权商品，使消费者正常的识别商标和依据商标所代表的信息进行购物决策受到影响，可能导致消费者购买到侵权的商品，商标权人对商标的权利才受到侵犯。因此，商标的主要使命和任务是让消费者明白商标所标示的商品的来源。当市场中的商标能够相互区分，消费者能够正常地识别商标，并依据商标所代表的商品信息进行购物决策，商标权一般就不应当禁止他人对其商标的使用。

与 2013 年《商标法》相反，我国长期沿用的 2001 年《商标法》将商标的相似性和商品的类似性规定为商标侵权的判定标准，不符合本书第二章关于商标的形成、结构、本质、功能的基本理论，未能认清商标混淆的本质和危害，与商标法的价值和规范意旨相背离。系争商标的相同或者相似、商品的相同或者类似，仅仅表明双方在商标和商品这两个要素上有部分或全部特征相同，可能会影响消费者对商标的识别。但是，系争商标和商品某些或全部特征的一致，并不表明消费者一定会发生混淆。仅仅依据注册商标享有注册商标专有权，认定他人只要在相同或者类似的商品类别上使用了与他人注册商标相同或者相似的标识就构成侵权，可能会在消费者不发生混淆的情况下判定被告构成侵权，造成不公平的判决结果。

其次，2013 年《商标法》第 57 条第 1 款规定在系争商标相同和商品相同的情况下直接判定侵权成立，并不意味着完全放弃对消费者混淆的考察。在很多国家的商标立法之中，都规定了如果被诉侵权人使用了与商标权人商标相同的标识，并使用在了相同的商品类别上，亦即满足系争双方商标相同、商品相同的条件时，被诉侵权人直接构成商标侵权，不需要分析混淆可能性。笔者认为，即便双方的商标和商品相同，从理论上说，消费者还是有可能区分出这两种商品的不同来源，从而避免发生混淆。只是在商标相同、商品相同的情况下，消费者不会发生混淆的可能性十分小，仅具有理论上的可能性。一旦被诉侵权人能举出强有力的证据证明消费者不存在混淆可能性，显然其就不构成商标侵权。因此，在系争双方商标和商品都相同的情况下，立法可以简化举证责任，直接推定在这种情况下被诉侵权人的行为极有可能造成消费者混淆，构成商标侵权。但是，这并不意味着放弃对消费者混淆的考察。

最后，在商标侵权的判定中适用混淆可能性标准，与注册商标所有人就其注册商标在全国范围内所享有的权利并不会发生冲突。注册商标所有人的商标经过注册，就会在全国的地域范围产生注册商标专有权，享有排他的效力。但是，这并不意味着不需要再适用混淆可能性标准。商标权和版权、专利权并不相同。版权和专利权有其确定的范围边界，只要他人未经许可使用了他人的作品和专利，除非法律有明确的免责规定，否则就构成侵权。而商标权则不一样，商标权是商标权人对其商标所有享有的专有使用和排他的权利。商标是由商标的外在符号形态和该符号形态所代表的有关信息所组成，商标权人的权利内容就是自己使用该商标向消费者传递其信息，同时禁止他人以混淆消费者的方式利用其商标所代表的信息。如果他人利用商标权人商标的行为并没有造成消费者混淆，则其没有不正当地攫取商标权人商标中的信息，也就不构成混淆侵权。因此，在商标法中贯彻执行混淆可能性，并不会对商标权人在其商标注册之后就其商标所享有的商标权效力产生不利影响。遵循混淆可能性标准，而不单单依据商标的相似性和商品的类似性这两个判断因素，并不会对注册商标权人对其商标所享有的注册商标专有权产生冲击，不会使商标权人商标注册的预期利益落空。

根据上述分析，笔者建议《商标法》对商标侵权判定标准条款作出修订。首先，遵从现行2013年《商标法》第57条第2款的规定，将混淆可能性确定为商标侵权的判定标准。同时，借鉴Trips协议第16条的规定，对第1款进行改进，进一步明确混淆可能性与商标相同或相似、商品相同或类似的关系。据此，可将第57条第1款、第2款修订为："有下列行为之一的，均属侵犯注册商标专用权：（一）未经商标注册人的许可，在同一种商品上使用与其商标相同的标识的，推定容易导致混淆；（二）未经商标注册人的许可，在同一种商品上使用与其注册商标近似的商标，或者在类似商品上使用与其注册商标相同或者近似的商标，容易导致混淆的。"

上述建议条文既保留了我国长期沿用的2001年《商标法》在商标侵权判定中考察商标的相似性和商品的类似性这两大因素的传统，又根据笔者对混淆可能性理论依据的分析，加入了对消费者混淆可能性的考量，强调混淆可能性是商标侵权判定的标准，将商标的相似性和商品的类似性规定为判定混淆可能性是否存在的因素，这样就理顺了商标的相似性、商品的类似性与混淆可能性之间的关系，确立了混淆可能性在商标侵权判定中的地位。同时，建议修订条文第1款规定在系争商标相同和商品相同的情况下，直接推定消费者容易发生混淆，被诉侵权人商标侵权成立，既简化了司法判定程序，减轻了商标权人的举证负担，符合各国立法惯例，又进一步厘清了混淆可能性和商标、商品因素之间的关系，确立了混淆可能性在商标侵权判定中的核心地位。

第三节　混淆可能性的范畴与立法完善

混淆可能性是对系争商标所涉及的相关消费者认知状况的描述，它不同于日常生活中人们所发生的"混淆"，商标法中的混淆可能性是一个法律范畴，融入了商标法的价值和规范意旨。因此，《商标法》在进行修订，将混淆可能性确定为商标侵权的判定标准之后，还需要在《商标法》的相关条例或者司法解释中，对混淆可能性进行进一步的解释，明确其内涵与外延，以方便人们对其的理解与适用。

根据第二章对混淆可能性理论依据的分析，以商标法的价值和规范意旨为指引，可以从原因、主体、程度、类型这四个方面来理解商标侵权判定的混淆可能性标准。在原因方面，商标混淆可能性所指的混淆是由侵权人所实施的，通过模仿商标权人商标的全部或部分特征，造成消费者对商标的来源或关联关系发生错误认识的混淆。侵权人模仿商标权人商标的全部或部分特征是消费者发生混淆的原因。在主体方面，商标混淆可能性所指的混淆一般限于正在购买商标所标示的商品的消费者或潜在有购买可能的消费者。除此之外，还包括对消费者购物决策有直接影响的主体以及与特定商标的商标权人有直接经济往来和联系的各类主体。概言之，只要对消费者识别商标和依据商标作出购物决策有影响的主体发生的混淆，都是混淆可能性所指的混淆。在程度方面，商标混淆可能性所指的混淆不仅要求相关消费者的混淆需达到一定的数量和比例，而且要求表明这些消费者的混淆，都是指在购物环境中，施加了通常的、一定的和合理的注意力，但仍然不能避免的混淆。这种数量、比例和程度的混淆才在商标法上具有意义，才需要商标法介入。在类型方面，商标混淆可能性所指的混淆必须是一种持续的、对消费者识别商标和依据商标进行购物决策构成影响的形态。无论关联关系混淆、初始兴趣混淆、售后混淆、都必须符合上述要求。其中，最主要的混淆类型是来源混淆和关联关系混淆，亦即，消费者将侵权人的商品误认为是商标权人提供的商品，或者误认为侵权人与商标权人存在赞助、许可等关联关系，使消费者认为商标权人是侵权人提供的商品的质量监督者和保证者。根据上述商标混淆的特征，我们就可以归纳出混淆可能性的范畴。商标法上的混淆可能性，是商标法上据以判断商标侵权成立与否的标准。这一标准以相关消费者对商标的心理认知为主要依据，其具体是指他人未经许可，将与商标权人相同或近似的标识使用在商品或服务之上，致使相关消费者中的相当部分，虽然施加了合理谨慎的注意力，仍然极有可能将不同的商品或服务误认为来自于同一来源，或极有可能误认为两商品的来源间存在着赞助、许可、附属等关联关系，并可能基于该错误认识作出错误的购物决策的状态。

根据上文所述，在《商标法》采用商标侵权判定的混淆可能性标准之后，《商标法》相关条例或司法解释可以进一步对混淆可能性作出解释，以便于规则的适用。结合上文对《商标法》第57条的修订建议，对混淆可能性的范畴进行解释的条文可规定为：《商标法》第57条中的"容易导致混淆"是指他人未经许可，将与商标权人相同或近似的标识使用在商品或服务上，致使相关消费者中的相当部分，虽然施加了合理谨慎的注意力，仍然极有可能将不同的商品或服务误认为来自于同一来源，或极有可能误认为两商品的来源间存在着赞助、许可、附属等关联关系，并可能基于该错误的认知作出错误的购物决策的状态。在《商标法》相关条例或司法解释之中进行如上规定之后，混淆可能性的范围就可以明确。从条文规定来看，混淆可能性具有指向上的特定性，仅仅针对那些损害商标标示来源功能发挥，危害消费者和商标权人利益，危及商标法价值和规范意旨实现的混淆形态。无论是关联关系混淆、初始兴趣混淆、售后混淆，只有他人的行为极有可能造成消费者发生上述形态的混淆，才构成商标侵权。除此之外的所谓"混淆"，都是日常生活语境下的混淆，都不是商标法意义上的混淆。即便他人造成了消费者发生这种"混淆"，商标法也不应当以商标侵权为名予以介入。《商标法》相关条例和司法解释对混淆可能性进行上述明确的解释，有利于司法实践中商标侵权的判定，有助于确保商标司法判决的权威性和可预测性。

第四节　混淆可能性的类型与立法完善

目前，关联关系混淆、初始兴趣混淆、售后混淆等各种消费者混淆形态都被纳入到混淆可能性的范围之中。实际上，混淆可能性所指的混淆应当有其特定的范围，既不可不随时代的发展作合理的调整，亦不能够置其他厂商和消费者的利益于不顾，无限制地扩大其范围，将本不应该涵盖的混淆形态纳入其范围。混淆可能性在关联关系混淆、初始兴趣混淆、售后混淆方面的扩张，固然是对新的商业贸易环境下商标侵权形式多样化的应对，但同时也在很大程度上强化了商标权，容易侵害到其他市场主体和消费者的利益。因此，我们需要对混淆可能性的扩张进行反思。根据第二章所述混淆可能性的理论依据，关联关系混淆、初始兴趣混淆、售后混淆这三类混淆规则目前的适用范围都过于宽泛，与混淆可能性的理论依据不相符合。

就关联关系混淆来看，关联关系混淆侵权是否成立，关键需要考察消费者是否会在关联关系的判断中，认为商标权人是侵权人商品背后赞助、许可或进行某种控制的主体。换言之，消费者是否会认为商标权人是侵权人商品质量的保证方，会对侵权人的商品进行质量方面的监督和管控。只有消费者作出商标权人会监督或管控侵权人商品的质量，双方之间存在着赞助、附属、许可等关联关系的判断，消费者一旦发生混淆，才会将侵权人商品质量低劣或出现波动的责任归咎于商标权人，并对商标权人的商标作出负面的评价，使商标权人的商誉受损。根据上述理解，笔者建议《商标法》相关条例或司法解释在规定关联关系混淆时作出如下规定：关联关系混淆，指消费者认为系争商标之间存在赞助、许可、附属等关联关系。关联关系混淆侵权是否成立，需要考察消费者是否极有可能会认为商标权人是侵权人商品背后赞助、许可或进行控制的主体。根据该修订建议，并不是消费者对两个主体之间关系的任何联想都构成关联关系混淆，必须是消费者认为一方是另一方的赞助者、许可者或控制者，消费者可能基于这种错误的判断作出购物决策，影响到消费者和商标权人的利益，这样的混淆才是混淆可能性所指的关联关系混淆。他人只有造成消费者发生这种混淆，才构成关联关系混淆侵权。

就初始兴趣混淆来看，商标初始兴趣混淆规则可以规制侵权人对商标权人商标的搭便车行为，使消费者在购物的初始阶段避免混淆，防止消费者购买兴趣的转移。但是，在消费者购买之时不存在混淆的情况下，笼统地以消费者购买之前因混淆而发生的"购买兴趣转移"替代"混淆可能性"作为侵权判定的标准，可能会造成初始兴趣混淆规则适用范围的扩大，不利于市场自由竞争的开展。实际上，在发生初始兴趣混淆之后，如果消费者后续购买到商标权人商品的搜寻成本较高，他人造成消费者发生初始兴趣混淆的行为应当受到商标法的规制。而当消费者搜寻成本不高时，消费者拥有充分的自主选择权，无论其购买商标权人的商品或者搭便车者的商品，都出自其自愿，商标法自无干涉的必要。为此，可以以消费者搜寻成本为依据，将初始兴趣侵权的构成要件分解为三：第一，主体为仿冒商标权人商标的市场经营者。第二，市场经营者以相同或相似于商标权人商标的标识标示其商品，使潜在消费者发生购买之前的混淆。此混淆状态经过消费者进一步的检查而被排除，但消费者发生了购买兴趣的转移。第三，消费者购买兴趣发生转移之后，囿于搜寻成本的制约，将极有可能接受搭便车者提供的商品，造成商标权人交易机会的丧失。据此，笔者建议《商标法》相关条例或司法解释在规定初始兴趣混淆时作出如下规定：商标初始兴趣混淆，指由于他人仿冒商标权人商标，使潜在的消费者极有可能发生购买之前的混淆。初始兴趣混淆侵权是否成立，可以参考商标的相似性、商品的类似性、消费者购物时的搜寻成本等因素。上述建议条文中，前一句是对商标初始兴趣混淆所做的定义，后一句为规制该混淆所需要考量的因素。其中商标的相似性、商品的类似性，是在考察初始混淆时所需要关注的基本因素，而消费者购物时的搜寻成本，则是认定他人行为是否构成初始兴趣混淆侵权的关键。

就售后混淆来看，售后混淆所造成的旁观者混淆可能并不会给商标权人带来实质性的损害。一方面是由于旁观者所涵盖的消费者范围较广，既可能包括商标权人商品的潜在消费者，也包括了那些对商标权人商品没有购买需求和兴趣的消费者，对于后者所发生的售后混淆，并不会对商标权人构成伤害；另一方面，由于旁观者并不处于购买者的位置，其注意程度较低，所发生的混淆并不一定就说明旁观者处于购买者的位置时也会发生同样的混淆。此外，售后混淆会损害商标权人商品稀缺、高贵或上层的形象，是商标淡化的问题，跟混淆没有任何关系。实际上，只有他人的行为造成旁观者中的相关潜在消费者在通常的注意程度之下依然极有可能发生混淆，才构成售后混淆侵权。根据上述理解，笔者建议《商标法》相关条例或司法解释对售后混淆作出如下规定：售后混淆，指消费者在购买之时未发生混淆，而在购买之后其他旁观者所极有可能发生的混淆。售后混淆侵权是否成立，需要考察他人的行为是否会造成旁观者中的相关潜在消费者在通常的注意程度之下极有可能发生混淆。根据该条款的定义，售后混淆实际上是一种销售之后，其他旁观者所发生的混淆。但是，这并不意味着混淆可能性将其所针对的主体范围从正在购买之中的消费者和潜在消费者扩张至旁观者乃至一般社会公众。相反，在售后混淆规则的适用中，依然要求商标侵权判定的主要对象是旁观者中可能与商标权人发生交易关系的潜在消费者。并且，只有他人的行为造成潜在消费者对系争商品施加了一定的合理的注意力，依然极有可能会发生商品来源或关联关系方面的混淆，影响其后续的购物决策，才构成售后混淆侵权。

第五节　混淆可能性的判定与立法完善

消费者混淆可能性是核准商标注册和判定商标侵权的标准。在实践中，适用混淆可能性标准，判定系争使用是否构成商标侵权的方法主要是多因素检测法和消费者调查。多因素检测法，是由用以判定消费者是否极有可能发生混淆的基本考量因素所组成的商标侵权判定方法。这些考量因素包括商标的相似性、商品的类似性（产品的相关性）、商标权人商标的显著性、实际混淆、被告的主观意图、消费者的注意程度等。商标消费者调查，是指通过对特定消费者的访谈、调查、提问，记录和统计特定消费者对某一商标相关问题的回答，了解其对该商标所持的观点，用以在诉讼中证明其主张的方法。多因素检测法和消费者调查在混淆可能性的判定中处于相互补充、相互配合的地位，不相互替代，也不存在孰优孰劣和效力上的大小之分。多因素检测法是传统的侵权判定方法，有着较长的适用时间，在司法实践中积累了大量的经验，在混淆可能性的判定上具有重要的地位和意义，在司法审判中仍然要坚持。而消费者调查是新兴的商标侵权判定方法，相对于多因素检测法而言更能反映出相关消费者对商标的认知状态，但是其出现的时间较晚，目前仍处于发展之中，相关制度还有待于完善。在司法审判中，两种方法可以同时考虑，法院不应拘泥于某一种方法。实际上，多因素检测法中商标的相似性、商品的类似性、商标的显著性等因素，依然是判断混淆可能性的重要因素，而消费者调查如果采用了正确的调查方法和问卷设计，同样具有较强的证明力。法院在商标侵权判定中应当综合地运用多因素检测法和消费者调查，不单独依赖于某一项证据，客观地评估多因素检测法和消费者调查的证据，作出合理的判决。

　　虽然在实务之中，我国法院经常使用多因素检测法来判定消费者是否极有可能发生混淆，也有法院运用了消费者调查方法，但我国《商标法》除了在第57条规定商标的相似性和商品的类似性这两个判定商标混淆的因素之外，没有规定其他的可能影响消费者认知的因素，没有规定用以判定混淆可能性的多因素检测法和消费者调查，这不利于我国司法机关对商标侵权的判定，也不利于在特定案件中考察消费者是否极有可能发生混淆。基于此，笔者建议将与消费者混淆判定密切相关的多因素检测法和消费者调查规定在《商标法》中，并根据本书对多因素检测法中6项重要考量因素地位和适用的分析，将多因素检测法和消费者调查的具体适用规则规定于《商标法》相关条例或司法解释之中。本书在前文已经建议对《商标法》57条进行修订。建议的修订条文是："有下列行为之一的，均属侵犯注册商标专用权：（一）未经商标注册人的许可，在同一种商品上使用与其商标相同的标识的，推定容易导致混淆；（二）未经商标注册人的许可，在同一种商品上使用与其注册商标近似的商标，或者在类似商品上使用与其注册商标相同或者近似的商标，容易导致混淆的。"根据本书对多因素检测法和消费者调查的分析，可在第57条上述规定之后增设两款，将用以判定消费者混淆可能性的多因素检测法和消费者调查规定其中，以明确混淆可能性判定的方法。该条文可作如下设计：第 X 款 除商标的相似性和商品的类似性之外，在判定消费者混淆可能性时，还可以参照商标的显著性、实际混淆、被告的主观意图、消费者注意程度等因素。第 X+1 款 消费者调查，可用于证明商标的显著性和消费者混淆可能性。

在《商标法》对多因素检测法和消费者调查作出明确规定之后，还需要通过《商标法》条例或司法解释，对多因素检测法中的重要因素即商标的相似性、商品的类似性、显著性、消费者注意程度、实际混淆和主观意图进行具体规定，以便于法官在商标侵权的判定中更准确地适用这些因素。根据前文的研究，在混淆可能性的判定中，商标的相似性和商品的类似性占据重要的地位，是多因素检测法中最重要的两个因素。但商标的相似性、商品的类似性与消费者混淆之间并没有直接和必然的联系。混淆可能性是商标侵权判定的标准，而商标的相似性、商品的类似性仅是影响消费者是否发生混淆的因素。显著性也影响消费者是否会发生混淆。除了商标的相似性、商品的类似性之外，在混淆可能性的判定中，显著性占据着重要的地位。其中，固有显著性并不占据主要的地位。获得显著性才是真正的显著性，在其他条件不变的情况下，商标权人商标的获得显著性越强，消费者混淆发生的可能性越大。从消费者自身来看，消费者的注意程度会影响到消费者对商标来源的判断，是混淆可能性判定中可以考虑的因素。在判断合理谨慎的消费者的注意程度时，裁判者要考虑消费者购物中所涉及的商标、商品等环境和消费者在市场中所处的位置，揣测相关消费者群体所可能施加的注意力。在混淆可能性的判定中，实际混淆证据也具有一定的重要性。但是，实际混淆证据的重要性并不能够被夸大，对于在诉讼中提出的实际混淆证据的证明力，还需要根据案情结合实际混淆证据的具体情况进行判定。在多因素检测法中，被告的主观意图是混淆可能性的考量因素。在实务中判断被告主观上是否有恶意，主要是看被告在主观上是否存在使消费者发生混淆，借助于消费者的混淆误购获得非法利益的意图。

根据上述观点，对于混淆可能性判定中最重要的因素即商标的相似性和商品的类似性，条文可规定为：第1款　商标的相同或相似、商品的相同或类似，是影响消费者是否发生混淆的重要因素。第2款　《商标法》第57规定的商标相同，是指被控侵权的商标与原告的注册商标相比较，二者在视觉上基本无差别。《商标法》第57条规定的商标近似，是指被控侵权的商标与原告的注册商标相比较，其文字的字形、读音、含义或者图形的构图及颜色，或者其各要素组合后的整体结构相似，或者其立体形状、颜色组合近似。第3款　《商标法》第57条规定的类似商品，是指在功能、用途、生产部门、销售渠道、消费对象等方面相同。通过这样的规定，进一步厘清商标的相似性、商品的类似性与混淆可能性之间的关系，明确商标的相似性和商品的类似性只是外在的能够影响到消费者认知的因素，商标相似性和商品类似性的具体判断不能以消费者混淆为依据。换言之，商标的相似性和商品的类似性为外在的影响消费者认知的原因，而混淆可能性是消费者极有可能发生混淆的结果，在司法实践中不能从混淆可能性反推系争双方商标相似、商品类似，而应由系争双方商标相似、商品类似的程度去判断消费者是否极有可能发生混淆。但是，在系争双方商标和商品都相同的情况下，立法可以简化举证责任，直接推定在这种情况下被诉侵权人的行为极有可能造成消费者混淆，构成商标侵权。但这只是一种推定，并不意味着完全放弃对消费者混淆可能性的考察。

对于显著性，在《商标法》明确将其规定为多因素检测法中的重要因素之后，《商标法》条例或司法解释还需要对固有显著性和获得显著性进行规定，明确在商标混淆可能性的判定中，固有显著性不起重要的作用，而获得显著性居于主导的地位，对消费者的认知有重大的影响。对于消费者注意程度，《商标法》条例或司法解释需要明确规定影响消费者注意程度的因素，包括物理风险、经济风险、时间风险和社会风险。此外，还要规定法院在具体判定消费者注意程度时，要考察相关消费者在购物时是否客观上具备实施某种注意程度的能力。对于实际混淆，《商标法》条例或司法解释要明确实际混淆的地位，厘清其与混淆可能性之间的关系，规定实际混淆不是商标侵权判定的标准，而是商标侵权判定需要考量的因素之一。此外，还需要具体规定实际混淆证据的种类、涉及的主体和数量要求，以方便法官具体判断实际混淆证据的证明力。对于主观意图，《商标法》条例或司法解释要明确规定主观意图仅是混淆可能性判定中需要考虑的因素之一，但其并非决定性的因素，即便被诉侵权人在主观上具有恶意，也并不能就此推断出消费者具有混淆可能性，对于混淆可能性的判定还需要考察其他因素。

本章小结

根据混淆可能性前五章的研究，结合我国立法的现状，我国商标法需要在五个方面加以完善。在混淆可能性的理论依据方面，商标法应在立法目的、商标的定义和保护方面作出完善。在混淆可能性的地位方面，商标法需要进一步明确商标相似、商品类似与混淆可能性的关系，确立商标侵权判定之混淆可能性标准的核心地位，打击造成消费者混淆的侵权行为，防止消费者发生混淆。在混淆可能性的范畴方面，商标法要在其相关条例或者司法解释中，对混淆可能性进行进一步的解释，明确其内涵和外延，方便人们对其的理解与适用。在混淆可能性的类型方面，商标法应通过相关条例或者司法解释，对商标关联关系混淆、初始兴趣混淆、售后混淆相关规则的适用范围作出明确的规定，防止其适用范围的扩张。在混淆可能性的判定方面，商标法要规定与消费者混淆判定密切相关的多因素检测法和消费者调查，将多因素检测法中的重要考量因素和消费者调查的具体适用规则规定于商标法相关条例或司法解释之中。

结 语

结 语

商标侵权判定之混淆可能性标准,是商标法中极具争议、不确定性和模糊性较强的问题。正是这一范畴的争议性和复杂性,使得国内外许多学者投身于对其的研究,取得了丰富的成果。笔者认为,对混淆可能性进行研究,不仅需要讨论商标法的具体制度设计,更重要的是要考察商标这一本体,明确商标是什么?商标的功能是什么?商标的存在是为了什么?只有对商标的功能和本质有了比较深入的了解,方能设计出科学合理的商标法侵权判定制度,切合商标的基本属性和规律。

实际上,消费者是理解商标法的关键。商标是什么?商标的功能是什么?商标是为了做什么?都与消费者对商标的认知有密切的关系。根据认知心理学有关原理,商标是由人类感觉器官能够感知的外在刺激形式即商标标识与可被激活的消费者大脑长时记忆中存储的该商标标识代表的相关信息所组成。商标的本质是人类感觉器官可以感知的,以特定公共性形式存在(即以符号形态存在)的与特定商标权人相关的信息。商标的基本功能在于标示来源,使消费者能够在市场中正常地识别商标,正常地提取出商标所代表的包括商品来源在内的有关信息,为其购物决策提供依据。因此,只有消费者将一个标识识别为商标,该标识才真正成为商标,企业才能凭借其商标获得市场中的身份,通过竞争赢得消费者,获取利益。当不同企业的商标在市场中得以相互区分时,消费者就能够通过商标认牌购物,通过识别商标获得商标代表的信息,作出符合其意愿的购物决策。而一旦他人仿冒商标权人的商标,使消费者发生混淆,商标的功能就彻底丧失,消费者就无法准确地识别商标和依据商标作出符合其意愿的购物决策。商标混淆可能性标准的设立,就是为了确保商标功能的正常发挥,防止消费者发生混淆,使消费者能够通过商标认识和区别不同的企业，作出符合其意愿的购物决策，让企业放心地投资于生产或销售，通过经营获取利益。商标混淆可能性标准的设立，就是为了让商标"名副其实"，做其该做的事，通过商标功能的正常发挥营造出公平自由的市场竞争环境。

可见，混淆可能性的问题，本质上是商标的本体问题，而商标的本体问题，又与消费者的认知密切相关。只有消费者将某一符号视为标示特定商品来源的标志时，商标才开始存在，这一符号才开始具有真正的显著性；只有消费者对两个相似的商标标示的商品的来源发生误认时，商标的混淆才发生；也只有消费者对某一著名商标的心理感受逐步变弱时，商标的淡化才存在。正是从这个意义上说，消费者是理解商标法的关键。消费者对市场中商标的认知状况决定了商标权人的成败。保护商标权人的财产权，毋宁说是保护商标权人努力所塑造的消费者对其商标的认知状态。"不论采用何种商标使用方式，商标必须与消费者接触，只有商标与消费者发生接触，商标才能够起到桥梁作用。"[1] "消费者，我们认为是衡量商标法所有问题的标尺。商标纯粹是存在于消费者头脑中的财产。"[2] "天下熙熙，皆为利来。"[3] 这一切的一切，都是利益的使然，企业只有从消费者那里获得利益，才能生存和发展，而要做到这一点，企业必须确保消费者能够准确地识别出他的商标。

---

[1] 张玉敏、王法强："论商标反向假冒的性质——兼谈商标的使用权"，载《知识产权》2004年第1期。

[2] Barton Beebe: Search and Persuasion in Trademark Law, 103 *Michigan L. Rev.* 2020, 2021 (2005).

[3] 司马迁：《史记·货殖列传》。

结 语

　　本书对混淆可能性的研究，遵循从混淆可能性理论基础到混淆可能性具体判定的研究思路。在理论基础研究部分，对混淆可能性的历史演进、法理依据和范畴进行研究；在具体判定方面，对混淆可能性的各种类型、混淆可能性的具体判定进行了探讨。希望能深化我国商标法的理论研究，为我国《商标法》相关规定的完善提供参考。作为传统商标侵权判定的主要依据，混淆可能性是商标法中的基础理论问题，同时也是实践中的疑难问题。它直接与商标法最核心的理论相联系，又深入到街头巷尾，是实践性很强，与市场和社会联系紧密的实践议题。正是这种复杂性，使得所有对其的研究都成为一种过程，而非最终的结论。本书对混淆可能性的研究，也不可能尽善尽美，其中有的观点还有待于深入讨论，另外关于消费者在商标法中的地位问题以及商标混淆可能性与淡化可能性的关系问题，也亟待系统研究。希望学界前辈和同仁能够批评指点，促进这些方面研究的深化。

参考文献

一、中文著作

1. 北京市高级人民法院知识产权庭编.北京法院商标疑难案件法官评述.北京：法律出版社，2012
2. 曹新明.知识产权法.北京：中国人民大学出版社，2007
3. 曹新明.知识产权法学.大连：东北财经大学出版社，2006
4. 陈华彬.物权法原理.北京：国家行政学院出版社，1998
5. 陈美章.知识产权的魅力.北京：知识产权出版社，2010
6. 单晓光，江青云.欧洲知识产权典型案例.汉英双语.北京：知识产权出版社，2011
7. 单晓光，许春明.知识产权制度与经济增长：机制·实证·优化.北京：经济科学出版社，2009
8. 邓宏光.商标法的理论基础——以商标显著性为中心.北京：法律出版社，2008
9. 丁锦红，张钦，郭春.认知心理学.北京：中国人民大学出版社，2010
10. 杜颖.美国商标法.北京：知识产权出版社，2013
11. 杜颖.商标法.北京：北京大学出版社，2010
12. 杜颖.社会进步与商标观念：商标法律制度的过去、现在和未来.北京：北京大学出版社，2012

13. 费安玲. 著作权权利体系之研究：以原始性利益人为主线的理论探讨. 武汉：华中科技大学出版社, 2011
14. 冯晓青. 商标侵权专题判解与学理研究. 北京：中国大百科全书出版社, 2010
15. 冯晓青. 知识产权法利益平衡理论. 北京：中国政法大学出版社, 2006
16. 冯晓青. 知识产权法哲学. 北京：中国人民公安大学出版社, 2003
17. 高富平. 物权法原论. 北京：中国法制出版社, 2001
18. 郭禾. 知识产权法. 第4版. 北京：中国人民大学出版社, 2010
19. 郭禾主编. 知识产权法教学参考书. 北京：中国人民大学出版社, 2003
20. 郭寿康, 赵秀文. 国际经济法. 第3版. 北京：中国人民大学出版社, 2009
21. 韩赤风, 李树建, 张德双等. 中外知识产权经典案例评析. 北京：法律出版社, 2011
22. 韩赤风. 知识产权法. 北京：清华大学出版社, 2005
23. 胡开忠. 商标法学教程. 北京：中国人民大学出版社, 2008
24. 胡开忠. 知识产权法比较研究. 北京：中国人民公安大学出版社, 2004
25. 黄海峰. 知识产权的话语与现实——版权、专利与商标史论. 武汉：华中科技大学出版社, 2011
26. 黄晖. 商标法. 北京：法律出版社, 2004
27. 黄茂荣. 法学方法与现代民法. 北京：中国政法大学出版社, 2001
28. 黄勤南. 知识产权法教程. 北京：中国政法大学出版社, 2003

475

29. 黄勤南.知识产权法学.北京：中国政法大学出版社，2003
30. 金海军.知识产权私权论.北京：中国人民大学出版社，2004
31. 金岳霖.形式逻辑.北京：人民出版社，1980
32. 孔祥俊.商标法适用的基本问题.北京：中国法制出版社，2012
33. 孔祥俊.商标与反不正当竞争法——原理和判例.北京：法律出版社，2009
34. 来小鹏，陈健.知识产权法学理论与实务研究.北京：中国政法大学出版社，2012
35. 来小鹏.知识产权法学.第2版.北京：中国政法大学出版社，2011
36. 李昌麒主编.经济法学.北京：中国政法大学出版社，2002
37. 李琛.论知识产权法的体系化.北京：北京大学出版社，2005
38. 李德顺.价值论.北京：中国人民大学出版社，1987
39. 李付庆.消费者行为学.北京：清华大学出版社，2011
40. 李明德，闫文军，黄晖，邰中林.欧盟知识产权法.北京：法律出版社，2010
41. 李明德.美国知识产权法.北京：法律出版社，2003
42. 李顺德.WTO 的 TRIPs 协议解析.北京：知识产权出版社，2006
43. 李顺德.知识产权概论.北京：知识产权出版社，2006
44. 李扬.知识产权法总论.北京：中国人民大学出版社，2008
45. 李雨峰，张玉敏.西南知识产权评论.第1辑.北京：知识产权出版社，2010
46. 李雨峰.权利是如何实现的.北京：法律出版社，2009
47. 李祖明.地理标志的保护与管理.北京：知识产权出版

社，2009
48. 梁彗星主编.中国物权法研究·上.北京：法律出版社，1998
49. 梁慧星，陈华彬.物权法.北京：法律出版社，1997
50. 梁宁建.当代认知心理学.上海：上海教育出版社，2003
51. 林秀芹，刘铁光.自主知识产权的创造、运用与法律机制.厦门：厦门大学出版社，2012
52. 林秀芹，等.促进技术创新的法律机制研究.北京：高等教育出版社，2010
53. 刘春茂.刘春茂法学文集.北京：中国法制出版社，2012
54. 刘春茂.知识产权原理.北京：知识产权出版社，2002
55. 刘春田主编.知识产权法学.北京：高等教育出版社、北京大学出版社，2003
56. 刘春田主编.中国知识产权评论.第3卷.北京：商务印书馆，2008
57. 刘华.知识产权案例精选2006.北京：知识产权出版社，2008
58. 刘华.知识产权制度的理性与绩效分析.北京：中国社会科学出版社，2004
59. 刘筠筠，熊英.知识产权热点难点问题研究.北京：法律出版社，2008
60. 刘孔中.商标法上混淆之虞之研究.台北：五南图书出版公司，1997
61. 刘晓海，单晓光.中小企业知识产权经营手册.第2版.北京：知识产权出版社，2012
62. 刘星.法理学导论.北京：法律出版社，2005
63. 宁立志主编.知识产权法.第2版.武汉：武汉大学出版社，2011

64. 彭学龙. 商标法的符号学分析. 北京：法律出版社, 2007
65. 齐爱民. 知识产权法总论. 北京：北京大学出版社, 2010
66. 乔克裕, 黎晓平. 法的价值论. 北京：中国政法大学出版社, 1991
67. 曲三强. 知识产权法原理. 北京：中国检察出版社, 2004
68. 邵建东. 德国反不正当竞争法研究. 北京：中国人民大学出版社, 2001
69. 佘贤君. 激活消费者心理需求. 北京：机械工业出版社, 2011
70. 孙国华. 法理学教程. 北京：中国人民大学出版社, 1994
71. 孙国瑞. 知识产权法学. 北京：知识产权出版社, 2012
72. 唐广良, 董炳和. 知识产权的国际保护. 修订版. 北京：知识产权出版社, 2006
73. 陶鑫良, 单晓光. 知识产权法纵论. 北京：知识产权出版社, 2004
74. 陶鑫良, 袁真富. 知识产权法总论. 北京：知识产权出版社, 2005
75. 陶鑫良主编. 中国知识产权人才培养研究. 上海：上海大学出版社, 2006
76. 王兵等. 知识产权基础教程. 第 2 版. 北京：清华大学出版社, 2010
77. 王利明. 物权法论. 北京：中国政法大学出版社, 1998
78. 王莲峰. 商标法学. 北京：北京大学出版社, 2007
79. 王莲峰. 商业标识立法体系化研究. 北京：北京大学出版社, 2009
80. 王迁. 知识产权法教程. 北京：中国人民大学出版社, 2007
81. 王太平. 知识产权法法律原则理论基础与具体构造. 北京：法

律出版社，2004

82. 王太平. 知识产权客体的理论范畴. 北京：知识产权出版社，2008
83. 王卫国. 过错责任原则：第三次勃兴. 北京：中国法制出版社，2000
84. 王泽鉴. 民法总则. 北京：北京大学出版社，2009
85. 魏森. 商标侵权认定标准研究. 北京：中国社会科学出版社，2008
86. 魏振瀛. 民法. 北京：北京大学出版社，高等教育出版社，2000
87. 吴汉东，胡开忠，董炳和，张今. 知识产权基本问题研究. 北京：中国人民大学出版社，2005
88. 吴汉东，胡开忠. 无形财产权制度研究. 修订版. 北京：法律出版社，2005
89. 吴汉东. 知识产权法. 北京：法律出版社，2007
90. 吴汉东. 知识产权法. 北京：中国政法大学出版社，2007
91. 徐家力. 知识产权在网络及电子商务中的保护. 北京：人民法院出版社，2006
92. 薛虹. 十字路口的国际知识产权法. 北京：法律出版社，2012
93. 薛虹. 网络时代的知识产权法. 北京：法律出版社，2000
94. 杨立新. 侵权责任法. 北京：法律出版社，2010
95. 余俊. 商标法律进化论. 武汉：华中科技大学出版社，2011
96. 曾陈明汝. 商标法原理. 北京：中国人民大学出版社，2003
97. 张楚. 知识产权法. 第2版. 北京：高等教育出版社，2010
98. 张耕等. 商业标志法. 厦门：厦门大学出版社，2006
99. 张广良. 知识产权侵权民事救济. 北京：法律出版社，2003

100. 张今. 知识产权法. 北京：中国人民大学出版社，2011
101. 张今. 知识产权新视野. 北京：中国政法大学出版社，2000
102. 张民安. 侵权法上的作为义务. 北京：北京大学出版社，2010
103. 张民安. 现代法国侵权责任制度研究. 北京：法律出版社，2007
104. 张乃根. 美国专利法判例选析. 北京：中国政法大学出版社，1995
105. 张平，黄贤涛. 产业利益的博弈：美国337调查. 北京：法律出版社，2010
106. 张平. 技术创新中的知识产权保护评价：实证分析与理论研讨. 北京：知识产权出版社，2004
107. 张新宝. 侵权责任法原理. 北京：中国人民大学出版社，2005
108. 张新宝. 侵权责任构成要件研究. 北京：法律出版社，2007
109. 张玉敏. 知识产权法学教程. 重庆：西南政法大学出版社，2001
110. 张玉敏主编. 知识产权法. 北京：法律出版社，2005
111. 郑成思. 计算机、软件与数据的法律保护. 北京：法律出版社，1987
112. 郑成思. 知识产权法：新世纪初的若干研究重点. 北京：法律出版社，2004
113. 郑成思. 知识产权法. 北京：法律出版社，1997
114. 郑成思主编. 知识产权法教程. 北京：法律出版社，1993
115. 郑胜利. 北大知识产权评论. 第1卷. 北京：法律出版社，2002
116. 周俊强. 知识产权的基本理念与前沿问题. 合肥：安徽人民出版社，2006

117. 周林. 知识产权研究. 第 20 卷. 北京：知识产权出版社，2011
118. 周林. 知识产权研究. 第 21 卷. 北京：知识产权出版社，2012
119. 朱启超等. 民法概要. 北京：北京大学出版社，2004
120. 朱谢群. 创造性智力成果与知识产权. 北京：法律出版社，2004
121. 朱雪忠. 知识产权协调保护战略. 北京：知识产权出版社，2005
122. 祝建军. 驰名商标认定与保护的规制. 北京：法律出版社，2011

二、中文论文

123. 陈宏杰. 从欧美商标审查实务观点看混淆误认之虞参酌因素的运用. 智慧财产权月刊，（139）
124. 程啸，张靖法. 现代侵权行为法中过错责任原则的发展. 当代法学，2006（1）
125. 程啸. 侵权法中"违法性"概念的产生原因. 法律科学，2004（1）
126. 崔建远. 论归责原则与侵权责任方式的关系. 中国法学，2010（2）
127. 邓宏光，周元. 网络商标侵权的新近发展. 重庆社会科学，2008（5）
128. 邓宏光.《商标法》亟需解决的实体问题：从"符号保护"到"防止混淆". 学术论坛，2007（11）
129. 邓宏光. 论商标侵权的判断标准——兼论《中华人民共和国商标法》第 52 条的修改. 法商研究，2010（1）
130. 邓宏光. 商标混淆理论的扩张. 电子知识产权，2007（10）

131. 杜颖.商标淡化理论及其应用.法学研究,2007（6）
132. 杜颖.商标纠纷中的消费者问卷调查证据.环球法律评论,2008（1）
133. 冯晓青.商标法与保护消费者利益.中华商标,2007（3）
134. 冯晓青.商标法之立法宗旨研究.长沙理工大学学报,2008（2）
135. 黄合水,彭聃龄.论品牌资产——一种认知的观点.心理科学发展,2002（3）
136. 蒋德海.法律概念和正义——试论法律概念的方法论意义.东方法学,2012（2）
137. 李琛.名教与商标保护.电子知识产权,2005（5）
138. 李开国.侵权责任构成理论研究——一种新的分析框架与路径的提出.中国法学,2008（2）
139. 李雨峰.重塑侵害商标权的认定标准.现代法学,2010（6）
140. 刘春田.商标与商标权辨析.知识产权,1998（1）
141. 彭学龙.论"混淆可能性"——兼评《中华人民共和国商标法修改草稿》（征求意见稿）.法律科学,2008（1）
142. 彭学龙.商标法基本范畴的符号学分析.法学研究,2007（1）
143. 彭学龙.商标混淆类型分析与我国商标侵权制度的完善.法学,2008（5）
144. 芮松艳.商标侵权案件中混淆可能性的认定.中国专利与商标,2011（3）
145. 孙英伟.商标起源考——以中国古代标记符号为对象.知识产权,2011（3）
146. 王敏铨.美国商标法之混淆之虞及其特殊样态之研究.智慧财产权月刊,2006（94）

147. 王太平. 商标概念的符号学分析——兼论商标权和商标侵权的实质. 湘潭大学学报, 2007 (3)

148. 王太平. 狭义信息论与商标保护理论. 电子知识产权, 2005 (1)

149. 徐聪颖. 论"初始兴趣混淆"的法律规制. 时代法学, 2010 (3)

150. 易继明. 知识产权的观念：类型化及法律适用. 法学研究, 2005 (3)

151. 张爱国. 商标消费者调查的正当性研究——从49份商标侵权纠纷民事判决书谈起. 知识产权, 2011 (2)

152. 张炳生. 论商标功能的实现途径与反向假冒的危害. 政法论坛, 2005 (6)

153. 张今, 陆锡然. 认定商标侵权的标准是"混淆"还是"商标近似". 中华商标, 2008 (8)

154. 张乔. 商标混淆辨析. 上. 中华商标, 2004 (11)

155. 张乔. 商标混淆辨析. 下. 中华商标, 2004 (12)

156. 张欣瑞. 认知心理学视角下品牌知识形成路径分析. 商业时代, 2010 (5)

157. 张玉敏, 王法强. 论商标反向假冒的性质——兼谈商标的使用权. 知识产权, 2004 (1)

158. 张玉敏. "涉外定牌加工"商标侵权纠纷的法律适用. 知识产权, 2008 (4)

159. 张玉敏. 维护公平竞争是商标法的根本宗旨——以《商标法》修改为视角. 法学论坛, 2008 (2)

160. 卓泽渊. 法的价值的诠释. 苏州大学学报, 2005 (5)

三、外文著作

161. J. Thomas McCarthy. *McCarthy on Trademarks and Unfair Competition*. Eagan：Thomson/West，2006

162. Lionel Bently. *From Communication to Thing：Historical Aspects to the Conceptualisation of Trade Marks as Property. in G. Dinwoodie and M. Janis*，Trademark Law and Theory：A Handbook of Contemporary Research. Cheltenham：Edward Elgar，2008

163. Richard L. Kirkatrick. *Likelihood of Confusion in Trademark Law*. New York：Practising Law Institute，2010

四、外文论文

164. Ann Bartow. Likelihood of Confusion. *San Diego Law Review*，2004，41（2）

165. Barton Beebe. The Semiotic Analysis of Trademark Law. *UCLA Law Review*，2004，51（3）

166. Barton Beebe. Search and Persuasion in Trademark Law. *Michigan Law Review*，2005，103（8）

167. Dan Sarel，Howard Marmorstein. The Effect of Consumer Surveys and Actual Confusion Evidence in Trademark Litigation：An Empirical Assessment. *The Trademark Reporter*，2009，99（6）

168. David M. Tichane. The Maturing Trademark Doctrine of Post-Sales Confusion. *The Trademark Reporter*，1995，85（4）

169. Diamond. The Historical Development of Trademarks. *The Trademark Reporter*，1975，65（4）

170. Duane C. Bowen. Applied Psychology and Trademarks. *The Trade-

mark Reporter, 1961, 51 (1)

171. Duane C. Bowen. Trademarks and Psychology. *Journal of the Patent Office Society*, 1959, 41 (10)

172. Edward S. Rogers. An Account of Some Psychological Experiments on the Subject of Trademark Infringement. *The Michigan Law Review*, 1919, 18 (2)

173. Graeme W. Austin. Trademarks and the Burdened Imagination. *Brooklyn Law Review*, 2004, 69 (3)

174. Jacob Jacoby. The Psychological Foundations of Trademark Law: Secondary Meaning, Genericism, Fame, Confusion and Dilution. *The Trademark Reporter*, 2001, 91 (5)

175. Jeremy N. Sheff. The (Boundedly) Rational Basis of Trademark Liability. *Texas Intellectual Property Law Journal*, 2007, 15 (3)

176. Katya Assaf. The Dilution of Culture and the Law of Trademarks. *IDEA: The Intellectual Property Law Review*, 2008, 49 (1)

177. Mark A. Thurmon. Confusion Codified: Why Trademark Remedies Make No Sense. *Journal of Intellectual Property Law*, 2010, 17 (2)

178. Mark Bartholomew. Advertising and the Transformation of Trademark Law. *New Mexico Law Review*, 2008, 38 (1)

179. Mark D. Robbins. Actual Confusion in Trademark Infringement Litigation: Restraining Subjectivity Through a Factor-Based Approach to Valuing Evidence. *Northwestern Journal of Techrology and Intellectual Property*, 2004, 2 (2)

180. Mark P. McKenna. Testing Modern Trademark law's Theory of

Harm. *Iowa Law Review*, 2009, 95 (1)
181. Mark P. McKenna. Consumer Decision-Making Model of Trademark Law. *Virginia Law Review*, 2012, 98 (1)
182. Mark P. McKenna. The Normative Foundations of Trademark Law. *Notre Dame Law Review*, 2007, 82 (5)
183. Michael Grynberg. The Road not Taken: Initial Interest Confusion, Consumer Search Costs, and the Challenge of the Internet. *Seattle University Law Review*, 2004, 28 (1)
184. Michael Grynberg. Trademark Litigation as Consumer Conflict. *New York University Law Review*, 2008, 83 (1)
185. Michael J. Allen. Who Must Be Confused and When?: The Scope of Confusion Actionable Under Federal Trademark Law. *The Trademark Reporter*, 1991, 81 (3)
186. Robert C. Denicola. Trademarks as Speech: Constitutional Implications of the Emerging Rationales for the Protection of Trade Symbols. *Wisconsin Law Review*, 1982, 1982, (2)
187. Robert H. Thornburg. Trademark Surveys: Development of Computer-Based Survey Methods. *John Marshall Review of Intellectual Property Law*, 2004, 4 (1)
188. Shashank Upadhye. Trademark Surveys: Identifying the Relevant Universe of Confused Consumers. *Fordham Intellectual Property, Media & Entertainment Law Journal*, 1998, 8 (2)
189. Stacey L. Dogan and Mark A. Lemley. A Search-Costs Theory of Limiting Doctrines in Trademark Law. *The Trademark Reporter*, 2007, 97 (6)
190. Thomas L. Casagrande. A Verdict for Your Thoughts? Why an

Accused Trademark Infringer's. Intent Has No Place in Likelihood of Confusion Analysis. *Trademark Reporter*, 2011, 101 (5)
191. Thomas R. Lee. Glenn L. Christensen, Eric D. De Rosia, Trademarks, Consumer Psychology, and the Sophisticated consumer. *Emory Law Journal*, 2008, 57 (3)
192. Uli Widmaier. Use, Liability, and the Structure of Trademark Law. *Hofstra Law Review*, 2004, 33 (2)

后　　记

　　长久以来，知识产权法的基础理论研究并未受到应有的重视，人们热衷于新技术引发的前沿问题，却不愿探究前沿背后的原理与规律。在这样一个讲究功利和实际成效的年代，研究基本问题，确实是"吃力不讨好"。由于对一些基本概念和原理的理解相去甚远，人们在讨论问题时容易自说自话，造成各种观点众说纷纭，令人眼花缭乱，知识产权的非体系化和非理论化由此饱受争议。从商标法来看，相比于著作权法和专利法，人们一直以为商标法较简单，不过是法律对商业标识的保护，既无研究必要，也无研究空间，这造成商标法理论发展的"积贫积弱"，严重影响到商标法的制度建设与实践。

　　在阅读商标法文献和判例的过程中我逐渐发现，人们对商标法的分歧十分之大。实践中，法官对商标法的理解也并不一致。同一案情的案件，放置于不同法院，得到的判决结果可能大相径庭。这固然是由于知识产权保护客体无体性的特点不容易把握所致，但在分析和论证问题时缺乏对概念、原理和规律的深入理解，则是问题的根源所在。基于这种考虑，我选取商标法中重要的基本范畴——混淆可能性作为研究对象。在对混淆可能性问题的研究过程中，力求对相关观点进行全面研究和考察，努力探求问题背后的原理和规律。实际上，对于商标混淆问题的观点分歧，最终可以归结到对商标法基本原理理解的不同。因此，明确商标的本质、功能、结构、商标法的价值和规范意旨、混淆的本质、混淆的危害这些基本概念，就成为理解混淆可能性问题的关键。本书对混淆可能性问题的分析，没有拘泥于商标混淆的具体判定，而是力求通过对商标法基本原理的研究，纠正有关商标混淆问题的认识误区，希望能够对商标侵权判定的理论和实务研究有所助益。

本书是在我博士论文的基础上修改完成的。论文的写作充满艰辛。很多日日夜夜，从武汉炎热的夏天到寒冷的冬天，我都奋战在寝室的书桌前，熬红双眼，笔耕不辍。面对博士论文，我的态度虔诚而认真，我不想敷衍了事，很想为这三年的研究做一个总结，给自己一个交代，不让关心我的人失望。而博士论文，就是从"博士生"转变为"博士"的最好见证。"没有痛苦的博士求学经历就不是合格的"，这段写作的经历让我刻骨铭心，但回头看看，也弥足珍贵。它教会了我坚持、隐忍，教会了我在极端困难的境地下如何面对人生的挑战。幸福总是来得太突然，也许就是在这没有任何期待的平淡中，才能感受到不期而至的幸福所带来的温暖。我的论文承蒙前辈厚爱，被选为2013年全国知识产权类优秀博士论文，由知识产权出版社资助出版。尽管这份荣誉无法说明太多，我还是快乐得像个孩子，这是对我努力和投入的犒赏，感谢诸位老师的肯定！

一直以来，学术都在我的心中占据重要的地位。早在本科阶段，出于对公共知识分子的向往，我便将学术确定为一生追求的事业和理想。然而这几年，学术的生活却时常让我迷茫和动摇。理想与现实总是存在差距，生活成本的提高、学术研究的单调、科研任务的紧迫与繁重、别人的眼光和评价，无时无刻不在侵扰着我。我承认我的内心还不够强大，时常会为了穿衣吃饭这些基本问题而困扰，望着逐渐老去的父母为了支持我的学业还在辛勤地工作，自己依然无法去报答父母的养育之恩，已近而立之年的我十分愧疚。

尽管学术的道路异常艰辛，然而并非没有乐趣。一路上各位师长和亲友的陪伴，让我感受到了家庭般的温暖，也让我品尝到了学术的香甜。更重要的是，我不再迷茫与动摇，明白了自己究竟适合做什么、自己想要的生活是什么。感谢中国法学界的泰山北斗吴汉东先生对我的关心和帮助。先生精深的学术造诣、严谨的治学和工作态度，都让我获益良多。在我的人生道路上，无论是治学、发表论文、参与课题，还是毕业时寻找工作，先生都一直对我加以指点，帮我推荐工作，时常询问我最新的情况。作为著名法学家，他如此关心年轻晚辈，让我感动。先生的治学和为人给我树立了最好的榜样，让我有继续追求理想的决心和勇气，唯愿先生健康、平安、幸福。

我能够顺利进入学术殿堂，从事教研工作，与我的三位恩师彭学龙老师、王太平老师、周俊强老师密不可分。周老师是我的启蒙老师，在本科阶段教我知识产权法。与周老师交往虽不多，但周老师上课时的严谨还是让我印象深刻。更重要的是，经过与周老师的交流，我选择了知识产权法作为后续学习的方向。王老师是把我领入学术之门的恩师。在我的攻读硕士学位阶段，王老师几乎是手把手教我治学与写作。那时我连"的""地""得"都不分，更不用说进行研究和写作。所有的学术规范和治学方法都是他悉心教导。没有王老师的指点，便不会有我如今站在讲台之上，从事我喜欢的工作。在博士阶段，我跟随彭学龙老师学习。彭老师对我的生活和学业十分关心，他知道我面临较大的经济压力，同时也出于锻炼我的考虑，积极给我联系教学工作。没有读博期间一年半的兼职教学经历，我不可能在教学工作阶段适应得如此之快。在学业上，彭老师对我要求甚严，要求我行文要精益求精。如今，我还没有达到彭老师的要求，但是，这种治学的理念和精神还是给我很大影响。感谢如同父母的三位恩师！

能够进入教育部人文社科研究基地、中南财经政法大学知识产权研究中心，我备感光荣，因为这里有太多的良师，阵容堪称豪华。研究中心的老师们，待我如亲人一般，给我留下了美好的回忆。感谢曹新明老师、胡开忠老师、黄玉烨老师、赵家仪老师、何华老师、肖志远老师、詹映老师、熊琦老师、吕品老师等诸位良师在学习和生活方面给予我的帮助。在我需要帮助的时候，他们都慷慨支援，给予了我最大的便利和关怀，我的成长与他们密不可分。衷心祝愿老师们身体健康！工作顺利！

在治学路上，许多老师以不同的方式对我进行了指点，他们是我学术道路上遇到的贵人，这份恩情我铭记在心。感谢宁立志老师、李雨峰老师、何炼红老师、肖冬梅老师、刘友华老师、胡梦云老师、张怀印老师、邱宏华老师、梅术文老师、李芬莲编辑、常青编辑、刘睿编辑。这些老师的治学态度和成绩为我作出了最好的榜样，我将不断努力，向他们学习！

读博这三年，少不了好友关照。感谢各位同窗博友包括饶文平博士、高亦鹏博士、王杰博士、王超政博士、张汉国博士、邓少荣博士、王忠诚博士、阳贤文博士、吕睿博士、郭威博士、张钦坤博士、蔡晓东博士、杨涛博士、杨斌博士、李士林博士、刘训智博士、曹昌伟博士、陆洲博士、黄硕博士、陈宗岚博士、陈庆博士、张慧春博士、卢纯昕博士、郭威（师弟）博士。还有雪中送炭，资助我度过难关的申雅栋、徐波、盛浩。博士生活略为枯燥，但他们的陪伴让我这段人生旅程变得丰富多彩。如今各奔东西，向这些好友道一声：珍重！

博士毕业后，我来到了岳麓山下美丽的湖南师范大学，继续追寻我的理想。在这里，同事们的关系融洽团结，院领导和老师们对我都非常照顾，使我很快地适应了新的工作环境，我一直庆幸自己的选择。感谢肖北庚院长、陈红桂书记、李爱年院长、欧福永院长、蒋梅院长、陈胜国书记、蒋先福老师、夏新华老师、陈旭初老师、邓建志老师、刘湘琛老师、陈颖老师、江毅老师、吕宁老师、曹俊峰老师、陈一诚老师、李桂群老师、朱花老师、刘力老师等对我的关心和支持。本书的出版也受到湖南省重点学科建设项目、湖南师范大学博士启动项目（2014BQ16）和湖南师范大学青年基金项目（14XQN11）的大力资助，仅此表示谢意！

在我人生的道路上，亲人是我的精神支柱。感谢慈祥的外公外婆和舅舅，以及父亲姚常春先生和母亲戴菊美女士，还有支持我学术之路、无微不至关心我的丽萍博士。他们无私地爱着我，却并不要求我有任何回报。无论何时何地，他们都会在电话里叮嘱我注意身体，注意安全，问我钱够不够花。他们永远不求我为他们做什么，只是无怨无悔地付出，没有他们的支持和鼓励，我没有办法每天心安理得地看书习作，与他们在一起永远是我最快乐的时光。如今，我的外公外婆年逾古稀，身体一直不好，妈妈也一直受到颈椎病的困扰。作为子女，不能为他们做什么，我心急如焚，备感惭愧，只能祈求上天保佑亲人们健康！平安！只要他们过得好，无论要我做什么我都愿意。我想对亲人说一声我一直没有当面说出的话：我爱你！

　　治学需要严谨，更需要平心静气，耐得住寂寞。我感叹这段旅程的艰难，也体味到其中的乐趣。苦中作乐，乐在其中。路漫漫其修远兮，我愿做真理的探寻者，继续追寻自己的理想，坚定地将教研之路走下去！与真理为友！

姚鹤徽

2014 年 10 月 22 日于岳麓山南

全国知识产权类优秀博士论文获奖作品
(已出版)

2008 年度
　　蒋玉宏　知识产权制度对城市竞争力的影响

2009 年度
　　卢海君　版权客体论
　　宋慧献　版权保护与表达自由
　　罗向京　著作权集体管理组织的发展与变异

2010 年度
　　万小丽　专利质量指标研究
　　姚颉靖　药品专利保护优化研究

2011 年度
　　梁志文　论专利公开

2012 年度
　　陈朝晖　企业专利商业化模式研究

2013 年度
　　姚鹤徽　商标混淆可能性研究
　　李阁霞　商标与商誉